International Trade Law

국제통상법
총론

문성제

박영사

머 리 말

　오늘날의 국제통상의 환경은 다자체제가 약화되고 있는 가운데 불확실성이 높아지고 있는 실정이다. WTO 체제가 등장 한 이후 진행되었던 다자협상인 도하라운드는 2005년 1월 완료를 목표로 하였으나 오늘에 이르기까지 협상타결이 요원한 가운데, 세계 각국은 앞 다투어 양자 혹은 지역자유무역협정(FTA) 혹은 관세동맹을 결성하거나 확대하는 등의 노력을 경주하고 있다. 우리나라가 1967년 4월 14일 최혜국대우원칙을 기반으로 하는 GATT 체제에 편입한 이후 50여 년 동안 다자통상체제하에서 우리는 많은 혜택을 누려왔으며 놀라운 규모의 교역을 통한 경제성장을 이룩하여 왔다. 그러나 2008년 글로벌금융위기를 겪으면서 세계통상환경은 새로운 도전에 직면하였는데, 즉 보호무역주의를 표방한 미국의 트럼프 대통령 취임 이후 다자통상체제는 더 심각한 도전을 받고 있으며, 영국의 브렉시트(Brexit)로 인한 고립주의 강화, 중국의 사드관련 경제보복으로서 각종 위장된 비관세장벽 등이 나타나고 있다. 반면에 국제통상 관계는 기존의 수출입 등 물품 위주에서 직접투자 등을 통한 자본, 인력 등 생산요소의 거래비중이 높아지고 있는 가운데 21세기를 살아가고 있는 우리는 통상과 관련하여 국경이라는 개념이 무의미해지고 있는 가운데 경쟁우위에 따라서 자본, 인력 등의 생산요소가 국가 간에 자유롭게 이동하는 현상이 가속화하고 있다.

　특히 오늘의 국제통상을 위한 환경은 세계 경제상황의 부진으로 인하여 크게 위축되고 있는 가운데 반덤핑관세와 기타 무역규제 등과 같은 보호무역조치는 2017년 미국의 트럼프 대통령 당선 이후 미국 우선주의를 표방하고 있는 가운데, 태양광전지·패널과 세탁기 등 전기 전자제품 뿐만 아니라 철강 화학제품에 대한 통상 압박을 받고 있는 가운데 앞으로도 이 같은 현상은 지속될 것으로 본다. 미국과 유럽연합 기업들이 중국산 제품에 대한 반덤핑 제소 등 보호무역조치를 강화하고 있으며, 미국 상무부는 우리나라 업체가 불공정한 정부보조금 때문에 미국의 기업들이 손해를 입고 있다고 주장하면서 상관관세를 추가하는 등 국제통상에서 새로운 도전에 직면하고 있음을 부인할 수 없다. 이 같은 국제통상환경의 변화에 대응하기 위하여 신흥 개발도상국들의 내수 시장의 중요성을 인식하고 중국과의 무역을 강화하였으나 북한 핵을 둘러싸고 발생한 사드사태는 국제통상과 관련하여 지금까지도 심각한 후유증에 시달리고 있다.

　결국 물품 등의 해외수출에 의존하고 있는 우리 경제구조는 수출국의 경제상황에 이르기까지 많은 관심을 가져야만 하는 무역환경 속에서 역내 경제통합 주도권을 둘러싼 미국, 일본, 중국 간의 치열한 경쟁으로 관련 통상의 이슈 및 전략이 복잡 다기화 되고 있는 가운데 기존 FTA정책에 대한 전반적인 재검토가 필요하게 되었다.

　이 같은 문제의식을 갖고 본서는 국제환경의 변화에 따른 대응을 목적으로 국제통상과 관련한 기본적인 통상관련 법률의 내용을 중심으로 구성하였다. 물론 기존의 많은 관련서적들도 있겠으나 본서에서는 시각을 달리하여 통상관련 법률문제와 그에 대한 법률의 적용 및 해석방법 등을 중심으로 관련전공 학과 학생들이 갖추어야 할 기본적인 내용을 충실히 구성하였다. 물론 이외에도 국제통상관련 중요한 법률문제들이 더 있으나, 이에 대해서는 다음에 시간을 가지고 검토하여 보완할 것을 약속하면서 향후 독자 제현들의 지적과 자문을 통하여 보다 충실한 내용으로 보완할 계획이다.

　마지막으로 본서가 국제통상관계와 관련하여 기본적 법률관계의 이해를 위한 기본서가 되기를 진심으로 바라면서 출판업계의 어려운 사정이 있음에도 불구하고 흔쾌히 출판을 허락하여 주신 도서출판 박영사 관계자 여러분들에게 진심으로 감사를 올리는 바이다.

2018. 2. 연구실에서

문 성 제

차 례

제1장 서 론

제2장 국제거래에서의 당사자

제3장 국제물품매매

國際通商法

제 1 장

서 론

제1장 서 론

제1절 국제통상의 의의와 특징

1. 국제통상법의 목적

오늘날 세계 대부분의 국가들이 무역거래와 더불어 직·간접적인 투자 등을 하고 있음에도 불구하고 이와 관련한 국가 간의 법률행위(통상관계)를 규율할 수 있는 국제적 통일 규범은 존재하지 않는다. 따라서 국제거래를 하는 당사자들은 거래의 안전을 도모하기 위하여 많은 노력을 경주하고 있는 가운데 그 어떤 형태로든지 국제적인 규칙을 제정하려 하고 있다.

20세기 이후에 국제무역 및 투자 등은 글로벌화 되어 있으며, 2차에 걸쳐서 세계대전을 경험한 인류는 자국의 이익만을 위한 블록경제의 오류를 인식하고 자유무역을 통한 경제의 발전이 자국민의 복리향상에 기여할 수 있다는 사실을 인식하게 되었다. 나아가 국가권력에 의한 계획경제의 실패 등으로 사회주의 체제 국가들이 붕괴되었으며, 그 결과 시장원리를 채택한 자유민주주의 경제의 우월성이 증명된 가운데, 21세기에는 국경을 의식하지 않는 국제통상관계가 한층 더 발전할 것임을 확신하게 되었다.

국제거래는 이윤의 추구를 목적으로 하는 무역거래와 직접적 투자를 하는 사람(기업)에 의하여 수행된다. 따라서 기업의 최대 관심사는 거래의 안전을 통하여 최대의 이윤을 얻는 것으로, 이 같은 목적을 달성하기 위해서는 거래 당사자 간에 신뢰관계가 존재하고 업계의 거래관행과 관습이 있을 때 안전성을 통하여 그 목적을 달성할 수 있다.

그러나 국제거래에서의 당사자는 사람(기업)으로 때로는 의사소통의 문제 등으로 서로 간의 의사를 잘못 이해할 수도 있으며, 거래 목적을 위한 교섭과정이나 계약을 체결할 때에 그 내용을 충분히 이해하지 못한 상태에서 체결하는 경우도 있을 것이다. 뿐만 아니라 계약을 체결할 때에 당사자들이 전혀 예상하지 못했던 사태(전쟁 및 화폐개혁 등)로 인한 경제적 변동이 발생할 수도 있다. 따라서 이 같은 사태가 발생할 경우에 기업 등은 어떻게 대응할 것인가 하는 등의 문제가 남는다.

위와 같은 대부분의 경우 거래 당사자 간의 교섭에 의하여 문제를 해결하거나, 나아가 업계 및 거래사정에 밝은 제3자(중재인)에게 그 해결을 위임하는 상사중재제도를 생각할 수 있을 것이다. 상대교섭과 상사중재에 의하여 문제를 해결하려는 경우에는 거래 당사자 간에 합의가 있어야 하며, 합의가 성립하지 않고 의견이 대립하는 경우에 마지막으로 당사자는 소송에 의한 해결을 도모할 수 밖에 없다.

소송은 법률전문가인 재판관이 법률과 양심에 따라서 법적 정의를 실현하는 것으로 우선 적용할 수 있는 법률이 존재해야 한다. 또 상사중재의 실질적 판단에서는 중재인의 상사에 관한 합리성과 경험칙이 요구되며, 마찬가지 당사자 간의 상대교섭에서도 상사에 관한 합리성이 가치판단의 기준이 된다.

1) 국제통상법의 개념

국제통상이란 무엇인가에 대해서 아직 일치된 견해는 없으나, 일반적으로 국제통상이라 함은 '특정물품의 국제무역과 관련된 서비스·정보의 이전 및 해외투자 등 재화 및 서비스교역'을 내용으로 하는 국제 간의 거래라 할 수 있다. 즉, 국제통상이란 국가 간에 행해지는 모든 유형무역을 포함한 지적재산권·서비스교역 등과 같은 무형의 무역과 생산요소의 이동 및 국제투자를 포함하는 넓은 개념이다.

이에 대하여 국제통상법이란 국가 간의 통상관계와 관련하여 사법상의 상사관계를 규율하는 법체계로 국가 간의 무역거래 및 이에 수반하는 금융관계 등에 관한 법적규범으로 국제통상의 자유화를 위한 각국의 시장개방과 공정한 교역조건의 확보를 위하여, 상품, 서비스, 지적재산권, 자본 및 기술 등의 국제교역과 관련한 국가 간의 통상관계를 규율하는 규범으로서 그 중, WTO 규범이 그 핵심이다. 또, 다국적기업의 경쟁제한 관행, 국제통화규범, 국제과세규범 등 국제경제 주체의 경제 관계를 규율하는 역할을 담당하기도 한다.

2) 국제통상의 종류

국제통상에는 다양한 형태의 거래를 포함하는데, 그 내용도 시대에 따라서 크게 변화하였다. 제2차 세계대전 이후 1950년대까지 국제거래의 중심은 물품의 매매 및 그와 관련된 제반 거래(해상운송, 해상보험, 대금결제를 위한 은행거래 등)를 내용으로 하는 무역거래였다.

그러나 1950년대 이후 경제발전과 기술의 혁신, 교통·통신의 발달은 단순한 물품의 매매뿐만 아니라 운송·보험·금융·정보·광고 등 서비스제공의 중요성이 증가하면서 오늘날에는 이 같은 내용의 거래가 국제거래에서 가장 중요한 비중을 차지하고 있다. 또, 이 같은 경제 발전은 대규모 공장시설(plant)의 건설과 첨단기술의 국제적 이전 등 새로운 거래형태가 출현함으로써 국제통상의 모습은 더욱더 다양화되었다. 최근에는 인터넷의 보급에 따라서 전자상거래가 급속하게 발전하고 있는 가운데 새로운 거래유형의 모습으로서 자리를 잡아가고 있다.

물품의 매매와 서비스제공, 플랜트 건설 및 기술이전 등의 거래와 함께 국제거래에서 또 하나의 중심이 되는 것은 국제투자를 들 수 있다. 국제투자란 국제적 금융대출, 외국기업의 주식취득, 외국에 지점을 설립하거나 자회사를 설립하는 등과 같이 국경을 초월하여 행해지는 자본의 이전을 말한다. 국제투자에는 해외에서의 사업에 대한 경영 지배 및 경영 참가를 목적으로 하는 직접투자, 그 이외 이자와 배당 등을 목적으로 하는 간접투자(증권투자)등이 있다. 해외에 지점이나 공장을 설립하는 경우, 현지기업과 합병계약을 체결하여 사업을 하거나 기업 매수와 같이 경영 참가의 목적으로 외국회사의 주식을 취득하는 경우 등이 전자에 해당하며, 경영 지배를 동반하지 않고 외국기업에 대해서 대출과 배당을 목적으로 외국기업의 주식을 취득하는 것이 후자의 예이다.

이와 같은 국제투자 중에서 특히 대외적 직접투자는 제2차 세계대전 이후 급속히 증가하였는데, 그 결과 미국의 거대기업으로서 대표되는 다국적기업을 낳게 되었다. 우리나라의 기업도 적극적 대외직접투자를 하고 있는 가운데, 그 목적이 다양화 되고 있는 것이 최근의 경향이다.

이와 같이 국제거래는 물품과 기술, 서비스 등의 이전을 목적으로 하는 거래와 자본의 이전을 목적으로 하는 국제투자로 대별할 수 있는데, 이를 포함하는 거래의 모습이 다양하게 나타나고 있으며, 관련된 모든 거래의 내용을 본서에서 다루는 것은 양적으로 불가능하다. 따라서 본서에서는 이들 국제거래 가운데 비교적 중요하다고 생각되는 물품의 국제매매를 중심으로 하는 무역거래를 주로 살펴보도록 하겠다.

2. 국제통상의 특징

국제거래도 상거래라는 점을 고려하면 기본적으로 국내거래와 크게 다르지 않다. 그러나 당사자가 다른 국가에 영업을 위한 지점을 개설하거나, 물품이 국경을 넘어 이동하거나, 서비스를 제공하는 경우에 법률적인 측면에서 국내거래와 달리 고려해야 할 몇 가지 사항이 있다.

일반적으로 민법, 상법 등에 의하여 규율되는 국내 거래와 달리 국제거래의 경우에는 복수국가의 법률이 관련되는 것이 보통이다. 따라서 당해 거래에 대해서 어느 나라의 법률을 적용할 것인가 하는 것이 첫 번째의 문제이다. 즉, 우리나라의 물품 제조사가 미국에 있는 상사에 물품을 수출하는 경우에 그 수출과 관련한 거래에 국내법을 적용할 것인가, 아니면 미국법을 적용할 것인가 하는 문제이다. 또, 적용되는 법률은 다루는 문제에 따라서 달라진다(즉, 미국상사의 대금미결제의 문제인가 아니면 당해 제품의 결함으로 인하여 발생한 손해배상의 문제인가에 따라서 달라진다). 나아가 각국의 거래법의 내용은 반드시 같다고 할 수 없으므로 어느 국가의 법을 당해 행위에 적용할 것인가는 당사자에게 있어서 매우 중요한 문제이다.

따라서 국제거래에 관해서 각국법의 상위(相違)를 극복하기 위하여 당사국 간 또는 다자국 간에 조약에 따라서 법의 내용을 조정하거나 통일을 위한 노력을 하고 있다. 따라서 그러한 조약이 존재하는 분야에 대해서는 국내법뿐만 아니라 국제조약의 적용을 고려하지 않으면 안 된다.

국내거래에 있어서도 상거래에는 많은 관습과 관행이 존재하는 것이 보통인데, 국제거래에서도 각 거래분야에 있어서 국제적으로 독자의 관습과 관행이 존재하는 경우가 적지 않다. 이에 대한 한 예로서, 해상운송보험 분야에서 전통적 해상운송보험시장의 역사를 갖고 있는 영국의 법률과 관습에 대하여 오늘날에도 세계적인 권위를 인정하고 있으며, 세계 많은 국가에서 발행되는 보험증권에는 영국법과 관습에 따른다는 요지의 약관내용이 기재되고 있다. 국제거래에 관한 세계적 법의 통일은 지역적 및 내용적으로 아직 일부에 머무르고 있다는 점에서 이 같은 관습과 관행의 중요성은 국내거래와 비교할 때 생각보다 중요하다고 할 수 있다.

국제거래는 법률과 언어, 관습 등이 서로 다른 당사자 간에 행해지게 되므로 계약의 해석 등과 관련하여 의사소통의 문제가 발생할 수 있다는 점에서 분쟁의 발생 가능성이 매우 높다. 또, 분쟁에 대한 대응에서도 각국의 법제도와 법의식의 차이로 인하여 대응을 제대로 하지 못함으로써 예상하지 못한 분쟁으로 비화할 가능성도 매우 높다. 따라서 국제거래의 경우 국내거래에서보다 더 많은 분쟁이 발생할 수 있다는 점에서 분쟁발생에 대한 대책을 사전에 수립할 필요가 있다. 이를 위한 하나의 방법으로 가능한 상세한 내용의 계약서를 작성하는 것이 요구된다. 또, 당사자 간에 동일한 내용의 법률이 존재하지 않는 국제거래에서는 사전에 권리·의무 관계를 객관적으로 명확하게 하는 작업이 필요하다.

국제거래에서 발생하는 분쟁해결에 대해서도 국내거래의 경우와 달리 고려할 필요가 있다. 현재 국제사회에는 사법상의 법률문제에 대해서 재판을 하는 국제적인 재판기관이 없기 때문에 국제거래에서 발생하는 분쟁을 재판에 의하여 해결하려 하는 경우에는 어느 특정 국가의 국내법원에서 재판을 받아야 한다. 즉, 우리나라와 미국회사 간에 무역과 관련한 거래의 분쟁이 발생했을 경우에, 우리나라 법원에서 재판을 할 것인가 아니면 미국 혹은 제3국의 법원에서 재판을 할 것인가 하는 문제이다(국제재판관할 문제). 또, 어느 국가의 법원에서 재판하는 가에 따라서 당해 사건에 적용되는 법이 다르게 되고, 경우에 따라서 그 결론도 달라질 가능성도 있다. 따라서 어느 국가의 법원에서 재판할 것인가 하는 것은 매우 중요한 문제 가운데 하나이다.

그러나 이 점에 대해서도 각국의 국제재판관할에 관한 기준이 서로 다르다는 점에서 당사자가 특정 국가에서 재판을 희망하더라도 법원은 소의 제기를 각하하는 경우도 있다. 또, 국내사건의 경우와 달리 특정 국가의 법원에서 이행 권원을 얻었다 하더라도 그 판결에 따라서 당해 국가에서 당연히 강제집행을 할 수 있는 것도 아니다(외국판결의 승인. 집행의 문제). 따라서 피고가 판결 국에 충분한 재산을 가지고 있지 않은 경우에는 분쟁해결의 실효성의 문제가 제기된다. 이와 같이 재판에 의한 분쟁의 해결에는 여러 가지 문제점이 있으므로 국제거래에서는 재판 외 분쟁 처리 절차인 국재상사중재의 활용을 권장하고 있다. 중재는 분쟁의 해결을 사인(私人)인 제3자에게 위임하는 것으로 국제거래에 관해서는 세계적인 상업단체로 조직된 중재조직과 중재제도가 정비되어 있다. 이에 대해서는 후술하도록 하겠다.

제2절 국제통상법의 법원

1. 법원(法源)의 의의

법원(法源: fontes juris)이라는 용어는 매우 다양한 의미로 사용되고 있는데, 실질적 의미에서의 법원과 형식적 의미에서의 법원으로 나누어 살펴볼 수 있다. 실질적 의미에서의 법원이란 법을 발생시키는 행위(법정립행위, 입법자)에 착안한 능동적 관념이며, 형식적 의미에서의 법원은 그 결과로서 존재하는 법의 형태, 즉 '정태적인 관점'에서의 법의 존재형식을 말하는데, 일반적으로 법원이라 함은 후자의 의미로 사용되는 경우가 많다. 주목해야 하는 것은 역사적으로 보아 국제법의 기본구조에 거의 변화가 없는 상대적 안정기에는 법원론의 주요 관심도 형식적인 분류학이 중심이 되었으나, 국제법이 변혁과정에 있는 시기에는 법원론의 본래 관심 사항인 입법적 측면, 즉 '국제법이 어떻게 형성되는가'하는 능동적 계기의 규명으로 그 중점이 이행되었다.

이와 달리 '법원'이라는 말은 '재판에서의 준칙'이라는 의미로서 이용되는 경우도 있는데, 이 같은 의미에서 국제법의 법원에는 국제사법재판소규정 제38조 제1항(재판의 기준)의 조약, 국제관습법 외에 법원의 일반원칙이 포함되며, 판결 및 학설을 '법칙결정의 보조수단'을 들 수 있다.

2. 성문법

우리나라의 국제사법에 관한 주요 성문법원으로는 1962년 1월 15일 시행한 「섭외사법(법률 제966호)」을 들 수 있으나, 2011년 「국제사법(법률 제10629호)」이라는 법명으로 전면 개정되었다. 동법은 제9장 62개조 및 부칙으로 구성하고 있는데, 주요 규정은 권리능력(제11조), 행위능력(제13조), 법률행위(제13조 이하), 물권(제19조 이하), 채권(제25조 이하), 사무관리(제30조), 부당이득(제31조), 불법행위(제32조), 채권의 양도 및 채무의 인수(제34조), 어음 및 수표에 관한 국제사법 규정이, 제8장 어음·수표에 관한 국제사법 규정 및 해상(제9장)에 관한 권리·의무에 관한 규정을 두고 있다. 특히 어음·수표에 관한 국제사법 규정은 외환어음 및 약속어음에 관한 법률 저촉해결을 위한 조약(1930), 수표에 관한 법률 저촉해결을 위한 조약(1931)을 국내 입법화한 것이다. 나아가 국제민사절차법에 관한 규정을 민사소송법, 민사집행법, 민사보전법에서 규정하고 있다.

3. 조　　약

조약(treaty)이란 단일의 문서 또는 둘 이상의 관련 문서에 의하여 구현되고 있는지 여부 및 그 특정의 명칭에 관계없이 서면으로 국가 간에 체결되며, 국제법에 의하여 규율되는 국제적 합의를 말한다(조약법에 관한 비엔나협약 제2조). 조약에 가입하여 비준하면 그 조약은 그 국가의 국내법이 되며, 국제통상법의 중요한 법원이 된다. 그렇다고 이 비엔나협약(Vienna Convention on the Law of Treaties)[1]이 모든 국가 간의 통상관계에 적용되는 것은 아니며 단지 체약국에 대해서만 그 효력을 갖는다.

조약에는 국가 간에 체결되는 양자 간 조약(bilateral treaties)과 그 이상의 국가 간에 체결되는 다자 간 조약(multilateral treaties)이 있다. WTO 분쟁해결절차의 근간은 분쟁해결규칙 및 절차에 관한 양해각서(Understanding on Rules and Procedures Governing the Dispute Settlement: DSU)와 관세 및 무역에 관한 일반협정(General Agreement on Tariffs and Trad: GATT) 제22조, 제23조이며, 이 가운데 1993년 12월 15일 우루과이라운드[2]에서 합의된 분쟁해결규칙과 절차에 관한 양해(Understanding on Rules and Procedures Governing the Settlement of Disputes; DSU)는 WTO 분쟁절차에서 가장 중요한 법원이다.

---

1) 국가나 국제기구가 조약을 맺을 때 기준이 되는 일반조약이다. 조약이 어떤 것인지, 조약을 어떻게 체결할 것인지, 무슨 조약이 무효인지에 대해서 언급하고 있다. 1949년부터 유엔 국제법위원회(ILC)에서 초안을 내기 시작하였고, 1966년 75개 조항을 작성하였다. 1968년부터 1969년까지 오스트리아 빈에서 협의했고 1969년 5월 22일 채택되었다.

2) 우루과이라운드는 이전까지 세계무역질서를 이끌어 온 관세 및 무역에 관한 일반협정(GATT) 체제의 문제점을 해결하고 이를 다자 간 무역기구로 발전시키려는 국가 간의 협상이다. 1986년 우루과이 푼타델에스테에서 협상이 시작되었으며, 몬트리올, 제네바, 브뤼셀, 워싱턴, 도쿄에서의 협상에 이어 1994년 4월 모로코 마라케시에서 세계무역기구설립, 정부조달협정 등을 포함한 마라케시 합의문을 채택하였다.

조약의 유형과 명칭

- **조약(treaty)**

가장 격식을 요하는 정식 문서로서 주로 당사국 간의 정치적, 외교적 기본관계나 지위에 관한 포괄적인 합의를 기록하는데 사용한다. 평화, 동맹, 중립, 우호, 방위, 영토조약 등이 있으며 대개 국회의 비준동의를 요한다. 체결의 주체는 국가이다.

- 한·미 간 상호방위조약(Mutual Defense Treaty, 1953)
- 한·일 간 기본관계에 관한 조약(Treaty on Basic Relations, 1965)

- **헌장(Charter, Constitution), 규정(Statute) 또는 규약(Covenant)**

주로 국제기구를 구성하거나 특정제도를 규율하는 국제적 합의에 사용한다.

- 국제연합헌장(UN Charter, 1945)
- 국제원자력기구규정(Statute of the IAEA, 1956)
- 국제연맹규약(Covenant of the League of Nations, 1919)

- **협정(Agreement)**

정치적인 요소가 포함되지 않은 전문적, 기술적인 주제를 다룸으로써 조정하기 어렵지 않은 사안에 대한 합의에 많이 사용한다(체결 주체는 정부).

- 가장 일반적으로 사용되는 양자조약 형태이며 그 예로 투자보장협정(Investment Protection Agreement), 무역협정(Trade Agreement), 문화협정(Cultural Agreement) 등이 있다.

- **협약(Convention)**

양자조약의 경우 특정 분야 또는 기술적인 사항에 관한 입법적 성격의 합의에 많이 사용하며, "조약협약"의 경우와 같이 특정분야를 정의하고 상술하는데 사용한다.

- 외교관계에 관한 비엔나협약(Vienna Convention on Diplomatic Relations, 1961)
- 영사관계에 관한 비엔나협약(Vienna Convention on Consular Relations, 1963)

- **의정서(Protocol)**

기본적인 문서에 대한 개정이나 보충적 성격을 띠는 조약에 주로 사용하나 최근에는 전문적인 성격의 다자 간 조약에도 많이 사용한다.

- 오존층 파괴물질에 관한 몬트리올 의정서(Montreal Protocol on Substance that Delete the Ozone Layer, 1987)

- **각서교환(Exchange of Notes)**

조약은 동일서면에 체약국의 대표가 서명함으로써 체결하는데 비하여 각서교환은

일국의 대표가 그 국가의 의사를 표시한 각서(Proposing Note)를 타방 국가에 전달하면, 타방국가의 대표는 그 회답각서(Reply Note)에 전달 받은 각서의 전부 또는 중요한 부분을 확인하고 그에 대한 동의를 표시하여 합의를 성립시키는 형태이다.
- 주로 기술적 성격의 사항과 관련된 경우에 많이 사용하며 조약체결절차를 간소화함으로써 긴급한 행정수용에 부응할 수 있는 장점이 있어, 사증협정 또는 차관공여협정 등에 많이 사용한다.

■ 양해각서(Memorandum of Understanding)

합의각서(Memorandum of Understanding) 및 양해각서는 이미 합의된 내용 또는 조약 본문에 사용된 용어의 개념들을 명확히 하기 위하여 당사자 간 외교교섭의 결과 상호양해 된 사항을 확인하고 기록하는데 주로 사용하나, 최근에는 독자적인 전문적, 기술적 내용의 합의 사항에도 사용한다. 이외에, 약정(Arrangement), 합의의사록(Agreed Minutes), 잠정약정(Provisional Agreement), 의정서(Act), 최종의정서(Final Act), 일반의정서(General Act) 등 각종 용어가 사용되고 있으며, 형태 또는 용어의 사용은 국제관행상의 차이로 이들은 명칭에 관계없이 그 내용상 조약법 협약의 양국 간 합의를 구성하는 넓은 범주의 조약에 해당하는 경우, 조약으로서 동등한 효력을 가진다.

■ 기관 간 약정(Agency-to-Agency Arrangement)

기관약정은 국가 또는 정부 간에 체결하는 조약 또는 협정이 아닌 정부기관 간에 체결하는 약정이다. 국가 또는 정부 간에 체결된 모조약을 시행하기 위한 경우와 모조약의 근거 없이 소관 업무에 관한 기술적 협력 사항을 규정하는 경우로 나눌 수 있다.

4. 국제관습

국제관습은 일반규범으로서 국제사회에 적용할 수 있는 국제사법의 법원으로 인정된다. 국제거래와 관련하여 많은 기본원칙이 국제관습법으로 존재하고 있으며,[3] 국제관계에서 조약이 차지하는 비중은 크지만 조약을 지지하는 국제법적 유효성은 국제관습법을 기반으로 하고 있다. 오늘날에도 국제관습법의 성문화가 진

---

3) O. Schachter, *International Law: Theory and Practice*, 1995, p.32~33; J. Kunz, "The Nature of Customary International Law", 47 *Am. J. Int, L.,* 1953, p.663.

전되고는 있지만 성문화되지 않은 많은 국제관습이 존재하며 국적, 재산, 불법행위 등 많은 영역에 걸쳐서 국제관습이 존재하고 있다.

조약을 수락하지 않은 국가에 대해서 성문화된 조약을 적용할 수 있는 법적 근거가 국제관습이라는 점과 조약에 의하여 규율할 수 없는 법적인 공백을 대체할 수 있다.[4]

(1) 국제관습법의 성립요건

1) 일반관행의 존재

국제관습법은 국가 간의 일반관행이 법적 확신을 수반하여 형성된 불문법으로서 조약이 '국가 간의 명시적 합의'인 것에 대해서 국제관습은 '묵시의 합의'라 할 수 있다. 따라서 국제관습법은 국가 간의 묵시적 합의에 의하여 일반적으로 승인되어 법적 구속력을 갖게 된 국제관행이다. 국제관행이 국제관습법으로 성립하려면 ① 국제사회의 각 국가 간에 일정한 관행, 즉 일정한 사항에 대하여 국가 간 동일한 내용의 행위가 반복·계속되는 사실이 있어야 하고, ② 이러한 사실을 각 국가가 장래에 그 같은 관행을 준수할 것을 승인함으로서 하나의 규범이 되어야 한다. 그러나 관습법은 성문의 형태로 확립되어 있는 법이 아니기 때문에 그 존재의 입증이나 적용에서 많은 문제점을 야기할 수 있으나, 여전히 국제거래와 관련해서는 중요한 법원이 된다.

가. 관행의 성립

국제관습법이 성립하기 위해서는 법으로 수락된 일반적 관행으로서의 국제관습(international custom as evidence of a general practice accepted as law)이 존재해야 한다.[5]

---

4) 국제관습법에 관한 논의는 I.C.J.(국제사법재판소)규정 제38조 제1항에서 출발하고 있으나(국제재판소는 재판소에 회부된 분쟁을 국제법에 따라서 재판하는 것을 임무로 하며 다음을 적용한다. 가. 분쟁국에 의하여 명백히 인정된 규칙을 확립하고 있는 일반적이거나 특별한 국제협약. 나. 법으로 수락된 일반관행의 증거로서의 국제관습. 다. 문명국에 의하여 인정된 법의 일반원칙. 라. 법칙결정의 보조수단으로서 사법판결 및 제국의 가장 우수한 국제법학자의 학설. 다만, 제59조의 규정에 따를 것을 조건으로 한다), 제38조 1항이 국제법 연원의 열거조항인지, 예시조항인지 불분명하며, 국제법 연원이론을 체계화함에 있어서 I.C.J. 규정과 판례를 절대적 기준으로 보아서는 안 된다는 지적도 있다(정경수, 현대 국제관습법의 형성에 관한 연구. 고려대학교 대학원 박사학위논문 2002, 13면 이하).

5) 국제사법재판소 규정 제38조 1항 b.

즉 일정한 관행이 존재하고,[6] 그 관행에 법적 감정 또는 국제법상 법적인 인식이 존재할 때 국제관습법이 성립한다.

나. 일반적 관행

국가관행을 바탕으로 국제관습법이 되기 위해서는 관습이 '법으로 수락된 일반관행'이어야 한다(국제사법재판소규정 제38조 제1항(나)호). 즉 국제관습법의 형성은 국가관행에서 출발하여 개별적인 국가관행(practice)이 일반관행(general practice)으로 확립되는 과정임과 동시에 그 관행이 법적인 의무(opinio juris)[7]가 수반되는 과정이다.[8] 여기서 말하는 일반적 관행은 특정 관행이 국제관습법으로 형성되기 위한 일반적인 관행을 말하며,[9] 국가관행은 광범위하고 실질적으로 통일적(both extensive and virtually uniform)인 것이어야 한다. 따라서 국제관습법에서의 관습은 관행의 반복을 필요로 하며, 반복은 복수 이상의 행위를 요한다. 그러나 국제관습법의 형성에 있어서 절대적 시간적인 요소는 요하지 않으며, 나아가 장기성을 요하지도 않으며, 짧은 시간의 경과로도 국제관습이 형성될 수 있다.[10] 국제관습법의 형성에 시간적 요소의 의미는 관행의 반복성을 위한 충분조건이며 따라서 관행의 반복성이 다른 측면에서 충족된다면 짧은 시간의 경과로도 국제관습법의 형성은 가능하다.[11]

---

6) 1950년 초 아라푸라(Arafura Sea)에서의 진주조개 채취권을 둘러싸고 호주와 일본 사이에 분쟁이 발생하자, 호주 국제법학자 오코넬 교수는 동 수역에서의 진주조개의 채취는 1세기에 걸쳐 호주인들이 계속적으로 채취해온 증거가 있으므로 그것은 그들의 독립적 이익이라 주장하였다(D.P. O'Connell, "Sedentary Fisheries and the Australian Continental Shelf", 49 *American Journal of International Law,* 1955, p.188).

7) "*opinio juris*"는 법적신념 즉 일정한 관행이 법으로서 의무적이라는 신념을 말한다(M. Mendelson, "The Subjective Element in Customary International Law", 66 Br. Y.B. Int. L., 1995, p.194).

8) O. Schachter, "New Custom: Power, opinio juris and Contrary Practice", *The Theory of International Law at the threshold of the 21st Century: Essays in honour of Krzystof Skubiszewski* (J. Makarczyk(ed.), 1996, p.531.

9) R. Jenning & A. Watts (eds.), *Oppenheims's International Law, I. Peace* (9th), 1992, p.27: B. Simma & P. Alston, "The Sources of Human Right Law: Custom, Jus Cognes and General Principles", 12 *Aus.* Y.B. *Int, L.,* 1992, p.88.

10) K. Skubiszewski, supra note 18, p.834.

11) 국제적관습법의 형성이 단기간에 걸쳐서 이루어진 사례는 배타적 경제수역에 관한 Tunisia v. Libya사건과 Libya v. Malta사건이 있다. 이 같은 배타적 경제수역의 국제관습법상 확립 여부가 법원에서 다루어진 것은 1982년 Continental Shelf(Tunisia/Libya)사건과 1985년 Continental Shelf(Libya/Malta)사건이다. 1982년 Continental Shelf(Tunisia/Libya) 사건에서 "배타적 경제

다. 관행의 통일성

국제관습법의 일반관행은 동일한 규칙과 관련되므로 통일성을 전제로 한다. 즉, 관행의 통일성이란 일개 국가뿐 아니라 국가 간에도 통일되어야 한다는 것으로 내적 통일성(internal uniformity)과 집단적 통일성(collective uniform)이 존재해야 함을 의미한다. 내적 통일성은 국가관행의 주체로서 개별 국가의 관행은 그 국가 내의 관행과 일치하여야 한다는 의미이며, 집단적 통일성이란 국가관행이 국가들 사이에서 통일 또는 일치해야 한다는 의미이다. 따라서 문제가 된 관행이 국가들 사이에서 통일성이 결여되거나 중대한 불일치가 존재하는 경우에는 관행의 일반성은 존재할 수 없으며, 따라서 국제관습법은 형성되지 않는다.

라. 관행의 일반성

국제관습법의 형성에 있어서 국가관행의 형성주체는 국가이므로 국제관습법의 형성에서 국가는 수범국이자 법을 창설하는 국가로서 국제법 형성과정에 개입하게 된다. 따라서 참여는 국가의 실제 활동에 따른 적극적인 행동뿐 아니라 다른 국가들의 행동이나 주장에 대한 반응의 방식으로 이루어지기도 한다.12) 문제는 일반관행이 되기 위하여 어느 정도의 국가가 참여해야 하는가 하는 점인데, 국제사법재판소는 '국가 관행상 일반적으로 채택'되는 정도13) 및 '광범위한' 참여14)만을 요구하고 있으며,15) 반면에 보편적인 국가관행은 요구하고 있지 않다.16) 즉, 상당한 기간의 경과가 없더라도 매우 광범위하고 대표적인 참여, 특히 이해관계가 있는 국가들의 관행을 포함하는 것을 조건으로 그 자체로서 충분하다는 입장이다.17) 따라서 광범위하고 대표적인 참여는 지역적 혹은 정치적 경제적인 측면을 고려하여 그 같은 관행의 일반성을 획득한 경우에는 국제관습법으로서의 지위

수역의 개념은... 현대국제법의 일부로 간주될 수도 있다"고 불확정적으로 언급한데 비하여 1985년 Continental Shelf(Libya/Malta)사건에서는 "거리를 근거로 부여되는 규칙적인 배타적 경제수역제도가 국제법의 일부가 되었다는 것은 국가관행에 따른 것이다"라고 하고 있다.

12) M. Akehurst, supra note 62, p.16.

13) *I.C.J. Reports* 1951, p.116.

14) *I.C.J. Reports* 1969, p.42.

15) *I.C.J. Reports* 1969, p.3 at p.43.

16) K. Skubiszewski, supra note 18, p.827.

17) *I.C.J. Reports* 1969, p.3 at 42.

를 인정받게 된다.

2) 특별관습

국제관습법이 형성되기 위해서는 국가 관행상 일반적으로 채택될 수 있을 정도 및 광범위한 참여가 요구되는데, 그렇다고 소수 국가의 관행만으로 국제관습법이 형성되지 못하는 것은 아니다.[18] 이 같이 제한된 수의 국가들의 관행으로 형성되는 관습법은 일반국제법으로서 적용될 수 있는 국제관습법이 아니라 제한된 국가 사이에서만 적용되는 특별관습법이 된다.[19] 특별관습법은 일반적 주제(non-generalizable topics)가 아닌 규칙이나 특정 지역에 속하는 국가들 사이에 적용되는 규칙을 다루게 되는데,[20] 국제사법재판소는 이 같은 관습도 국제관습법의 일부로 받아들이고 있다(I.C.J. 38조 1항).[21] 그러나 일반국제관습법의 예외라는 점에서 그 존재를 확인함에 있어서는 엄격한 입증을 요구하고 있다.[22]

3) 법적 확신

국제관습법이 성립하기 위해서는 국가관행과 주관적 요소로서[23] 법적인 확신(opino juris)[24]이 필요하다. 법적 확신이란 관행을 지키는 것이 의무라는 법적인 신념을 말하며,[25] 관련 행위들이 확립된 관행에 상당할 뿐만 아니라, 이러한 관

---

18) K. Skubiszewski, supra note 18, p.830.
19) R. Jennings & A. Watts (eds.), supra note 2, p.30; O. Elias, "The Relationship between General and Particular Customary International Law". 8 Afr.. J. Int, & Comp. L., 1966, p.68; A. D'Amato, "The Concept of Special Custom in International Law" 63 Am. J. Int. L., 1969, p.212.
20) A. D'Amato, ibid., p.212~213.
21) I.C.J. Reports 1950, p.266 at p.276~277.
22) G. Fitzmaurice, supra note 11, p.68.
23) opinio juris는 국가들의 단순한 심리적 태도가 아니라 외부로 나타난 국가들의 주관적 태도를 말하며, 그 같은 태도는 국가를 구성하거나 국가에 귀속될 수 있는 행위를 하는 실체 또는 개인을 통하여 외부적으로 인식된다. 이 같은 이유로 opinio juris를 주관적 요소로 분류하며 표명되지 않고 내부로 유보된 국가의 신념 그 자체는 국제관습법 형성에 기여하지 못한다.
24) opinio juris는 관습법이 형성되기 위한 주관적 요소를 통칭하는 개념으로 로마법에 기원을 두고 오랜 기간에 걸쳐서 승인된 역사적·법적 개념으로 간주되어 왔다. 그러나 opinio juris는 로마법에서 유래하지 않았으며 나아가 오랜 역사에 걸쳐서 확립되고 통용되어 온 법적 개념이 아니다(이에 대한 상세는 정경수, "현대 국제관습법의 형성에 관한 연구", 고려대학교 대학원 박사학위 논문 132면 이하 참조).
25) Restatement (3nd). 1987, p.25.

행이 그것을 요구하는 법규칙의 존재에 의하여 의무적이라는 신념의 증거 내지 증거가 되는 방식으로 수행되어야 한다. 그 같은 신뢰, 즉 주관적인 요소의 필요는 *opinio juris sive necessitatis*의 개념에서 찾을 수 있다. 따라서 관련국들의 법적 의무감 또는 법적 신념으로서 관련국들은 법적 의무에 상당함을 준수해야 한다고 느껴지는 주관적 태도가 요구된다.[26] 즉 *opinio juris*는 외부로 표명된 법적 신념으로 국제관습법의 형성과정에서 국가들이 다른 국가들의 관행으로부터 그 국가의 법적 신념을 추론하는 것을 의미한다.[27]

따라서 법적 확신은 국가의 실제 활동을 통해서 나타나거나 추상적이고 성명의 모습으로 나타날 수도 있으며,[28] 일방적인 주장과 그에 대한 반응을 통하여 표명될 수도 있다. 나아가 국제기구 또는 국제회의의 결의 내지 선언을 통하여 국가들 또는 당사국들의 태도나 입장을 통해서도 추론할 수 있다.

특히 국가관행은 국제관습법으로 확립될 수 있는 잠재적 기능성을 가지고 있을 뿐, 국가관행이 광범위하고 통일적으로 이루어졌다 하더라도 그것은 지속된 관행에 불과하며, 그 관행이 새로운 국제관습법을 형성하는 국가관행인지, 국제관습법의 형성을 반대하는 국가관행인지,[29] 국제관습에 반하는 국가관행인지를 구별하는 데에는 어려움이 따른다. 그러나 법적 확신(*opinio juris*)은 이 같은 관행이 단순한 사실관계에 머무르지 않고 법적 규칙의 지위를 갖는 규범적 성격을 부여할 수 있다.[30] 따라서 단순한 사실에 지나지 않는 지속된 관행과 법으로서의 지위를 갖는 관습을 구분하여, 동일한 관행이라도 국제관습법의 형성에 있어서 다른 가치를 부여할 수 있다.[31]

---

26) *I.C.J.*, reports 1969, p.3 at p.44.

27) R. Müllerson, "On the Nature and Scope of Customary International Law" 2 *Aus. Rev. Int. & Eu. L.*, 1997, p.344; S. Zamora, "Is There Customary International Economic Law?", 32 *Ge. Y. Int. L.*, 1989, p.20; L. Hannikainen, *Peremptory Norms (Jus Cogens) in International Law* 1988, p.235.

28) M. Akehurst, "Custom as a Source of International Law", 47 *Br. Y.B. Int. L.*, 1974~1975, p.37.

29) 이를 *opinio non juris*라고 한다.

30) R. Walden, supra note 46, p.95.

31) M. Müllerson, supra note 43, p.349.

가. 법형성적 기능

국제관습법의 형성에서 법적 확신(*opinio juris*)의 주된 기능은 관행이 단순한 사실관계에 머무르지 않고 법적인 규칙으로 확립될 수 있는 규범적 성격을 부여하여야 하는데,[32] 이것이 국제관습법의 형성에 있어서 중심적 기능이다. 즉 법적 확신은 법적인 의무와 비법적인 의무를 구별하여 도덕(morality), 호의(courtesy), 예양(comity)으로부터의 의무와 법적 의무를 구별한다. 나아가 특정국가가 특정한 방식에 따라서 습관적으로 행동하더라도 그것이 국제법상의 의무인지 아니면 허용되는 것인지를 결정하여야 한다.

나. 법형성배제 기능

국제법 형성과정에서 나타난 법적 확신(opinio juris)은 국제법의 형성을 지연시킬 수도 있으며 부정하거나 배제시킬 수도 있다. 또 국제관습법의 확신과 관련하여 법적 확신이 수반된 일반관행으로 존재하는지 여부가 다소 불확실한 경우, 특히 특정 분쟁과 관련하여 한 당사국에 의하여 법적 확신의 존재가 부정되는 경우에 법형성배제에 대한 검토는 관련 관행이 국제관습법으로 확립되었다는 것을 부정할 수 있는 유력한 수단이 되기도 한다.

(2) 입증문제

1) 입증이 필요한 경우

문제가 된 국가관행이 광범위하고 통일적으로 확립되어 있을 뿐만 아니라 이해관련국들이 참여함으로써 국가들의 일반관행이 충분하게 확립되어 있는 경우, 국가들의 일반관행으로부터 *opinio juris*의 수반 및 존재는 당연히 추론되므로 *opinio juris*의 입증과정은 생략된다.[33] 그러나 문제가 된 규칙과 반대되는 관행이 존재하거나 당사국에 의하여 국제관습법의 존재가 부인되는 경우에는 *opinio juris*의 입증의 문제는 중요하게 다루어지게 된다.

---

32) H. Kelsen, *Principles of International Law* 1952, p.440; R. Walden, supra note 15, p.362.
33) K. Skubiszeski, supra note 1, p.844~845.

2) 입증이 불필요한 경우

오랜 기간의 경과를 통하여 형성된 국제관습법은 관행의 통일성과 일반성이 충분히 확립될 가능성이 높으며, 그러므로 그 규칙의 법적 권위에 대한 논란의 여지는 줄어들게 된다.[34] 따라서 일정한 국가관행이 국제법 규율에 적합한 대상이며, 그 관행에 이해관련국들을 포함하여 광범위하고 통일적으로 이루어지면서 반대의 관행이 없거나 극희 희소한 경우에는 *opinio juris*의 입증의 필요성이 제기되지 않는데, 그러한 관행으로부터 *opinio juris*의 존재가 추론되기 때문이다.[35]

제3절 국제통상관계에 적용되는 법률

Ⅰ 개 설

우리나라의 자동차 제조사가 미국의 자동차 딜러에게 자동차를 수출하는 경우에 여러 가지의 법률이 적용되게 된다. 나아가, 당사자가 선택한 국가의 민법 또는 상법에 따라서 매매계약을 체결하고 해상운송과 해상보험의 가입을 준비해야 하는데, 이 경우에도 어느 국가의 법에 따를 것인가의 문제가 사법의 저촉에 관한 국제사법이다. 또, 거래분야에 따라서는(항공운송 등) 국제조약의 적용도 문제가 된다. 나아가, 매매계약이 체결되더라도 우리나라 외국환거래법과 미국의 통상법의 경우와 같이 각국은 수출입거래에 관하여 여러 규제를 가하고 있으므로 실질적으로 계약을 이행하기 위해서는 이들 규제를 따르지 않으면 안 된다. 또 만약 거래 당사자 간에 분쟁이 발생할 경우에는 분쟁해결을 위한 절차법의 적용도 문제가 된다.

이와 같이 국제거래의 경우 여러 가지 법규에 의하여 규제되게 되는데, 그 가운데 각국의 사법(민법, 상법 등) 및 공법(외국환거래법, 독점금지법 등), 국제사법, 절차법

---

34) U. Fastenrath, "Relative Normativity in International Law", 4 *Eu. J. Int. L.*, 1993, p.319.
35) H. Charlesworth, supra note 47, p.10; G. Danilenko, supra note 38, p.35.

(민사소송법 등), 나아가 당사국 간 및 다수국가 간의 조약에 따라서 형성된 국제법 등 광범위한 분야를 포함하게 되는데, 본서는 국제거래의 전반적인 범위에 걸쳐 이해하는 시각에서 국제거래에 관한 법규제 전체를 국제통상법이라 칭하도록 하겠다.36)

Ⅱ 국제거래와 관련한 법률

국제거래에 관한 법률 전체를 국제통상법으로 이해하는 경우에 마찬가지로 국제거래 규제를 그 대상으로 하는 국제경제법과의 관계가 문제된다. 오늘날 국제경제법에 대한 명확한 정의가 확립되어 있지 않은 점을 고려할 때 양자의 관계를 일반적으로 논하기에 어려움이 있으나, 국제경제법이 주로 조약 등 국제법을 중심으로 국제경제질서 유지를 목적으로 하는 국제거래에 관한 법 규제의 문제를 다루는 반면에, 국제통상법은 주로 개인과 기업 등의 경제주체의 시점에서 국제통상에 관한 법 규제를 고찰하는 것이라 할 수 있다. 따라서 본서에서도 기본적으로 거래 당사자인 개인과 기업의 입장에서 국제통상에 관한 법 규제를 중심으로 검토하도록 하겠다.

국제통상법의 내용에는 각국의 사법 및 공법, 사법의 저촉에 관한 국제사법, 분쟁해결에 관한 절차법, 조약에 의하여 형성된 통일사법, 국제거래에 관한 공법적 규제를 규율하는 당사국 간 및 다자국 간의 조약, 나아가 국제적인 상사관습 등 다양한 것이 포함된다.

각국의 국내법으로서의 민법과 상법 등의 규정은 일반적으로 직접국제거래를 위한 목적으로 입법화된 것은 아니다. 그러나 그것이 국제거래와 관련하여 적용될 경우에는 국제거래법으로서의 기능을 갖게 된다. 이에 대해서 국제사법, 통일사법 및 국제통상관계를 규제하는 공법적 규정 등은 주로 국제거래를 위하여 입법화된 것이다. 또, 국가가 제정한 법률과 국가 간에 체결된 조약 이외의 국제거래에서 거래 당사자가 속한 일반단체에 의하여 작성된 자주적 규범으로서 통일규칙과 표준계약약관 등도 국제거래와 관련하여 중요한 의미를 갖는다.

---

36) 국제거래법이라는 용어의 사용에 대해서 오늘날에도 확립된 견해는 존재하지 않으며, 연구자의 문제 관심에 따라서 편의적으로 사용하고 있다.

Ⅲ · 국제사법

1. 의   의

각 국가의 재산법의 내용은 국가마다 많은 차이가 나는데, 이 같은 내용상의 차이를 극복하기 위하여 국제적인 통일을 위한 노력이 진행되고 있으나, 세계적 법통일이 실현되기에는 상당한 시간이 필요할 것으로 보인다. 이 같은 이유로 현재로서는 각국법의 상위를 전제로 국제거래관계를 규정할 수밖에 없는 실정이다. 즉, 국제사법은 섭외적 사법 관계에 적용할 사법(준거법)을 지정하는 법규범으로 섭외적인 법률관계에 관련한 국가들의 법 가운데 당해 법률관계를 규율하는 가장 적당한 법을 선택하여 적용함으로써 실질적으로 당해 법률관계를 규율하기 위한 것이다. 다시 말하면, 다수국가들의 법률 가운데 당해 법률관계에 적용할 법을 선택하는 법칙이 국제사법이다. 예를 들어 일본에 거주하고 있는 한국인이 미국 뉴욕 주에 부동산을 남기고 사망한 경우, 해당 부동산의 상속인으로서의 자격을 가진 자를 일본법에 의하여 결정할 것인지, 우리나라 법률에 의할 것인지 아니면, 뉴욕주법에 의할 것인지를 결정하지 않으면 안 된다. 이 같은 경우 일본·한국·뉴욕주 가운데 어느 국가·지역(법역)의 상속법에 의할지를 결정하는 법이 국제사법이다.

이는 법의 저촉을 해결하는 법이므로 이를 저촉법(kolisionsrecht)이라고도 하는데, 영미법국가에서는 준국제사법을 포함하는 개념으로 파악하여 이를 법의 저촉(conflict of rule)이라고도 한다.

일본은 "법의 적용에 관한 통칙법(法の適用に関する通則法, 2006)"을 제정하여 시행하고 있으며, 중국은 섭외민사관계법률적용법을 제정하여 시행하고 있다. 유럽연합은 계약상 채무의 준거법에 관한 2008년 6월 17일 유럽 의회 및 위원회 규칙 No. 593/2008(Rome I)(REGULATION)(EC), No.593/2008 OF THE EUROPEAN PARLIAMENT AND OF THE COUNCIL of 17 June 2008 on the law applicable to contractual obligations(Rome I), 비계약적 채무의 준거법에 관한 2007년 7월 11일 유럽 의회 및 위원회 규칙 No.864/2007(Rome II)(REGULATION)(EC), No.864/2007 OF THE EUROPEAN PARLIAMENT AND OF THE COUNCIL of 11 July 2007 on the law applicable to non-contractual obligations(Rome II)이 있으며, 스위스와 오스트리아는 "국제사법에 관한 연방법률(Bundesgesetz über das Internationale Privatrecht)"이라는 명칭을, 이탈리아는 "국제사법(Diritto internazionale privato)"이라는 명칭을 가진 단행 법률로 되어 있다. 독일은 단행 법률이 아니라, 민법시행법(EGBGB)에서 그 내용을 규정하면서, 국제사법이 규정된 장(章)의 제목을 "국제사법(Internationales Privatrecht)"이라고 하고 있고, 프랑스의 경우에는 민법의 일부로 규정되어 있으며, 네덜란드에서는 민법전 제10장에서 국제사법에 관한 조항을 두고 있다.

(1) 소비자를 위한 특별규정

섭외적인 소비자계약이 (i) 소비자의 상대방이 계약을 맺기에 앞서 그 국가에서 광고에 의한 거래의 권유 등 직업 또는 영업활동을 하거나 그 국가 외의 지역에서 그 국가로 광고에 의한 거래의 권유 등 직업 또는 영업활동을 행하고, 소비자가 그 국가에서 계약을 맺기에 필요한 행위를 한 경우(국제사법 제27조 제1항 1호), (ii) 소비자의 상대방이 그 국가에서 소비자의 주문을 받은 경우, (iii) 소비자의 상대방이 소비자로 하여금 외국에 가서 주문을 하도록 유도한 경우(국제사법 제27조 제1항 3호), (iv) 소비자의 상대방이 소비자로 하여금 외국에 가서 주문을 하도록 유도한 경우 등에는 소비자의 계약상대방이 국제재판관할을 이용하여 소비자에게 불리한 법정지를 선택하지 못하도록 하기 위하여, 소비자보호 차원에서 소비자와 상대방 사이의 관할선택의 폭에 차등을 두고 있다. 따라서 소비자가 원고인 경우에는 자신의 상거소지에서도 상대방에 대한 소를 제기할 수 있는 반면에(제27조 제4항), 소비자가 피고인 경우에는 소비자의 상거소지에서만 제기할 수 있도록 규정하고 있다(제27조 제5항). 또한 소비자에게 불리한 국제재판관할의 합의를 막기 위하여 당사자 사이의 재판관할의 합의는 사후적 합의만을 인정하고 있으며 사전합의일 경우에는 소비자에게 유리한 추가적 합의만을 인정하고 있다(제27조 제6항).

(2) 근로자를 위한 특별규정

근로자를 보호하기 위한 국제재판관할을 규정하고 있는데, 근로계약과 관련된 소송에서 근로자가 원고인 경우에는 일상적 노무제공지 또는 최종 일상적 노무제공지에서도 사용자에 대한 소를 제기할 수 있는 반면에(제28조 제3항), 근로자가 피고인 경우에는 근로자의 상거소지 또는 일상적 노무제공지에서만 제기할 수 있도록 하였다(제28조 제4항). 아울러 근로자에게 불리한 국제재판관할의 합의를 막기 위하여 당사자 사이의 재판관할 합의는 사후적 합의만을 인정하고 사전합의일 경우에는 근로자에게 유리한 추가적 합의만을 인정하고 있다(제28조 제5항).

> 📎 국제재판관할에 관한 판례(대법원 2005. 1. 27. 선고 2002다59788 판결)
> 국제재판관할을 결정함에 있어서는 당사자 간의 공평, 재판의 적정, 신속 및 경제를 기한다는 기본이념에 따라야 할 것이고, 구체적으로는 소송당사자들의 공평, 편의 그리고 예측가능성과 같은 개인적인 이익뿐만 아니라 재판의 적정, 신속, 효율 및 판결의 실효성 등과 같은 법원 내지 국가의 이익도 함께 고려하여야 할 것이며, 이러한 다양한 이익 중 어떠한 이익을 보호할 필요가 있을지 여부는 개별 사건에서 법정지(法廷地)와 당사자와의 실질적 관련성 및 법정지와 분쟁이 된 사안과의 실질적 관련성을 객관적인 기준으로 삼아 합리적으로 판단하여야 한다.

2. 저촉법과 실체법

국제사법은 관계국들의 사법상의 내용이 서로 다름을 전제로 그 같은 상태에 있는 다수국가의 법률이 상호 저촉하고 있는 것과 같은 외관을 보인다는 점에서 이를 법의 저촉이라고 한다. 영미법에서는 불문법에 의하여 규율하고 있으므로 성문법전은 없으나, 국제사법(private international law, international private law) 또는 저촉법(conflict of law)이라는 용어를 사용한다. 예를 들어 미국인의 남편과 한국인 처와의 이혼에서는 미국법과 한국법이 서로 저촉하는 것처럼 보인다. 그러나 국제사법의 목적은 법률저촉 그 자체가 아니라 그 같은 법률저촉의 상태를 해결하는, 즉 상호 저촉하는 법률 가운데 준거법을 선택하는 것이다(법률선택법). 이에 대하여 개개의 법률관계를 구체적으로 직접 규율하는 각국의 민법, 상법 등의 사법을 실체법이라고 한다. 그리고 이들 실체법이 저촉법에 의하여 계약체결지와 물건의 소재지 등 그 어떤 요소를(연결소, 연결점) 통해서 당해 법률관계에 적용되도록 지정했을 때 이 같은 실체법을 준거법이라 한다. 또, 법률의 저촉을 해결하기 위한 법칙을 협의의 국제사법이라 하고, 그것에 국제민사소송 등 국제민사절차법을 포함하여 광의의 국제사법이라고 하는 경우도 있다.

Ⅳ 통일된 국제사법

1. 사법의 국제적 통일을 위한 노력

제2차 세계대전 이후 국제통상관계는 비약적으로 발전하였으나 국제 간의 거래에 적용되는 법률이 각 국가마다 다르므로 국제통상관계의 큰 장애가 되었다. 이 같은 문제를 해결하기 위한 국제사법을 생각할 수 있으나, 각국의 국제사법도 서로 다르다는 점에서 판결의 국제적 조화가 실현될 수 없는 과제가 남게 되었다.

오늘날의 국제사법은 대부분의 국가들의 경우 국내법으로 규정하고 있다. 따라서 각국의 국제사법의 규정은 국가마다 서로 다르고 통일되어 있지 않았기 때문에 어느 국가의 법원에서 재판을 하느냐에 따라서 적용되는 준거법도 다르게 된다. 결국 동일한 사건이라도 재판을 하게 되는 국가에 따라서 다소 달리 판단할 수 있으므로(판결의 국제적 부조화) 국제사회의 사법적 안정성을 유지하기 위한 목적을 달성할 수 없다. 결국 판결의 부조화는 자기에게 유리한 국가를 선택하여 소송을 제기하는 법정지(法廷地) 쇼핑(forum shopping) 사태를 조장할 수 있는 등의 문제점이 지적되면서, 19세기 말 이후 각국은 국제사법의 통일화를 위한 움직임을 가속화하고 있다.

그렇다고 사법의 통일 또는 통일법의 개념도 명료한 것은 아니다. 통일법은 국제조약에 의하여 성립하고 조약을 체결한 국가에 대해서 동일한 구속력을 갖는 것을 말한다. 이 같은 이유로 서명이나 비준을 하지 않았거나 유보하는 국가 등이 있어 사법의 국제적 통일을 이루는 데에는 많은 어려움이 따르고 있다. 이 같은 이유로 통일법을 단순히 모델법으로 작성하고 각국은 그 모델법에 의하여 임의로 동일한 내용의 법을 규정하기를 권고하기도 한다. 나아가 통일법과 국내법과의 관계에서 조약을 비준하면 국내법으로서의 효력을 갖는 경우도 있지만(비엔나협약 등) 많은 경우에는 조약과 동일한 내용의 국내법을 제정하고 있다(어음·수표법, 국제해상물품운송법 등).

2. 통일 조약

국제사법을 통일하기 위하여 가장 중요한 역할을 한 것은 헤이그 국제사법회의 (Hague Conference on International Private Law)이다. 1893년 네덜란드 정부의 발의로 유럽 국가의 대표자들이 네덜란드 헤이그에 모여 국제사법 통일을 위한 제1차 회의를 개최하였다.[37] 이후 1926년 로마에서 사법통일을 위한 국제회의(International Institute for the Unification of Private Law: UNIDROIT)가 설립되어[38] 사법의 국제적 통일을 위한 활동을 본격화하기 시작하였는데, 이 회의에서 국제물품매매법 통일초안을 준비하기 시작하였다. 그러나 제2차 세계대전의 발발로 중단되었다가 국제사법통일을 위한 작업은 1966년 국제연합의 결의로서, 국제연합의 기관인 유엔국제상거래법위원회 (United Nations Commission on International Trade Law: UNCITRAL)가 담당하였고, 1980년 3월 오스트리아 빈에서 열린 외교회의에 참석한 62개 국가와 8개 국제기구의 만장일치로 「국제물품매매계약에 관한 유엔협약(United Nations Convention on Contracts for the International Sale of Goods)」[39]을 통과시켰다.

우리나라는 사법통일을 위한 국제회의 총회 제18차 회기(1996. 9. 30.~10. 19.)에 Observer 자격으로 참가한 바 있으며, 이후 사법 분야의 국제입법과정에 적극적으로 동참하기 위하여 1997년 8월 20일 동 기구에 정식으로 가입하였다. 2001년에는 현재 헤이그 사법회의가 채택한 협약 중 최초로 「1965년 민사 또는 상사의 재판상 및 재판외 문서의 해외 송달에 관한 헤이그 협약(Convention on the Service Abroade of Judicial and Extrajudicial Doument in Civil or Commercial Matters)」에 가입하였다.

---

37) 헤이그 국제사법회의(Hague Conference on Private International Law)는 네덜란드 법학자 아쎄르(T.M.C. Asser) 및 이태리 법학자 만시니(P.S. Mancini)의 건의에 의하여 국제사법 규칙의 점진적 통일화를 목적으로 네덜란드 정부에 의하여 1893년 최초로 소집되었다.

38) 1926년 4월 20일 이탈리아 정부와 국제연맹(The League of Nations) 간의 협약에 의하여 국제연맹 보조기구로 로마에 설립하여, 1940년 UNIDROIT 규정(Statute) 채택으로 국제연맹으로부터 독립된 정부 간 기구로 발족하였다. UNIDROIT는 국가 간 사법의 조화, 조정 방법의 연구와 통일사법의 점진적 채택을 목적으로 설립되어 ① 통일적인 국내법 제정을 목적으로 하는 법률안 또는 협약안의 준비, ② 사법 분야에서의 국제관계 증진을 위한 협약안 준비, ③ 사법 분야에서의 비교법적 연구 수행, 각종 국제회의 개최와 연구자료 발간 등 기본 업무를 수행하고 있다. 우리나라는 1981년 6월 25일 가입하여 활동하고 있다.

39) 이 협약은 자기 집행적(self-executing)조약으로, 별도의 입법 장치가 없더라도 국제매매에 적용이 가능하도록 구체적으로 규정하고 있다.

　　헤이그 국제사법회의는 개별적 주제마다 조약이 작성되는데, 국제거래와 관련한 것으로 「유체동산의 국제매매에 적용하는 법률에 관한 조약(1955)」, 「외국회사의 법인격의 승인에 관한 협약(1956)」, 「제조물책임의 준거법에 관한 조약(1973)」, 「대리의 준거법에 관한 조약(1978)」, 「신탁의 준거법에 관한 조약(1978)」, 「국제물품매매계약의 준거법에 관한 조약(1986)」, 「구좌관리기관에 의하여 보유된 증권에 관한 권리의 준거법에 관한 조약(2006)」 등 기타 「민사소송절차에 관한 준거법에 관한 조약(1954)」과 「민사 또는 상사의 재판상 및 재판외 문서의 해외 송달에 관한 조약(1965)」, 「해외에서의 민사 또는 상사에 관한 증거수집에 관한 조약(1970)」, 「관할합의에 관한 조약(2005)」 등 민사소송에 관한 몇 가지의 조약이 있다.

　　나아가 국제사법통일을 위한 노력은 이전의 국제연맹과 오늘날 국제연합 같은 조직에서도 진행되었다. 그 가운데 중요한 것으로 「외국중재판정의 승인 및 집행에 관한 협약(1927)」, 「외환어음 및 약속어음에 관한 법률 저촉해결을 위한 조약(1930)」, 「수표에 관한 법률 저촉해결을 위한 조약(1931)」, 「외국중재판정의 승인 및 집행에 관한 협약(Convention on the Recognition and Enforcement of Foreign Arbitral Awards)(1958)」 등이 있다.

　　또 지역적 통일을 위한 유럽연합(EU)의 사법의 통일이 있다. 유럽은 EU 성립 이전에도 가맹국 간에 「민사 및 상사에 관한 재판관할 및 판결 승인에 관한 조약(1968, 브뤼셀 조약)」과 「계약채무의 준거법에 관한 조약(1980)(로마 조약)」이 체결되어 있었으나, EU가 발족하면서 유럽공동체의 입법권한이 확충되었고 국제사법에 관해서도 EU규칙으로 법통일이 진행되고 있다. 이미 앞의 2가지 조약 모두 규칙화되었고(2000, 브뤼셀 I 총칙)(2008, 로마 I 총칙) 민사사건의 사법적 협력을 위하여 새롭게 EU 가맹국 간에 문서송달과 증거수집에 관한 규칙을 제정하여 저촉규정에 대해서도 「계약외 채무의 준거법에 관한 유럽의회 및 이사회 규칙(2007)(로마 II 규칙)」을 제정함으로서 국제사법의 EU법제화를 완성하였다. 기타 지역적 국제사법의 통일을 위한 노력은 라틴아메리카 국가들에서도 적극적으로 진행되고 있다.

Ⅴ 섭외사법

　　각국의 실체법 가운데에는 섭외사법관계를 직접 규율하는 법규가 존재한다.

우리 민법에서는 외국인의 권리능력에 관하여 아무런 규정을 두고 있지 않는데, 이는 외국인이라 하더라도 대한민국 영토에 있는 한 우리나라 국민과 같은 평등한 권리능력을 인정하는 것이 원칙이기 때문이다.

나아가, 외국인의 재판청구권 일반에 대해서도 직접적으로 규정하고 있는 국내법규는 없다. 다만 민사소송법 제57조에서 간접적으로 외국인이 대한민국 법원에 민사소송절차에서 당사자가 될 수 있음을 예정하고 있다. 이는 당사자가 외국인인 경우를 포함하여 국제민사사건에 관하여 국내법원에서 재판관할을 행사할 수 있음을 전제로 국제사법도 간접적으로 외국인에 대한 재판청구권을 규정하고 있는 것이다.

또, 채무자 회생 및 파산에 관한 법률 제2조에서 동법의 적용에 있어 외국인 또는 외국법인이 대한민국 국민 또는 대한민국 법인과 동일한 지위를 갖는다고 명시하고 있으므로 동법에 의하여 인정되는 회생채권 및 회생담보권 조사확정의 재판(제170조), 채권조사확정판결에 대한 이의의 소(제171조) 등 소송절차에 있어서 재판청구권을 인정받을 수 있다.

이 같은 법규를 일반적 섭외실체법이라 하는데, 다른 사법 규정과 달리 섭외적 법률관계를 직접 규율의 대상으로 하므로 내외의 실체법을 지정하는 국제사법상의 적용관계가 문제된다. 이들 규정도 어디까지나 저촉규정에 의한 지정의 결과이므로 저촉규정에 대한 관계에서 볼 때 다른 실체법 일반과 다르지 않다. 그러나 실제적으로 보면 이들 규정은 그 규정이 예정하는 요건을 충족하는 한 일반적으로 국제사법규정에 의하지 않고 직접 적용되는 것이 보통이므로 결과적으로 섭외실체법의 적용에 관해서는 보통 국제사법규정이 적용되지 않고, 그 적용은 각각의 규정마다 별개의 근거(특별한 근거)에 따르는 것이다.

Ⅵ 통일사법

1. 의   의

국제거래가 안전하고 원활하게 수행되기 위해서는 세계 모든 국가들의 관련법이 통일된 내용으로 규율하는 것이 가장 바람직하다. 이론적으로 경제적 합리성을 바탕으로 하는 거래법 분야에서 법의 통일은 가능하며, 이 같은 목적으로 국제사법통일연구소(International Institute for the Unification of Private Law: UNIDROIT)[40]와 국제연합의 국제무역법 위원회(UNCITRAL)[41]등의 국제기관은 이제까지 법의 통일을 위한 노력으로 UNIDROIT 설립 이후 약 70여 주제를 검토하여, 그 가운데 외교회의 등을 거쳐 13개 협약 및 협정을 채택하였는데 그 주요 내용은 다음과 같다.

년 도	협약 및 의정서 명칭
1964	물품 국제매매에 대한 통일법에 관한 협약(헤이그) (Convention relating to a Unifrom Law on the International sale of Goods)
1964	물품 국제매매계약 성립에 대한 통일법에 관한 협약(헤이그) (Conventin relating to a Uniform Law on the Formation of Contracts for International Sale of Goods)
1970	여행계약에 대한 국제 협약(브뤼셀) (International Convention on Travel Contracts)
1973	국제 증언 성립에 대한 통일법에 관한 협약(워싱턴 D.C) (Convention providing a Uniform Law on the Form of an International Will)
1983	물품 국제매매 대행에 관한 협약(제네바) (Convention on Agency in the International Sale of Goods)
1988	국제 금융리스에 관한 UNIDROIT협약(오타와) UNIDROIT Convention on International Financial Leasing)
1988	국제 팩터링에 관한 UNIDROIT협약(오타와) (UNIDROIT Convention on International Factoring)

---

40) UNIDROIT는 로마 Villa Aldobrandini에 있는 독립적인 정부 간 기구이다. 설립목적은 국가와 국가 간의 사적 및 특히 상법의 근대화와 조화 및 조율을 목적으로 하고 있다. UNIDROIT는 국제연맹 부속기관으로 1926년 설립되었으나 국제연맹 해체 후 다자협정에 의하여 1940년 다시 설립되었다. 회원국은 2016년 6월 6일 현재 63개국으로 우리나라는 1981년 1월 1일 가입하였다.

41) 유엔국제무역법 위원회(United Nations Commission on International Trade Law)는 국제무역의 단계적인 조화와 통일을 목적으로 1966년 12월 17일 유엔총회결의 2205에 의하여 설립된 유엔 조직이다. UNCITRAL은 국제무역법 분야에서 유엔의 중심적 법률기관으로 중재, 조정, 국제물품매매, 전자상거래 등과 관련하여 국제적으로 활용되고 있다.
유엔총회결의 2205에 의하여 29개 유엔 가맹국으로 구성되어, 1973년에는 36개국으로 늘었고, 현재에는 60개 가맹국으로 구성하고 있다. 우리나라는 2013년에 가입하였다.

1995	도난 또는 불법 반출된 문화재에 관한 UNIDROIT협약(로마) (UNIDROIT Convention on Stolen or Illegally Exported Cultural Objects)
2001	이동장비 국제담보권에 관한 협약(케이프타운) (Convention on International Interests in Mobile Equipment)
2001	항공기 장비의 고유한 문제에 대한 이동장비 국제담보권에 관한 협약(케이프타운) (Protocol to the Convention on International Interests in Mobile Equipment on Matters Specific to Aircraft Equipment)
2007	철도차량의 고유한 문제에 대한 이동장비 국제담보권에 관한 협약에 관한 의정서(룩셈부르크) (Luxembourg Protocol to the Convention on International Interests in Mobile Equipment on Matters Specific to Railway Rolling Stock)
2009	간접보유증권에 관한 실체 규칙에 관한 UNIDROIT협약(제네바) (UNIDROIT Convention on Substantive Rules for Intermediated Securities)
2012	우주 자산의 고유한 문제에 대한 이동장비 국제탐보권에 관한 협약에 관한 의정서(베를린) (Protocal to the Convention on International Interests in Mobile Equipment on Matters Specific to Space Assets)

위와 같은 법의 통일을 위한 노력으로 다음 2가지의 방법을 생각할 수 있다.

(1) 세계통일사법

어음법 통일 운동은 18세기부터 시작되어 19세기 말에 국제법 협회 및 국제법 학회 등에 의하여 통일안이 작성되기 시작하였다. 1910년 처음 독일과 이탈리아의 제의로 네덜란드 헤이그에서 어음법통일회의가 개최되었다. 1912년 헤이그에서 개최된 제2차 통일회의에서 어음통일에 관한 협약과 80개조에 달하는 환어음·약속어음 통일규칙을 제정하여 26개국의 대표가 서명하였다. 그 이후 각국의 사정 등에 의하여 비준이 연기되었다가 제1차 세계대전이 발발함으로써 통일운동은 중단되었다.

제1차 세계대전이 종료된 이후, 1930년 5월 31일부터 6월 7일까지 제네바에서 31개국이 참여하여 어음법통일회의를 개최하였는데, 본 회의에서는 3가지의 협약이 성립되었다. 즉, (i) 환어음과 약속어음에 관한 통일법을 제정하는 협약 (convention portant loi uniforme sur les lettres de change et billets a ordre)으로, 각 체약국은

이 협약의 부속서 제1에서, 통일법의 내용을 자국어로 번역하여 각국의 영토 내에서 시행할 의무 규정하고 있다. 본 협약에는 두 개의 부속서가 있는데, 하나는 통일어음법의 조문이고 다른 하나는 유보사항에 관한 것으로 각국의 고유한 사정에 따라 통일법과 다른 규정을 둘 수 있도록 하는 한계를 규정하고 있다. (ⅱ) 환어음과 약속어음에 관한 법률의 저촉을 해결하기 위한 협약(convention clestines a regler certain conflits de loisen matiere de lettre de changes et de billets a ordre)으로, 이것은 어음국제사법에 관한 내용이다. (ⅲ) 환어음과 약속어음의 인지에 관한 협약(convention relative au droit de tim— breen matiere de lettre de change et billet a ordre)으로, 이 협약은 어음행위의 효력 또는 이로 인하여 발생하는 권리의 행사를 인지법의 준수에 관련시키지 않도록 하는 것이다.

이들 협약은 1934년 1월 1일 발효하여 26개국 이상이 비준하고 있다. 스페인은 서명만 하였고, 미국은 회의에 참가하지 않았으며, 영국은 인지법에 관한 협약에만 조인함으로서 통일어음법은 영미법은 통일시키지 못하고 대륙법계만를 통일하는 한계를 노출하였다. 그러나 회의에 참가하지 않은 국가들도 통일법을 기초로 어음법을 제정하고 있다.

우리나라의 어음법도 이 통일법을 근거로 제정되었다. 통일법은 독일법의 성격이 강하고, 독일과 프랑스 간의 상위점이 유보사항으로 되어 있어서 그 차이점은 여전히 존재하고 있다. 또, 통일법을 국내법으로 시행함에 있어서는 각국에서 규정의 해석과 관련하여 일치하지 않을 수도 있다. 이 같은 문제를 해결하기 위하여 UN 국제상거래법위원회는 1972년 국제어음에 관한 통일법률을 마련하여 1977년 초반에 수정하였는데, 이는 통일어음법의 제정을 목적으로 하는 것이 아닌, 통일어음법이 통일법과 영미법으로 양분되어 국제적인 거래관계에서 불편한 문제를 야기하므로, 이를 해결하기 위한 국제결재관계의 통일을 도모하는데 그 목적이 있다.

수표법의 통일운동도 1912년 헤이그 회의에서 34개조의 통일수표규칙을 마련하였으나, 그 역시 제1차 세계대전으로 중단되었다. 이후에 국제연맹이 소집되어 1931년 2월 23일부터 3월 19일까지 열린 제네바의 수표법통일협회에서 다음의 협약을 수립하였다. (ⅰ) 수표에 관한 통일법을 제정하는 협약으로, 본 협약에는 두 개의 부속서가 포함되는데 제1은 57조에 달하는 통일수표법 조문이며, 제2는 체약국을 위한 31조의 유보사항으로 되어 있다. (ⅱ) 수표에 관한 법률저촉해결을 위한 협약, (ⅲ) 수표의 인지법에 관한 협약 등이 제정되었다. 그러나 통일 어음법과 마찬가지로 영미 및 영미법계의 넓은 법역은 통일시키지 못하였다.

이외에 지적소유권에 관한 「공업소유권보호를 위한 파리 협약(Paris Convention for the Protection of Industrial Property)(1883. 3. 20.)」,[42] 「문학 및 미술적 저작물에 관한 베른 협약(Berne Convention for the Protection of Literary and Artistic Work)(1886)」[43] 등을 들수 있다.

(2) 통일사법의 국제법적 형식[44]

각국 사법의 규정을 존중하면서 국제거래의 경우에는 이에 적용하는 별개의 통일사법을 제정하는 것이다. 즉, 1999년 '국제항공운송에 있어서의 일부 규칙 통일을 위한 협약(Convention for the Unification of Certain Rules for International Carriage by Air

---

42) 이 협약은 특허·실용신안·의장·상표·서비스마크·상호·원산지 표시 또는 원산지 명칭 및 부당경쟁 방지 등의 공업소유권보호 및 국제적 통일을 위한 준칙으로 산업재산권보호를 위해 만들어졌다.

따라서 공업소유권은 가장 넓은 뜻으로 해석되는데, 본래의 공업 및 상업뿐만 아니라 농업 및 채취산업과 포도주·곡물·엽연초·과일·가축·광물·광수(鑛水)·맥주·꽃 및 곡분과 같은 모든 제조 또는 천연산품에 대하여도 적용된다. 또한, 특허에는 수입특허·개량특허·추가특허 또는 증명 등 동맹국의 법에 의하여 인정되는 각종의 특허가 포함된다.

이 협약은 개방조약으로서 원체약국 이외의 국가는 신청에 의하여 언제든지 가입할 수 있다. 협약에 의한 기관으로는 동맹국으로 구성되는 동맹총회와 동맹의 관리업무를 행하는 국제사무국이 있다. 사무국은 스위스 정부의 감독 하에 베른에 설치되어 있다.

본 협약의 주요 내용은 ① 가맹국의 내외국민에 대한 평등원칙 보장, ② 동맹국에서의 특허출원 및 실용신안·의장등록출원의 우선권 부여, ③ 외국등록표장의 취급 및 주지표장의 보호, ④ 국가의 분장과 단체의 표장 및 상호의 보호, ⑤ 표장의 양도, ⑥ 표장 부정사용의 방지, 원산지 사칭 및 부정경쟁에 대한 조치, 부정경쟁 방지를 위한 국내 법규의 제정, ⑦ 박람회 출품물의 가보호, 특허국 및 진열관의 설치 등으로 되어 있다. 현재 이 협약에는 세계 80여 개국이 가입, 참여하고 있으며, 우리나라는 1980년 5월 4일 협약 제707호로 발효되었다.

43) 베른협약은 1886년 스위스 베른에서 체결된 이후 수차례에 걸쳐서 개정되었다. 발효 중인 것은 1971년에 개정된 파리의정서(Acte de Paris)로, 모두 38개조와 부속서 6개조로 이루어져 있으며, 세계지적재산기구(WIPO)에서 관장한다. 이 협약을 보충하는 협약으로 세계지적재산기구 저작권협약(WCT)이 있다. 이 협약은 저작물이 외국에서 보호받아야 할 최소 조건을 규정하고 있다.

44) 만민법(jus gentium)은 본래 로마에서 로마 시민권을 갖지 못한 외국인에게 적용하기 위하여 제정한 법이다. 오늘날에는 경제적 영역에서 여러 민족에 동일하게 적용되는 만민법 사상을 이론적으로 일반화하여 국적이 서로 다른 민족 간의 법률관계를 규율하는 일반적인 법으로 이해하게 되었는데, 오늘날 국제법의 모태가 되었다.

Done at Montreal on 28 May 1999)'45)은 운송의 중단 또는 환적이 있는지 여부를 불문하고, 당사자 간 합의에 따라서 출발지와 도착지가 두 개의 당사국의 영역 내에 있는 운송을 대상으로(제1조 2항)으로 하고 있는데, 이 같은 방법은 과거 로마법에서 로마 시민과 로마 시민 이외의 자 간의 법률관계에 적용하였던 만민법(jus gentium)을 따른 것으로 이를 만민법적 통일사법이라고도 한다. 이 같은 유형의 협약으로 「선박충돌에 관한 법률의 특정 규정의 통일을 위한 국제협약(International Convention for Unification of certain Rules of law with respert to collisions between Vessels. Brussels)(1910)」, 「해난의 구조·구원에 관한 규칙의 통일을 위한 협약(Convention for thee Unification of certain of Law Relating to Assistance and Salvage at Sea. Brussels)(1910)」, 「선하증권에 관한 통일규칙을 위한 국제협약(International Convention for the Unification of Certain Rules of Law Relating to Bills of Lading: Hague Rules)(1924)」46) 등 해사 및 운송에 관한 협약을 들 수 있다.

또, 국제매매에 관한 「국제물품매매 계약에 관한 유엔협약(United Nations Convention on Contracts for the International Sale of Goods: CISG)」과 국제연합 기구가 작성한 「국제해상물품운송통일협약(United Nations Convention on the Carriage of Goods by Sea)(1978)」,47)

---

45) 우리나라는 2007년 12월 29일 82번째 동 협약 당사국이 되어 협약의 내용이 발효되었다.
46) 선주와 화주의 이해관계를 조정하고 해상운송에 관한 국제적인 통일을 위하여 국제법협회(International Law Association: ILA), 국제해사위원회(International Maritime Committee: IMC) 등이 중심이 되어 국제통일법을 제정할 것을 촉구하여, 1921년 런던에서 개최된 국제상업회의소(International Chamber of Commerce: ICC)에 영국의 해사법위원회가 독자적으로 제출한 초안을 중심으로 ICC는 이를 수정 보완하여 1921년 네덜란드 수도 헤이그에서 만장일치로 통과시켜 각국이 자발적으로 이 초안의 내용을 선하증권의 이면약관에 삽입하도록 권고하였다. 이에 대하여 선주측이 비판에 부딪혀 국제해사단체인 국제해양법협회(International Maritime Law Association)에 의하여 수정되어 1924년 8월 25일 벨기에 수도 브뤼셀에서 개최된 제5차 해상법에 관한 국제회의(International Conference on Maritime Law)에서 각국 대표에 의해 "선하증권에 관한 통일규칙을 위한 국제협약(International Convention for the Unification of Certain Rules of Law Relating to Bills of Lading)이 채택되었다. 이 협약은 각 참가국들 정부의 동의를 얻어 비준(ratification)을 벨기에 정부에 통고하기로 하였는데, 1931년 6월 2일부터 이를 비준한 국가 간에는 이 통일협약이 유효하게 되었다. 이 협약은 Hague 규칙을 모체로 하였다고 하여, 오늘날 '헤이그 규칙'이라 부르고 있다.
47) 국제해상물품운송에 관한 통일협약으로 현재 발효되고 있는 것은 1924년 헤이그 규칙과 1968년 헤이그-비스비 규칙이 있으며 이외에도 개발도상국들의 주도에 의하여 작성 채택된 1978년 해상물품운송에 관한 국제협약 등이 있다. 이는 1978년 함부르크 규칙 또는 헤이그 규칙이라고 한다.

「국제화물복합운송에 관한 유엔협약(United Nations Conventional Multimodal Transport of Goods, Geneva)(1980. 5. 24.)」[48] 및 「국제 환어음 및 약속어음에 관한 유엔협약(United Nations Convention on International Bills of Exchange and International Promissory Notes)(1988)」 등 일련의 협약도 이 같은 유형의 협약들이다. 이들 유엔협약 가운데 비엔나에서 개최된 국제물품매매계약에 관한 유엔협약 채택회의에 우리나라는 옵서버 자격으로 최초로 참석한 이후 본회의 및 실무그룹회의에 계속 참석하고 있으며, 1996년 UNCITRAL이 채택한 전자상거래 모델법을 기초로 1999년 2월 전자거래기본법 및 전자서명법을 제정하였다.

　　어느 형식의 통일법인가 하는 것은 대상이 되는 법률관계의 성질, 통일의 목적, 통일을 필요로 하는 정도 등에 따라서 다르므로 일반적으로 결정할 수 없다. 다만 대상이 되는 법률관계가 섭외적인 것에 한정되어 있다는 점에서 만민법적 통일사법의 실현이 보다 용이하다고 생각된다.

2. 통일사법의 한계

　　이와 같은 통일법 제정을 위한 노력에도 불구하고 현재 사법의 통일은 체약국과 그 대상 등을 고려할 때 한정된 범위에 그치고 있는 실정이다. 그 요인으로 대륙법과 영미법의 법제도의 차이와 회원국과 비회원국, 선진국과 개발도상국이라는 국가 간의 이해관계의 충돌 등, 해결하기 어려운 문제들이 산적해 있기 때문이다. 이 같은 이유 등으로 국제거래에서의 사법의 통일을 위한 노력과는 달리 그 이면에는 많은 어려움이 있는 것도 사실이다.

---

48) 본 협약에서 말하는 "국제복합운송"이라 함은 복합운송인이 화물을 자기의 보관 아래 인수한 한 국가의 지점에서 다른 국가에 위치하고 있는 지정 인도지점까지, 복합운송계약에 의하여 적어도 2종류 이상의 운송수단에 의한 화물운송을 의미하며, 어느 한 운송수단에 의한 운송계약의 이행으로 그러한 계약에 정의된 바대로 행한 집하(集荷)와 인도는 국제복합운송으로 간주하지 않는다. 또 "복합운송인"이라 함은 스스로 혹은 자신을 대리한 타인(他人)을 통하여 복합운송계약을 체결하고, 송하인이나 복합운송운영에 관여하는 운송인의 대리인으로서 또는 그러한 사람에 갈음하여서가 아니라, 주체로서 행위를 하고, 또한 계약의 이행에 관한 책임을 지는 사람을 의미하며, "복합운송계약"이라 함은, 복합운송인이 운임의 지급을 대가로 국제복합운송을 실행하거나 또는 그 실행을 확보할 것을 인수하는 계약을 말한다(UN국제복합운송협약 제1조).

한편, 완전하다 할 수는 없지만 한정된 분야에서 사법의 통일이 이루어지고 있는 것도 있다. 즉, 「선하증권에 관한 통일규칙을 위한 국제협약(International Convention for the Unification of Certain Rules of Law Relating to Bills of Lading)」[49]과 「국제항공운송에 있어서의 일부 규칙 통일에 관한 협약(Convention for the Unification of Certain Rules for International Carriage by Air Done at Montreal on 28 May 1999)」[50]의 경우 세계 주요국가들이 채용하고 있는데, 이들 조약에 따른 규율을 고려할 때 향후 사법의 통일을 위한 작업은 앞으로도 활발하게 진행될 것으로 보인다. 또, 최근에 UN을 중심으로 다수의 통일협약이 진행되고 있으며 이 같은 움직임 등으로 볼 때 사법통일을 위한 작업은 오늘에도 진행되고 있다고 할 수 있다. 이외에 라틴아메리카 국가들과 EU 가맹국들의 지역적 법통일이 이루어지고 있는 것 등으로 보아 국제적 통일사법의 중요성은 국제거래법 분야에서 점차 증가하고 있음을 알 수 있다.

3. 통일사법의 적용

통일사법을 적용할 경우에 국제사법과 관련하여 다음과 같은 문제가 있다. 우리나라가 통일협약의 체약국인 경우, 우리의 법원은 통일법의 적용범위에 해당하는 사안에 대하여 직접 통일법을 적용할 것인지, 아니면 우리나라 국제사법 규정인 법적용의 원칙에 따라서 먼저 당해 법률관계의 준거법을 결정하고, 그 준거법 소속국가가 통일협약의 체약국인 경우에 통일법을 적용할 것인가 하는 문제이다.

세계적으로 사법의 통일을 위한 노력과 국제거래에 관한 법률의 제정과 같은 통일사법의 목적을 중요시하는 경우에는 통일사법의 적용범위에 포함하는 사안에

---

49) 선하증권에 관한 여러 나라의 법을 통일하기 위하여 1923년 브뤼셀 海事외교회의에서 체결한 조약이다. 유력한 해운국인 영국, 미국, 독일 프랑스 등은 이미 이 조약의 규정을 반영하여 국내 입법화하였다.

50) 바르샤바 조약과 헤이그 의정서 등 수차례에 걸친 개정으로 복잡해진 조약체계와 각국의 차이를 통일하기 위하여 1995년 5월 28일 몬트리올 협약이 성립하였고, 2003년 11월 4일부터 발효되었다. 정식명칭은 '국제항공운송에 있어서의 일부 규칙 통일에 관한 협약(Convention for the Unification of Certain Rules for International Carriage by Air Done at Montreal on 28 May 1999)이다. 우리나라는 2007년 12월 29일 82번째 동 협약의 당사국이 되었다. 본 협약은 항공운송에 대한 책임과 관련하여 바르샤바 조약, 몬트리올 협약 등에 대해 전 세계 국가들이 각국의 판단에 의하여 조인하고 있으며, 조인된 협약에 따라서 운송인(항공사)의 책임을 규정하고 있다.

대해서도 법정지의 국제사법이 아닌 통일사법을 적용해야 한다고 할 수도 있다. 그러나 통일사법이 한정된 국가에서만 채용하고 있는 점 등을 고려하여 체약국이 아닌 입장에서는 우연히 여러 개의 국가들이 동일한 내용의 법률을 제정한 것에 불과하다고 볼 수도 있다. 또, 통일사법이라도 통일어음법과 같이 강행규정에 관한 분야를 대상으로 하므로 통일매매법과 같이 임의규정의 통일을 목적으로 하는 것까지 논하는 것은 그 종류의 다양성 등을 고려해보면 많은 어려움이 따른다. 따라서, 통일사법과 국제사법과의 적용관계는 개별적인 협약으로 검토하는 것은 득이 없어 보인다.

국제항공운송에 있어서의 일부 규칙 통일에 관한 협약(Convention for the Unification of Certain Rules for International Carriage by Air Done at Montreal)(1999. 5. 28.)[51]과 헤이그 통일매매법협약(1964)은 법정지의 국제사법규정의 적용을 제한하거나 배제하는 특별한 규정을 두고 있다(몬트리올 조약 제49조, 헤이그 통일매매법 제2조). 이 같은 경우 협약에서 정한 적용범위에 해당하는 사안에 대해서 직접 협약의 규정이 적용된다고 해석된다.

또, 현재 통일사법은 대상으로 하는 사항도 제한되어 있으므로 통일법의 적용범위 외의 사항에 관해서는 국제사법규정에 의한 해결이 필요하다. 나아가 통일법의 적용범위에 포함된 사항이라도 협약에서 명시적으로 해결되지 않는 문제는 협약이 기초하고 있는 일반원칙, 그 일반원칙이 없는 경우에는 국제사법의 규칙에 의하여 적용되는 법에 따라서 해결하는 것을 생각할 수 있다(국제물품매매계약에 관한 유엔협약 제7조 2항). 이 같은 경우는 통일사법과 국제사법은 보완적 관계로 이해할 수 있다.

---

51) 바르샤바 조약과 헤이그 의정서 등 수차례에 걸친 개정으로 복잡해진 조약체계와 각국의 차이를 통일하기 위하여 1999년 5월 28일 몬트리올 협약이 성립하여, 2003년 11월 14일부터 발효되었다. 우리나라는 2007년 12월 29일 82번째로 동 협약의 당사국이 되어 협약 내용이 발효되었다.

Ⅶ 국제통일규칙 및 표준계약약관

1. 의　　의

국가가 제정한 법률과 국가 간에 체결된 조약 외에 국제거래에서 민간단체에 의하여 작성된 거래조건 및 그 해석에 관한 통일규칙이 중요한 의미를 갖는다. 그의 대표적인 것으로 국제상업회의소(International Chamber of Commerce; ICC)[52]가 작성한 trade terms의 해석에 관한 국제규칙인 인코텀스(Incoterms)와 신용장통일규칙 등이 있다. 무역거래에서 대금결제의 주요 수단인 신용장의 거래관습도 국가마다 상이하기 때문에 당사자 간에 신용장조건의 해석 기준이 달라 대금결제와 관련한 분쟁과 혼란이 발생하게 된다. 이 같은 문제점을 해결하기 위하여 국제상업회의소는 신용장조건의 해석 기준을 세계적으로 통일하기 위한 노력을 경주하여, 1933년 6월 "상업화환신용장에 관한 통일규칙 및 관례(Uniform Customs and Practice for Commercial Documentary Credits)", 즉, 화환신용장통일규칙을 제정하였다. 신용장통일규칙은 그 이후 6차에 걸쳐서 개정되었는데 2007년 제6차 개정된 화환신용장통일규칙을 "UCP 600"으로 통칭하였다. 신용장통일규칙은 국제상업회의소의 범세계화 노력에 힘입어, 지금은 전 세계 170여 국가가 채택한 국제규칙으로 발전하였다. 이처럼 신용장통일규칙은 신용장거래당사자에게 신용장의 해석기준과 준거법을 제공함으로써 분쟁의 예방은 물론 국제무역대금결제를 원활하게 수행할 수 있도록 하고 있다.

이들 통일규칙은 일정 거래분야에서의 상거래 관습 또는 상거래 관행을 정리하여 통일화함으로써 거래실무에서 실질적인 통일규칙으로서의 역할을 하고 있다. 이 같은 의미에서 통일규칙을 국제적 상관습법(lex mercatoria)[53]이라고도 한다.

---

52) 세계적으로 가장 큰 대표적 기업관련 국제기관으로 1920년 파리에 본부를 두고 발족하였다. 동 회의소는 각국 실업가 단체를 구성 멤버로 하여 각국 상공회의소나 실업가의 연락 내지 제휴 통상관계의 원활화 등을 목적으로 활동하고 있다.

53) lex mercatoria란 본래 중세 유럽에서 형성된 상관습법을 총칭하는 개념이다. 최근에는 국제 민간단체에 의하여 작성된 통일규칙과 표준계약약관 등으로 국제거래를 규율하는 고유의 규범으로서의 성질을 갖는다.

2. 주요 국제통일규칙

(1) 인코텀스

인코텀스(Incoterms)의 공식명칭은 정형거래조건의 해석에 관한 국제규칙(International Rules for the Interpretation of Trade Terms) 내지 정형거래조건의 해석에 관한 ICC 공식 규칙(ICC Official Rules for the Interpretation of Trade Terms)이었는데 국제상업회의소가 Incoterms 2010을 공표하면서 그 부제로 국내·국제거래조건의 사용에 관한 ICC 규칙(ICC rules for the use of domestic and international trade terms)이라 명명하고 있다. 즉, 인코텀스는 정형거래조건의 해석에 관한 국제규칙(International Rules for the Interpretation of Trade Terms)의 약칭으로, 무역거래에서 19세기 말부터 20세기 초에 걸쳐서 정형적 거래조건에 관해서는 FOB(Free on Board)와 CIF(Cost, Insurance and Freight)라는 약어 등을 사용하여 표시하는 관행이 있었는데, 그 거래조건의 해석에 대해서 국가마다 다르게 해석함으로써 문제가 발생하였다. 이에 국제상업회의소(ICC)는 주요 정형거래조건에 관한 각국의 실태 등을 조사하여 1936년 11종의 정형거래조건에 관해서 매도인과 매수인의 의무를 정의하는 통일규칙을 채택하였는데, 이것이 바로 1936년 Incoterms이다. 그 후 항공운송과 컨테이너 운송이 발달하고 나아가 통신수단의 발달 등으로 인한 무역거래의 변화에 대응하기 위한 목적으로 New Incoterms 2010으로 개정하여 2011년 1월 1일부터 발효되었다. Incoterms는 그동안 10여 년을 주기로 개정되어 왔으며, 2010년에 개정된 Incoterms은 복합운송을 포함하여 운송수단에 관계없이 사용할 수 있는 조건과 해상 및 내륙수로운송을 위한 조건으로 구분하여 11종의 정형거래조건을 규정하고 있다.[54] 2010년 개정안에서는 국제무역에서 새로운 이슈로 부각한 전자상거래와 물류보안, THC (Terminal Handling Charge)부담[55], 국내 및 국제매매계약 등 모든 적용문제를 보완·개선하였다.

또, 정형거래조건의 정의는 Incoterms 이외 전미무역협회 등 무역관련 단체에 의하여 작성된 1941년 개정 미국무역정의 및 국제법협회가 작성한 CIF조건에

---

54) Incoterms의 11가지 조건은 다음과 같다. EXW, FCA, FAS, FOB, CFR, CIF, CPT, CIP, DAT, DAP, DDP 등이다.

55) 수출화물의 CY입고시점부터 선측까지, 그리고 수입화물의 본선선측에서 CY게이트 통과 시까지 지불하는 화물처리 비용.

관한 바르샤바·옥스포드 규칙(1932) 등이 있다.

— Incoterms, 2010

단일 또는 복수의 운송방식을 위한 조건 (RULES FOR ANY MODES OF TRANSPORT)	EXW	EX Work...(named place)
	FCA	Free Carrier...(named place)
	CPT	Carriage Paid to...(named place of destination)
	CIP	Carriage and Insurance Paid to...(named place of destination)
	DAT	Delivered at Terminal...(named terminal at port or place of destination)
	DAP	Delivered at Place...(named place of destination)
	DDP	Delivered Duty Paid...(named plce of destination)
해상 및 내수로 운송에 사용되는 조건 (RULES FOR SEA AND INLAND WATERWAY TRANSPORT)	FAS	Free Alongside Ship...(named port of shipment)
	FOB	Free on Board...(named port of shipment)
	CFR	Cost and Freight...(named port of destination)
	CIF	Cost, Insurance and Freight...(named port of desti－nation)

(2) 신용장통일규칙

1) 배 경

신용장통일규칙(Uniform Customs and Practice for Documentary Credits: UCP)은 무역거래의 대금결제에서 중요한 역할을 담당하고 있는 화환신용장의 형식, 용어, 해석 및 거래관습에 대한 각국의 상관습이나 법규의 차이로 분쟁이 발생하게 됨에 따라 국제상업회의소(International Chamber of Commerce: ICC)가 이 같은 분쟁을 해소하기 위하여 신용장을 취급하는 관계당사자 간에 공통의 이해나 해석의 기준이 되는 국제적 통일규칙의 필요에 의하여 제정되었다.

무역에서 신용장과 관련하여 법률적인 문제가 증가하면서 미국 및 유럽 등을 중심으로 신용장 효력에 대한 국제적 통일운동이 전개되게 되었다. 이에 따라서 국제상업회의소는 1926년 신용장거래의 용어에 대한 해석기준의 국제적인 통일을 위한 노력을 경주하여 1933년 5월 오스트리아 비엔나(Vienna) ICC 제7차 회의에 상정하여 1933년 6월 3일 동 안건을 정식으로 채택하여 "상업화환신용장에 관한 통일규칙 및 관례(Uniform Customs and Practice for Commercial Documentary Credit; UCP)"를 제정하였다. 이후 국제무역운송에 있어서 운송수단과 통신수단의 변화, 정보처리기술의 발달 등에 대응하기 위하여 제2차 세계대전 동안의 중단을 제외하고 1951, 1962, 1974(UCP 400), 1993(UCP 500), 2007(UCP 600) 제정 이후 여섯 번의 개정이 있었다.

2) 주요 내용

2007년 7월 1일부터 시행하고 있는 UCP 600에는 그 동안 명시되지 않았던 규칙(rules)을 명시하였고, 제1조 정의, 제3조에서 해석조항을 추가하여 기존 49개 조항이었던 것을, UCP 500의 조문을 정리하여 39개 조항으로 구성하였다. 또 ICC는 신용장통일규칙(UCP)만으로는 신용장 관련 분쟁을 원만하게 해결할 수 없다는 점과 신용장이 전자적으로 사용될 때의 문제점 등을 보완하기 위하여 신용장통일규칙에 대한 보충규정인 eUCP[56] 및 국제표준은행관행(International Standard Banking Pactice for the Examination of Documents under Documentary Credits; ISBP)을 제정하여 신용장과 관련한 분쟁을 사전에 방지하고 이미 발생한 분쟁에 대해서는 원만한 해결을 위하여 일조하고 있다.

UCP 500과 UCP 600의 차이의 주요 내용은 첫째, 서류 심사기간의 단축이다. UCP 500은 '서류를 수령한 다음 날부터 제7은행 영업일을 초과하지 않는 범위에서 상당한 기간'으로 규정하고 있으나 UCP 600에서는 '지정에 따라 행하는 지정은행, 확인은행이 있는 경우 확인은행, 그리고 개설은행에는 제시가 일치하는

---

56) eUCP가 화환신용장통일규칙(UCP 600)을 대체하는 것은 아니다. 즉, eUCP는 오직 화환신용장통일규칙(UCP 600)의 보칙으로 eUCP와 화환신용장통일규칙(UCP 600)을 상호 보완하여 사용하도록 하고 있다. ① "eUCP를 준거로 하는 eUCP 신용장은 화환신용장통일규칙(UCP 600)의 적용을 명시하지 아니하더라도 또한 화환신용장통일규칙(UCP 600)을 적용한다."고 규정하고 있다. 따라서 eUCP에 준거하는 것으로 명시된 신용장의 경우 화환신용장통일규칙(UCP 600)의 준거문언이 명시되지 아니하여 화환신용장통일규칙(UCP 600)을 적용할 수 있다. ② "eUCP가 적용되는 경우 그 조항은 화환신용장통일규칙(UCP 600)의 적용과 다른 결과를 발생시키는 범위 내에서 우선한다."고 규정하여 eUCP와 화환신용장통일규칙(UCP 600) 적용이 상충될 경우에는 eUCP를 우선 적용하는 것으로 하고 있다. ③ "eUCP신용장이 수익자가 종이문서 또는 전자적 기록의 제시 또는 종이문서 제시만을 선택하는 것을 허용하는 경우 수익자가 종이서류의 제시만을 선택한다면 그 종이서류의 제시에 대해서는 UCP만 적용하며, eUCP 신용장이 종이서류만을 허용한 경우 화환신용장통일규칙(UCP 600)만 적용한다.

지 여부를 결정하기 위하여 제시일의 다음 날부터 기산하여 최장 제5은행 영업일
이 각각 주어지도록 하고 있다. 이 기간은 제시일 또는 그 후에 유효기간이나 제
시기간의 최종일이 도래한다는 이유로 단축되거나 달리 영향을 받지 않는다'고
규정하고 있다.

둘째, 불명확한 용어의 정리이다. 즉, "reasonable care", "reasonable time",
"on its face" 등과 같은 모호한 표현을 삭제함으로써 무역업계 및 은행에서의 법적
분쟁을 최소화하였다. 문면상(On its Face)표현의 경우 본문에서 제거하는 안건에 대
하여 12개국이 반대하였고, 25개국이 찬성하였다. 제14조 서류의 심사표준(Standard
for Examination of Documents)의 한 조항을 제외하고 모든 부분에서 문면상에 대한 언
급을 삭제하였다.

셋째, 보험서류에 관한 사항과 관련하여 UCP 600에서는 UCP 500의 보험서
류의 발행인 및 서명권자로서 보험회사, 보험업자 및 이들 대리인(agent)에 대리업
자(proxies)를 추가하고, UCP 600 제28조 f항 1호에 "보험담보의 금액을 표시해야
한다"는 규정을 추가하였다. 또 제28조 f항 iii호는 보험담보구간의 표시의무를
신설하였다.

(3) 국제거래에서의 표준계약약관

국제거래를 안전하고 원활하도록 하기 위하여 특정한 거래분야에서는 거래의
표준이 되는 표준계약서식과 표준계약약관(model contract form)이 업계 단체에 의하
여 작성되는 경우가 있다. 그 한 예로서 영국의 업계 및 단체(GAFTA 및 FOSFA 등)등
이 작성한 곡물, 원유 등 1차 생산물의 국제거래에 관한 표준계약서식, 플랜트 수
출계약에 관한 각종 표준약관 등을 들 수 있다. 이들 표준계약약관도 그것이 특정
거래분야에서 자주 사용되는 경우에는 실질적인 통일법의 기능을 한다. 그러한 표
준계약약관으로는 유엔 기구 등과 같은 공식적인 기관이 작성한 것과 보험, 운송,
건설 등의 업계 단체가 작성한 것, 나아가 개개 기업이 작성한 약관 등이 있다.

공공기관이 작성한 것으로는 유엔 유럽경제위원회(United Nations Economic Commission
for Europe)57)가 작성한 표준계약서 및 표준거래조건이 있으며, 업계의 단체가 작

---

57) 유엔 유럽경제위원회(United Nations Economic Commission for Europe)는 1948년 경제사회
이사회(Economic and Social Council: ECOSOC)의 결의로 창립되어 유럽지역의 회원국 간의

성한 것으로 플랜트수출계약에 관한 다수의 약관과 정기용선계약에 관한 약관 등
이 있다.

(4) 국제통일규칙의 적용

국제통일규칙과 표준계약약관은 당사자가 계약을 체결하는 과정에서 수용하
거나 사용함으로서 적용된다. 즉, Incoterms는 거래당사자 간의 계약에서 "본 계
약에서 FOB, CIF 및 CFR의 용어 해석은 2010년 Incoterms에 의한다"라고 하고
있으며, 국제표준계약약관의 경우는 당사자가 그 약관에 의한 계약을 체결하는
경우에 적용된다. 즉, 당사자는 국제사법에 의하여 계약의 준거법으로서 지정된
국가의 강행규정에 반하지 않는 한 통일규칙의 수용과 표준계약약관의 사용이 허
용된다. 이 같이 이들 통일규칙은 당사자가 수용함으로서 국제계약에서 적용되는
데 이를 수용가능통일규칙이라고도 한다. 실제 이들 통일규칙과 표준계약약관의
대상으로 하는 사항은 대부분의 국가의 경우 임의규정이므로 통일규칙의 수용과
표준계약약관의 사용이 방해되는 경우는 거의 없다. 이와 같이 통일규칙과 표준
계약약관은 실질적으로 통일법으로서 기능을 하고 있는 것이다.

단, 이들 국제통일규칙을 국제사법상의 준거법으로 지정할 수 있는가에 대해
서는 미주기구(Organization of American States: OAS)[58]의 「국제계약의 준거법에 관한
미주조약(1994)」에 의하여 이를 긍정하는 것으로 해석하여 조약과 국제상관습상
준거법의 지정을 긍정하는 것으로 해석할 수도 있으나, 일반적으로 국제사법에
의한 준거법의 지정은 법역(法域)을 단위로 행해지므로 국제통일규칙과 같은 비국
가법을 준거법으로 지정하는 것은 타당하지 않다.

경제협력을 장려하는데, 회원국은 56개국이다.

58) 1890년 제1차 범미주회의(International Conference of American States, 워싱턴 개최)에서 14
개 미주국은 먼로주의를 기본이념으로 하는 미주공화국연맹(International Union of American
Republics)을 창설하여 미주공화국가통상사무국(Commercial Bureau of the American Republlics)
을 설립하였다. 1910년 제4차 범미주회의(아르헨티나, 부에노스아이레스 개최)에서 미주공화
국가통상사무국을 범미연맹(Pan American Union)으로 발전하여, 1948년 제9차 범미주회의
(콜롬비아, 보고타 개최)에 결집한 21개 미주국 대표들은 범미연맹을 미주기구(Orranzation
of American States)로 개칭하고 미주기구헌장을 채택하였다.

(5) UNIDROIT국제상사계약에 관한 일반원칙

사법통일을 위한 국제기구(International Institute for the Unification of Private Law: UNIDROIT)는 1994년 "국제상사계약에 관한 제 원칙(Principles of International Commercial Contract)"을 확정 발표하였다.[59] 이 원칙은 단순히 국제거래의 상관행을 규칙화하려는 것이 아니라 국제계약의 본래규칙을 명문화하기 위한 것으로 국제상거래에서의 Restatement라 할 수 있다. 다만 Restatement와 다른 점은 각 규정에 대한 근거규정이 없다는 점이다.

이 원칙은 매매계약뿐만 아니라 서비스계약을 포함한 다른 종류의 계약에도 적용이 가능한 것으로 보고 있다. 계약의 당사자가 국제거래를 위한 계약에 있어서 계약의 준거법으로서 자국법도 아니고 상대국의 법도 아닌 글로벌한 규범으로서 법의 일반원칙이나 *lex mercatoria*[60]에 따른다고 합의한 경우에 적용되는 새로운 국제계약법이다.

물론 국제거래의 통일된 규범으로 국제물품매매계약에 관한 UN협약(United Nations Convention on Contracts for the International sale of Good; CISG)이 있으나, 협약의 형식을 취하고 있는 CISG는 경성법적 성격과 법적 흠결 등으로 인하여 적지 않은 문제점들이 지적되고 있는 가운데 UNIDROIT원칙은 이러한 CISG의 흠결을 보완하는 역할을 한다.

특히 국제거래의 분쟁해결방법으로서 자주 활용되고 있는 ADR(Alternative Dispute Resolution)의 하나로서의 중재(arbitration)는 '외국중재판정의 승인 및 집행에 관한

---

59) 국제상사계약에 관한 일반원칙(general principles)을 제공하고 국제통일법을 보충하거나 국내·국제 입법자들의 입법모델로 활용하기 위하여 1994년 UNIDROIT(사법통일을 위한 입법기구)에서 공표한 120개 조문으로 구성된 원칙을 말한다. 정식명칭은 '국제상사계약에 관한 UNIDROIT원칙(UNIDROIT Principles for International Commercial Contracts)'이지만 약칭으로 UNIDROIT원칙 또는 PICC라고도 한다. 공표 이후 10년 만에 한 차례의 개정 작업을 거쳐 총 185개 조문으로 구성된 'UNIDROIT원칙 2004'로 개정되었다.

60) 국가가 제정한 법률이나 국가 간에 체결된 조약이 아닌 민간단체가 작성한 거래조건과 해석에 관한 통일규칙, 또는 UN이나 거래업계 단체가 만든 표준약관은 무역거래가 실제로 행해지는 경우 무역거래법의 법원이 된다. 국제거래질서는 법의 일반원칙과 거래관행에 따라서 규율되며, 이런 규율을 중심으로 생성·발전된 것이 국제거래관습이고, 국가권력과 상관없이 국제거래 내지, 조직의 존재를 인정하여 국제상거래에 대한 고유의 규율을 체계화시킨 것이 *lex mercatoria*이다.

UN협약(U.N. Convention on the Recognition and Enforcement of Foreign Arbitral Award; 뉴욕협약)'
에 의하여 외국에서도 집행이 가능하기 때문에 실제 국제거래에서 많이 활용되고
있다. 중재는 국제거래에서 거래관습 내지 관행을 *lex mercatoria*화하는 기능을
하므로 국제적으로 집행이 담보되어 있는 국제상사중재판정과 *lex mercatoria*는
밀접한 관련을 갖는다.

　　UNIDROIT원칙은 7 chapters, 119 articles로 규정되어 있으며 계약의 자유,
방식의 자유, 계약의 구속성, 선의 공정대우의 원칙, 국제거래에서의 관행과 관습
의 우월성 등의 기본원칙을 포함하여 계약의 체결, 효과, 해석, 국제거래계약의
내용, 계약의 이행과 불이행의 법적 결과 등에 관한 개별적 규칙들을 그 내용으로
하고 있다.

　　UNIDROIT원칙에서 주목되는 것은 일부의 규정(신의칙 제1조·제7조), 계약의 유
효성(제3장)등이 강행규정이라는 점이다. 따라서 UNIDROIT원칙의 적용에 합의한
당사자는 이들 규정의 적용을 배제할 수 없다.

　　이와 같이 UNIDROIT원칙은 각국의 법체계의 차이를 넘어 국제계약의 당사
자가 부담해야 할 합리적 기준을 구체적으로 제시함으로서, 이미 국제상사중재의
판단기준 뿐만 아니라 몇몇 국가의 국내법원에서도 이를 채택하고 있다.

Ⅷ 국제거래의 공법적 규제

1. 의　　의

　　세계 대부분의 국가들은 무역의 증진, 국제수지 균형, 국내산업의 보호 및 육
성 등 공익적 목적을 위하여 국제통상관계에 다양한 법적 규제를 가하고 있다. 이
들 규제 가운데에는 벌금 등으로서 제재를 가하기도 하는데, 당사자가 국제거래
를 위한 합의를 하더라도 실제 이행에 있어서는 규제에 반하지 않는 이행이어야
한다.

　　이 같은 공법적 규제는 그 국가의 경제정책과 외교정책을 반영하게 되며, 규
제는 국가와 시대에 따라서 다르며 다양한 모습으로 나타난다.

2. 무역관리 및 규제에 관한 법규

(1) 대외무역관리규정

우리나라의 무역관리의 근간을 구성하는 법규로는 「대외무역관리규정(산업통상자원부고시 제2017－60호)」을 들 수 있다. 이 법규는 「대외무역법」과 「대외무역법 시행령」에서 위임한 사항 및 그 시행에 필요한 사항을 정한 것으로 본 규정에서 사용하는 용어는 다음과 같다.

이 규정에서 말하는 "외화"라 함은 「외국환거래법령」에 따른 대외지급수단을 말하며(제2조 1호), "수출입공고"란 「대외무역법 시행령」 제16조에 따른 수출입공고를 말하고(동조 2호), "위탁판매수출"이란 물품 등을 무환으로 수입하여 해당 물품이 판매된 범위 안에서 대금을 결제하는 계약에 의한 수입을 말한다(동조 제4호).

"위탁가공무역"이란 가공임을 지급하는 조건으로 외국에서 가공(제조, 조립, 재생, 개조를 포함)할 원료의 전부 또는 일부를 거래 상대방에게 수출하거나 외국에서 조달하여 이를 가공한 후 가공물품 등을 수입하거나 외국으로 인도하는 수출을 의미하며(동조 제6호), "수탁가공무역"이란 가득액을 영수하기 위하여 전부 또는 일부를 거래 상대방의 위탁에 의하여 수입하여 이를 가공한 후 위탁자 또는 그가 지정하는 자에게 가공물품 등을 수출하는 수출입을 말한다(동조 제7호). 단, 위탁자가 지정하는 자가 국내에 있음으로써 보세공장 및 자유무역지역에서 가공한 물품 등을 외국으로 수출할 수 없는 경우 「관세법」에 따른 수탁자의 수출·반출과 위탁자가 지정한 자의 수입·반입·사용은 이를 「대외무역법」에 따른 수출·수입으로 보도록 규정하고 있다.

"임대수출"이란 임대(사용대차 포함)계약에 의하여 물품 등을 수출하여 일정기간 후 다시 수입하거나 그 기간의 만료 전 또는 만료 후 해당 물품 등의 소유권을 이전하는 수출을 말하며(동조 제8호), "임차수입"이란 임차(사용대차 포함)계약에 의하여 물품 등을 수입하여 일정기간 후 다시 수출하거나 그 기간의 만료 전 또는 만료 후 해당 물품의 소유권을 이전받는 수입을 말한다(동조 제9호).

본 규정에서 말하는 "연계무역"이란 물물교환(Barter Trade), 구상무역(Compensation trade), 대응구매(Counter purchase), 제품환매(Buy Back) 등의 형태에 의하여 수출·수입이 연계되어 이루어지는 수출입을 말하며(동조 제10호), "중계무역"이란 수출한 것을 목적으로 물품 등을 수입하여 「관세법」 제154조에 따른 보세구역 및 같은 법 제156조에 따라 보세구역 외 장치의 허가를 받은 장소 또는 「자유무역지역의 지정 등에 관한 법률」 제4조에 따른 자유무역지역 이외의 국내에 반입하지 아니하고 수출하는 수출입을 말한다(동조 제11호).

또, "외국인수수입"이란 수입대금은 국내에서 지급되지만 수입 물품 등은 외국에서 인수하거나 제공받는 수입을 말하며(동조 제12호), "외국인도수출"이란 수출대금은 국내에서 영수하지만 국내에서 통관되지 아니한 수출 물품 등을 외국으로 인도하거나 제공하는 수출을 말하며(동조 제13호), "무환 수출입"이란 외국환 거래가 수반되지 아니하는 물품 등의 수출·수입을 말한다(동조 제14호).

"국내신용장"이란 한국은행총재가 정하는 바에 따라 외국은행의 장이 발급하여 국내에서 통용되는 신용장을 말하며(동조 제19호), 본 규정에서 말하는 "평균 손모량"이란 외화획득용 물품 등을 생산하는 과정에서 생기는 원자재 손모량(손실량 및 불량품 생산에 소요된 원자재 양을 포함한다)의 평균량을 말한다(동조 제20조).

본 규정에서 말하는 "손모율"이란 평균 손모량을 백분율로 표시한 값을 말하며(동조 제21호), "단위실량"이란 외화획득용 물품 등 1단위를 형성하고 있는 원자재의 양을 말하며(동조 제22호), "기준 소요량"이란 외화획득용 물품 등의 1단위를 생산하는 데에 소요되는 원자재의 양을 고시하기 위한 것으로 단위실량과 평균 손모량을 합한 양을 말한다(동조 제23호).

"단위자율소요량"이란 기준 소요량이 고시되지 아니한 품목에 대하여 외화획득용 물품 등 1단위를 생산하는데 소요된 원자재의 양을 해당 기업이 자율적으로 산출한 것으로 단위실량과 평균 손모량을 합한 양을 말하며(동조 제24호), "소요량"이란 외화획득용 물품 등의 전량을 생산하는데 소요된 원자재의 실량과 손모량을 합한 양을 말한다(동조 제25호).

"자율소요량 계산서"란 외화획득을 이행하는데 소요된 원자재의 양을 해당 기업이 자체 계산한 서류를 말하며(동조 제26호), "유통업자"란 「부가세법」에 따른 사업자등록증상의 도매업자(한국 표준 산업분류상의 도매업 영위자), 조달청 및 「중소기업 협동조합법」에서 정하는 중소기업 협동조합을 말한다(동조 제28호).

원산지 표시방식과 관련하여 현행 "made in ○○○" 방식의 원산지 표시방식 외에 "Country of origin" 방식의 표시를 허용하고(제76조 제1항 제4호), 원산지 표시방식 외에 다양한 보조표시를 허용하고 있다(제76조의 2 제2항). 그러나 비원산지라 하더라도 물품생산에 관여한 정도를 표시할 수 있도록 다양한 보조표시를 할 수 있으나 원산지 오인이 없도록 반드시 원산지 표시와 병기하도록 하였다.

수입 후 다른 물품과 결합되어 판매되는 경우의 원산지 표시 방식에 대한 구체적 예시 규정도 마련하였다(제78조 제1항 제3호). 그 결과 원료나 부품을 수입하여 단일 완성품을 제조, 판매하는 경우 결합상품 판매로 혼동되는 사례가 없도록 하였다. 또, 수입세트물품의 인정범위를 확대하여(제79조), 세트물품을 별도로 지정하지 않고 수입환경에 실시간으로 대응할 수 있도록 관세청이 사례별로 판단하도록 하였다.

원산지 판정 기준을 보완하여(제86조 제3항), 실질적 변형을 가하더라도 세 번의 변경이 구조적으로 곤란한 품목의 경우 해당 물품생산과정에서 발생한 부가가치비율이나 주요 공정 등을 종합적으로 고려할 수 있도록 객관적 판정요소를 보완하였다. 원산지 판정 시 자료제출 요청권자를 관세청장으로 하고(제88조), 철강품목의 원산지가 국산으로 둔갑되는 등 공정경쟁질서를 위반하는 경우 관련 품목에 대하여 원산지 표시 대상을 추가하도록 하고 있다(HS 7241, 7225, 7226, 7228).

(2) 대외무역법

1986년 법률 제3895호로 제정된 이후 2010년 법률 제10231호까지 모두 24차례에 걸쳐서 일부 또는 전면 개정되어 오늘에 이르고 있다. 대외무역법은 제1장 총칙, 제2장 통상의 진흥, 제3장 수출입거래, 제3장의 2 원산지의 표시 등과, 제4장 수입 수량 제한조치, 제5장 수출입의 질서 유지, 제6장 보칙, 제7장 벌칙 등 전문 57조와 부칙으로 구성되어 있는데 그 주요 내용은 다음과 같다.

본 법에서 사용하는 "무역"이란 물품과 대통령령으로 정하는 용역과 전자적 형태의 무체물의 수출과 수입을 말한다(제2조). 우리나라 무역은 헌법에 따라 체결·공포된 무역에 관한 조약과 일반적으로 승인된 국제법규에서 정하는 바에 따라 자유롭고 공정한 무역을 조장함을 원칙으로 하고 있다(제3조).

지식경제부장관은 무역과 통상을 진흥하기 위하여 매년 다음 연도의 통상진흥 시책을 수립하여야 하며(제7조), 무역·통상 관련 기관 또는 단체가 교역상대국의 정부, 지방정부, 기관 또는 단체와 통상, 산업, 기술, 에너지 등에서 협력활동을 추진하는 경우 대통령령으로 정하는 바에 따라 필요한 지원을 할 수 있도록 규정하고 있다(제8조).

물품 등의 수출입과 이에 따른 대금을 받거나 지급하는 경우에는 본 법의 목적의 범위에서 자유롭게 이루어져야 하며, 무역거래자는 대외신용도 확보 등 자유무역질서를 유지하기 위하여 자기 책임으로 그 거래를 성실하게 이행하여야 한다(제10조). 지식경제부장관은 관계 행정기관의 장과 협의하여 대통령령으로 정하는 다자 간 국제수출 통제 체제의 원칙에 따라 국제평화 및 안전의 유지와 국가안보를 위해 수출허가 등 제한이 필요한 물품 등을 지정하여 고시하도록 하고 있다(제19조).

또, 국내에 거주하는 대한민국 국민(국내법에 따라 설립된 법인 포함)이 전략물자를 제3국에서 다른 제3국으로 이전 및 매매를 위한 중개를 하려는 경우에는 대통령령으로 정한 바에 따라서 지식경제부장관이나 관계행정기관의 장의 허가를 받아야 한다(제24조). 지식경제부장관이 공정한 거래 질서의 확립과 생산자 및 소비자 보호를 위하여 원산지를 표시해야 하는 대상으로 공고한 물품 등을 수출하거나 수입하려는 경우에는 그 물품 등에 대해 원산지를 표시해야 한다(제33조).

나아가, 지식경제부장관은 원산지 확인이 필요하다고 판단되면 물품 등을 수입하려는 자에게 당해 물품 등의 원산지 국가 또는 물품 등을 선적한 국가의 정부 등이 발행하는 원산지증명서를 제출하도록 할 수 있으며(제36조), 특정 물품의 수입 증가로 국내산업이 심각한 피해를 입거나 입을 우려가 있음이 무역위원회의 조사를 통하여 확인되고, 심각한 피해 등을 구제하기 위한 조치 등이 건의된 경우로서 국내산업을 보호할 필요가 있다고 판단되면 당해 물품의 국내산업에 대한 심각한 피해 등을 방지하거나 치유하고 조정을 촉진하기 위한 목적으로 필요한 범위에서 물품의 수입 수량을 제한하는 조치를 시행할 수 있다(제39조).

무역을 하는 자는 외화 도피의 목적으로 물품 등의 수출 또는 수입가격을 조작해서는 안 되며(제43조), 상호 간, 교역상대국의 무역거래자와 물품 등의 수출·수입과 관련하여 분쟁이 발생한 경우에 정당한 사유 없이 당해 분쟁의 해결을 지연시켜서는 안 된다(제44조). 전략물자의 국제적 확산을 꾀할 목적으로 수출허가를 받지 않고 전략물자를 수출하거나 상황허가를 받지 않고 상황허가 대상인 물품 등을 수출하고, 중개허가를 받지 않고 전략물자를 중개한 자 등은 7년 이하의 징역 또는 수출·중개하는 물품 등의 가격의 5배에 해당하는 금액 이하의 벌금에 처하도록 하고 있다(제53조).

(3) 외국환거래법

1) 개   요

우리나라는 1962년 「외국환관리법」을 제정함으로써 제도적 기반을 마련하였으나 원칙적 규제·예외적 허용이라는 Positive System을 채택함으로서 무역규모의 확대에 따른 대외적 개방요구를 수용하는 데에 한계가 있었다. 나아가 1997년 외환위기를 거치면서 외환제도 개선의 필요성이 제기되었고 이 같은 요구에 부응하여 국회는 1999년 4월 현행 「외국환거래법」을 제정하였다.

━ 우리나라 외국환거래 관리기구 및 주요 업무

관리기구	주요 업무
기획재정부	• 외환정책의 수립 및 운영 • 외환거래에 대한 제한 및 허가 • 외환거래의 비상정지 명령 등
금융위원회·금융감독원	• 외국환업무 취급기관의 외환건전성 감독 • 외국환업무 취급기관 및 기업·개인 등의 외국환거래당사자에 대한 검사 및 제재 등 • 금융기관의 해외투자, 지사설치 등에 대한 신고 및 사후관리
한국은행	• 외환시장 운영 • 외환거래 신고(수리) 및 사후관리 업무 • 환전영업자 및 외환중개회사에 대한 관리·감독 • 외환거래 정보의 집중 및 관리 등
외국환업무 취급기관	• 외환거래 신고 접수 및 확인 • 외환거래 사후관리 등
국세청	• 외환거래 관련 조세부문 확인 및 모니터링 등
관세청	• 지급수단의 휴대반출입 신고 • 개항장 내 환전영업자 관리·감독 • 환치기, 수출입거래, 수출입거래 관련 자본거래 등에 대한 감사 및 제재 등
금융정보원	• 외환거래 관련 협의거래 정보분석 등

개정된 외국환거래법은 외환자유화의 기조를 반영하여 기업과 금융기관 대부분의 외환거래를 자유화하고, 국가경제측면에서 최소 필요사항만을 제한하는 Negative

System을 채택하였다. 우리나라 외국환거래법은 제1장 총칙, 제2장 외국환업무
취급기관 등, 제3장 외국환평형기금 제4장 지급과 거래, 제5장 보칙, 제6장 벌칙
등 전문 32조와 부칙으로 이루어져 있다.

━ 우리나라 외국환거래법령

법 률		대통령령	부령·고시	유관기관
기본법규	외국환거래법	외국환거래법 시행령	외국환거래규정·통첩 금융기관의 해외진출에 관한 규정 외국환거래당사자에 대한 제재규정 대북투자등에 관한 외국환지침	한국은행 제 규정 은행연합회 외국환거래 업무취급지침 금융위원회 제 규정·통첩
관련법규	대외무역법	대외무역법시행령	대외무역 관리규정	
	외국인투자촉진법	외국인투자촉진법 시행령	외국인투자 촉진법 시행규칙	
			외국인투자 및 기술도입에 관한 규정	
	한미행정협정, 한국은행법, 자본시장과 금융투자업에 관한 법률, 남북교류협력에 관한 법률			

2) 적용범위

외국환거래법의 적용범위는 외국환거래법 제2조에서 다음과 같이 규정하고
있다. 즉, (i) 대한민국에서의 외국환과 대한민국에서 하는 외국환거래 및 그 밖
에 이와 관련된 행위, (ii) 대한민국과 외국 간의 거래 또는 지급·수령, 기타 이
와 관련되는 행위(외국에서 하는 행위로서 대한민국에서 그 효과가 발생하는 것을 포함), (iii)
외국에 주소 또는 거소를 둔 개인과 외국에 주된 사무소를 둔 법인이 하는 거래
로서 대한민국 통화로 표시되거나 지급받을 수 있는 거래와 그 밖에 이와 관련되
는 행위, (iv) 대한민국에 주소 또는 거소를 둔 개인 또는 그 대리인, 사용인 그
밖의 종업원이 외국에서 그 개인의 재산 또는 업무에 관하여 한 행위, (v) 대한
민국에 주된 사무소를 둔 법인의 대표자, 대리인, 사용인, 그 밖의 종업원이 외국
에서 그 법인의 재산 또는 업무에 관하여 한 행위 등이다.

🔖 참고

- 대법원 1989. 2. 14. 선고 88도2211 판결

가. 특정경제범죄가중처벌등에관한법률 제4조 제1항의 재산국외도피죄는 재산을 국외에서 은닉한다는 인식을 가지고 국내에 반입하여야 할 재산을 국외에서 은닉(또는 처분) 도피시켰다면 이미 그 범죄는 성립이 되고 그 후 그 재산의 일부가 국내에 다시 반입된 여부나, 혹은 애초부터 그 은닉된 재산을 다시 국내로 반입하여 소비할 의사가 있었는지 여부는 그 범죄의 성립에는 영향을 미치지 아니한다.

나. 외국환관리규정의 개정으로 일정한 범위의 외화의 사용과 투자가 허용되었다고 하여도 이는 범죄 후 법률의 변경에 의하여 특정경제범죄가중처벌등에관한 법률 제4조 제1항 소정의 범죄행위가 범죄를 구성하지 않거나 형이 가볍게 된 경우에 해당하는 것이 아니므로 형법 제1조 제2항이 적용될 여지가 없다.

다. 거주자인 내국법인이 직접 수금하여야 할 수입금등을 비거주자인 그 해외지사가 개설한 비밀예금구좌에 예금하였다면 이는 전적으로 내국법인의 대리인, 사용인 또는 종업원이 외국에서 그 법인의 재산 또는 업무에 관하여 행한 행위라고 보여지는 것이므로 비록 그 예금채권이 형식적으로는 비거주자인 위 해외지사와 다른 비거주자인 외국은행과의 사이에 이루어진 것이라고 하더라도 외국환관리법 제3조 제1항에 의하여 위 해외지사의 행위는 곧 본사의 행위로 취급되는 것이고 따라서 위와 같은 예금채권발생의 당사자가 되는 행위는 외국환관리법 제23조 제2호에 저촉된다.

법률행위의 주체에 따라서 거주자와 비거주자로 구분할 수 있는데, 이는 외국환거래법 적용의 범위 및 내용에 있어서 차이가 나기 때문이다. 여기서의 거주자란 대한민국에 주소 또는 거소를 둔 자연인과 대한민국에 주된 사무소를 둔 법인으로서 대한민국 재외공관, 국내에 주된 사무소가 있는 단체·기관, 그 밖에 이에 준하는 조직체 및 대한민국 국민으로서 대한민국 재외공관에서 근무할 목적으로 외국에 파견되어 체재하고 있는 자, 비거주자이었던 자로서 입국하여 국내에 3개월 이상 체재하고 있는 자, 외국인으로서 국내에서 영업활동에 종사하고 있는 자, 6개월 이상 국내에서 체재하고 있는 자 등이다.

비거주자란 거주자 이외의 자연인 또는 법인으로서 외국에서 일정기간 이상 거주하고 있는 대한민국 국민, 대한민국 법인의 해외지사로서, 국내에 있는 외국정부의 공관과 국제기구, 미합중국군대 및 이에 준하는 국제연합군, 미합중국군대

등의 구성원·군속·초청계약자와 미합중국군대 등의 비세출자금기관·군사우편국 및 군용운행시설, 외국에 있는 국내법인 등의 영업소 및 그 밖의 사무소, 외국에 있는 주된 사무소가 있는 단체·기관, 그 밖에 이에 준하는 조직체, 대한민국 국민으로서 ㉠ 외국에서 영업활동에 종사하는 자, ㉡ 외국에 있는 국제기구에서 근무하고 있는 자, ㉢ 2년 이상 외국에 체재하고 있는 자, 이 경우 일시 귀국의 목적으로 귀국하여 3개월 이내의 기간 동안 체재한 경우 그 체재기간은 2년에 포함된 것으로 본다. 또 외국인으로서 ㉠ 국내에 있는 외국정부의 공관 또는 국제기구에서 근무하는 외교관·영사 또는 그 수행원이나 사용인, ㉡ 외국정부 또는 국제기구의 공무로 입국하는 자, ㉢ 거주자였던 외국인으로서 출국하여 외국에서 3개월 이상 체재 중인 자 등이다.

3) 외국환거래행위의 종류와 의무

외국환거래는 원인행위와 결재행위로 대별할 수 있으며 그 성질에 따라서 무역거래와 무역외거래 및 자본거래로 구분할 수 있다. 원인행위가 자본거래에 해당하거나 상계, 제3자 지급, 외국환은행을 통하지 않은 지급 등과 같이 비정상적인 결제방법인 경우에는 신고의무가 부과된다. 그러나 자본거래 가운데 해외직접투자, 해외지사 설치 및 해외부동산을 취득 하는 등의 경우에는 외국환거래 이후 그 결과를 보고해야하는 보고의무가 있다.

원칙적으로 건당 미화 2천 불을 초과하는 지급 등을 하고자 하는 경우에는 지급 등의 사유와 금액을 입증하는 서류를 제출해야 할 의무가 있으며, 규정에 따라서 거래외국환은행을 지정한 경우에는 당해 외국환은행을 통하여 지급 등을 하여야 한다.

비거주자에 대하여 미회수잔액이 미화 50만 불을 초과하는 채권을 보유하고 있는 거주자는 그 채권을 국내로 회수하여야 하고, 해외직접투자 등을 한 자는 당해 신고 내용에 따라서 투자원금과 과실을 국내로 회수하여야 한다.

▬ **외국환거래행위의 의무**

외국환거래당사자		외국환은행
신고의무	• 원인행위: 자본거래의 신고 • 결제행위: 상계, 제3자 지급 등	확인의무
보고의무	• 직접투자 등, 현지금융 등	사후관리의무
지급 등 절차준수의무	• 미화 2천 불 초과 지급 및 미화 2만 불 초과 수령	확인의무
회수의무	• 채권 회수의무 • 투자금 회수의무	확인의무

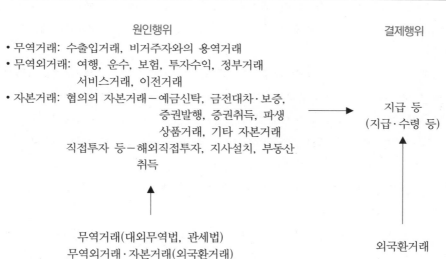

4) 지급 및 수령

미화 2천 불을 초과하는 지급 등을 하고자 하는 경우에는 외국환은행장에게 지급 등의 사유와 금액을 입증하는 서류를 제출하여야 한다. 그러나 비거주자 또는 외국인 거주자가 외국에 있는 자금을 국내로 반입하기 위하여 수령한 경우에는 그러하지 아니하다. 당해 지급 또는 그 원인이 되는 거래 또는 행위가 법, 영, 규정 및 타 법령 등에 의하여 신고해야 하는 경우에는 당해 지급을 하기에 앞서 신고 등을 먼저 해야 한다.

신고를 필요로 하지 않는 거래 중 연간 5만 불 이내의 지급 등의 경우에는 거주자(외국인 거주자 제외)가 외국환은행장에게 증빙서류를 제출하지 않고도 지급 등을 할 수 있다.

비거주자 또는 외국인거주자의 경우 자금의 취득경위를 입증하는 서류를 제출하여 외국환은행장의 확인을 받은 경우에 한하여 지급이 가능하다. 다만 외국환은행장 확인 대상이 아닌 경우에는 자금취득경위 입증서류 없이 연간 5만 불 이내에서 지정거래외국환은행을 통해서 지급이 가능하다.

해외여행자는 해외여행경비를 외국환은행을 통하여 지급하거나 휴대 수출할 수 있다. 해외 체재자 및 해외유학생이 해외여행경비를 지급하고자 하는 경우에는 거래외국환은행을 지정하여야 하며, 해외 체재 또는 해외유학을 입증할 수 있는 서류를 제출해야 한다. 특히 해외유학생의 경우에는 매 연도별로 외국교육기관의 장이 발급하는 재학증명서 등 재학사실을 입증할 수 있는 서류를 제출해야 한다.

해외이주비는 국내로부터 이주하는 자의 경우 외교통상부로부터 해외이주신고확인서를 발급받은 날로부터, 해외에서 현지로 이주하는 자의 경우는 재외공관으로부터 최초로 거주여권을 발급받은 날로부터 3년 이내에 지정거래외국환은행을 통하여 지급하거나 휴대수출 할 수 있다. 해외이주비 지급신청자는 세대별 해외이주비(해외이주예정자 포함)지급누계급액이 미화 10만 불을 초과하는 경우 해외이주자의 관할세무서장이 발급하는 해외이주비 전체금액에 대한 자금출처확인서를 지정거래외국환은행장에게 제출해야 한다.

또, 재외동포가 본인명의로 보유하던 부동산의 처분대금 및 국내예금·신탁계정관련 원리금, 증권매각대금 등을 국외로 반출하고자 하는 경우는 재외동포재산반출신청서와 지급증빙서류를 지정거래외국환은행장에게 제출해야 한다.

5) 지급 등의 방법

양자 간 상계의 경우에는 상계금액에 상관없이 모두 외국환은행장에게 신고해야 한다. 다국적 기업의 상계센터를 통하여 상계하거나 다수의 당사자의 채권 또는 채무를 상계하는 경우에 한국은행총재에 신고하여야 한다.

거주자가 수출입대금의 지급 등을 하고자 하는 경우에는 원칙적으로 신고를 요하지 않으나 다음 각 호의 1에 해당하는 방법으로 지급 등을 하고자 하는 경우에는 한국은행총재에 신고해야 한다. 즉, 계약 건당 미화 5만 불을 초과하는 수출대금을 다음 각 목의 1에 해당하는 방법으로 수령하고자 하는 경우

가. 본지사 간의 수출거래로서 무신용장 인수인도조건방식 또는 외상수출채권매입방식에 의하여 결제기간이 물품의 선적 후 또는 수출환어음의 일람 후 3년을 초과하는 경우,

나. 본지사 간의 수출거래로서 수출대금을 물품의 선적 전에 수령하고자 하는 경우,

다. 본지사 간이 아닌 수출거래로서 수출대금을 물품의 선적 전 1년을 초과하여 수령하고자 하는 경우, 다만, 선박, 철도차량, 항공기, 대외무역법에 의한 산업설비의 경우는 제외한다.

또, 다음 각목의 1에 해당하는 방법으로 수입대금을 지급하고자 하는 경우.

가. 계약 건당 미화 5만 불을 초과하는 미가공 재수출할 목적으로 금을 수입하는 경우로서 수입대금을 선적서류 또는 물품의 수령일로부터 30일을 초과하여 지급하거나 내수용으로 30일을 초과하여 연지급수입한 금을 미가공 재수출하고자 하는 경우

나. 계약 건당 미화 2만 불을 초과하는 수입대금을 선적서류 또는 물품의 수령 전 1년을 초과하여 송금방식에 의하여 지급하고자 하는 경우

거주자가 비거주자와의 거래결제를 위하여 거래당사자가 아닌 제3자에게 지급 등을 하는 경우 예외적인 경우를 제외하고 한국은행총재에게 신고하여야 한다.

🔖 제3자 지급 신고면제 사유
- 미화 2천 불 이하의 금액을 제3자 지급 등을 하는 경우(분할하여 지급하는 경우에는 각각의 지급 등의 금액을 합산한 금액)
- 거주자 간 또는 거주자와 비거주자 간 거래의 결제를 위하여 당해 거래의 당사자인 거주자가 당해 거래의 당사자가 아닌 비거주자로부터 수령하는 경우
- 비거주자 간 또는 거주자와 비거주자 간 거래의 결제를 위하여 당해 거래의 당사자가 아닌 거주자가 당해 거래의 당사자인 비거주자로부터 수령하는 경우
- 외국환은행이 당해 외국환은행의 해외지점 및 현지법인의 여신과 관련하여 차주, 담보제공자 또는 보증인으로 부터 여신원리금을 회수하여 지급하고자 하는 경우
- 거주자인 예탁결제원이 예탁기관으로서 법·영 및 이 규정에서 정하는 바에 따라 비거주자가 발행한 주식예탁증서의 권리행사 및 의무이행과 관련된 내국지급수단

또는 대외지급수단을 지급 또는 수령하는 경우
- 거래당사자가 회원으로 가입된 국제적인 결제기구와 지급 또는 수령하는 경우
- 인정된 거래에 따른 채권의 매매 및 양도, 채무의 인수가 이루어진 경우(비거주자 간의 외화채권의 이전을 포함한다)
- 인정된 거래에 따라 제9장 제4절의 외국에 있는 부동산 또는 이에 관한 권리를 취득하고자 하는 거주자가 동 취득대금을 당해 부동산 소재지 국가에서 부동산계약 중개·대리 업무를 영위하는 자(제9-39조 제2항 제2호에 해당하는 경우에는 거주자의 배우자를 포함한다)에게 지급하는 경우
- 인정된 거래에 따라 외국에서 외화증권을 발행한 거주자가 원리금상환 및 매입소각등을 위하여 자금관리위탁계약을 맺은 자에게 지급하고자 하는 경우
- 인정된 거래에 따라 외화증권을 취득하고자 하는 자가 관련자금을 예탁결제원에게 지급하는 경우
- 제7-31조 제1항 제10호의 규정에 따라 주식 또는 지분을 취득하는 경우 동 취득대금을 외국인투자촉진법에 의한 외국인투자기업(국내자회사를 포함한다), 제9장 제3절에 의한 외국기업국내지사, 외국은행국내지점 또는 사무소가 본사(본사의 지주회사나 방계회사를 포함한다)에게 직접 지급하는 경우
- 제9장의 규정에 의한 해외현지법인을 설립하거나 해외지사를 설치하고자 하는 거주자가 동 자금을 해외직접투자와 관련된 대리관계가 확인된 거주자 또는 비거주자에게 지급하는 경우
- 외교통상부의 「신속 해외송금 지원제도 운영 지침」에 따라 대한민국 재외공관이 국민인 비거주자에게 긴급경비를 지급하는 경우
- 수입대행업체(거주자)에게 단순수입대행을 위탁한 거주자(납세의무자)가 수입대행계약 시 미리 정한 바에 따라 수입대금을 수출자인 비거주자에게 지급하는 경우
- 거주자가 인터넷으로 물품 수입을 하고 수입대금은 국내 구매대행업체를 통하여 지급하는 경우 및 수입대금을 받은 구매대행업체가 수출자에게 지급하는 경우
- 비거주자가 인터넷으로 판매자인 다른 비거주자로부터 물품을 구매하고 구매대금을 거주자인 구매대행업체를 통하여 지급하는 경우 및 구매대금을 받은 거주자인 구매대행업체가 판매자인 다른 비거주자에게 지급하는 경우
- 거주자인 정유회사 및 원유, 액화천연가스 또는 액화석유가스 수입업자가 외국정부 또는 외국정부가 운영하는 기업으로부터 원유, 액화천연가스 또는 액화석유가스를 수입함에 있어 당해 수출국의 법률이 정한 바에 따라 수입대금을 수출국의 중앙은행에 지급하는 경우

- 제1-2조 제18호의 해운대리점 또는 선박관리업자가 비거주자인 선주(운항사업자를 포함한다)로 부터 수령한 자금으로 국내에 입항 또는 국내에서 건조중인 선박(이하 '외항선박')의 외항선원 급여 등 해상운항경비를 외항선박의 선장 등 관리책임자에게 지급하는 경우
- 거주자 간 거래의 결제를 위하여 당해 거래의 당사자인 거주자가 당해 거래의 당사자가 아닌 거주자와 지급 등을 하는 경우
- 거주자인 통신사업자와 비거주자인 통신사업자 간 통신망 사용대가의 결제를 위하여 당해 거래의 당사자인 거주자가 당사자가 아닌 비거주자와 지급 등을 하는 경우
- 정보통신망 이용촉진 및 정보보호 등에 관한 법률 또는 전자금융거래법에 따라 등록된 통신과금 서비스제공자 또는 전자지급결제대행업자가 거주자 또는 비거주자의 전자적 방법에 의한 재화의 구입 또는 용역의 이용에 있어 그 대가의 정산을 대행하기 위해 지급 등을 하는 경우
- 거주자가 외국환은행 또는 이에 상응하는 외국 금융기관 명의로 개설된 에스크로 계좌(상거래의 안정성을 확보하기 위하여 중립적인 제3자로 하여금 거래대금을 일시적으로 예치하였다가 일정 조건이 충족되면 당초 약정한 대로 자금의 집행이 이루어지는 계좌를 말한다)를 통해 비거주자와 지급 등을 하는 경우

6) 지급수단 등의 수출입

거주자 또는 비거주자가 지급수단 또는 증권(지급수단 등)을 직접 휴대하거나 우편 등의 방법으로 수출입하는 경우에는 다음과 같은 허가나 신고를 하여야 한다.

구 분	신고 대상 거래
신고 예외	• 1만 불 이하 지급수단의 수출·수입 • 외국환은행의 환전용 내국통화수출 • 외국환은행을 통하지 않는 지급 등의 신고를 한 경우 • 자본거래 신고를 한 자의 신고된 바에 따른 기명식증권의 수출입 등
관할세관장 신고대상	• 거주자 또는 비거주자의 1만 불 초과 지급수단의 휴대수입 • 국민인 거주자의 1만 불 초과 지급수단의 휴대수출 • 기타 지급수단 등의 수출입
한국은행총재 신고대상	• 대외지급수단매매신고(규정 제2-3조 제1항 제3호) 　(휴대수출입은 관할세관장에게 신고가능)

다음 각목의 1에 해당하는 지급을 위하여 매각하는 경우에는 당해 매입을 하고자 하는 자가 별지 제7-4호 서식의 대외지급수단매매신고서에 의하여 한국은행총재에게 신고하여야 한다.

가. 제7-6조 제1항 제2호*의 규정에 의한 국내원화예금·신탁계정관련 원리금의 지급. 다만, 재외동포의 국내재산 반출의 경우에는 제4-7조의 규정을 적용

　*국민인 비거주자가 국내에서 사용하기 위하여 내국통화로 한 예금·신탁거래

나. 외국인거주자의 국내부동산 매각대금의 지급. 다만, 외국으로부터 휴대수입 또는 송금(대외계정에 예치된 자금을 포함)된 자금으로 취득한 국내부동산의 매각대금을 지급하고자 하는 경우에는 그러하지 아니하다.

다. 교포 등에 대한 여신과 관련하여 담보제공 또는 보증에 따른 대지급의 경우를 제외하고 비거주자 간의 거래와 관련하여 비거주자가 담보·보증 제공 후 국내재산 처분대금의 지급

라. 제2~6조(은행의 대출로서 거주자가 담보 또는 보증을 제공한 경우), 제7~13조 제4호 1), 제7~16조(거주자의 비거주자에 대한 대출), 제7~17조 제9호 2), 제7~45조 제11호 3) 및 제18호 단서 4)의 규정에 의하여 비거주자가 취득한 원화자금의 대외지급. 다만, 재외동포가 제2~6조 또는 제7~45조 제18호 단서의 규정에 의하여 취득한 원화자금을 대외지급하는 경우에는 제4~7조의 규정에 따른다.

　1) 제7~13조 제4호: 국민인 거주자와 국민인 비거주자 간에 국내에서 내국통화로 표시되고 지급되는 금전의 대차계약을 하는 경우

　2) 제7~17조 제9호: 국민인 거주자와 국민인 비거주자 간에 다른 거주자를 위하여 내국통화로 표시되고 지급되는 채무의 보증계약을 하는 경우

　3) 제7~45조 제11호: 거주자와 국민인 비거주자 간에 국내에서 내국통화로 표시되고 지급되는 일부 기타자본거래의 경우

　4) 제7~45조 제18호: 거주자가 비거주자로부터 국내부동산을 임차하여 내국통화로 보증금 지급하는 경우

마. 규정 제2~3조 제1호 나목 및 제2호(비거주자에 대한 매각)의 범위를 초과하여 내국지급수단을 대가로 지급하고자 하는 경우

7) 예금, 신탁계약에 따른 자본거래

해외예금은 거주자가 해외에서 비거주자와 외화예금거래를 하고자 하는 경우 지정거래외국환은행장에게 신고해야 한다. 다만, 거주자(기관투자가 전년도 수출입 실적이 미화 5백만 불 이상인 자, 해외건설업자 등 제외)가 건당(동일자, 동일인 기준) 미화 5만 불을 초과하여 국내에서 송금한 자금으로 예치하는 경우에는 한국은행총재에 신고해야 한다. 그러나 ① 외국에 체재하고 있거나, ② 다른 거래에 수반되는 해외 예금거래의 경우에는 신고의무가 면제된다.

■ 해외예금 신고면제 사유

1. 외국에 체재하고 있는 거주자가 외화예금 또는 외화신탁거래를 하는 경우
2. 거주자가 공공차관의 도입 및 관리에 관한 법률 또는 이 규정에 의한 비거주자로부터의 외화자금차입과 관련하여 외화예금거래를 하는 경우
3. 해외 장내파생상품거래를 하고자 하는 거주자가 당해 거래와 관련하여 외국에 있는 금융기관과 외화예금거래를 하는 경우
4. 국민인 거주자가 되기 이전에 외국에 있는 금융기관에 예치한 외화예금 또는 외화신탁계정을 처분하는 경우
5. 거주자가 외국에서의 증권발행과 관련하여 예금거래를 하는 경우
6. 거주자가 증권투자, 현지금융, 해외직접투자 및 해외지사와 관련하여 외화예금거래를 하는 경우
7. 예탁결제원이 거주자가 취득한 외화증권을 외국 소재 증권예탁기관 또는 금융기관에 예탁·보관하고 동 예탁·보관증권의 권리행사를 위하여 외화예금거래를 하는 경우
8. 인정된 거래에 따른 지급을 위하여 외화예금 및 외화신탁계정을 처분하는 경우
9. 외환동시결제시스템을 통한 결제와 관련하여 외국환은행이 CLS은행 또는 외환동시결제시스템의 비거주자 회원은행과 복수통화(원화 포함)예금 또는 원화예금을 하는 경우
10. 인정된 거래에 따라 외국에 있는 부동산 또는 이에 관한 권리를 취득하고자 하거나 이미 취득한 거주자가 신고한 내용에 따라 당해 부동산 취득과 관련하여 국내에서 송금한 자금으로 외화예금거래를 하는 경우
11. 예탁결제원, 증권금융회사 또는 증권대차거래의 중개업무를 영위하는 투자매매

> 업자 또는 투자중개업자가 제7~45조 제1항 제16호 및 제7~48조 제1항 제6호의
> 규정에 의한 증권대차거래와 관련하여 외화예금거래를 하는 경우
> 12. 외화예금신고를 한 거주자가 인정된 거래에 따라 해외에서 취득한 자금을 예치
> 하는 경우
> 13. 규정 제7~14조 제7항 단서의 규정에 따라 국내에 본점을 둔 외국환은행해외지
> 점 또는 현지법인 금융기관, 외국 금융기관에 예치하는 경우

해외신탁은 거주자가 해외에서 비거주자와 신탁거래를 하고자 하는 경우 한
국은행총재에게 신고해야 한다. 또, 연간입금액 또는 연말잔액이 일정 금액(개인 미
화 10만 불, 법인 미화 50만 불)을 초과하는 경우 익년도 1월말까지 한국은행총재에게
보고해야 한다.

8) 금전의 대차, 채무의 보증계약에 따른 자본거래

금전대차의 경우 지방자치단체, 공공기관 및 영리법인 등이 비거주자로부터
외화자금을 차입(외화증권 및 원화연계외화증권 발행을 포함)하고자 하는 경우에는 지정거
래외국환은행장에게 신고하여야 한다. 다만, 미화 3천만 불(차입신고시점으로부터 과거
1년 간의 누적차입금액을 포함)을 초과하여 차입하는 경우 지정거래외국환은행을 경유
하여 기획재정부장관에게 신고하여야 한다. 그리고 개인 및 비영리법인이 비거주
자로부터 외화자금을 차입하고자 하는 경우에는 지정거래외국환은행을 경유하여
한국은행총재에 신고하여야 한다.

거주자가 비거주자로부터 원화자금을 차입하는 경우에는 지정거래외국환은행
의 장에게 신고하여야 한다. 다만, 10억 원(차입신고시점으로부터 과거 1년 간의 누적차입금
액을 포함)을 초과하여 차입하고자 하는 경우에는 기획재정부장관에 신고해야 한다.

또, 거주자가 비거주자에게 대출을 하고자 하는 경우에는 한국은행총재에 신
고해야 하고, 다른 거주자의 보증 또는 담보를 제공받아 대출하는 경우 및 10억
원을 초과하는 원화자금을 대출하고자 하는 경우에는 대출을 받고자 하는 비거주
자가 신고해야 한다.

그러나 예외적으로 ① 거주자 간의 외화금전대차, ② 국민인 거주자와 국민
인 비거주자 간의 원화금전대차, ③ 재외공관근무자, 해외 체재자 및 해외유학생
의 생활비 및 학자금 충당 목적의 금전대차, ④ 외국인투자촉진법 또는 대외경제

협력기금법 등에 따른 차관 ⑤ 해외부동산 취득에 수반되는 금전대차의 경우에는 신고의무가 면제된다.

■ 금전대차 신고면제 사유

1. 거주자가 다른 거주자와 금전의 대차계약에 따른 외국통화로 표시되거나 지급을 받을 수 있는 채권의 발생 등에 관한 거래를 하고자 하는 경우
2. 거주자가 비거주자와 외국인투자촉진법에 의한 차관계약을 체결하거나 공공차관의 도입 및 관리에 관한 법률에 의한 공공차관협약을 체결하는 경우
3. 거주자가 비거주자와 대외경제협력기금법에 의한 차관공여계약을 체결하는 경우
4. 국민인 거주자와 국민인 비거주자 간에 국내에서 내국통화로 표시되고 지급되는 금전의 대차계약을 하는 경우
5. 대한민국정부의 재외공관근무자, 그 동거가족 또는 해외 체재자가 그 체재함에 필요한 생활비 등의 지급을 위하여 비거주자와 금전의 대차계약을 하는 경우
6. 국제유가증권결제기구에 가입한 거주자가 유가증권거래 결제와 관련하여 비거주자로부터 일중대출(intra-day credit) 또는 일일대출(over-night credit)을 받는 경우
7. 인정된 거래에 따라 제9~39조 제2항의 부동산을 취득하면서 취득자금에 충당하기 위해 취득부동산을 담보로 비거주자로부터 외화자금을 차입하는 경우
8. 외환동시결제시스템을 통한 결제와 관련하여 거주자 회원은행이 CLS은행으로부터 CLS은행이 정한 일정 한도의 원화 지급 포지션을 받거나 비거주자에게 일중(Intra-day)원화신용공여 또는 일일(Over-night)원화신용공여를 하는 경우
9. 외환동시결제시스템을 통한 결제와 관련하여 외국환은행이 비거주자 회원은행으로부터 일중(Intra-day) 또는 일일(Over-night)원화신용공여를 받는 경우

채무보증과 관련하여 국내 투자매매업자·투자중개업자가 그 현지법인의 인정된 업무에 수반되는 현지차입에 대하여 보증을 하거나 거주자의 현지법인이 인정된 사업수행에 필요한 시설재를 외국의 시설대여회사로부터 임차함에 있어서 당해 현지법인이 부담하는 채무의 이행을 당해 거주자 또는 계열관계에 있는 거주자가 보증을 하는 경우, 국내에 본점을 둔 시설대여회사가 당해 시설대여회사 현지법인의 인정된 업무에 수반되는 현지차입에 대하여 본사의 출자금액 범위 내

에서 보증을 하는 경우, 주채무계열 소속 상위 30대 계열기업의 장기(1년 초과)외화자금차입계약과 관련하여 동 계열 소속의 다른 기업체가 보증하고자 하는 경우에는 보증제공자가 차입자의 지정거래외환은행장에게 신고하여야 한다.

━ 보증계약에 대한 신고

외국환은행	금투업자 및 시설대여회사의 현지법인에 대한 보증 또는 주채무계열 회사 간 보증 등
한국은행	외국환은행 신고대상 외의 보증

　외국환은행장 앞 신고사항을 제외하고, 거주자와 비거주자 간의 거래 또는 비거주자 간 거래에 관하여 거주자가 채권자(거주자 또는 비거주자)와 보증계약을 체결하고자 하는 경우에는 한국은행총재에게 신고하여야 한다.

　예외적으로 ㉠ 거주자 간의 외화보증, ㉡ 다른 인정된 거래와 관련하여 거주자가 비거주자로부터 보증을 받는 경우, ㉢ 무역거래와 관련된 보증, ㉣ 국민인 거주자와 국민인 비거주자 간의 원화보증 등은 신고하지 않아도 된다.

■ **채무보증 신고면제 사유**

1. 거주자 간의 거래에 대하여 거주자가 외화보증을 하는 경우
2. 거주자의 수출거래와 관련하여 외국수입업자가 외국환은행으로부터 역외금융대출을 받음에 있어 당해 거주자가 그 역외금융대출에 대하여 당해 외국환은행에 외화보증을 하는 경우
3. 국내에 본점을 둔 시설대여회사가 당해 시설대여회사 현지법인에 대한 외국환은행의 역외금융대출에 대해 본사의 출자금액 범위 내에서 외화보증을 하는 경우
4. 거주자가 이 규정에 의해 인정된 거래를 함에 따라 비거주자로부터 보증을 받는 경우
5. 거주자가 다음의 보증을 하는 경우
    가. 거주자의 원화·외화자금차입 계약에 관하여 거주자가 비거주자에게 보증을 하는 경우(다만, 제7~14조 제1항의 규정에 의한 주채무계열 소속 상위 30대 계열기업체의 외화자금차입계약에 관하여 동 계열 소속의 다른 기업체가 보증하고자 하는 경우 제외)

　　나. 거주자가 규정 제4장에서 규정한 지급(제4~5조 내지 제4~7조 제외)을 위한
　　　　외국통화표시 보증을 하는 경우
　　다. 거주자가 인정된 임차계약을 함에 따라 국내의 다른 거주자가 외화보증을 하
　　　　거나 시설대여회사가 외국의 시설대여회사 국내의 실수요자 간의 인정된 시설
　　　　대여계약에 대하여 외화보증을 하는 경우
　　라. 거주자의 약속어음 매각과 관련하여 당해 거주자의 계열기업이 외화보증을 하
　　　　는 경우
　　마. 규정 제2~6조 제1항 단서에 따라 비거주자가 한국은행총재에게 신고하고 외
　　　　국환 은행으로부터 대출을 받음에 있어, 거주자가 보증 또는 담보를 제공하는
　　　　경우
6. 거주자가 비거주자와 물품의 수출·수입 또는 용역거래를 함에 있어서 보증을 하
　　는 경우
7. 거주자의 수출, 해외건설 및 용역사업 등 외화획득을 위한 국제입찰 또는 계약과
　　관련한 입찰보증 등을 위하여 비거주자가 보증금을 지급하거나 이에 갈음하는 보
　　증을 함에 있어서 보증 등을 하는 비거주자가 부담하는 채무의 이행을 당해 거주
　　자 또는 계열관계에 있는 거주자가 보증 또는 부담하는 계약을 체결하는 경우
8. 거주자 제7~11조 제1항 제3호에 해당하는 해외 장내파생상품거래에 필요한 자금
　　의 지급에 갈음하여 비거주자가 지급 또는 보증을 함에 있어서 지급 또는 보증을
　　하는 비거주자가 부담하는 채무의 이행을 당해 거주자 또는 당해 거주자의 계열기
　　업이 보증 또는 부담하는 계약을 체결하는 경우
9. 국민인 거주자와 국민인 비거주자 간에 다른 거주자를 위하여 내국통화로 표시되
　　고 지급되는 채무의 보증계약을 하는 경우
10. 제7~45조 제1항 제16호 및 제7~48조 제1항 제6호의 규정과 관련하여 자본시장
　　과 금융투자업에 관한 법률에 의한 증권금융회사가 비거주자에게 보증하는 경우
11. 거주자가 비거주자와 해외건설 및 용역사업, 물품수출거래를 함에 있어 당해 비
　　거주자(입찰대행기관 및 수입대행기관을 포함한다)와 보증 등을 하는 경우
12. 제7~40조 제2항의 규정에 의한 파생상품거래에 관하여 거주자가 비거주자에게
　　보증을 하는 경우

9) 대외지급수단, 채권 기타 매매 및 용역계약에 따른 자본거래

거주자 간의 대외지급수단, 물품 또는 채권 매매의 경우 한국은행총재에 신고해야 한다. 단, ㉠ 거주자 간에 동일자 기준 미화 2천 불 이내에서 외화 등 대외지급수단을 매매하는 경우, ㉡ 지급수단으로의 사용목적이 아닌 화폐수집용 및 기념용으로 외국통화를 매매하는 경우에는 신고의무가 면제된다.

거주자 간에 외화를 대가로 물품을 매매하는 경우에는 신고의무가 없는 것이 원칙이다. 거주자 간에 외화를 대가로 채권을 매매하는 경우에도 원칙적으로 신고의무가 없다. 또, 거주자 간의 외화용역거래의 경우 원칙적으로 신고의무가 없다.

거주자와 비거주자 간의 부동산 이용에 관한 회원권 매매는 외국환은행장에 신고해야 하고, 회원권 취득금액이 건당 미화 10만 불을 초과하는 경우에는 국세청장 및 관세청장, 건당 미화 5만 불을 초과하는 경우 금융감독원장에 통보해야 한다.

그러나, ㉠ 외국환은행의 해외지점 등이 해외에 체재하는 거주자와 원화표시 여행자 수표·자기앞수표 또는 국내통화의 매매거래를 하는 경우, ㉡ 해외에 체재하는 거주자가 비거주자와 해외 체재에 직접 필요한 대외지급수단, 채권매매를 하는 경우, ㉢ 거주자가 외국에서 보유가 인정된 대외지급수단 또는 외화채권으로 다른 외국통화표시 대외지급수단 또는 외화채권을 매입하는 경우 등의 경우는 신고가 면제된다.

■ 대외지급수단, 채권 매매계약 등 신고면제 사유

1. 외국환은행해외지점, 외국환은행현지법인, 외국금융기관(외국환전영업자를 포함한다)이 해외에 체재하는 거주자와 원화표시여행자수표, 원화표시자기앞수표 또는 내국통화의 매매거래를 하는 경우

2. 외국에 체재하는 거주자(재외공관근무자 또는 그 동거가족, 해외 체재자를 포함한다)가 비거주자와 체재에 직접 필요한 대외지급수단, 채권의 매매거래를 하는 경우

3. 거주자가 외국에서 보유가 인정된 대외지급수단 또는 외화채권으로 다른 외국통화표시 대외지급수단 또는 외화채권을 매입하는 경우

4. 거주자가 수출관련 외화채권을 비거주자에게 매각하고 동 매각자금 전액을 외국환은행을 통하여 국내로 회수하는 경우

> 5. 거주자가 국내외 부동산·시설물 등의 이용·사용과 관련된 회원권, 비거주자가 발행한 약속어음 및 비거주자에 대한 외화채권 등을 비거주자에게 매각하고 동 매각자금을 외국환은행을 통하여 국내로 회수하는 경우
> 6. 거주자가 비거주자에게 매각한 국내의 부동산·시설물 등의 이용·사용과 관련된 회원권 등을 비거주자로부터 재매입하는 경우

10) 증권의 발행 및 증권의 취득

거주자가 외국에서 외화증권을 발행하고자 하는 경우에는 지정거래외국환은행의 장 등에게 신고하여야 한다. 거주자가 국내에서 발행한 외화증권을 비거주자가 사모로 취득하는 경우도 포함하며, 거주자의 외화자금 차입에 관한 외국환거래규정 7~14조를 준용한다. 또, 거주자가 외국에서 원화증권을 발행하고자 하는 경우에는 기획재정부장관에게 신고하여야 한다.

비거주자가 국내에서 외화증권 또는 원화증권(원화연계외화증권 포함)을 발행하고자 하는 경우에는 기획재정부장관에게 신고하여야 한다.

거주자의 증권발행			비거주자의 증권발행		
발행장소	통화	신고 여부	발행장소	통화	신고 여부
국내	원화	적용대상 아님	국내	외화	기획재정부장관 신고
	외화	신고 예외		외화	기획재정부장관 신고
외국	원화	기획재정부장관 신고	외국	원화	기획재정부장관 신고
	외화	외환은행장 등에 신고 (거주지의 외화차입준용)		외화	적용대상 아님

국내증권시장과 해외증권시장 간에 증권의 이동이 이루어지는 방식으로 증권 상장
- 최초 상장시점 1회에 한하여 기획재정부장관에 신고

거주자가 비거주자로부터 증권을 취득하고자 하는 경우에는 한국은행총재에게 신고하여야 한다. 단, 거주자가 보유증권을 대가로 하여 비거주자로부터 증권을 취득하고자 하는 경우에는 교환대상증권의 가격 적정성을 입증하여야 한다. 그러나 ㉠ 정해진 절차에 따라 외화증권을 취득하는 경우, ㉡ 비거주자로부터 외

화증권을 상속·유증·증여받은 경우, ⓒ 이미 투자한 현지법인이 합병되어 그 합병 신주를 교부받는 경우, ⓔ 거주자와 국민이 비거주자 간의 원화증권 매매 또는 ⓜ 대물변제, 담보권의 행사로 인한 외화증권 취득 등의 경우에는 신고의무가 면제된다.

비거주자가 거주자로부터 비상장 국내원화증권을 외국인투자촉진법에서 정한 출자목적물에 의하여 취득하는 경우에는 외국환은행장에게, 그 외의 경우에는 한국은행총재에게 신고하여야 한다. 그러나, ⓖ 외국환거래규정에 정해진 절차에 따라 원화증권을 취득하는 경우, ⓛ 외국인투자촉진법에 따른 외국인투자에 해당하는 경우, ⓒ 거주자로부터 증권을 상속·유증 받는 경우, ⓔ 국민인 비거주자가 원화증권을 취득하는 경우 또는 ⓜ 대물변제, 담보권 행사 및 출자전환 등으로 원화증권을 취득하는 경우에는 신고의무가 면제된다.

11) 기타의 자본거래

ⓖ 거주자 간의 외화표시 임대차계약·담보·보증·보험·조합·사용대차·채무인수 기타 이와 유사한 계약에 따른 채권의 발생 등에 관한 거래, ⓛ 거주자 간의 상속·유증·증여에 따른 외화표시 채권의 발생 등에 관한 거래, ⓒ 거주자 간 외화증권 또는 이에 관한 권리의 취득과 같은 경우에 원칙적으로 거주자 간 기타 자본거래는 신고의무가 면제된다. 다만 담보·보증계약에 따른 채권의 발생 등에 관한 거래는 채무보증계약에 관한 규정을 준용한다.

ⓖ 거주자와 비거주자 간의 임대차계약·담보·보증·보험·조합·사용대차·채무인수·화해 기타 이와 유사한 계약에 따른 채권의 발생 등에 관한 거래, ⓛ 거주자와 비거주자 간 상속·유증·증여에 따른 채권의 발생 등에 관한 거래, ⓒ 거주자가 해외에서 학교 또는 병원의 설립·운영 등과 관련된 행위 및 그에 따른 자금의 수수, ⓔ 거주자의 자금통합관리 및 그와 관련된 행위의 경우, 거주자와 비거주자 간에 계약 건당 미화 3천만 불 이하인 경우로서 부동산 이외의 물품임대차계약을(소유권을 이전하는 계약을 포함)체결하는 경우, 소유권이전의 경우를 제외하고 국내의 외항운송업자와 비거주자 간의 선박이나 항공기를 임대차기간 1년 이상인 조건으로 외국통화표시 임대차계약을 체결하는 경우에는 외국환은행장에게 신고해야 한다.

위의 외국환은행장 신고사항 및 신고면제 사유를 제외하고 그 이외 기타 자본거래는 한국은행총재에게 신고하여야 한다. 단, 거주자(외국환업무 취급기관 포함)가 원화증권 및 원화연계외화증권을 비거주자에게 동일인당 500억 원을 초과하여 대여하는 경우에는 차입하고자 하는 비거주자가 신고하여야 하며, 거주자의 자금통합관리 및 그와 관련된 행위를 하고자 하는 경우에는 자금통합관리 개시 전에 신고하여야 한다.

또, 해외에서 학교 또는 병원의 설립·운영 등과 관련된 행위 및 그에 따른 자금의 수수를 위하여 한국은행총재에게 신고한 거주자는 학교 또는 병원의 설립·운영 등과 관련된 자금운영현황 등을 다음 연도 첫째 달 20일까지, 자금통합관리 신고를 한 자는 그 운영현황을 분기별로 익월 20일까지 한국은행총재에게 보고하여야 한다.

(4) 관세법

관세의 부과·징수 및 수출입물품의 통관을 적정하게 하고 관세수입을 확보함으로써 국민경제의 발전에 이바지함을 목적으로(관세법 제1조) 1949년 11월 23일 제정된 이후 수차례의 개정을 걸쳐서 오늘에 이르고 있다.

법 제1장에서는 용어의 정리와 법 적용의 일반원칙사항을 규정하고, 제2장에서 과세가격과 관세의 부과·징수 등과 관련하여 과세물건과 적용법령, 과세환율, 납세의무자, 과세가격의 신고 및 결정 등에 대하여 규정하고 있다. 제3장 세율 및 품목 분류에서 세율의 조정 및 조율, 품목 분류에 대해 규정하고 있으며, 제4장에서 감면·환급 및 분할납부 등 외교관용 물품의 면세와 세율불균형물품의 감면세 등 감면과 관세의 환급 및 분할 납부 등을 규정하고 있다.

제5장은 납세자의 권리 및 불복절차와 관련한 납세자권리헌장의 제정 및 교부, 관세조사 대상자 선정 등 납세자의 권리와 부록 신청 등의 심사 및 심판 등을 규정하고, 제6장에서 운송수단과 관련하여 개항과 선박·항공기의 입출항절차, 물품의 하역, 외국무역선의 내항선으로의 전환 및 차량의 관세통로 등을 규정하고 있다.

제7장에서 보세구역의 종류와 관련하여 지정보세구역, 특허보세구역 등을 규정하고, 제8장은 운송과 관련한 보세운송과 내국운송을 규정하고, 제9장은 통관의 요건과 원산지 확인, 통관의 제한, 통관의 예외적용, 통관 후 유통이력관리 등에 관하여 규정하고 있다.

　　제10장에서 세관공무원의 자료 제출 요청 등과 관련하여 세관장 등의 과세자료 요청과 세관공무원의 물품검사 등에 대해서 규정하고, 제11장 벌칙에서 전자문서 위조·변조죄와 밀수출입죄, 관세포탈죄 등에 대해서 규정하고 있다. 제12장은 관세범과 공소의 요건, 관세범의 조사, 압수물품의 폐기 등에 대해 규정하고, 제13장은 보칙으로서 가산세의 세목과 세관의 업무시간·물품취급시간, 몰수품 등의 처분 등을 다루고 있다.

🖊 관세법위반·외국환거래법위반

- **대법원 2015. 10. 15. 선고 2014도15287 판결**

　　구 관세법 시행령(2012. 5. 1. 대통령령 제23759호로 개정되기 전의 것) 제246조 제1항 제5호는 구 관세법(2012. 6. 1. 법률 제11458호로 개정되기 전의 것, 이하 같다) 제241조 제1항에 따라 수출 시 세관장에게 신고하여야 하는 사항 중 하나로 '사업자등록번호·통관고유부호'를 정하고 있는데, 사업자등록번호 등이 누구의 것인지를 명시하고 있지는 아니하나, 구 관세법이 수출물품의 통관에 관하여 화주의 특정을 필요로 하는 여러 규정(제160조, 제172조, 제214조 등)을 두고 있는 사정 등에 비추어 보면, 위 시행령 규정이 사업자등록번호 등을 물품 수출 시의 신고사항으로 정하고 있는 것은 구 관세법 제242조에 따른 관세사·관세법인·통관취급법인이나 수출물품 제조·공급자의 명의에 의한 신고 등으로 물품의 수출신고명의인과 화주가 다른 경우에 수출물품의 통관을 적정하게 하려는 등의 의도에서 신고명의인과는 별도로 화주에 관한 신고의무를 정한 것이다. 그리하여 위 시행령 규정은 수출 화주에 관한 신고의무를 전제로 화주의 구체적인 특정을 위하여 그의 사업자등록번호 등을 신고하도록 정한 것이다. 그리고 관세청의 '수출통관 사무처리에 관한 고시'(2011. 12. 20. 관세청고시 제2011 – 50호로 개정된 것) 제7조 제6항 및 [별표] '수출신고서 작성요령'에서 화주의 상호·주소 등과 함께 사업자등록번호 및 통관고유부호를 기재하도록 정하고 있는 것도 이러한 취지에 따른 것이다.

　　구 관세법(2012. 6. 1. 법률 제11458호로 개정되기 전의 것, 이하 같다) 제241조 제1항, 제242조, 제269조 제3항 제1호, 제276조 제1항 제4호, 구 관세법 시행령(2012. 5. 1. 대통령령 제23759호로 개정되기 전의 것, 이하 같다) 제246조 제1항 제5호와 법리에 비추어 보면, 물품을 수출하는 사람이 화주 또는 관세사법에 따른 관세사·관세법인 또는 통관취급법인의 명의로 수출신고를 하였다면, 수출신고를 하지 않고 물품을 수출하였다고 할 수는 없으므로 구 관세법 제269조 제3항 제1호의 밀수출입죄는 성립하지 아니하고, 다만 화주의 사업자등록번호 등 구 관세법 제241조 제1항 및 그 위임에 따른 구 관세법 시행령 제246조 제1항 각 호에서 정한 사항을 허위로 신고한 경우에는 구 관세법 제276조 제1항 제4호에서 정한 허위신고죄 등이 성립한다.

(5) 독점규제 및 공정거래에 관한 법률

경제운용의 기본방향이 정부주도에서 민간주도로 점차적으로 바뀌면서 민간기업의 공정하고 자유로운 경쟁을 통하여 창의적 활동을 조장하는 한편 소비자권익 보호와 건전한 경제질서 확립을 위하여 "독과점의 폐단을 적절하게 규제"하기 위하여 헌법이념에 따라 1980년 12월 31일 법률 제3320호로 제정된 이후 63회의 일부 개정을 거쳐서 2017년 4월 18일 법률 제14813호 일부 개정된 법률이 2017년 10월 19일부터 시행되었다. 개정된 법률의 주요 내용은 ① 시장 지배적 사업자의 부당한 가격결정, 출고조절, 경쟁사업자의 참가제한 등 남용행위와 가격의 동조적 인상 행위를 규제하고 ② 독과점화를 억제하기 위하여 경쟁을 실질적으로 제한하는 회사의 합병, 주식취득, 임원겸임, 영업양수 등을 통한 기업결합을 금지하되, 산업합리화 및 국제경쟁력을 위한 목적인 경우에는 이를 인정하고, 일정한 기준에 해당하는 기업결합에 대하여는 이를 신고하도록 하였다. ③ 부당한 공동행위나 불공정거래 행위를 내용으로 하는 차관, 합작투자 및 기술도입계약 등의 국제계약을 규제하고 ④ 경쟁제한적인 내용의 법령을 제정하거나 개정할 때에는 경제기획원장관과 사전 협의하도록 하고, ⑤ 시장지배적 사업자가 가격인하명령에 불응하는 경우에는 가격인상차액으로 얻은 수입의 100퍼센트를 과징금으로 징수할 수 있도록 하였다.

3. 공법적 적용

국제거래를 규율하는 법규는 원칙적으로 우리나라 영토 내에서 행해지는 모든 거래에 대해서 적용된다(속지적 적용). 그러나 오늘날 기업의 활동은 국내에 한정되지 않으며 국제적인 관계로 발전하고 있음을 고려할 때, 단순히 자국 내에서 행해지는 거래에 대해서만 규율하는 것으로는 당해 법규의 목적을 달성할 수 없게 되었다. 즉, 국내에서 유통되는 상품의 대부분이 수입품이 독점하고 있는 경우, 외국의 제조업자가 외국에서 가격협정을 체결한 경우 등과 같이 국내에서 이와 같은 거래를 규제하더라도 국내시장에서의 경쟁질서는 유지할 수 없게 되었다. 따라서 미국과 독일, EU 등은 외국에서 행해지는 경쟁제한적인 행위에 대하여, 그 같은 행위가 자국의 시장질서에 실질적으로 영향을 미치는 경우에는 독점금지법을 적용할 수 있다는 입장이다(역외적용).

구체적으로 미국은 Alcoa사건(US v. Aluminium Co. of America 148 F. 2d 416(2nd Circ. 1945)에서 역외적용을 하였다. 이 사건은 프랑스 1개 회사, 스위스 1개 회사, 독일 2개 회사 그리고 캐나다 1개 회사가 공동으로 스위스 국적의 회사연합(Alliance)을 설립하고 생산능력에 따라서 자본참가를 하였다. Alliance는 참가기업들에게 연간 최고 생산량을 할당하고 알루미늄의 최저가격을 지정하였으며, 나아가 미국에 대한 수입 쿼터를 지정하였다. 이에 대해서 미국정부는 캐나다의 1개사와 그 미국 내의 모회사인 Aluminum Co. of America(Alcoa), 그리고 주주 등을 피고로 제소하였다. 이에 대하여 1심법원은 사건을 기각하였으나 항소법원은 1심판결을 파기하였다. 즉, 항소법원은 Alcoa의 캐나다 자회사가 이 카르텔에 참가한 것이 셔먼법(Sherman Act)[61]에 위반된다고 판단하였는데, 그 이유는 카르텔에 참가한 기업들이 미국시장에 영향을 미칠 의도가 있었으며 실제로 발생하였다는 것이다.

미국은 이 같은 경쟁법뿐만 아니라 수출규제법을 외국의 사건까지 널리 적용하고 있는 가운데, 최근에는 경쟁법의 역외적용 뿐만 아니라 일련의 통상법규와 조세법, 증권거래법, 지적소유권분야 등에 역외적용을 확대함으로서 통상마찰을 야기하고 있다.

🔖 TFT-LCD담합사건(2008)

LG Display Co 및 일본 Sharp Co, 대만 Chunghwa Co는 2001년 9월부터 2006년 6월까지 상호 회의 및 의사를 소통하는 등의 방법으로 자신들이 제조하는 TFT-LCD(Thin-Film Transistor-Liquid Crystal Disply) 패널 판매가격을 합의한 후 이

---

61) 셔먼법은 1890년대 특정 산업에서 소수의 자본가가 시장에서 독점적 지위를 차지하기 위하여 전국 규모의 카르텔을 형성하여 시장에서의 공정한 경쟁을 저해하는 행위인 트러스트(Trust)를 방지하기 위하여 입법화되었는데, 셔먼법은 각 주 간의 거래뿐만 아니라 외국과의 대외거래까지 포함되며, 개인사업자 등의 자연인, 미국법과 외국법에 의하여 설립된 기업과 단체가 행하는 모든 경쟁제한적인 거래를 포함하고 있다.

행여부의 감시를 위한 정보를 서로 교환하였다. 이들 행위의 구체적인 내용은 ① 가격담합을 위한 회의, 대화, 의사연락을 통한 가격고정(price fixing) 합의 및 일정 수준의 가격정책 ② 가격합의의 이행 및 감시를 위한 상호정보의 교환 등이었다. 이로 인하여 컴퓨터 모니터, 휴대전화 등 TFT-LCD를 사용하는 전자제품을 제조하는 미국 기업인 Apple Co, Dell Co, Motorola Co등과 소비자들이 가격담합에 의한 영향을 받았다.

이에 대하여 DOJ는 LG Display 및 일본 Sharp, 대만의 Chunghwa Co와 TFT-LCD 패널 가격담합에 대해 5억 85백만 달러의 벌금을 부과하기로 합의하였다. LG Display는 100% 지분을 소유한 미국내 자회사인 LG Display America와 함께 4억 달러의 벌금을 내기로 합의하였고, 일본의 Sharp Co는 1억 2천만 달러, 대만의 Chunghwa Co는 6천 5백만 달러의 벌금을 부과하기로 합의하였다.

EU는 조약에 의하여 하나의 역내시장을 통하여 사회 경제적으로 지속가능한 발전을 도모하기 위하여 합리적 경쟁을 통한 시장경제 구축을 목표로 하고 있다. 따라서 EU의 가장 중요한 법원(sources)은 EU조약이다. EU조약은 리스본 조약에 의하여 EU조약(Treaty of the European Union)과 EU기능조약(Treaty on the Function of the European Union)으로 나누어지는데, EU기능조약 제101조 제1항은 경쟁을 제한하려는 목적이나 효과가 있고 회원국 간에 통상에 영향을 미치는 사업자 간의 합의 및 공모 행위, 사업자단체의 결성 등을 금지하도록 하고 있다.

또, EU기능조약 제102조에서는 회원국 간 통상에 영향을 미치는 범위에서 역내 시장 및 시장 지배적 지위를 가진 사업자의 지위를 남용하는 행위를 금지하고 있다.

이것과 달리 우리나라 「독점규제 및 공정거래에 관한 법률」에서는 역외적용에 관한 명문의 규정이 없다. 따라서 공법적 법규를 역외적용 하는 경우에 제 외국의 법정책과 대립할 수 있는 등 법적용과 관련하여 갈등을 야기할 수 있다. 이와 관련한 전형적인 사례로 미국의 '수출관리법(Export Administration Act: EAA)'의 역외적용을 둘러싸고 EC가맹국과 미국이 다툼을 벌였던 '시베리아 가스파이프라인 사건'이 있다.

'시베리아 가스파이프라인 사건'은 시베리아산 천연가스 파이프라인 건설에 참여한 EC국가들(영국, 프랑스, 서독, 이탈리아)과 이에 반대한 미국 간의 무역분쟁으로 1981년 12월 폴란드의 계엄령 포고에 관한 (구)소련의 직접적 책임에 대한 미국의 가스파이프라인 건설과 관련한 물품 및 기술의 對 소련수출을 금지시킴으로서 비롯되었다.

미국 정부는 1981년 12월 수출관리법에 따라 소련으로 향하는 석유 및 가스 운반 장비의 수출을 금지하고 모든 수출허가를 금지시켰다(제1차 수출규제 조치). 또, 1982년 6월 미국기업의 해외자회사는 물론, 이전 공급계약에 의해 허가를 받은 물품 및 기술의 이전에도 미국의 수출통제법규가 적용되도록 관할권의 범위를 확대하였다(제2차 수출규제 조치). 나아가 미국관할권 내에 속한 모든 물품 및 기술도 미국 정부의 사전허가 없이는 수출하지 못하도록 금지시켰다. 당시 가스파이프라인 건설계약에 참여한 대부분의 유럽기업들은 미국기업의 자회사였으며, 동 계약의 이행을 위해서는 미국의 기술에 의존해야 했으므로 미국의 이 같은 조치는 유럽의 제 국가들이 추진하던 시베리아 가스파이프라인 건설에 큰 차질을 빚게 되었다.

EC는 미국의 이 같은 일방적인 조치는 미국관할권의 역외확장을 의미하고, 국제법 원칙에 반하는 부당한 주권침해라고 항의하였다. 영국과 프랑스는 대항입법을 발동하여 자국 기업에 대한 수출계약의 준수를 명하였다. 민·형사상의 제재를 피하기 위하여 현지 정부의 명령을 수행한 일부 해외자회사들은 미국 정부의 수출특혜철회명령(Temporary Denial Order: TOD)을 받았으며 이로 인하여 해당 기업은 거래활동에 큰 타격을 입게 되었다. 특히 제2차 수출규제 조치가 유럽에서 영업활동을 하고 있던 미국기업은 물론 미국산 물품 및 기술에 까지 확대 적용됨으로서 관련 국가들의 강한 반발을 초래한 시베리아 가스파이프라인 사건은 제2차 세계대전 이후 가장 심각했던 통상분쟁 가운데 하나로 기록되고 있다. 이와 같이 각국의 법정책이 대립하는 경우에는 공법적 법규의 역외적용은 국가 간의 긴장관계를 가져올 수 있으며 당사자들의 경우도 많은 어려움에 처하게 된다.

이 같은 역외적용으로부터 발생하는 문제를 해결할 수 있는 방법으로는 국가 간의 협의와 조약에 의하여 법적용의 충돌을 조정하는 것이다. 즉, 양국 간의 이중과세를 방지하기 위한 조세조약 등이 그 좋은 예이다. 그러나 시베리아 가스파이프라인 사건과 같이 국가 간의 법정책이 충돌하는 경우에는 이 같은 방법에도 한계에 노출되게 된다. 이 같은 문제를 해결하기 위하여 미국이 주장하는 「합리성의 원칙, rule of reason」과 국제법상 「불간섭 원칙」에 의한 입법관할권의 행사를 제한하려는 견해 등과 같이 역외적용의 범위를 합리적으로 제한하는 규칙 등이 주장되고 있으나, 아직까지 국제법적으로 확립된 원칙은 없다.

4. 공법적 규정으로서의 국제법

(1) 통상항해조약

특정 국가 간에 통상을 위한 유리한 환경조성을 상호 보장하는 조약이다. 조약의 내용은 각 국가의 사정에 따라서 다르지만 화물·선박의 왕래, 개인의 입국 및 거주, 영업활동·과세·재산취득·재판권 등 통상·항해의 자유와 관세에 관한 협정을 포함하는 것이 보통이다. 우리나라는 1956년 11월 28일 미국 간에 우호통상 및 항해에 관하여 규율하는 것을 목적으로 「한·미 우호통상 및 항해조약」을 체결하였다. 이 조약은 전문과 25개 조문으로 되어 있으며, 그 밖에 이 조약과 불가분의 일부로 인정되는 의정서가 있다.

「한·미 우호통상 및 항해조약」은 한·미 양국 간의 통상·거주·항해 등에 관하여 상호 최혜국대우 및 내국민대우를 그 원칙으로 정하고 있다. 다만 최혜국대우 규정은 관세 및 무역에 관한 일반협정(GATT)에 의거하여 부여되는 특별편익에는 적용되지 않는다. 본 조약에서 내국민대우라 함은 체약국의 영역 내에서 부여되는 대우로서, 당해 체약국의 국민·회사·생산품·선박 또는 기타의 대상에게 그 사정에 따라 같은 상황 하에서 그 영역 내에서 부여되는 대우보다 불리하지 않은 대우를 말한다(제22조 제1항).

최혜국대우라 함은 체약국 영역 내에서 부여되는 대우로서, 제3국의 국민·회사·생산품·선박·또는 기타 대상에게 그 사정에 따라 같은 상황 하에서 그 영역 내에서 부여되는 대우보다 불리하지 않은 대우를 말한다(제22조 2항).

또, 이 조약의 해석 또는 적용에 관한 분쟁이 발생하는 경우 외교 교섭에 의하여 만족스럽게 조정되지 않을 경우에는 양국이 다른 평화적 수단에 의한 해결에 합의하지 않는 한 국제사법재판소에 회부하도록 하고 있다(제24조).

(2) GATT와 WTO

제2차 세계대전 이후 세계 무역질서는 「관세 및 무역에 관한 일반협정(General Agreement on Tariffs and Trade: GATT)」을 중심으로 이루어졌다. 2차 세계대전이 종료되면서 무역자유화의 강화 및 1930년대의 보호무역을 시정하기 위한 목적으로 1945년 12월, 15개국이 관세 감축 및 양허를 위한 협상을 시작하였다. 이 협상이 제1차 다자 간 무역협상으로 본 협상에서 일련의 무역규범과 전 세계 무역의 1/5

에 해당하는 100억 달러의 무역에 영향을 미치는 45,000개의 물품에 대한 관세를 양허하고, 도출된 영허관세는 1948년 '임시적용 의정서'에 의하여 발효되었는데, 이후 23개의 국가가 참여하여 GATT를 탄생시켰다.

GATT에 서명한 이후 1947년 11월 21일 아바나회의가 시작되었고, 1948년 3월 ITO헌장의 최종적인 합의가 있었으나 일부 체약국들의 비준이 지체됨으로써 국제무역기구의 논의가 중단되게 됨으로서 GATT는 1948년부터 1995년까지 국제무역을 관장하는 유일한 다자체제가 되었다.

GATT는 각국의 보호무역정책이 제2차 세계대전 발발의 원인이 되었다는 반성과 함께 무역장벽을 낮추기 위한 노력과 국제통상에서의 차별대우를 폐지하여 세계무역을 확대함과 동시에 국제무역관계에 있어서 일정한 법질서를 확립하는 것을 기본목표로 하고 있다. 구체적으로 국제통상에서의 무차별평등의 실현(최혜국 대우의 원칙, 내국민대우의 원칙), 관세인하(양허관세)와 관세 이외 무역장벽의 철폐(수량제한의 일반적 금지), 불공정한 무역관행의 규제(보조금규제, 덤핑규제)등이 그것이다. 이 같은 기본목표를 달성하기 위하여 GATT는 체약국 간의 통상교섭의 장을 제공하고, 8회에 걸쳐 다각적인 통상교섭을 개최하였다(라운드).

━ GATT 협상

연 도	장소/명칭	협 상 주 제	참여국 수
1947	제네바	관세	23
1949	앙시	관세	13
1951	토르퀘이	관세	38
1956	제네바	관세	26
1960~1961	제네바(달론라운드)	관세	26
1964~1967	제네바(케네디라운드)	관세 및 반덤핑 조치	62
1973~1979	제네바(동경라운드)	관세, 비관세 조치, "골격"협정 등	102
1986~1994	제네바(우루과이라운드)	관세, 비관세 조치, 규범, 서비스, 지적재산권, 분쟁해결, 섬유, 농업, WTO창설 등	123

이후 GATT의 기본원칙에 변화는 없었으나 1960년대에 개발에 관한 절이 새롭게 추가되었으며, 1970년대에는 "복수국 간"(일부 회원국들이 자발적으로 참여한)협정이 추가되었고, 관세 감축을 위한 노력은 계속되었다. 대부분이 "무역 라운드"라

는 일련의 다자협정을 통하여 이루어 졌는데 국제무역자유화에서의 진전은 모두 GATT 주관 하에 진행된 다자 간 무역협상의 결과이다.

GATT체제 초기의 다자 간 무역협상은 관세를 인하하는데 집중되었으며, 이후 60년대 중반 케네디 라운드에서 GATT의 반덤핑협정과 개발에 대한 별도의 절이 추가되었다. 70년대 도쿄 라운드에서는 관세의 형태를 지니지 않은 무역장벽을 다루었는데, 이는 다자무역체제를 개선하기 위한 최초의 시도였다.

동경라운드(1973년~1979년)에서는 102개국이 참여하여 9개 주요 선진국의 관세를 평균 1/3 정도 감축하게 됨으로서 공산품의 관세를 4.7%로 인하하는데 합의하였는데, 8년 동안 이행되는 관세감축은 높은 관세를 더욱 감축하는 "조화(harmonization)"요소를 포함하고 있다. 반면에 농업무역을 저해하는 기본적인 문제를 해결하는데 실패함으로써, "세이프가드"(긴급수입제한)에 대한 협정 수정안을 채택하는 것에는 실패하였다.

이후 1986년부터 시작된 우루과이라운드에서 새로운 세계무역기구(World Trade Organization; WTO)를 설립할 것에 합의하여 1994년 4월 「세계무역기구 설립을 위한 마라케쉬 협정(WTO협정)」이 채택됨으로써 GATT는 1995년 1월 1일 새롭게 창설된 WTO로 거듭 태어나게 되었다.

1995년 출범한 WTO체제는 GATT체제의 기본원칙을 수용하였는데 다음과 같은 차이가 있다. 첫째, GATT는 잠정적 협정으로 국제기구로서의 법적기반이 약하나 WTO는 정식적인 국제기구로 설립되어 이제까지 잠정적으로 적용되어 왔던 GATT의 실체규정은 새로운 「1994 GATT」로서 확정적 효력을 갖게 되었다. 둘째, WTO협정에서는 일부 부속서(복수국간무역협정)[62]를 제외하고 가맹국은 그에 부속하는 모든 협정에 일괄적으로 수락하는 것으로 하고 있는데(일괄수락방식), 이는 GATT에서 가맹국이 자국에게 유리한 협정에만 참가하는 것을 방지하기 위한 것이다. 셋째, WTO는 종래 물품무역 이외에 서비스무역과 지적소유권의 보호 및 직접투자 등 새로운 분야에 대한 규제를 포함하고 있다. 따라서 WTO는 국제무역

---

62) WTO협정 부속서 4의 복수국간무역협정(plurilateral trade agreement)들은 부속서 1(상품), 2(서비스), 3(분쟁해결)의 다자무역협정들과 달리 동 협정에 가입한 WTO 회원국에 대해서만 법적 구속력을 갖는다. 이러한 복수국 간 협정은 1995년 WTO 설립 당시에는 민간항공기협정, 정부조달협정, 국제낙농협정, 국제우육협정 등 4가지가 있었으며, 낙농, 우육협정은 1997. 12. 31. 일자로 종료되었다.

에 관한 모든 분야에 걸쳐서 포괄적으로 규제가 가능하게 되었다. 넷째, 가맹국 간의 무역분쟁에 관한 해결수단을 정비함으로써 분쟁처리기능이 한층 강화되었다. 이 같이 분쟁처리기능을 정비함으로써 WTO는 국제무역분쟁 해결의 장으로 중요한 역할을 하고 있다.

2001년에 개최된 WTO 각료회의는 WTO체제 하에서 처음으로 다각적통상교섭이 개시되었다(Doha Development Agenda; DDA). DDA는 우루과이 라운드 협상에 이어 제2차 세계대전 이후 시작된 9차 다자 간 무역협상으로, WTO 출범 이후 첫 번째 무역협상이다. 도하개발아젠다[63] 의제는 ① 농산물, 농산물을 제외한 나머지 상품(공산품 및 임수산물), 서비스 시장의 개방, ② 반덤핑, 보조금, 지역협정, 분쟁해결에 대한 기존 WTO협정의 개선, ③ 관세행정의 개선 등을 추구하는 무역원활화, 환경, 개발 그리고 지적재산권 등 세 그룹으로 나누어진다.

이에 따라 농산물, 비농산물(NAMA: non-agricultural market access) 서비스, 규범(반덤핑. 보조금. 지역협정), 환경, 지적재산권, 분쟁해결, 무역원활화, 개발분야에 대한 협상 그룹이 설치되어 2002년부터 협상이 진행되었다.

농산물과 비농산물에 대해서는 우선 관세와 보조금의 감축정도와 같은 시장개방의 정도를 정하는 자유화세부원칙(modalities)에 합의하고 이에 따라 각국이 구체적인 품목과 보조금 프로그램별 감축수준을 제시하는 이행계획서(C/S: Country Schedule)를 제출하여 이에 최종적인 합의를 도출하는 방식을 기초로 협상을 진행하였다. 협상세부원칙이 협상의 대강을 결정하게 되므로 합의도출이 계속 미루어지면서, 2003년도에 개최된 칸쿤 제5차 WTO 각료회의도 성과 없이 끝나는 등한 동안 협상이 공전되기도 하였다. 그러나 2004년 8월 자유화세부원칙의 윤곽을 결정하는 기본골격합의(Framework Agreement)가 타결되면서 다시 협상은 본격적으로 진행되게 되었는데, 당시 "싱가폴 이슈"라고 불리던 투자, 경쟁정책, 정부조달투명성, 무역원활화 4개 이슈에 대한 개도국들의 반발을 수용하여 무역원활화를 제외한 나머지 이슈에 대해서는 논의를 중단하기로 결정하였고, 무역원활화는 정식협상의제로 다루기로 합의하였다.

2005년 12월 홍콩에서 제6차 WTO 각료회의가 개최되어 다시 진전을 위한

---

63) 개발이라는 용어를 사용한 것은 앞선 협상들과 달리 개발도상국의 개발에 중점을 두어야 한다는 개발도상국들의 주장을 반영했기 때문이다.

노력을 시도하였으나 자유화세부원칙 타결에는 이르지 못하였다. 2007년부터 더욱 가속화된 DDA 협상은 농업, NAMA 및 규범 의장들이 각각 자유화세부원칙의 초안을 제출하고 이를 개정하면서 진전을 이루어 나갔다. 2008년 7월 개최된 소규모 각료회의에서는 농산물 및 NAMA 관세감축 수준과 농업보조금 감축수준을 포함한 잠정타협안에 의견이 수렴되는 듯 했으나, 개도국의 농산물 수입급증 시 긴급관세를 부과하는 메카니즘을 포함한 몇몇 쟁점에 대한 이견을 해소하지 못해 합의를 도출하지 못하였다.

2009년 12월 제네바에서 개최된 제7차 WTO 각료회의에서는 2010년 DDA 협상타결을 목표로 1/4분기 중 DDA 협상 현황을 점검키로 합의함에 따라서 2010년 3월 개최된 협상점검회의에서는 WTO 사무총장이 제시한 향후 협상 프로세스에 합의하고 현재 다각적으로 협상을 계속 진행 중이다.

(3) 자유무역협정

2개국 또는 일정한 지역에 걸쳐서 통상의 자유를 위하여 각국들이 적극적으로 채택하고 있는 자유무역협정(Free Trade Agreement: FTA)과 경제협력협정(Economic Partnership Agreement: EPA)[64] 및 환태평양 경제동반자 협정(Trans-Pacific Strategic Economic Partnership: TPP) 등에 의한 지역적 경제자유화이다. FTA는 둘 또는 그 이상의 나라들이 상호 간에 수출입관세와 시장점유율 제한 등의 무역장벽을 제거하기로 약정하는 조약이며, EPA는 일본과 상대국과의 경제관계 전반을 규정한 조약이다. 또, 환태평양 결제동반자 협정(TPP)은 아시아-태평양 지역 경제의 통합을 목표로 공산품, 농업 제품을 포함한 모든 품목의 관세를 철폐하고, 정부조달, 지적재산권, 노동규제, 금융, 의료서비스 등 모든 비관세장벽을 철폐하고 자유화하는 협정으로 2005년 6월 뉴질랜드, 싱가포르, 칠레, 브루나이 4개국 체제로 출범하였다. TPP는 투자자 국가 분쟁 해결방법을 만들고, 관세 같은 무역장벽을 낮추는 역할도 한다.

2010년부터 5개국(미국, 오스트레일리아, 페루, 베트남, 말레이시아)이 추가로 참여하였

---

64) 자유무역협정이 무역자유화를 위한 무역장벽의 제거에 초점이 맞추고 있는 반면에 EPA는 투자, 인적자원의 이동, 정부조달, 비즈니스 환경의 정비, 국가 간의 협력강화 등을 폭넓게 다루며, 체결국 간 경제협력을 극대화하여 광범위한 분야에서 경제공동체가 될 수 있도록 유도한다. 특히 일본은 EPA의 형태로 경제통합을 실현하고 있는 가운데, 싱가포르, 멕시코, 필리핀, 태국, 2001년 EU 등과 EPA를 체결하였다.

으나, 2017년 미국이 탈퇴를 선언하였고, 캐나다, 일본, 필리핀, 한국, 중국도 TPP 참여를 희망하고 있다. 2013년 일본이 이 협정에 가입하였고 미국, 일본, 오스트레일리아, 캐나다, 페루, 베트남, 말레이시아, 뉴질랜드, 부루나이, 싱가포르, 멕시코, 칠레가 TPP협정을 타결하였다. 그러나 2017년 1월 23일 미국은 환태평양경제동반자협정 탈퇴를 공식 선언함으로써 향후의 향방은 다시 불확실하게 되었다.

특정국가 간 통상의 자유화는 협정국 이외의 국가 간의 차이를 가져오기 때문에 GATT의 최혜국대우원칙에 반하는 측면도 있다. 그러나 지역적이지만 통상의 자유를 촉진하는 효과가 있기 때문에 일정한 조건을 충족하는 경우에 한하여 WTO체제에서도 예외적으로 그 같은 협정의 체결을 인정하고 있다(GATT 제24조).

(4) 국제통화기금협정

제2차 세계대전이 끝난 이후 경제부흥과 국제통화 및 금융체제 확립을 목적으로 국제부흥개발은행(International Bank for Reconstruction and Development: IBRD)[65]과 함께 전 후 바로 설립한 것이 국제통화기금(International Monetary Fund: IMF)이다. 양자는 그 협정이 채택된 지역의 이름을 붙여서 브레튼우즈체제(Bretton Woods system: BWS)[66]라 부르고 있다.

국제통화기금은 통화에 관한 국제협력과 외환의 안정·자유화를 통한 국제무역의 균형 발전에 기여하기 위한 목적으로 설립되었다.[67] 그러나 1960년대 베트

---

65) IBRD는 브레튼우즈협정에 따라 설립된 UN 산하 금융기관으로 제2차 세계대전 이후 전쟁피해 복구와 개발을 위해 1946년에 설립됐다. 일반적으로 IBRD와 자매기구인 국제개발협회(IDA), 국제금융공사(IFC), 국제투자보증기구(MIGA), 국제투자분쟁해결본부(ICSID)등을 합쳐 세계은행그룹이라고 한다. 이 가운데 IBRD와 IDA를 합쳐서 세계은행(WB)라고 부르지만 IDA는 IBRD가 운용하는 기금에 불과하므로 세계은행은 국제부흥개발은행을 뜻하게 된다.

66) 브레튼우즈체제는 국제통화제도협정에 따라 구축된 국제통화체제로 2차 세계대전 종전 직전인 1944년 미국 뉴햄프셔 주 브레튼우즈에서 열린 44개국이 참가한 연합국 통화 금융회의에서 탄생하였다. 협정에 따라 국제통화기금(IMF)과 국제부흥개발은행(IBRD)이 설립되었다. 통화가치의 안정, 무역진흥, 개발도상국 지원을 목적으로 하며 환율을 안정시키는 것이 주요 목표였다.

67) • 미국의 달러화를 기축통화로 하는 금환본위제의 실시: 금 1온스를 35 달러로 고정시키고, 그 외 다른 국가의 통화는 달러에 고정.
　• 조정 가능한 고정환율 제도의 실시: 원칙적으로 상하 1% 범위 내에서 조정이 가능하며, 국제 수지의 근본적인 불균형(fundamental disequilibrium)이 있는 경우에만 예외적으로 그 이상의 변동을 허용함.

남 전쟁 등으로 미국의 국제수지 적자가 발생하고, 전비조달을 위한 통화량 증발로 인한 인플레이션으로 달러 가치가 급락하자 일부국가들이 금태환[68]을 요구하여, 결국 금태환 정지선언인 1971년의 8월 15일 닉슨 조치는 이런 달러 위기의 타개를 꾀하기 위한 것으로 받아들여지고 있으나, 이 조치에 따라 브레튼우즈체제는 붕괴되었으며 국제통화제도가 혼란에 빠지면서 세계무역은 축소되게 됨으로써 개발도상국들에게 악영향을 미치게 되었다. 결국 미국경제의 악화로 인하여 금·달러를 대신하여 새로운 기준으로 한 특별인출권의[69] 창출과 변동상장제의 인용 등 초기 설립 목적과 다른 변화를 가져왔다. 즉, 1971년 12월 스미소니안협정(Smithsonian Agreement)[70]으로 이행되어 변질된 형태로 이어지던 브레튼우즈체제는 1973년 초 주요국이 환율을 유동화시킴으로서 IMF체제는 브레튼우즈체제가 갖추었던 금환본위제라는 양대 기본개념이 크게 변질된 새로운 국제통화제도의 모습으로 바뀌었다.

금본위제가 붕괴된 이후 세계경제는 많은 혼란에 빠지게 되면서 각국은 보호주의를 강력히 추구하여 관세장벽을 높이는 한편, 수입할당제, 수입허가제 등 비관세 수단에 의한 무역규제 현상도 나타나게 되었다. 나아가 경쟁적인 평가절하가 만연되었으며, 대영제국, 스칸디나비아, 포르투갈, 일본을 중심으로 하는 파운드 블록, 북·중남미국가를 중심으로 한 달러블록 등과 같은 불록화가 형성되었다. 그 결과 자유무역은 자취를 감추었고 자유무역원리와 금본위제에 뒷받침을 받았던 20세기 경제 질서는 붕괴되었다.

---

68) 중앙은행이 화폐제도의 기초가 되는 화폐를 금화로 발행하여 시장에 유통시키는 것이 금화본위제이다. 그러나 운반이 불편하고 도난 위험이 있어 금화를 시장에 유통시킬 수 없는 경우가 많다. 그래서 나온 방안이 금지금본위제이다. 금지금본위제는 중앙은행이 금화 대신 금화의 가치와 같은 가치의 지폐와 보조화폐를 발행하는 것이다. 은행권을 금으로 교환하는 것을 금태환이라 하고 이때의 은행권을 태환 화폐라 한다.

69) 1930년대 이후 각국 통화가치의 불안정, 외환관리, 평가절하경쟁, 무역거래제한 등을 시정하여 국제무역의 확대, 고용 및 실질소득 증대, 외환의 안정과 자유화, 국제수지 균형 등을 달성할 것을 목적으로 체결되었다.

70) 1971년 8월 닉슨 대통령이 달러와 금의 교환정지를 선언함으로써 브레튼우즈체제가 막을 내렸다. 그 후 1971년 12월 워싱턴 D.C.의 스미소니안 박물관에서 10개국 재무장관회의에서 고정환율제도로 되돌아가 각국이 새로 평가할 것을 결정하였다. 주요 내용은 달러화의 평가절하와 환율변동폭을 1%에서 2.25%로 확대하는 것이었는데, 이를 스미소니안협정이라 한다.

제2장

국제거래에서의
당사자

제2장 국제거래에서의 당사자

제1절 개   설

국제거래는 국내거래와 마찬가지로 계약에 의하여 행해지게 되는데, 그렇다고 국내거래와 같다고 할 수는 없다. 왜냐하면 국제거래는 특성상 법률행위의 성립과 이행, 불이행시의 구제방법(remedy) 등과 관련하여 국내거래와 다소 차이가 있기 때문이다. 즉, 국제거래는 국가 간의 거래라는 일반적인 특성보다 서로 다른 '법역'(jurisdiction)이 관련되는 거래이다. 구체적으로 국제상거래위원회(United Nations Commission on International Trade Law: UNCITRAL)가 1980년 채택한 국제물품매매에 관한 UN협약(United Nations convention on Contracts for the International Sale of Goods)에서도 그 적용을 받는 국제매매계약을 "서로 상이한 국가에 영업소를 둔 당사자 간의 계약"이라고 규정하고 있다.

이와 같이 국제거래는 서로 다른 제도, 사회, 경제, 문화, 풍습 및 언어 등이 서로 다르고, 당사자가 속한 국가는 서로 다른 주권국가인 것이 보통이며, 서로 다른 법역이 관여하게 되므로 국내 거래와는 많은 차이가 존재한다. 국제거래의 특성을 요약하면 다음과 같다.

첫째, 법률제도는 성문법을 법원(source of law)으로 하는 대륙법계(civil law system)와 선결례를 주된 법원으로 하는 영미법계(common law system)로 구분되는데, 이제까지 영미법계 국가들이 국제상거래를 주도해온 관계로 국제거래의 경우 주로 영미에서 발달한 계약형식을 취하게 되며 따라서 영미법상의 원칙을 따르는 것이 일반적이다.

둘째, 국제거래는 국내계약에 비하여 거래당사자가 계약의 내용과 그에 적용될 법률 그리고 분쟁의 해결방법까지 거래당사자들 간의 합의에 의하여 정할 수 있도록 하는 당사자자치원칙(principle of party autonomy)의 적용이 요구된다.

셋째, 국제거래의 당사자는 서로 다른 국가의 국민이거나 아니면 적어도 계약의 성립이나 이행 등이 둘 이상의 주권국가와 관련되는 것이 일반적이므로 서로 자국국민의 권익이나 자국의 이익을 보호하려는 과정에서 주권충돌이 야기될 수 있다. 또, 국제거래의 경우 예외 없이 특정 주권국가의 국익보호와 관련하여 제정된 법규(외환거래법규, 대외거래법규, 외자의 도입과 규제에 관한 법률, 독점규제법규와 공정거래법규) 등의 적용문제가 발생한다.

넷째, 국제거래에서는 계약에 따른 이행이 이루어지지 않을 경우에 이를 강제로 이행시키거나 그로부터 발생한 손해를 배상 받는데 있어서 실효성을 확보하기가 국내거래계약에 비하여 매우 어렵다. 나아가 분쟁이 발생한 경우에는 권리의 확보에 많은 시간과 비용 나아가 권리집행의 유효성을 보장할 수 없으므로 사전에 분쟁발생의 방지책을 강구할 필요가 있다.

다섯째, 오늘날 국제거래를 위한 국제계약은 보편화·정형화하고 있는 추세이다. 국제계약도 이 같은 추세에 부응하여 보통거래약관에 의한 계약체결이 일반화되고 있으며, 무역조건의 해석에 관한 국제규칙(International Rules for the Interpretation of Trade Terms: INCOTERMS)이나 신용장통일규칙(Uniform Customs and Practice for Documentary Credits: UCP)등과 같이 국제거래계약에 통일적으로 작용될 국제적 법규들이 마련되고 있다.

여섯째, 국내거래에서는 계약방식의 자유가 인정되므로 우리나라는 물론 영미법계에서도 일정한 방식을 요구하지 않는다. 그러나 영미법의 경우 사기방지법(Statute of Fraud)상 특정 계약을 체결하는 경우, 계약의 중요성 등을 이유로 서면에 의한 계약을 요구하고 있다. 그러나 이 같은 경우는 예외적인 것으로 대부분의 계약은 구두로도 체결할 수 있다. 그러나 국제계약의 경우는 법률적인 요건 여부에 불구하고 아무리 간단한 계약일지라도 정형화된 서면계약으로 체결하는 것이 일반적이다.

제2절 법률행위의 당사자

국제거래의 당사자는 우선 개인과 법인을 들 수 있다. 그 가운데 오늘날 국제거래의 중심은 사기업이라고도 할 수 있을 것이다. 나아가 국가 및 국가기관이 직접 사법상의 거래당사자가 되는 경우도 있다(사회주의국가 및 개발도상국의 통상관계에서 자주 나타난다). 국가 및 국가기관이 사법상의 거래당사자가 되는 경우에는 이들 국가 및 국가기관도 거래 당사자가 된다. 또, 협약에 따라서 설립된 국제기구가 증가함으로서 국제법인이 국제거래의 당사자가 되는 경우도 있다. 이들 당사자가 우리나라에서 국제거래를 위한 업무를 수행하는 경우에는 우리 법률상의 주체로서 우리 법률에 따르지 않으면 안 되는데, 이하에서 이들 당사자에 대한 법률규정의 내용을 중심으로 살펴보도록 하겠다.

Ⅰ 개 인

1. 권리능력

권리능력이란 권리의 주체가 될 수 있는 자격 또는 지위를 말하며, 이를 권리능력 또는 인격이라고 한다. 그러나 권리능력과 권리는 구별해야 한다. 즉, 권리능력을 가지는 자만이 권리를 가질 수 있으나 권리능력 자체가 권리는 아니기 때문이다.

개인이 단독으로 유효한 법률행위를 하기 위해서는 사법상 권리의무의 주체로서의 자격과 단독으로 유효한 법률행위를 할 수 있는 능력이 있어야 한다. 전자는 자연인의 권리능력의 문제이며 후자는 행위능력의 문제이다. 여기서 권리능력(capacity of enjoyment of right)이란 권리를 향유하고 의무를 부담하는 자를 권리주체라 하는데 권리의 주체가 되는 것은 자연인과 법률이 인정하는 법인이며, 권리의무의 주체가 될 수 있는 지위 또는 자격이 권리능력이다. 또, 행위능력이란 단독으로 확정적 유효한 법률행위를 할 수 있는 능력을 말하며 스스로 법률행위를 할 수 없는 자를 제한능력자(미성년자, 피한정후견인, 피성년후견인)라고 한다.

　자연인의 권리능력을 인정하지 않는 국가는 없으며 따라서 이와 관련하여 갈등의 소지는 없다. 또, 자연인의 권리능력을 부정하는 경우에 이는 사회질서에 반하는 것으로(국제사법 제10조) 이를 인정할 수 없으며, 따라서 자연인의 권리능력의 존부에 관한 준거법을 문제 삼는 일은 거의 없다. 오직 자연인이 토지소유권, 주주의 권리 등과 같은 권리를 향유할 수 있는가의 문제는 권리자체의 귀속 및 취득에 관한 문제이므로 이 같은 것은 권리자체의 준거법에 따라서 판단하여야 한다.

2. 권리능력자

　권리능력의 존속기간에 관하여 우리 민법 제3조는 '사람은 생존하는 동안 권리와 의무의 주체가 된다' 고 규정하여 모든 살아있는 사람과 일정한 사람의 집단(사단) 및 일정한 목적을 가진 재산의 집단(재단)에 대하여 권리·의무의 주체가 될 수 있는 지위, 즉, 권리능력을 인정하고 있다. 여기서 권리능력자인 살아있는 사람을 자연인이라 하며, 권리능력이 인정되는 사단과 재단을 법인이라고 한다.

(1) 자연인

　모든 사람은 생존하는 동안 성별·연령·계급의 구별 없이 평등하게 권리능력자로 인정된다. 자연인이라면 지적능력과 상관없이 권리와 의무의 주체가 될 수 있는 자격을 부여한다. 자연인의 권리능력은 출생에 의해 부여되고 사망에 의해서 소멸된다. 그러나 일정한 지적능력이 없는 자가 법적 강제력을 갖는 법률행위를 하는 경우에는 본인이 의도하지 않은 손해를 입을 수 있으므로 스스로 법률행위를 하기 위해서는 의사능력을 요구한다. 우리 민법은 의사능력이 완전하지 않은 자를 제한능력자(미성년자, 피한정후견인, 피특정후견인, 성년후견인)라 하고 법정대리인 및 후견인을 정하여 보호하고 있다.

(2) 법　인

　자연인이 아니면서 법률에 의하여 권리능력이 부여된 사단과 재단을 법인이라고 한다. 법인은 법률의 규정에 의하여 정관으로 정한 목적의 범위 내에서 권리와 의무의 주체가 된다(민법 제34조). 법인의 권리능력은 자연인의 권리능력과 본질적으로 다르며, 따라서 사람에게 인정되는 가족법상의 법률관계에 대한 법인의 능력은 인정되지 않는다. 따라서 법인의 권리능력은 성질에 의한 제한, 법률규정에 의한 제한 및 정관목적에 의하여 제한을 받는다.

즉, 법인은 사람이 가지는 생명권, 친권, 배우자의 권리 및 상속권 등을 가질 수 없다. 다만, 법인을 수증자로 하는 유증은 인정되어 포괄유증을 통하여 상속과 동일한 효과를 갖는다(성질에 의한 제한). 그러나 재산권, 명예권, 신용권 등은 법인에게도 인정된다.[1]

법인의 권리능력은 법률에 의하여 제한될 수 있다. 법인의 권리능력을 제한하는 규정으로 민법 제81조(청산법인의 권리능력을 청산의 목적범위 내로 한정), 상법 제173조(회사는 다른 회사의 무한책임사원이 되지 못하도록 한 규정)와 같이 특별한 이유에 의하여 개별적 제한을 받을 뿐 법인의 권리능력을 일반적으로 제한하는 법률은 없다(법률에 의한 제한).

법인은 정관이 정한 목적범위 내에서 권리능력을 행사할 수 있으며, 정관을 등기하여야 한다(민법 제40조 제1호 및 제49조 제2항 제1호). 여기서 말하는 목적범위 내란 정관에 명시된 목적 자체에 국한하는 것이 아니라 그 목적을 수행하는 직접·간접으로 필요한 행위까지 목적범위 내에 포함된다.[2] 목적수행에 필요한 행위인지의 여부는 행위의 객관적 성질에 따라서 판단하며 행위자의 주관적, 구체적 의사에 따라서 판단하지 않는다.[3] 따라서 법인의 권리능력이 목적범위 내로 제한된다면, 권리능력의 범위를 객관적으로 벗어나는 행위의 결과는 법인이 책임을 지지 않는다.[4]

3. 외국인의 사법상의 지위

자연인에게 권리능력을 인정하더라도 외국인에 대해서 어느 정도의 권리를 인정할 것인가에 대해서 각국의 입법도 서로 다르다. 역사적으로 보면 외국인을 적대시하여 그 어떤 법률상 보호도 하지 않았던 시대와 그의 권리를 현저히 제한하던 시대가 있었다. 외국인의 권리를 인정하는 범위는 국가와 시대에 따라서 차

---

1) 대법원 1997. 10. 24. 선고 96다17851 판결.
2) 대법원 2001. 9. 21. 자 2000그98 결정.
3) 대법원 1999. 10. 8. 선고 98다2488 판결.
4) 대법원 1975. 12. 23. 선고 75다1479 판결.

이가 있으나, 경제활동과 사회문화적 활동이 세계적 규모로 활발해짐에 따라서 외국인에게 내국인과 동등한 권리를 인정하는 방향으로 변천해 왔다. 현대 국가는 내외국인 평등주의를 지향하지만 그렇다고 완전한 평등주의를 지향하고 있지는 않다. 평등주의를 원칙으로 하면서도 그 나라의 정치적·경제적 사정 등을 고려하여 외국인에게 일정한 제한을 두거나 상호주의를 채택하고 있다.

　개별적 분야에서 외국인의 권리 등을 인정하는 방법이나 정도에 관한 제도는 ① 내국인과 외국인을 평등하게 대우하는 방법, ② 외국인의 권리 등을 인정하지 않는 방법, ③ 양자의 중간 형태인 상호주의를 택하는 방법 등이 있다. 선거권·공무담임권을 포함하는 참정권 등 우리나라 국민에게만 인정되는 기본권 분야에서는 명문의 규정이 없어도 외국인에게는 인정되지 않는 것으로 해석할 수 있다. 그 밖의 법률에서는 외국인에 대하여 제한하는 명문의 규정을 두지 않은 경우에는 외국인에 대한 제한은 없는 것으로 해석하는 것이 원칙이다. 따라서 외국인에 대하여 권리 등을 제한하려면 법률에서 이를 명확히 규정하여야 한다.

(1) 외국인 관련 법률

　'외국인'이란 대한민국의 국민이 아닌 자로서(국적법 제3조), 외국 국적자와 무국적자를 말한다. 헌법상 "외국인은 국제법과 조약이 정하는 바에 의하여 그 지위가 보장되며(헌법 제6조 제2항), 이 헌법 규정에 의하여 여러 법령에서 외국인을 내국인과 동등하게 대우하고 있다. 외국인 관련법 가운데에는 외국인의 선거권과 출입관리 등 외국인의 공법상의 지위에 관한 규정이 포함되며, 국제거래와 관련하여 문제가 되는 것은 사법상의 지위에 관한 규정이다. 즉, 외국인 토지소유권의 취득 및 이용을 제한하는 법률과 외국기업의 활동을 규제하는 법률 등이 그것이다.

　대부분의 국가들은 그들의 사회정책, 경제정책 및 국가정책 등을 고려하여 외국인 관련 법률을 제정하고 있는데, 오늘날 많은 국가들이 채택하고 있는 외국인의 법적지위는 상호주의와 평등주의이다. 상호주의는 GATT 기본원칙 가운데 하나로서 체약국이 무역자유를 취하는 경우에 상호 대등한 입장에서 동 조치를 상호교환 한다는 입법주의이다. 이에 대해서 평등주의는 외국인에게도 자국민과 같이 동등한 권리의 향유를 인정하는 입법주의이다. 우리나라 헌법 제6조 제2항은 "외국인은 국제법과 조약이 정하는 바에 의하여 그 지위가 보장된다"고 규정하여 평등주의를 천명하고 있다.

(2) 외국인의 사법상의 지위

우리나라는 헌법의 정신에 따라서 여러 법령에서 외국인을 내국인과 동등하게 대우하고 있다. 즉, 「채무자 회생 및 파산에 관한 법률」 제2조는 '외국인 또는 외국법인은 이 법의 적용에 있어서 대한민국국민 또는 대한민국법인과 동등한 지위를 가진다'고 규정하여 평등주의를 선언하고 있다.

한편, 「국제민사사법공조법」 제4조에서 상호주의를 채택하고 있음을 선언하고 있다. 즉, "사법공조에 관한 조약이 체결되어 있지 아니한 경우에도 사법공조를 촉탁하는 외국법원이 속하는 국가가 동일 또는 유사한 사항에 관하여 대한민국 법원의 사법공조촉탁에 응한다는 보증을 한 경우에는 이 법을 적용한다'고 규정하고 있다. 나아가 외국에서 일정한 자격을 취득한 외국인에 대하여 상호주의의 원칙에 따라 국내에서 해당 자격업무를 수행할 수 있도록 허용하는 경우도 있다(부동산가격공시 및 감정에 관한 법률 제25조).

또, 조약에 따른 상호주의를 채택한 규정도 있다. 즉, 저작권법 제3조는 "① 외국인의 저작물은 대한민국이 가입 또는 체결한 조약에 따라 보호된다. ② 대한민국 내에 상시 거주하는 외국인(무국적자 및 대한민국 내에 주된 사무소가 있는· 외국법인을 포함한다)의 저작물과 최초로 대한민국 내에서 공표된 외국인의 저작물(외국에서 공표된 날로부터 30일 이내에 대한민국 내에서 공표된 저작물을 포함한다)은 이 법에 따라 보호된다. ③ 제1항 및 제2항에 따라 보호되는 외국인(대한민국 내에 상시 거주하는 외국인 및 무국적자는 제외한다. 이하 이 조에서 같다)의 저작물이라도 그 외국에서 대한민국 국민의 저작물을 보호하지 아니하는 경우에는 그에 상응하게 조약 및 이 법에 따른 보호를 제한할 수 있다."고 규정하여 조약에 따른 상호주의를 따르고 있다.

외국인 토지법 제3조는 내국인에 대한 동등 처우를 조건으로 상호주의를 규정하고 있다. 즉, "국토해양부장관은 대한민국국민, 대한민국의 법령에 따라 설립된 법인 또는 단체나 대한민국정부에 대하여 자국(自國) 안의 토지의 취득 또는 양도를 금지하거나 제한하는 국가의 개인·법인·단체 또는 정부에 대하여 대통령령으로 정하는 바에 따라 대한민국 안의 토지의 취득 또는 양도를 금지하거나 제한할 수 있다. 다만, 헌법과 법률에 따라 체결된 조약의 이행에 필요한 경우에는 그러하지 아니하다."

이외에 선박법 제2조 및 항공법 제6조에 의하여 외국인은 한국의 선박 및 항공기를 소유할 수 없으며, 수산업법 제5조에 의하여 외국인이 어업권을 취득하는 경우에는 관할 시장 등의 면허 및 허가를 얻어야 한다. 외국인의 경우 '대한민국 국민에게 광업권의 취득을 허용하는 국가의 국민인 경우에만 광업권을 취득할 수 있다.

1) 외국인투자촉진법

외국인 투자를 지원하고 외국인 투자의 편의를 제공하여 외국인 투자 유치를 촉진함으로서 국민경제의 건전한 발전에 이바지함을 목적으로 1998년 9월 16일 제정하여 1998년 11월 17일부터 시행에 들어간 이후 오늘에 이르기까지 73회 개정을 거쳐 오늘에 이르고 있다. 본법에서 외국인 투자자가 취득한 주식 등으로부터 생긴 과실, 주식 등의 매각대금 등은 외국인 투자의 신고 내용 또는 허가 내용에 따라 대외송금을 보장하고(제3조 제1항), 법률에 특별한 규정이 있는 경우를 제외하고 그 영업에 관하여 대한민국 국민 또는 대한민국법인과 같은 대우를 받도록 규정하였다(제3조 제2항).

따라서 국가와 지방자치단체는 외국인 투자를 하는 경우에 외국인투자의 고도기술수반여부 및 기술이전효과, 고용창출규모, 국내투자와의 중복여부, 입지지역의 적정성 등을 고려하여 필요한 자금 등을 지원할 수 있도록 규정하고 있다(제14조의 2 제1항).

2) 외국인 토지법

외국인 또는 외국법인의 토지에 관한 권리의 득실변경에 관하여 규정한 법률로서 1961년 9월 18일 법률 제718호로 제정되었다. 외국인 토지법은 전문 15개조와 부칙으로 되어 있는데 본법에서는 외국인 토지에 대해 상호주의를 채택하고 있다. 따라서 대한민국 국민 또는 대한민국 법인에 대하여 토지에 관한 권리의 향유를 금지·제한하고, 조건을 가하는 국가에 속하는 외국인 또는 외국법인에 대해서는 대통령령으로 대한민국 영토에서 토지에 관한 권리의 향유에 관하여 동일한 제재를 가할 수 있도록 하고 있다. 이 같은 원칙하에 법인에 대한 특례, 허가 및 제한, 허가요건의 변경, 외국법인의 의제, 권리의 양도·매매, 법정임차권, 벌칙, 양벌규정 등 외국인토지와 관련한 제반사항을 규정하고 있다.

3) 저작권법

저작권자의 권리에 이에 인접하는 권리를 보호하고 저작물의 공정한 이용을 도모함으로써 문화 및 관련 산업의 향상발전에 이바지함을 목적으로 1957년 1월 28일(법률 제432호) 제정 시행되었다. 특히 1986년 전면 개정은 1987년 10월 1일부터 발효된 세계저작권협약(Universal Copyright Convention: UCC)[5]의 가입을 전제로 한 개정이다. 나아가, 구법의 후진성과 외국인 저작권의 보호를 요구하는 미국의 압력 등으로 한미저작권협상이 타결되면서 불가피하게 취해진 조치이다.

 1980년대 이전에는 컴퓨터프로그램은 저작권법의 보호대상이 아니었으나 미국이 컴퓨터 프로그램을 저작물로 규정하여 1977년 이후 공표된 프로그램의 저작권 보호를 외국에 대해서도 요구함으로서 다른 국가들도 저작권법에 프로그램을 포함하였고, 국제적으로 세계지적재산권기구(WIPO) 및 세계무역기구의 전신인 관세 및 무역에 관한 일반협정(GATT) 등이 프로그램의 저작권보호에 관한 조약을 추진하였다. 이에 따라서 우리나라는 1985년 저작권법을 개정하여 프로그램을 저작물로 규정함과 동시에 별도의 컴퓨터 프로그램 보호법을 제정하여 시행하고 있다. 따라서 저작권과 저작권법(우리나라의 경우 컴퓨터 프로그램 보호법), 저작권 관련 국제조약은 매우 중요한 규칙이다.

 컴퓨터 프로그램 관련 저작권 및 저작권 보호의 공통되는 중요사항을 살펴보면 다음과 같다. ① 컴퓨터 프로그램이란 특정한 결과를 얻기 위하여 컴퓨터 등 정보 처리 능력을 가진 장치 내에서 직접/간접으로 사용되는 일련의 지시/명령의 표현으로 종이나 카드, 자기테이프, 자기 디스크, CD-ROM 등의 매체에 고정된 것을 말하며, 프로그램의 표현은 보호되지만 아이디어 자체나 알고리즘은 보호 대상이 아니다. ② 저작자는 공표권, 성명 표시권 및 동일성 유지권 등의 저작 인격권과 복제권, 개작권, 번역권, 배포권, 발행권 등의 저작 재산권을 가지며, 이러한 권리는 프로그램의 창작과 동시에 발생하고 어떠한 절차나 형식의 이행을 요하지 않으며, 프로그램이 공표된 다음 연도부터 50년 간 존속한다. ③ 프로그램의 등록이나 저작권 공고(copyright notice)의 표시는 제3자에 대항하는 저작권자의 법적 능력을 강화하거나 동일한 기능을 가진 프로그램의 중복 개발 등의 낭비를 피하게

---

5) 문학·예술적 저작물의 보호에 관한 기본 조약이다. 협약에서 저작물이 외국에서 보호받아야 할 최소 조건을 규정하고 있다. 1886년 스위스 베른에서 체결되어 수차례에 걸쳐서 개정되었다. 발효중인 것은 1971년에 개정된 파리의정서(Act de Paris)로, 모두 38개조와 부속서 6개 조로 이루어져 있으며 세계지적재산권기구(WIPO)에서 관할한다. 이 협약을 보충하는 조약으로 세계지적재산권기구 저작권조약(WCT)이 있다.

하는 것이 주된 목적이며, ④ 저작권은 공익을 위하여 또는 프로그램의 특성상 필요한 공정 이용(fair use)의 범위 내에서는 제한을 받는다. 즉, 저작권자의 허락 없이 복제 사용할 수 있는 범위를 우리나라에서는 컴퓨터 프로그램보호법에서 재판이나 범죄 수사를 위해 필요한 경우, 교육 기관에서 수업 과정에 제공하거나 교과서에 게재하는 경우, 가정과 같이 한정된 장소에서 개인 목적으로 사용하는 경우 등으로 규정하고 있다. ⑤ 법인 등이 업무상 창작한 프로그램의 저작권은 법인 등이 가지며, ⑥ 저작권 중에서 동일성 유지권과 개작권에 대해서는 예외가 인정된다. 예를 들어, 특정 기종의 컴퓨터 이외에는 사용할 수 없는 프로그램을 다른 기종의 컴퓨터에 사용할 수 있게 하거나, 특정 기종의 컴퓨터에 좀 더 효과적으로 사용할 수 있게 하기 위하여 필요한 변경이나 개작 등은 원 저작권자의 동의 없이 할 수 있다. ⑦ 저작권은 유상/무상으로 판매, 상속, 기증 등 양도하거나 공공의 사용을 위해 포기할 수 있고, 사용 허락 또는 대여하여 대가를 취득할 수 있다. ⑧ 저작권자는 저작권을 침해하거나 침해할 우려가 있는 자에 대하여 침해의 정지, 예방 및 손해 배상을 청구할 권리를 갖는다. ⑨ 위 ②항에 열거한 저작권을 침해하는 행위, 저작권 침해 행위로 만들어진 프로그램의 복제물(이른바 해적판)을 그 사실을 알면서 취득하여 업무상 사용하는 행위, 저작권자의 허락 없이 프로그램을 인터넷 등 통신망을 통해 전송하거나 배포하는 행위 등으로 저작권을 침해한 자는 벌칙에 따라서 처벌을 받는다. 우리나라는 컴퓨터 프로그램 보호법에서 3년 이하의 징역이나 3천만 원 이하의 벌금, 또는 징역과 벌금형의 과할 수 있도록 하고 있다.

4) 경제자유구역의 지정 및 운영에 관한 법률

경제자유구역의 지정 및 운영을 통하여 외국인투자기업의 경영환경과 외국인의 생활여건을 개선함으로서 외국인 투자를 촉진하고 나아가 국가경쟁력의 강화와 지역 간의 균형발전을 도모함을 목적으로 제정되었다.

본 법은 국가 및 지방자치단체는 경제자유구역에 입주하는 외국인투자기업에 대하여 「조세특례제한법」, 「관세법」 및 「지방세법」이 정한 바에 따라 국세 및 지방세를 감면할 수 있도록 규정하고(제16조 제1항), 외국인투자기업을 유치하기 위하여 입주외국인투자기업에 임대하는 부지의 조성, 토지 등의 임대료 감면, 의료시설·교육시설·주택 등 각종 외국인 편의시설의 설치에 필요한 자금을 지원할 수 있도록 하였다(제16조). 그러나 입주외국인투자기업에 대하여는 「국가유공자 등 예우 및 지원에 관한 법률」 제33조의 2, 「장애인고용촉진 및 직업재활법」 제28조, 「고령자고용촉진법」 제12조의 규정 및 「대·중소기업 상생협력 촉진에 관한 법률」 제30조의 규정, 「수도권정비계획법」 제7조·제8조·제12조·제18조 및 제19조의 규정은 적용되지 않는다.

또, 입주외국인투자기업에 대하여는 「국유재산법」 제24조 제3항·제27조 제1 항·제36조 제1항 및 「공유재산 및 물품 관리법」 제13조·제21조 제1항·제31조 제1항의 규정에 불구하고 국·공유재산 임대기간을 50년의 범위 이내로 정할 수 있으며, 영구시설물을 축조 할 수 있다. 이 경우 당해 시설물의 종류 등을 고려하 여 임대기간이 종료되는 때에 이를 국가 또는 지방자치단체에 기부하거나 원상회 복하여 반환하도록 하는 조건을 붙일 수 있다(제17조).

나아가, 시·도지사 및 시장·군수·구청장은 경제자유구역의 입주외국인투자 기업 및 외국인의 편의증진을 위하여 공문서를 외국어로 발간·접수·처리하는 등 외국어 서비스를 제공하도록 하였다(제20조).

외국인 또는 외국인이 의료업을 목적으로 설립한 「상법」상의 법인으로서 다 음 각 호의 요건을 모두 갖춘 법인은 「의료법」 제33조 제2항에 불구하고 보건복 지가족부장관의 허가를 받아 경제자유구역에 외국의료기관을 개설할 수 있으며(제 23조), 외국인은 보건복지가족부장관에게 등록하는 경우 경제자유구역에 외국인전 용 약국도 개설할 수 있다(제23조 제2항). 이외에 경제자유구역 안에서 카지노업의 허가를 받으려는 자가 외국인투자를 하려는 자로서 ① 경제자유구역 안의 관광사 업에 투자하려는 외국인투자 금액이 미합중국화폐 5억 달러 이상이고, ② 투자자 금이 형의 확정판결에 따라 「범죄수익은닉의 규제 및 처벌 등에 관한 법률」 제2 조 제4호에 따른 범죄수익 등에 해당하지 않으며 ③ 그 밖에 투자자의 신용상태 등 대통령령으로 정하는 사항을 충족한 경우에는 「관광진흥법」 제21조에도 불구 하고 같은 법 제3조 제1항 제5호에 따른 카지노업(외국인전용의 카지노업에 한한다)의 허가를 할 수 있도록 하였다(제23조의 3).

나아가 경제자유구역을 방송구역으로 하는 종합유선방송사업자는 「방송법」 제70조 제1항의 규정에 불구하고 대통령령이 정하는 범위 이내에서 외국방송을 재송신하는 채널의 수를 구성·운용할 수 있도록 하였다(제24조).

이외에 「교육공무원법」 제10조의 2에서 "대학은 교육이나 연구를 위하여 외 국인을 교원으로 임용할 수 있도록 규정하고, 「국제민사사법공조법」 제4조에서

"사법공조에 관한 조약이 체결되어 있지 아니한 경우에도 사법공조를 촉탁하는 외국법원이 속하는 국가가 동일 또는 유사한 사항에 관하여 대한민국 법원의 사법공조촉탁에 응한다는 보증을 한 경우에는 이 법을 적용"하도록 하여 상호주의를 채택하였다.

4. 행위능력

행위능력이란 사람이 단독으로 확정적인 유효한 법률행위를 할 수 있는 능력을 말하며, 단독으로 스스로 유효한 법률행위를 할 수 없는 자를 제한능력자로 규정하고 있다(민법 제5조 이하). 각국의 실체법은 심신의 발달이 미성숙하거나 정신적인 장애로 인하여 사리를 분별하는 능력에 문제가 있는 자에 대해서 행위능력을 제한함과 동시에 후견인제도를 통하여 단독으로 유효한 법률행위를 할 수 없는 자 등을 보호하고 있다. 그러나 행위능력이 제한되는 자의 범위와 보호에 관하여 각국의 법률은 서로 다르므로 외국인이 우리나라에서 법률행위를 하는 경우에 그 자의 행위능력을 어느 국가 법률에 따를 것인가 하는 등의 문제가 발생한다.

우리나라 국제사법 제13조 제1항은 "사람의 행위능력은 그의 본국법에 의한다"고 규정하여 외국인의 행위능력 및 법률행위무능력자를 판단하는 경우에는 행위자의 본국법에 따라서 판단하도록 하고 있다. 이는 신분 및 능력은 속인법에 따르는 대륙법계의 법전통에 따른 것으로, 행위능력제도가 제한능력자 보호를 위한 제도이기 때문이다. 그러나 이같이 본국법적용을 관철하는 경우에 외국인과 거래할 때 마다 개개인의 본국법에 따라서 행위능력 유무를 확인해야 하므로 거래의 안전성과 신속성을 저해할 수 있다. 따라서 국제사법 제15조 제1항은 "법률행위를 행한 자와 상대방이 법률행위의 성립 당시 동일한 국가 안에 있는 경우에 그 행위자가 그의 본국법에 의하면 무능력자이더라도 법률행위가 행하여진 국가의 법에 의하여 능력자인 때에는 그의 무능력을 주장할 수 없다"고 규정하여 행위지에서의 거래보호를 도모하고 있다. 그 결과 외국인이 우리나라에서 거래를 하는 경우에는 실제적으로 우리 법에 따라서 행위능력을 판단하면 된다. 단, 상대방이 법률행위 당시 그의 무능력을 알았거나 알 수 있었을 경우에는 그러하지 아니하다(국제사법 제15조 제1항 후단).

정신적 장애로 인하여 판단능력에 문제가 있는 자의 경우 국제사법 제14조(한정치산 및 금치산선고)가 적용된다. 따라서 외국인이 우리나라에 주소 또는 거소를 두고 있는 경우 우리 법원은 외국인에 대해서도 후견개시 심판 등을 할 수 있다(한국인의 경우 외국에 주소 또는 거소를 두고 있는 경우에도 우리 법원이 후견개시 등의 심판을 할 수 있다). 이 경우 피후견인 등의 보호를 위하여 후견개시, 심판 등의 원인 및 그 효력은 법정지인 우리나라 법률에 따른다. 따라서 행위능력 제한의 정도, 후견의 방법 등은 우리나라 법률에 따르게 된다. 단, 외국에서 성년후견의 판결을 받은 자가 우리나라에 입국한 경우, 외국의 후견개시의 심판을 승인하고, 우리나라에서도 성년후견인으로 취급할 것인가 여부는 국내에서의 거래보호 문제와 관련하여 견해가 나누어 질 수 있다.

Ⅱ 법인과 기업

1. 총 설

국제거래의 중심은 기업과 법인이다. 우리나라에 대한 직접투자[6]는 1998년 이후 점차 확대되어 2004년 1천억 불을 초과하였다. 1998년부터 2007년까지 외국인 직접투자 규모는 우리나라 전체(1962~2006) 외국인직접투자에서 차지하는 비중의 82.1%에 해당한다. 반면에 우리기업의 해외직접투자 규모는 2009년 말 누적투자액 기준 1,000억 달러를 넘어서는 가운데 법인 수도 4만 개를 넘어서고 있다.

이와 같이 각국의 많은 기업들이 국경을 넘어서 경제활동을 하고 있는 가운데 그의 중심은 활동거점을 한 국가에 두지 않고 세계적으로 활동하고 있는 다국적기업(Multinational corporation)이라는 초국가적인 기업들이 탄생하였다. 특히 다국적 기업의 경우 20세기의 영업방식과 다른 면을 보이고 있는데, 1890년대에는 대체적으로 자국민을 고용하여 상품을 생산하였으나, 1990년대 다국적 기업들은 외국의 노동력을 동원하여 대량의 상품을 외국에서 생산하고 있다. 또, 19세기 말의 기업들은 대개 천연자원이나 공산품을 판매했던 것에 비하여 20세기 말 다국적 기업의 경우에는 디자인, 기술지식, 경영기술, 조직혁신 등을 판매하고 있다. 또, 다국적 기업은 국내시장과 국제시장을 구분하지 않으며 막대한 광고 및 캠페인

---

6) 외국인의 직접투자란 최소 1억 원 이상을 투자하면서 국내기업 주식 등의 10% 이상을 취득하거나 외국인투자기업이 해외 모기업으로부터 5년 이상의 장기차관을 도입하는 것을 말한다.

등으로 소비자들이 상품을 추구하도록 만들고 있다.

　그럼에도 이들 기업에 대한 각 국가들의 법적 규제는 각 국가마다 서로 다른 상황이다. 다국적 기업이 국내 진출의 확대를 위하여 우월적 지위를 남용하여 불공정한 상황을 초래함으로서 중소기업에 피해가 발생한 경우에 이를 규제할 수 있는 법률도 우리나라 법에 의해서 설립된 국내법인과 외국법에 따라서 설립된 외국법인에 따라서 달라질 수 있다는 점에서 국제적 규제의 재검토가 필요하다.

　외국기업과 관련하여 다음 2가지의 법적인 문제점을 들 수 있다. 첫째 외국회사 또는 외국법인이 유효하게 설립되었는지의 여부, 즉 이사 등 임원의 권한 및 권한의 범위, 주주 등 사원의 권한과 의무 등 법인에 관한 제 문제가 어느 국가의 법률에 의하여 규율되는가 하는 국제사법상의 준거법 결정에 관한 문제와 둘째, 외국회사의 경우 우리나라에서 당연히 법인으로서의 권리를 향유하고 활동하는 것을 인정할 수 있는가. 나아가 외국회사는 우리나라 회사와 별개 특별한 감독규정에 따라야 하는가 하는 우리나라의 외국법인상의 문제이다. 이 2가지의 문제는 서로 밀접하게 관련하여 발생하는 문제로 이론적으로는 서로 다른 별개의 문제이다.

2. 법인에 관한 국제사법상의 제 문제

(1) 법인의 속인법

　일반적으로 법인은 특정 국가의 법률에 의하여 법인격을 부여받음으로서 성립하며, 법인의 존속, 조직 및 기관 등도 그 국가의 법률에 따라서 구성된다. 따라서 법인이 유효하게 성립했는지 여부와 법인격의 범위 및 조직, 기관 등의 문제는 원칙적으로 법인격을 부여한 국가의 법률에 따라서 규율되게 된다. 이 같이 법인격과 관련한 법률문제에 항상 원칙적으로 적용된다는 의미에서 법인격을 인정하는 국가의 법을 법인의 속인법 또는 법인의 종속법(personal law of corporations, loi personnelles des personnes morales, personales Statut der juristischen Personen)이라고 한다. 법인의 속인법은 무엇인가에 대해서 견해의 대립이 있으나 유력설로 설립준거법설(영미법계 국가)과 본거지법설(대륙법계 국가)을 들 수 있다.

(2) 속인법의 결정

　법인의 속인법을 어떻게 정할 것인가에 대해서 우리나라 국제사법에서는 명문의 규정은 없다. 다만, 국제사법 제16조에서 "법인 또는 단체는 그 설립의 준거법에 의한다. 다만, 외국에서 설립된 법인 또는 단체가 대한민국에 주된 사무소가 있거나 대한민국에서 주된 사업을 하는 경우에는 대한민국법에 의한다"라고 하여 설립준거법주의와 본거지법주의를 택하고 있다. 설립준거법주의란 법인의 본질을 법기술적 수단인 것에 착안하여 법인의 설립은 준거법에 의하도록 하는 것으로 영미법계 국가 및 스위스, 네덜란드 등 일부 대륙법계국가가 채택하고 있다. 이에 대하여 본거지법주의란 법인은 그의 본거지에서 법인격이 부여되어야 하고, 따라서 법인의 속인법은 본거지법이라는 견해로 독일, 오스트리아 등 대륙법계국가들에 의하여 지지되었던 견해이다.

설립준거법주의에 따르면 법인을 설립하려는 자는 설립할 국가를 선택하여 그 국가의 법률에 따라서 법인을 설립할 수 있으며, 법인이 설립되면 그 법인이 어디에서 활동하더라도 항상 그 법이 속인법이 된다. 이 같은 점에서 설립준거주의는 속인법의 결정이 용이하고 당사자의 자유를 넓게 인정할 수 있는 반면에 규제가 완화된 국가에 설립하면서 타국에 본거를 두고 활동하는 경우에 탈법적 설립이 가능하다.

이에 대해서 본거지법주의는 본거지법에 따라서 법인을 설립하도록 함으로서 탈법적 법인설립을 방지할 수 있으나, 본거지를 바꾸는 경우에 속인법이 변경됨으로서 이미 성립한 법률관계에 영향을 받는 등 법적인 안정성에서 문제가 된다. 나아가, 다국적 기업 등의 경우 본거지 확정 그 자체가 어려운 경우도 있다.

본거지법의 적용은 자국내에서 활동하는 법인을 규제하려하는 국가의 이해에 합치함과 동시에 거래지법의 적용을 신뢰한 채권자 등 제3자의 기대에도 부응한다는 점에서 본거지법주의도 상당하다 할 수 있다. 그러나 오늘날 많은 기업들이 국경을 초월하여 거래활동을 하고 있는 거래활동의 본거지를 구체적으로 특정하여, 법인의 성립 및 존속에 관한 기본적인 문제에 그 법을 적용하는 것은 국제적인 기업 활동을 방해할 뿐만 아니라 기업의 상대방으로서도 준거법의 예측을 오히려 곤란하게 할 수 있는 문제점을 고려할 때 법인의 속인법은 설립준거법에 따르는 것이 타당할 것이다.

(3) 속인법의 적용범위

법인의 속인법은 법인의 설립에서 소멸에 이르기까지 법인에 관한 제반문제들을 규율한다. 그러나 구체적으로 어떤 문제들을 포함하는가에 대해서는 다툼이 있다. 특히 제3자와의 관계에서 거래보호 관점에서 속인법의 적용이 제한되는 경우가 있다. 또, 외국 회사가 우리나라에서 영업을 계속해서 하려하는 경우에는 우리나라 법률에 의하여 규제를 받게 되므로, 제3자와의 거래관계에서 속인법 적용은 한계가 있을 수밖에 없다.

1) 법인의 설립과 소멸

법인 설립의 실질적 요건과 형식적 요건은 법인의 속인법에 의하여 판단된다. 회사의 해산 및 청산 등 회사의 소멸에 관한 법률문제도 마찬가지이다. 이 모두는 법인격의 취득과 상실에 관한 문제이기 때문이다.

2) 법인격의 범위

법인격의 범위도 그의 속인법에 따라서 결정된다. 그러나 거래보호와 관련하여 특히 문제가 되는 것은 법인의 권리능력과 관련하여 속인법이 인정하는 법인격의 범위가 거래지법이 인정하는 범위보다 좁은 경우이다. 즉, 영미법과 같이 회사의 권리능력이 정관에서 정한 사업목적의 범위에 의하여 제한되는 경우(ultra vires doctrine)가 그 예이다. 이 같은 경우에 거래 상대방으로서 예상하지 못한 외국법에 의하여 거래의 효력을 부정하는 경우에 거래의 안전을 해칠 수도 있다. 이 같은 경우 거래보호를 위하여 자연인의 행위능력에 관한 국제사법 제15조를 적용하여 속인법의 적용을 제한할 수 있다.

3) 법인 내부적 법률관계

법인의 구성 및 권한, 법인과 사원과의 관계, 사원 상호 간의 관계 등은 속인법에 따라서 일률적으로 해결된다. 따라서 특정인이 법인의 대표로 적법하게 선임되었는지 여부 및 권한의 범위 등과 관련한 문제는 법인의 속인법에 따르게 된다. 문제는 법인 기관의 권한과 관련하여 제3자와 다투는 경우이다. 즉, 외국법인의 대표가 그의 권한을 넘는 거래를 우리나라에서 행한 경우에 그 외국법인의 책임을 속인법인 외국법에 따르는 경우에는 거래의 상대방이 된 우리나라 기업들은 예측하지 못한 손해를 입게 된다. 이 같은 경우 법인 기관의 대표권의 범위 및 제한에 관해서는 국제사법 제16조에 의하여 해결하면 될 것이다. 또, 주주 등 사원의 대외적 권리와 책임에 관한 법률문제도 법인의 속인법에 따르면 된다.

그러나 주식의 국제거래의 경우에는 그 주식의 발행지 법률 또는 거래지의 법률이 강행법규인 경우, 당사자는 그 의사와 관계없이 그 법률에 따라야 한다. 국내에서 행해지는 주식거래의 경우 당사자들이 명시적으로 그 적용을 배제하지 않는 한 당사자 중 일방이 대한민국 국민 또는 거주자인 경우 나아가 당사자 쌍방이 외국인인 경우에도 우리나라 증권거래법이 적용되게 된다.

우리나라 법인이 국내에서 발행한 주식을 국내에서 거래하는 경우에는 당연히 증권거래법이 적용되지만 증권거래법상 유가증권의 범위에 "외국법인 등이 발행한 증권 또는 증서로서 주권 등 증권거래법 제2조 제1항 제1호 내지 제6호의 증권이나 증서의 성질을 구비한 것" 및 "외국법인 등이 발행한 증권 또는 증서를 기초로 하여 대통령령이 정하는 자가 발행한 유가증권예탁증서"등을 포함하고 있으므로(증권거래법 제2조 제1항 제7호 내지 8호), 국내에서 발행되거나 국내 증권시장에서 유통되고 있는 외국법인 발행의 유가증권 등도 우리나라 증권거래법의 규정이 적용된다. 외국인이 국내에서 국내기업이 발행한 유가증권을 취득하는 경우에도 우리나라 증권거래법이 적용된다.

3. 외국법인의 규제

(1) 외국법인

내국법인이 아닌 법인을 외국법인이라고 하는데, 자연인의 내외국인의 여부를 결정하는 데에는 국적법이 있으나, 법인의 내외국법인 여부를 결정하는 표준을 정하고 있는 법률은 없다. 따라서 이에 관해서 일치된 견해는 없다. 내·외국법인의 구별에 관한 주요 학설로는 준거법설[7]·주소지설[8]·설립자국적 기준설[9] 등이 있다. 민법상으로는 준거법설을 주장하는 견해와, 준거법설과 소재지설의 합일주의

---

7) 국내법에 준거하여 설립된 회사는 내국회사이고 외국법에 준거하여 설립된 회사는 외국회사라는 견해.
8) 주소지를 표준으로 결정하는 것으로 회사 업무의 중심지를 기준으로 하는 견해와 본점의 소재지를 기준으로 하는 견해로 나누어진다. 외국에서 설립된 회사라도 대한민국에 그 본점을 설치하거나 대한민국에서 영업할 것을 주된 목적으로 하는 때에는 대한민국에서 설립된 회사와 동일한 상법의 적용이 있으나, 다른 법률의 적용에 있어서는 법률에 다른 규정이 있는 경우를 제외하고 대한민국에서 설립된 동종 또는 가장 유사한 회사로 본다(상법 제621조).
9) 설립자가 내국인인지 여부를 기준으로 하는 견해.

를 취하는 견해 등이 있다. ① 전자에 따르면 내국법인은 우리나라 법에, 외국법인은 외국법에 준거하여 설립된 법인을 말하며, ② 후자에 따르면 내국법인은 우리나라 법에 준거하여 설립되고 국내에 주된 주소가 있어야 한다. 우리 민법에서는 외국법인에 관한 명문의 규정이 없으며, 일반적으로 내외국법인의 평등주의가 적용되는 것으로 이해하고 있다. 그러나 영리법인의 경우 외국법인에 관하여 상법에 규정이 있다. 즉, 외국회사가 대한민국에서 영업을 하고자 하는 경우에는 대한민국에서의 대표자를 정하고 영업소를 설치해야 하며, 이 경우에 외국회사는 그 영업소의 설치에 관하여 대한민국에서 설립되는 동종의 회사 또는 가장 유사한 회사의 지점과 동일한 등기를 하도록 하고 있다(상법 제614조). 이 등기에서는 회사설립의 준거법과 대한민국에서의 대표자의 성명과 그 주소를 등기하여야 하며(상법 제615조), 이 등기사항이 외국에서 생긴 때에는 등기기간은 그 통지가 도달한 날로부터 기산하도록 규정하고 있다(상법 제616조). 외국회사는 그 영업소의 소재지에서 등기하기 전에는 계속하여 거래를 하지 못한다. 이에 위반하여 거래를 한 자는 그 거래에 대해서 회사와 연대책임을 지도록 규정하고 있다(상법 제616조). 외국에서 설립된 회사라도 대한민국에 그 본점을 설치하거나 대한민국에서 영업할 것을 주된 목적으로 하는 때에는 대한민국에서 설립된 회사와 동일한 규정에 따르도록 하고 있다(상법 제617조). 외국회사가 대한민국에 영업소를 설치한 경우에 ① 영업소의 설치목적이 불법한 것이거나, ② 영업소의 설치등기를 한 후 정당한 사유 없이 1년 내에 영업을 개시하지 아니하거나, 1년 이상 영업을 휴지한 때 또는 정당한 사유 없이 지급을 정지한 때, ③ 회사의 대표자 기타 업무를 집행하는 자가 법령 또는 선량한 풍속 기타 사회질서에 위반한 행위를 한 경우에 법원은 이해관계인 또는 검사의 청구에 의하여 그 영업소의 폐쇄를 명할 수 있다(상법 제619조 제1항). 영업소의 폐쇄를 명한 경우에 법원은 이해관계인의 신청에 의하여 또는 직권으로 대한민국에 있는 회사재산의 전부에 대해서 청산의 개시를 명할 수 있다. 이 경우 법원은 청산인을 선임하여야 한다(상법 제620조 제1항). 외국회사는 법률의 적용에 있어서 대한민국에서 성립된 동종 또는 가장 유사한 회사로 보고 있다(상법 제621조).

(2) 외국법인의 국내에서의 효력

외국법에 의하여 유효하게 설립된 법인은 국내에서 법인으로서 활동할 수 없다. 법인은 당해 국가의 법률에 따라서 법인격이 부여되므로 법인의 존속은 속지주의에 따르며, 외국법인의 국내활동을 인정하는 경우 공공의 이익이 침해되게 된다. 따라서 각국은 외국법인이 국내에서 활동하려는 경우에는 다시 그 법인격을 취득하도록 하는 제도를 두고 있다. 이와 같이 외국법인이 국내에서 법인으로서 활동하기 위해서는 그 법인격을 취득하여야 하는데 이를 인허(認許)라고 한다.

　　법인의 공익성과 국제성에 기초하여 우리나라는 내외국인평등주의에 따라서 외국법인도 내국법인과 동일한 권리능력을 인정한다. 여러 나라의 입법은 특정 국가의 법률에 의하여 법인격, 즉, 권리능력이 인정된 법인이라도 내국에서 법인으로서 활동하기 위해서는 다시 국내법상 그 법인격이 승인되고 내국에서 법인으로서 활동할 것을 승인받아야 하는 것이 일반적이었으나(외국법인 인허주의) 우리 민법은 내외법인 평등주의를 택하고 있다.

(3) 외국법인의 국내설립

　　외국인이 국내에서 사업을 목적으로 진출하는 방법은 4가지로 구분할 수 있다. 즉, 외국인투자촉진법에 따른 현지법인의 설립 또는 개인사업자를 통한 진출 그리고 외국환거래법 절차에 의한 지점 또는 연락사무소 설치를 통한 진출이 그것이다. 다만, 연락사무소 설치의 경우에는 국내소득이 발생되지 않을 경우에 한한다.

　　현지법인의 경우 외국인 또는 외국회사의 국내 현지법인 설립을 통한 투자는 외국인투자촉진법 및 상법의 규정이 적용되며 내국법인과 동일한 권리능력을 향유하고, 1억 원 이상 투자하여야 한다. 개인사업자도 1억 원 이상 투자일 경우, 외국인직접투자로 인정되며 사업을 영위함에 있어서 현지법인과 차이가 없으나 현지법인에 비해 개업과 휴업 폐업이 간편하고 사회적 책임이 적은 장점이 있으나 대외 신용도가 낮아 자금조달 및 우수인력 확보에 어려움이 있어 영세규모의 사업에 주로 적용된다.

━ 개인사업자와 법인의 차이

구 분	개인사업자	법인(주식회사)
일반적 특징	• 기업이윤의 기업주 독점 • 기업설립 용이 • 의사결정의 신속 • 기업주의 무한책임 • 자본조달 능력의 한계	• 자본조달 및 형성 용이 • 설립절차 복잡 • 의사결정이 신속하지 않음 • 투자자본 범위 내에서 유한책임 • 소유와 경영의 분리 가능

적정규모	소규모	중·대규모
법원등기여부	등기를 요하지 않음	등기를 요함
법적출자인원	대표자	발기인 1인 이상
출자금액	1억 원 이상	1억 원 이상

또, 외국회사가 국내에서 통상의 영업활동을 하기 위해서는 국내지점의 대표자를 임명하고, 외국환거래법상의 지점 설치절차를 거쳐야 하며, 법원의 등기를 하여야 한다. 지점은 세법상 고정사업장으로 인정되고, 국내사업에서 발생하는 소득에 대해서 내국법인과 동일한 법인세율이 적용된다.

— 외국인투자기업과 외국기업 국내지점의 차이

구 분	외국인투자기업	외국기업 국내지점
근거법규	외국인투자촉진법	외국환거래법
법인성격	내국법인	외국법인
동일체여부	외국투자가와 외국투자기업이 별도의 인격체(회계·결산이 독립적임)	본점과 지점이 동일인격체 (회계·결산이 동일체 임)
신고수리, 허가기관	KOTRA, KOTRA 해외투자거점 KBC, 외국환은행 본·지점(이상 신고기관)	외국환은행지점(신고) 기재부(금융업 등의 허가)
최소(최대) 투자금액	최소: 건당 1억원 최대: 한도 없음	금액제한 없음
법인세율	국내외 모든 소득에 대해 납세위무 － 2억 이하: 10% － 200억 이하: 20% － 200억 초과: 22%	국내원천소득에 대해서만 납세의무 － 2억 이하: 10% － 200억 이하: 20% － 200억 초과: 22% • 지점세 납부의무 (프랑스, 호주, 캐나다 등)

지점과 연락사무소의 차이로 지점은 영업활동을 수행할 수 있는 반면에 연락사무소는 단지 본사를 위한 비영업적 활동(시장조사, 업무연락 등)만을 수행할 수 있다.

(4) 외국법인의 감독

인허된 외국법인은 국내법인으로서 활동할 수 있으므로 국내에서 거래질서를 방해하면 안 된다. 이와 관련하여 우리나라 상법은 외국법인 및 외국회사에 대하여 일반적인 감독규정을 두고 있다. 즉, 외국회사가 대한민국에서 영업을 하려면 대한민국에서의 대표자를 정하고 대한민국 내에 영업소를 설치하거나 대표자 중 1인 이상이 대한민국에 그 주소를 두어야 한다(상법 제614조 제1항). 이 경우 외국회사는 그 영업소의 설치에 관하여 대한민국에서 설립된 동종의 회사 또는 가장 유사한 회사의 지점과 동일한 등기를 하여야 한다(상법 제614조 제2항). 등기할 때에는 회사설립의 준거법과 대한민국에서의 대표자의 성명과 그 주소를 등기하여야 한다(상법 제614조 제3항).

등기사항이 외국에서 생긴 때에는 등기기간은 그 통지가 도달한 날로부터 기산하며(상법 제615조), 외국회사는 그 영업소의 소재지에서 등기를 하기 전에는 계속하여 거래하지 못하며(상법 제616조 제1항), 이에 위반하여 거래를 한 자는 그 거래에 대하여 회사와 연대하여 책임을 져야한다(동조 제2항).

외국회사가 대한민국에 영업소를 설치한 경우 ① 영업소의 설치목적이 불법한 것인 때, ② 영업소의 설치등기를 한 후 정당한 사유 없이 1년 내에 영업을 개시하지 아니하거나 1년 이상 영업을 휴지한 때 또는 정당한 사유 없이 지급을 정지한 때, ③ 회사의 대표자나 기타 업무를 집행하는 자가 법령 또는 선량한 풍속 기타 사회질서에 위반한 행위를 한 때에는 법원은 이해관계인 또는 검사의 청구에 의하여 그 영업소의 폐쇄를 명할 수 있다(상법 제619조).

영업소의 폐쇄를 명한 경우 법원은 이해관계인의 신청, 또는 직권으로 대한민국에 있는 그 회사재산의 전부에 대한 청산의 개시를 명할 수 있다. 이 경우 법원은 청산인을 선임하여야 한다(상법 제620조).

4. 법인격 없는 사단과 재단

각국의 입법은 법인격은 인정하지 않지만 법인격에 준하여 법적규제를 받도록 하는 법인격 없는 사단과 재단에 관하여 규정하고 있다. 우리 민법은 단체의 실질이 사단임에도 법인격이 없는 것을 「법인 아닌 사단」, 「인격 없는 사단」 또는 「권리능력 없는 사단」이라 하며, 일정한 목적을 위하여 결합된 재산의 집단을 「재단」으로 구분하고 있다. 널리 재단이라 할 때에는 특정인의 사적 소유에 속하는 재산을 채권자 그 밖의 제3자의 권리를 보호하기 위하여 법률상 그 사람의 다른 재산과 구별해서 다루는 경우 및 파산재단, 공장 및 광업재단 저당법에 따른 공장재단이나 광업재단과 다른 하나는 특정한 사회적 목적을 위하여 출연된 재산이 그 목적을 위하여 통일적으로 관리되는 경우로 실질적으로 개인의 사적소유를 벗어난 재산을 생각할 수 있다. 그렇다고 후자의 경우 무주의 재산은 아니며 그 관리를 위한 형식적인 주체를 필요로 한다.

이와 같이 비영리목적을 위하여 재산을 출연하고 관리조직을 갖추어 그 목적을 위해서 사용하도록 한 경우, 신탁이나 법인의 형식을 취하지 않더라도 독립된 존재를 가지므로, 법률상 특별하게 다룰 필요가 있다. 이를 권리능력 없는 재단, 법인격 없는 재단 또는 법인 아닌 재단이라고 한다.

이 같은 법인격 없는 사단 및 재단의 취급에 관해서 그것이 법인으로서의 실질을 갖춘 경우에는 법인에 관한 법리가 준용된다. 따라서 법인격 없는 사단 및 재단을 둘러싼 저촉법상의 문제는 그 단체가 설립할 때 준거한 법에 따르는 것이 원칙이다. 이 같은 사단과 재단은 법인과 같이 인허는 요하지 않으나, 그 권리의 향유 및 활동과 관련해서는 외국법인에 준하여 판단한다.

▷ 제3절 국가 및 국가기관

1. 총   설

가계는 만족을 극대화하기 위하여 노동을 공급하고 재화를 소비하며, 기업은 이윤을 극대화하기 위하여 재화를 생산하고 판매한다. 나아가 국가는 시장이 원활하게 돌아가도록 감독하며, 이 과정에서 국가도 민간경제의 주체와 같이 재화를 구매하거나 지출하기도 한다.

이와 같이 국가 및 국가기관은 개인의 국제거래를 규제함과 동시에 국제통상에서의 당사자가 될 수 있다. 특히 개발도상국의 경우 자국의 경제발전을 위한 충분한 자본과 기술의 부족으로 자원개발과 산업발전을 도모하기 위한 목적으로 국제거래를 국가주도로 행하는 경우가 적지 않다. 나아가 사회주의 제 국가들의 경우는 대외 통상을 국가가 주도하는 경우가 많으며, 국제통상도 국가기관과 국영기업이 담당하는 것이 보통이다. 나아가 우리나라 뿐만 아니라 선진 제국들의 경우에도 정부기관과 지방자치단체가 직·간접적으로 국제거래의 주체가 되는 경우도 증가하고 있다.

국가 및 국가기관과의 거래는 당사자 일방이 주권국가라는 점에서 개인 간의 거래와 다른 문제를 포함한다. 첫째, 국가 간의 계약에서 특히 국가가 외국의 사기업에 광물자원의 탐사 및 개발에 관한 특별한 인가(concession)를 부여하는 협정을 체결하는 경우, 통상적인 국가계약과 다르며 준거법으로서 법의 일반원칙과 국제법과의 관계에서 문제가 된다. 둘째, 국가 간의 거래에서 분쟁이 발생할 경우 우리나라가 외국 국가 또는 국가기관을 상대로 소송을 제기할 수 있는지의 여부가 문제된다. 이는 외국 국가에 대한 주권면제 또는 재판권면제와 관련한 문제이다. 이 같은 문제들과 관련하여 오늘날 국가와 개인 간의 분쟁해결을 위한 중재제도(Investor—State Dispute Settlement; ISD)[10]의 활용이 강조되고 있다.

참고

■ 투자자 – 국가 간 분쟁해결(ISD)

투자자—국가 간 분재해결절차(Investor—State Dispute Settlement: ISD)는 투자자(기업, 개인)가 투자유치국 정부의 협정상 의무, 투자계약에 위반되는 조치로서 부당하게 손해를 입은 경우, 투자유치국 정부를 상대로 국제중재를 요청하는 제도이다. 국제중재기관으로는 국제투자분쟁해결센터(ICSID), 유엔국제상거래법위원회(UNCITRAL), 스톡홀름국제중재센터(SCC), 국제상업회의소(ICC)등이 있으며 이 가운데 세계은행 산하에 설립된 ICSID가 가장 대표적이다.

ISD는 미국, 캐나다, 멕시코 간 체결된 북미자유무역협정(NAFTA)은 상품 및 서비스 교역, 투자, 경쟁정책, 정부조달 등에 관한 포괄적인 자유무역협정으로 제11장에 투자자 구제절차로 관련 내용을 규정하고 있다.

한—미FTA 제11장 제2절에서 투자유치국 정부가 협정상 의무, 투자계약 또는 투자인가를 위배하여 투자자에게 손실이 발생하는 경우, 투자자가 투자유치국 정부를 상대로 국제중재를 요청할 수 있다고 하여 ISD 규정을 도입하였다.

---

10) 투자자—국가 간 분쟁해결절차(ISD)는 투자유치국 정부가 협정상의 의무, 투자계약 또는 투자인가를 위배한 조치에 의하여 투자자에게 부당하게 손실이 발생한 경우, 그 투자자가 투자유치국 정부를 상대로 국내 법원이 아닌 제3의 공정한 국제중재를 통한 구제를 요청하는 제도로, 외국 투자를 유인하기 위해 전세계적으로 확산하고 있는 최소한의 투자 보호 장치이다.

— ISD 절차 개요

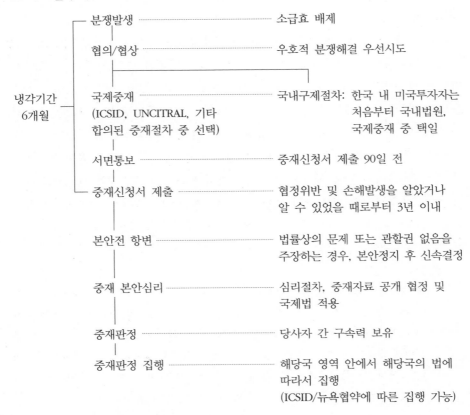

	분쟁발생	소급효 배제
	협의/협상	우호적 분쟁해결 우선시도
냉각기간 6개월	국제중재 (ICSID, UNCITRAL, 기타 합의된 중재절차 중 선택)	국내구제절차: 한국 내 미국투자자는 처음부터 국내법원, 국제중재 중 택일
	서면통보	중재신청서 제출 90일 전
	중재신청서 제출	협정위반 및 손해발생을 알았거나 알 수 있었을 때로부터 3년 이내
	본안전 항변	법률상의 문제 또는 관할권 없음을 주장하는 경우, 본안정지 후 신속결정
	중재 본안심리	심리절차, 중재자료 공개 협정 및 국제법 적용
	중재판정	당사자 간 구속력 보유
	중재판정 집행	해당국 영역 안에서 해당국의 법에 따라서 집행 (ICSID/뉴욕협약에 따른 집행 가능)

2. 국가 및 국가기관과의 계약

국가 및 국가기관도 사법적 경제활동을 하는 경우에는 개인과 같이 각국의 사법 및 국제사법의 적용을 받는다. 따라서 국가 및 국가기관이 일반기업과 체결하는 계약도 국제계약과 같이 국제사법에 따른 각국의 법률에 따라서 규율된다.

(1) 국가계약

계약은 복수 당사자의 서로 대립하는 의사표시의 합치(사법상의 법률행위)에 의한 법률행위이다. 즉, 국가계약은 국가가 사인의 지위에서 사경제의 주체로서 행하는 사법상의 법률행위로 국고의 부담이 되는 계약(지출원인행위의 일종), 수입이 되는 계약이다. 따라서 국가계약에도 사법상 계약의 일반원칙이 적용된다(국가계약법 제5조, 시행령 제4조).

그러나 국가계약에는 공공성에 따른 특수성이 존재한다. 국가계약은 개인의 이익을 추구하는 일반적인 사법상의 계약과 달리 공공재 생산, 공공복리를 추구하기 위한 목적달성과 계약 담당공무원의 자의적 집행을 방지할 필요가 있다는 점에서 사법상 계약의 일반원칙과 차이가 있다.

나아가, 국가 및 국가기관이 자국의 광물자원과 석유, 천연가스 등을 개발하기 위한 목적으로 일반기업과 체결하는 계약의 경우에는 국가의 경제·산업정책과 밀접한 관련이 있는 것으로 그의 법적 성질과 준거법을 둘러싸고 다양한 견해가 있다. 이 같은 경우에도 국가와 개인 간의 계약도 일반적인 계약과 같이 국내법에 의하여 규율된다고 생각할 수 있으나, 제2차 세계대전이 종식된 이후에 개발도상국과 선진국기업 간에 많은 경제개발협정이 체결되는 과정에서 개발도상국의 성숙하지 못한 사법질서와 국유화에 따라서 자국법에 의하여 일방적으로 협정을 개정하거나 파기하는 것이 문제로 제기되었던 적이 있다. 따라서 이들 협정에는 분쟁의 해결을 중재에 위임함과 동시에 준거법으로서의 국제법의 원칙과 법의 일반원칙을 규정하는 것을 실무상 폭넓게 행해져 왔다. 또, 중재에 관한 것으로 「국가와 타방국가가 국민 간의 투자분쟁의 해결에 관한 협약(Convention on the Settlement of Investment Disputes between States and Nationals of Other States)(1966)」[11] 제42조[12]에서 분쟁해결의 기준으로 분쟁당사국의 법률과 함께 국제법을 들고 있다.

우리나라는 「국가를 당사자로 하는 계약에 관한 법률」을 제정하여 국가를 당사자로 하는 계약에 관한 기본적인 사항을 정하여 계약업무를 원활하게 수행할 수 있도록 하고 있다.

즉, 국가를 당사자로 하는 계약에 관하여 다른 법률에 특별한 규정이 없는 경

---

11) 1965년 3월 18일 미국 워싱턴 DC에서 작성되어 1966년 10월 14일 발효되었다. 우리나라는 1967년 1월 28일 제59회 국회 제8차 본회의 통과하여 1967년 2월 21일 가입하였다.

12) 제42조 (1) 재판소는 당사자가 합의하는 법률의 규칙에 따라 분쟁을 해결하여야 한다. 이러한 합의가 없을 때에는 분쟁 체약당사국의 법률(법률의 충돌에 관한 동국의 규칙을 포함한다) 및 적용할 수 있는 국제 법의 규칙을 그 분쟁에 적용하여야 한다.
  (2) 재판소는 법의 부존재나 불명을 이유로 명확하지 않다는 판결을 내릴 수 없다.
  (3) 제1항과 제2항의 규정은 분쟁 당사자가 합의하는 경우 형평과 선의 원칙에 따라 분쟁을 결정할 재판소의 권한을 침해하여서는 아니 된다.

우를 제외하고 이 법에서 정한 바에 따르도록 하고 있다(국가를 당사자로 하는 계약에 관한 법률 제2조). 또, 국제입찰에 따른 정부조달계약의 범위는 정부기관이 체결하는 물품·공사 및 용역의 계약으로서 정부조달협정과 이에 근거한 국제규범에 따라 기획재정부장관이 정하여 고시하는[13] 금액 이상의 계약으로 한정하고 있다(국가를

---

13) 국가를 당사자로 하는 계약에 관한 법률 등의 기획재정부 장관이 정하는 고시금액
   [시행 2017. 1. 1.] [기획재정부 고시 제2016-34호, 2016. 12. 30. 폐지제정]
   1. 국가를 당사자로 하는 계약에 관한 법률 제4조 제1항의 규정에 의한 기획재정부장관이 정하여 고시하는 금액
      가. 세계무역기구의 정부조달협정상 개방대상 금액
         • 물품 및 용역: 2억 1천만 원
         • 공사: 80억 원
      나. 대한민국 정부와 칠레 공화국 정부 간의 자유무역협정상 개방대상 금액
         • 물품 및 용역: 8천만 원
         • 공사: 80억 원
      다. 대한민국 정부와 싱가포르 공화국 정부 간의 자유무역협정상 개방대상 금액
         • 물품 및 용역: 1억 6천만 원
         • 공사: 80억 원
      라. 대한민국과 페루 공화국 간의 자유무역협정상 개방대상 금액
         • 물품 및 용역: 1억 5천만 원
         • 공사: 80억 원
      마. 대한민국과 미합중국 간의 자유무역협정상 개방대상 금액
         • 물품 및 용역: 1억 원
         • 공사: 80억 원
      바. 대한민국 정부와 호주 정부 간의 자유무역협정상 개방대상 금액
         • 물품 및 용역: 2억 1천만 원
         • 공사: 80억 원
      사. 대한민국과 캐나다 간의 자유무역협정상 개방대상 금액
         • 물품 및 용역: 1억 원
         • 공사: 80억 원
      아. 대한민국과 뉴질랜드 간의 자유무역협정상 개방대상 금액
         • 물품 및 용역: 2억 1천만 원
         • 공사: 80억 원
      자. 대한민국과 콜롬비아 공화국 간의 자유무역협정상 개방대상 금액
         • 물품 및 용역: 1억 1천만 원
         • 공사: 80억 원
   2. 공기업·준정부기관 계약사무규칙 제4조 제1항의 규정에 의한 기획재정부장관이 정하여 고시하는 금액
      가. 세계무역기구의 정부조달협정상 개방대상 금액
         • 물품 및 용역: 6억 4천만 원

당사자로 하는 계약에 관한 법률 제4조 제1항). 그러나, ① 재판매(再販賣)나 판매를 위한 생산에 필요한 물품이나 용역을 조달하는 경우 ②「중소기업제품 구매촉진 및 판로지원에 관한 법률」에 따라 중소기업제품을 제조·구매하는 경우, ③「양곡관리법」, 「농수산물 유통 및 가격안정에 관한 법률」 및 「축산법」에 따른 농·수·축산물을 구매하는 경우, ④ 그 밖에 정부조달협정에 규정된 내용으로서 대통령령으로 정한 경우에는 국제입찰에 따른 정부조달계약의 대상에서 제외된다(국가를 당사자로 하는 계약에 관한 법률 제4조 제1항).

계약을 체결하는 경우 서로 대등한 입장에서 당사자의 합의에 따라 체결되어야 하며, 당사자는 계약의 내용을 신의성실의 원칙에 따라서 이행하여야 한다(국가를 당사자로 하는 계약에 관한 법률 제5조). 각 중앙관서의 장 또는 계약담당공무원은 국제입찰의 경우 호혜의 원칙에 따라 정부조달협정 가입국의 국민과 이들 국가 간에서 생산되는 물품 또는 용역에 대하여 대한민국의 국민과 대한민국에서 생산되

- 공사: 240억 원
나. 대한민국 정부와 칠레 공화국 정부 간의 자유무역협정상 개방대상 금액
  - 물품: 7억 2천만 원
  - 공사: 240억 원
다. 대한민국 정부와 싱가포르 공화국 정부 간의 자유무역협정상 개방대상 금액
  - 물품: 6억 4천만 원
  - 공사: 240억 원
라. 대한민국 정부와 페루 공화국 간의 자유무역협정상 개방대상 금액
  - 물품 및 용역: 6억 4천만 원
  - 공사: 240억 원
마. 대한민국 정부와 호주 정부 간의 자유무역협정상 개방대상 금액
  - 물품: 7억 2천만 원
  - 공사: 240억 원
바. 대한민국과 콜롬비아 공화국 간의 자유무역협정상 개방대상 금액
  - 물품 및 용역: 6억 4천만 원
  - 공사: 240억 원
3. 특정물품등의 조달에 관한 국가를 당사자로 하는 계약에 관한 법률 시행령 특례규정 제2조 제4호의 규정에 의한 기획재정부장관이 정하는 금액
  가. 통신서비스 및 통신장비부문 시장접근에 관한 양해록상 개방대상 금액
    - 통신망장비 및 기타 통신기자재: 2억 1천만 원
부칙 〈제2016-34호, 2016. 12. 30.〉
① 이 고시는 2017년 1월 1일부터 시행한다.
② 이 고시 시행과 동시에 기획재정부고시 제2016-20호 "국가를 당사자로 하는 계약에 관한 법률 등의 기획재정부 장관이 정하는 고시금액"은 폐지한다.

는 물품 또는 용역과 차별되는 특약이나 조건을 정하여서는 안 된다(동조 제2항).

또, 각 중앙관서의 장 또는 계약담당공무원은 청렴계약을 지키지 아니한 경우 해당 입찰·낙찰을 취소하거나 계약을 해제·해지하여야 하고, 다만, 금품·향응 제공 등 부정행위의 경중, 해당 계약의 이행 정도, 계약이행 중단으로 인한 국가의 손실 규모 등 제반사정을 고려하여 공익을 현저히 해(害)한다고 인정되는 경우에는 대통령령으로 정하는 바에 따라, 각 중앙관서의 장의 승인을 받아 해당 계약을 계속하여 이행하게 할 수 있도록 규정하고 있다(국가를 당사자로 하는 계약에 관한 법률 제5조의 3).

(2) 국가계약의 규제

국가계약14)을 국제법과 법의 일반원칙을 준거법으로 하는 이유는 계약관계를 국내법으로부터 분리하여 국가가 자국법에 의하여 일방적으로 해당 계약을 변경하거나 파기하는 것을 억제하기 위한 것이다. 그러나 한편으로 「천연의 부와 자원에 대한 영구적 주권에 관한 결의(permanent sovereignty over natural wealth and resources)」15)와 「국가의 경제권리의무헌장(1974)」을 통하여 국가도 외국투자와 다국적기업을 규제할 수 있는 권리가 승인되었으나, 개발도상국을 중심으로 이 같은 국가계약에 대한 이론(異論)이 강조되고 있다. 나아가, 사인과 국가 간의 계약을 준거법으로서 국제법으로 언급하더라도 그에 의하여 국제법상의 계약이 되는 것이 아니고 국내법질서에 귀속된다고 주장할 수도 있다.

이와 같이 사법에 관한 국제법의 체계는 아직 미완의 단계이며, 만약 국제법을 준거법으로 지정하는 것이 국제법상 인정되더라도 사법상 권리의무에 관한 내용은 국내법에 의한 보충이 필요하다.

따라서 국가계약을 국제법과 법의 일반원칙에 따라서 규율하는 경우에 이론

---

14) 국가가 사인의 지위에서 사경제주체로서 행하는 사법상의 법률행위이다. 즉, 국고의 부담이 되는 계약(지출원인행위의 일종), 수입이 되는 계약을 말한다.

15) 1962년 유엔총회에서 '천연의 부와 자원에 대한 항구적 주권(permanent sovereignty over natural wealth and resources)'에 관한 결의를 채택, 8개 원칙을 선언하였다. 이 결의에 의해 천연자원의 항구적 주권의 개념이 정착되었다. 이후 유엔의 결의에 의하여 이 원칙이 확인·강조되었고 1974년 자원총회에서 국유화의 보상정도에 대해 개발도상국과 투자국 간의 대립이 있었으나, 1974년 제29차 유엔총회에서 채택한 '경제권리의무헌장'에서 자원항구주권의 종래 입장을 재확인함과 동시에 보상조건에 대해서도 국유화 진영의 주장이 반영되었다.

상 여러 문제가 있을 수 있으며 나아가 개발도상국들도 이에 반대하고 있다. 따라서 국가계약의 일방적 파기와 국유화 등의 위험으로부터 자국 기업을 보호하기 위하여 우호통상항해조약(Treaties of Friendship, Commerce and Navigation: FCN)16)에서 투자보호를 규정하고 있으나, 최근에는 양국 사이에 투자보호협정을 체결하는 경우가 많이 나타나고 있다.

3. 외국국가의 재판권 면제

(1) 개   념

국가평등원칙에 의하여 국가는 원칙적으로 다른 국가의 주권에 복종하지 않는 것이 국제관습법에 의하여 확립되었다. 따라서 국가는 원칙적으로 다른 국가의 사법권(재판권)으로부터 면제(immunity)된다. 이를 주권면제(sovereign immunity), 국가면제(state immunity), 재판권면제 또는 관할권면제(jurisdictional immunity)라 한다.17) 국가는 다른 국가의 법원에 제소될 수 없다는 원칙으로 일부 국가에서는 재판권면제에 관한 별도의 법률을 제정하고 있는 반면에 우리나라의 경우는 별도의 법률을 제정하지 않고 있다. 따라서 재판권면제이론의 적용과 관련하여 그 요건과 범위 및 효력에 관한 문제가 남는다. 재판권은 단순한 재판(판결)만이 아니라 강제집행을 할 수 있는 국가의 권한을 포함하는 개념이므로 재판권면제도 재판절차로부터의 면제뿐만 아니라 강제집행절차로부터의 면제를 포함하는 개념으로 이해해야 한다.

이 같은 원칙에 따르는 경우 국가 및 국가기관과의 거래에서 분쟁이 발생하는 경우 특정 개인이 외국국가를 상대로 국내법원에서 직접 소송을 제기할 수 있는 국제재판제도가 존재하지 않는 현재로서 매우 중요한 문제이다(물론, EU의 경우 개인의 제소권을 인정하고 있으나 이는 매우 제한적이다).

---

16) 일반적으로 FCN조약이라고 한다. 과거 미국과 일부 유럽 국가들이 선호하던 양자조약의 형태로 양자 간 무역 및 해운관련 조건 등을 담고 있는데, 일국의 국민이 상대국가에서 사업을 영위하거나 사업장을 설치할 수 있는 권리 및 자산 소유에 관한 권리 등을 규정하고 있다.

17) 대법원 1998. 12. 17. 선고 97다39216 전원합의체 판결.

(2) 절대적 주권면제론과 상대적 주권면제론

우리나라는 재판권면제에 관한 별도의 법률을 제정하지 않고 판례에 의존하고 있는데, 종전의 대법원 판례는 절대적 주권면제론(absolute theory of foreign sovereign immunity)을 취하여 당해 분쟁이 어떤 원인에 의하여 발생하였는지 와는 관계없이 다른 국가는 우리나라 법원의 재판권에 복종하지 아니한다는 이유로 각하하였다.[18] 이후 대법원은 '절대적 주권면제론'에 관한 종전의 판례를 변경하여 '상대적 주권면제론(restrictive theory of foreign sovereign immunity)'의 입장을 취하면서 "국제관습법에 의하면 국가의 주권행위는 다른 국가의 재판권으로부터 면제되는 것이 원칙이나, 국가의 사법적 행위까지 다른 국가의 재판권으로부터 면제된다는 것이 오늘날의 국제법이나 국제관례라고 할 수 없다. 따라서 우리나라의 영토 내에서 행하여진 외국의 사법적 행위가 주권적 활동에 속하는 것이거나 이와 밀접한 관련이 있어서 이에 대한 재판권의 행사가 외국의 주권적 활동에 속하는 것이거나 이와 밀접한 관련이 있어서 이에 대한 재판권의 행사가 외국의 주권적 활동에 대한 부당한 간섭이 될 우려가 있다는 등의 특별한 사정이 없는 한, 외국의 사법적 행위에 대하여는 당해 국가를 피고로 하여 우리나라의 법원이 재판권을 행사할 수 있다고 할 것이다"라고 판시하면서 원심을 파기 환송하였다.[19] 따라서 우리나라 법원은 주권적 행위와 관련되어 있지 아니한 외국국가의 사법적 행위에 대하여 사법적 행위에 대하여 재판권을 갖는다.

문제는 '국가'의 범주에 어떠한 기관이 포함되어 있는가 하는 것이다. 즉, 우리나라의 경우 공적단체로서 중앙정부가 있고, 지방자치단체가 있으며, 기타 국가공무원법이나 지방공무원법상 공무원의 지위를 갖고 있지 아니하나 이에 준하는 지위를 갖고 있는 직원들에 의해서 구성된 공적단체 및 공기업, 이 같은 기관들이 대주주로 있는 회사 등이 있는데, 이 가운데 주권면제의 대상이 되는 국가를 어느 범위에서 파악해야 하는지 명확한 기준이 없다.

주권면제론은 피고가 주권면제의 대상이 되는 '국가'라는 점을 전제로 하여 주권면제가 적용되는 사항적 범위(또는 물적범위)에 관한 것이므로 주권면제의 대상

---

18) 대법원 1975. 5. 23. 자 74마281 결정.
19) 대법원 1998. 12. 17. 선고 97다39216 전원합의체 판결.

인 '국가'에 포함되는지 여부에 관한 주권면제론의 인적 적용범위는 사항적 범위에 앞서 결정되어야 한다. 즉, 외국정부가 공적목적 달성을 위하여 설립한 회사에 대하여 우리나라 법원에 소가 제기된 경우 당해 청구원인이 주권적 행위와 관련이 있는지 여부를 결정하기에 앞서 당해 외국회사가 주권면제의 대상이 되는지 여부가 우선적으로 밝혀져야 하며, 만일 주권면제의 대상이 되지 않는다면 청구원인이 주권적 행위와 관련이 있는지 여부와 관계없이 당해 외국회사에 대한 우리나라 법원의 재판권은 인정되어야 한다.

(3) 국가 및 그 재산의 재판권면제에 관한 유엔 협약

1) 제정경위

국제연합은 주권면제에 관한 각국 입법에서 차이가 있음을 발견하고 이를 통합하기 위하여 1977년 국제사법위원회(International Law Committee)의 주제 가운데 주권면제를 포함시켜 1991년 국제사법위원회는 협약의 초안을 작성하여 논의를 거쳐서 2004년 12월 2일 유엔총회는 '국가 및 그 재산의 관할권면제에 관한 국제연합 협약(United Nations Convention on Jurisdictional Immunities of States and Their Property)'을 채택하였다.

본 협약 제30조는 30번째 국가가 승인서 또는 비준서를 기탁한 날로부터 30일 후에 효력이 발생하도록 규정하고 있으나 오늘에 이르기까지 본 협약은 발효되지 않고 있다. 마찬가지로 UN협약을 채택하는 과정에서 절대적 국가면제론과 제한적 주권면제론이 대립하였는데, 사회주의 국가의 무역독점과 개발도상국가의 무역에 대한 국가의 관여 등으로 절대적 국가면제론을 지지하다가 제한적 주권면제론의 세계적 추세임을 인정하여 본 협약은 제한적 주권면제론의 입장에서 작성되었고 이에 따라 제10조에서 국가의 상업적 거래로 인하여 발생한 재판절차에서는 원칙적으로 주권면제를 주장할 수 없도록 하고 있다.

2) 주요 내용

협약 제5조에서 "국가는 본 협약의 유보 하에 자신과 그 재산에 관하여 다른 국가의 법원의 재판권으로부터 면제된다"고 규정하여 주권면제를 선언하고 있다. 그러나 주권면제가 인정되는 국가를 적극적으로 정의하지 않고 소극적으로 "국가"에 해당하는 기관을 열거하고 있는데, 즉, (ⅰ) 국가 및 국가의 다양한 정부기관, (ⅱ) 연방국가의 구성단위 또는 국가의 주권적 권한을 행사할 수 있는 국가의 정치적 하부기관, (ⅲ) 국가 및 기타 기관의 대행기관, 다만 국가의 주권적 권한을 행사할 수 있는 기관에 한정한다. (ⅳ) 국가의 대표권을 행사하는 대표기관 등이다.

'국가'는 정치적·경제적 구조와 관계없이 공화국, 왕국 등 모든 형태의 국가를 포함하며, 국가는 일반적으로 중앙정부를 중심으로 통치하게 되므로 외국정부에 대한 제소는 외국국가에 대한 제소가 되고, 따라서 정부는 주권면제의 직접적인 수혜자가 된다. 또, 정부는 정부를 대신하는 하위기관으로 구성되므로 국내법에 따라서 독립된 법인격을 가질 수도 있다. 그러나 국제적으로 독립된 법인격이 없더라도 정부의 하위기관 또는 정부의 하위기관 내 부서들은 국가 또는 국가의 중앙정부를 대표하므로 주권면제의 대상이 된다. 사법부와 입법부 기타 주요 기관도 주권면제의 대상에 포함된다.

연방국가의 구성단위의 경우 1986년 협약초안에는 주권면제가 인정되는 '국가'에 '연방국가의 구성단위'가 포함되지 않았으나, '국가면제에 관한 유럽연합'에서는 '연방국가의 구성단위'가 주권면제의 대상으로 인정하고 있으므로 이를 포함하자는 의견을 받아들여 1991년 초안에서 '연방국가의 구성단위'를 주권면제가 인정되는 '국가'의 하나로 규정하면서 '국가의 주권적 권한을 행사 할 수 있는 국가의 정치적 하부기관'과 별도로 규정하였다. 이 같은 문제는 '연방국가의 구성단위'와 '국가의 정치적 하부조직' 간의 개념적 혼동으로 인하여 발생하는 것으로 국제법 위원회는 협약 초안에서 '연방국가의 구성단위'와 '국가의 정치적 하부기관'을 별도로 규정하였던 것을 제2조 (b) (ⅱ)에서 '연방국가의 구성단위 또는 국가의 정치적 하부기관'이라고 하나의 규정에 통합하였다.

'정치적 하부기관(political subdivision)'이란 한 국가의 지역행정기관(state, county, city)을 말한다. '정치적 하부기관'이 주권면제의 대상이 되는지에 대해서 각국의 입장은 서로 다르다. 대부분의 국가들의 법원이 정치적 하부기관은 주권적 특성을 결여하고 있다고 주장하여 주권면제를 인정하지 않으나, 일부 국가에서는 정치적 하부기관에 대한 제소가 외국국가에 대한 제소와 다를 바 없다는 이유로 주권면제를 인정하고 있다.

그러나 국제법위원회는 국가의 정의를 넓게 해석하여 모든 국가기관은 주권적 업무가 주어진 이상 주권면제의 대상이 될 수 있도록 규정하였다. 본 협약에서 주권면제가 인정되는 '국가'에 '국가의 대표권을 행사하는 대표기관'을 포함시킴으로서 미국 주권면제법에서 명시적으로 주권면제의 대상으로 포함시키지 않은 공무원을 주권면제의 대상으로 포함시키고 있다는 점에서 미국주권면제의 주권면제의 대상보다 넓게 규정하고 있다.

'정치적 하부기관'을 주권면제의 대상으로 인정하더라도 모든 정치적 하부기관에 대하여 주권면제를 인정할 것인지 여부에 대한 의문이 제기되었으나, 주권면제를 인정하는 취지상 정부로부터 주권적 권한을 행사할 수 있도록 위임받은 정치적 하부기관만을 주권면제의 대상으로 인정하였다.

'국가 및 기타 기관의 대행기관'도 국가기관으로서 주권적 권한을 행사하게 되면 주권면제의 대상이 된다. 주권적 권한을 행사하는 것으로 추정되는 국가의 대표기관, 중앙정부 또는 그 하부기관과 달리 국가 및 기타 기관의 대행기관은 주관적 권한을 행사하는 것으로 추정되지 않기 때문에 국가 및 기타 기관에 대하여 주권면제가 인정되기 위해서는 당해 국가 및 기타 기관이 주관적 권한을 행사할 수 있어야 하고, 실제로 그러한 주권적 권한을 행사하였다는 요건이 충족되어야 한다.

국가가 설립한 공기업 등이 주권면제의 대상이 되는지에 관하여 협약에서는 명시적으로 규정하고 있지 않으나, 협약 제10조 제3항에서 재판상 당사자 능력이 있으며, 재산을 소유·처분할 수 있는 능력이 있고 독립 법인격을 갖춘 공기업이나 기타 국가에 의하여 설립된 기관은 상업적 거래에서 발생하는 분쟁에서 주권면제를 주장할 수 없다고 규정하고 있으므로 이와 같은 기업도 주권면제의 대상에 포함된다고 본다.

🔖 관련판례

- 대법원 1998. 12. 17. 선고 97다39216 전원합의체 판결
    [1] 국제관습법에 의하면 국가의 주권적 행위는 다른 국가의 재판권으로부터 면제되는 것이 원칙이라 할 것이나, 국가의 사법적(私法的) 행위까지 다른 국가의 재판권으로부터 면제된다는 것이 오늘날의 국제법이나 국제관례라고 할 수 없다.
    [2] 우리나라의 영토 내에서 행하여진 외국의 사법적 행위가 주권적 활동에 속하는 것이거나 이와 밀접한 관련이 있어서 이에 대한 재판권의 행사가 외국의

주권적 활동에 대한 부당한 간섭이 될 우려가 있다는 등의 특별한 사정이 없는 한, 외국의 사법적(私法的) 행위에 대하여는 당해 국가를 피고로 하여 우리나라의 법원이 재판권을 행사할 수 있다.

4. 중재에 의한 분쟁해결

(1) 의   의

중재(arbitration)는 당사자 간의 합의(중재합의)에 의하여 사법상의 권리 및 기타 법률관계에 관한 분쟁을 법원의 소송절차에 의하지 않고 당사가 아닌 제3자를 중재인으로 선정하여 분쟁의 해결을 중재인의 결정에 맡기는 동시에 최종적으로 그 결정에 동의함으로써 분쟁을 해결하는 제도이다. 중재절차는 당사자의 합의가 있으면 그에 의하고, 합의가 없으면 중재인에 위임할 수 있으며 반드시 법정절차에 따라야 하는 것은 아니다. 그래서 중재인이 분쟁을 판단하는 기준은 반드시 성문의 실체법에 충실하여야 하는 것은 아니며, 그러나 구체적 타당성이 있어야 하고 법적 정의에 저촉되지 않아야 한다.

(2) 중재에 의한 통상 분쟁의 해결

국가 및 국가기관과의 거래에서 분쟁이 발생한 경우, 그 해결을 재판에 의한 해결이 아니라 중재에 의한 해결을 생각할 수 있다. 여기서의 중재란 당사자 간의 합의로 사법상의 분쟁을 재판에 의하지 않고 각 분야의 전문가인 중재인의 판정에 의하여 해결하는 절차를 말한다. 그러나 외국국가를 상대로 소송을 제기하기 위해서는 전술한 재판권면제 등을 고려할 때, 공정한 재판이 이루어질 것인가에 대해서는 당사국 간에 불신감이 없지 않다. 이 같은 이유로 국가 및 국가기관과의 거래, 특히 국가계약 등의 경우에는 장래 발생할 분쟁을 중재에 따르도록 하는 규정이 많다.

이 같은 경우에 이용하는 중재제도는 사건마다 개별적 분쟁규칙 등을 당사자들이 알아서 정하는 임의중재(ad hoc)와 조약에 의하여 설립된 상설중재재판소(Permanent Court of Arbitration: PCA)에 의한 중재 등을 생각할 수 있는데, 특히 개인과 국가와의 투자분쟁 해결을 위해 설립한 특별 분쟁해결제도가 「국가와 타방국가 국민 간의 투자분쟁의 해결에 관한 협약(Convention on the Settlement of Investment

Disputes between States and Nationals of Other States)(1966)」[20]이다. 이 협약은 세계은행의 주도로 작성된 다수국 간 조약이다. 투자분쟁조약은 투자유치국과 투자자 간에 투자와 관련하여 발생하는 법률상의 분쟁을 당사자 합의를 전제로 하여 중재 또는 조정으로 해결하기 위한 것이다. 이 조약에 의하여 설립된 「투자분쟁해결국제 센터(International Center for Settlement of Investment Disputes)」는 직접 조정과 중재를 하는 것이 아니라 체약국과 타방체약국 국민 간의 투자분쟁의 조정과 중재를 위한 기관을 마련하는 것을 그 임무로 하고 있다(제1조). 분쟁이 조약에 따라 중재에 따르도록 한 경우에는 회부하였던 분쟁에 관하여 외교적 보호를 하거나 국제적 청구를 제기해서는 아니 된다(제27조 제1항). 여기서 외교적 보호는 분쟁해결을 촉진할 목적만을 위한 비공식적 외교 조치를 포함하지 않는다(제27조 제2항).

이 같은 태도는 당사자의 분쟁을 국가 간의 분쟁으로 확대하기 이전에 해결하기 위한 것으로 본 조약의 목적이다. 중재재판소는 당사자의 합의로 구성되고 재판소의 중재판정은 당사자를 구속한다. 중재재판소는 당사자가 합의한 법률의 규칙에 따라서 분쟁을 해결하여야 하며, 이 같은 합의가 없을 때에는 분쟁 당사국의 법률(법률의 충돌에 관한 동 국의 규칙을 포함) 및 적용할 수 있는 국제법의 규칙을 당해 분쟁에 적용하여야 한다(제42조 제1항).

각 체약국은 본 협약에 따라서 내려진 중재판정은 구속력 있는 것으로 승인하여, 당해 국가 법원의 최종판결과 같이 해당국의 영역 안에서 이 같은 판정에 의하여 과해진 금전상의 의무를 집행하여야 한다. 또, 연방헌법을 가진 체약국은 그 연방법원에서 이 같은 판정을 집행하여야 하며, 법원은 그 판정을 주 법원의 최종판결과 같이 취급하여야 한다(제54조).

---

20) 우리나라는 1967년 1월 28일 제59회 국회 8차 본회의에서 비준하였으며, 1967년 2월 21일 유엔 사무총장에게 비준서를 기탁하여, 1967년 2월 21일 관보에 게재되었으며 조약 제234호로 1967년 3월 23일부터 국내에 발효되었다.

제4절   국제법인

1. 의   의

국제법인(International body corporate)이란 국제적인 규모로 활동하는 각종 단체 가운데 국제법인격을 취득한 단체를 말한다. 20세기에 들어와 여러 국제기관이 조약에 의하여 설립된 기관이 국제거래의 당사자가 되는 경우가 있다. 국제연합이나 각 전문기구와 같은 정부 간 국제조직에 대해서는 국제법상의 지위가 인정되는데, 이들 단체는 기본조약에 의하거나 체약국의 묵시적 의사로서 국제법인격이 인정된다. 그러나 이들을 제외한 단체들의 경우에는 법인격과 관련하여 문제가 된다. 20세기 이후 다방면에서 글로벌화가 진행되면서 각국의 법인은 다양한 형태로 세계 각국에 진출하여 사업 활동을 하고 있다. 그러나 이들 법인의 진출형태가 각기 다르다는 점에서 이에 대한 법적규율에 있어서도 차이가 있다. 즉, 사단 또는 재단이 권리의무의 주체로서 인격을 취득하기 위하여 요구되는 조건은 각 국가마다 다르므로 어느 국가의 법률에 의하여 법인격을 결정해야 하는가의 문제가 생기는데, 이것이 법인의 일반적 권리능력의 준거법, 즉, 법인의 속인법 또는 종속법의 결정문제이다. 나아가 법인의 설립·소멸, 조직·내부관계, 개별적 권리능력, 법인의 행위능력·소송당사자능력, 불법행위능력 등의 준거법의 결정문제가 있다. 이와 관련하여 종래부터 국제 법인의 속인법 결정과 관련하여 다양한 주장이 제기되어 왔다.

이와 같이 국제적 규모의 활동이 복잡해지면서 다양한 국제조직이 증가하고 있는 가운데 국가가 중심이 되어 조약에 준거하여 설립된 정부 간 국제기관 가운데 각 가맹국의 정책조정에 임하는 전통적인 것은 물론 국제적 출자를 얻어 공공적 사업을 하는(국제부흥개발은행, 기타 국제금융기관, 국제통화기금 등) 단체에 대해서도 국제법인격이 인정된다.

그러나 국제민간단체를 국제법인으로 인정할 것인가의 문제가 있는데 이들 단체는 사적인 목적으로 설립되어 교육·학술·종교·경제 등 다수국과 관련되는 이익의 실현을 도모하는 사단·재단으로, 이는 본래 본부가 있는 국가의 국내법상 법인이다. 그러나 이들 단체의 국제적 목적과 활동을 보장하기 위하여 관계국이 이를 단순히 국내법인으로 취급하지 않고 그 국제적 역할을 존중하여 일정한 국제적 역할을 존중하여 일정한 범위의 국제적 지위를 보장해야 한다는 주장도 있다. 나아가 최근 정부 간의 조약에 준거하여 설립된 정부 또는 공사(公私)의 사업체인 국제공동기업이 있는데, 이 같은 단체는 국제적 출자를 받아서 일정한 상공업을 하는 기업으로 국제적 업무운용기관이라고 한다. 이들은 주식회사 또는 공영조물법인의 형태를 가지므로 종래 정부 간 국제기관과는 다르지만 기존조약으로 일정한 국제법상의 법률행위능력이나 특권면제가 인정되는 새로운 형태의 국제법인이다.

2. 국제법인의 재판관할

(1) 미국의 경우

미국의 경우 법인에 대한 재판관할권은 원칙적으로 설립지주의를 따르고 있다. 따라서 미국의 각 주는 다른 주에 설립된 법인이 자기 주에서 사업을 하려면 주외법인등록을 하여야 하며, 법인이 당해 주 법원의 재판관할권에 따를 것을 동의하여야 하고, 일정한 자를 대리인으로 지정하도록 하고 있다. 따라서 외국법인이(foreign corporation) 이 같은 등록을 한 경우에는 당해 주의 재판권에 따르게 된다. 나아가 외국법인이 특정 주에 등록을 하지 않고 사업을 하고 있었던 경우에도 사업 활동을 근거로 당해 주가 재판관할권을 행사할 수 있도록 하고 있다.[21]

외국법인이 특정 주에 등록을 하지 않고 사업을 하는 경우로서, 그 현지법인은 외국법인 자신이 사무소 등을 설치하고 있는 경우, 외국법인이 주식의 소유를 통하여 자회사 등의 형식으로 현지법인을 설립하고 있는 경우, 외국법인의 주식을 소유하지 않고 다른 법인과 제휴를 통하여 독점적 판매대리점 등을 설치하는 경우를 생각할 수 있다. 이 가운데 현지법인이 자신의 사무소 등을 설치하고 있는 경우에는 외국법인과 현지법인 간에 법인격의 동일성이 존재하지만 그 이외의 경우 법인격의 동일성이 존재하지 않는다.

미국에서는 외국법인과 현지법인 간의 긴밀성 유무의 판단은 법인 간에 주식소유관계가 존재하는 경우 사업의 전개방법, 재정상황, 경영정책의 결정, 임원의

---

21) Restatement, 2nd, Conflict of Law §47(1971).

겸임, 직원의 상호교환, 외부의 표시 등이 중시되며, 법인 간에 주식소유관계가 없는 때에는 그들 간에 체결된 협정이나 외부의 표시 등이 중시된다. 그렇다고 법인 간에 주식소유관계가 존재하는 경우 보다 비중을 두어 판단하는 것은 아니다.[22]

(2) 영국의 경우

영국의 경우 외국법인이 1985년 회사법 규정에 따른 등기를 하고 있는 경우에 송달은 영국에서 외국법인에게 행해진다. 그러나 외국법인이 등기를 하지 않거나 등기된 자의 사망, 영국에 거주하지 않거나 소장의 수리를 거부하는 등의 경우에는 외국법인의 송달은 불가능하게 된다. 이 같은 경우에는 당해 법인의 사업장에 소장을 재 송달함으로써 법인에 송달된 것으로 보고 있다.[23]

외국법인이 영국의 영업소에서 사업을 하고 있는 경우, 영국의 소송법에 의한 소송여부를 판단함에는 외국법인이 영국에서 영업소를 소유·임차하고 있는 경우, 외국법인이 영국에서 영업소를 소유·임차하지 않고 있는 경우로 나누어 판단하고 있다. 외국법인이 영업소를 설치하거나, 대리인의 영업소를 소유·임차하여 사업을 하는 경우에는 영국에서의 소송에 따라야 한다. 반면에 영업소를 소유·임차하지 않고 법인격이 다른 영업소를 매개로하여 사업을 하는 경우에 외국법인의 사업활동에 대하여 영국에서의 소송에 따르는가의 여부는 외국법인과 영업소의 대리관계 유무에 따라서 판단하도록 하고 있다.

(3) 독일의 경우

독일은 민사소송법 규정이 국내재판관할 뿐만 아니라 국제재판관할에도 적용되며 외국법인의 경우 영업소의 특별재판적을 규정한 민사소송법 제21조에 의하여 외국법인이 독일 내에 영업소를 개설하고 있는지를 파악하여 독일에서의 소송에 따르도록 하고 있다. 즉 영업소는 소 제기 시에 사실상 존재하면 족하고 그 영업소의 등기 여부는 문제가 되지 않는다. 그러나 영업소가 존재하지 않으나 등기가 되어 있을 때에는 재판관할이 인정될 수 있다.

영업소의 특별재판적이 인정되기 위해서는 당해 영업소가 직접 계약을 체결

22) Delagi v. Volkswagenwerk AG of Wolfsburg, Ger. 278 N.E. 2d 895 (1972).
23) Companies Act 1985, s. 694 A (3) and 695 (2).

할 수 있는 독립성을 가지고 있을 것을 요하는데, 여기서의 독립성이란 재판관할
을 긍정하려는 현지법인으로서의 적격성 혹은 자주적 결정권을 갖는가의 문제로
서, 영업의 일부가 영업소의 독립적인 처리에 위임되어 있다는 것을 의미한다.

즉, 독일의 경우 민사소송법 제21조의 재판관할권의 존부에 관하여 영업소의
외관 및 독립성, 업무관련성, 계약체결권 등이 중요한 판단의 기준이 된다.

(4) 우리나라의 경우

우리나라 민사소송법에서는 국제관할권의 결정기준에 관한 명시적 규정이 없
으며 학설로서 민사소송법 규정에 의하여 한국의 어느 법원이 토지관할권을 갖는
경우에 한국이 국제재판관할권을 갖는다는 역추지설, 민사소송법의 토지관할규정
은 국내사건을 전제로 한 것이므로 국제사건에 적절하지 않으며 국제재판관할권
의 유무의 결정은 적정·공정·능률 등을 고려하여 국제사건에 적절한 관할배분원
칙을 정할 것이라고 보는 관할배분설, 원칙적으로 역추지설에 따르되 우리나라에
서 재판함이 부당한 특별한 사정이 있을 때에는 관할배분설의 기준에 의한다고
보는 수정역추지설 등이 있는데, 종래 우리 법원은 국제재판관할권에 관한 다툼
에서 토지관할규정의 해석과 특별한 사정 유무에 따라서 판단하여 왔다.[24]

또, 국제사법 제1조에서 '이 법은 외국적 요소가 있는 법률관계에 관하여 국
제재판관할에 관한 원칙과 준거법을 정함을 목적으로 한다'고 규정하여 국제재판
관할에 관한 원칙의 결정을 국제사법의 목적에 추가하였다. 나아가, 국제사법 제2
조에 의하여 명시적으로 재판관할에 관한 규정을 두고 있다. 이 같은 규정은 국제
재판관할규칙을 토지관할규정과 동시하려는 사고를 깨고 국내법의 관할규정을 고
려하면서 국제재판관할의 특수성을 고려하여 국제재판관할규칙을 정립하려는 취
지로 이해할 수 있다.

3. 법인의 속인법

(1) 설립준거법설

법인의 권리능력의 준거법을 정함에 있어서 언제나 특정 국가의 법률에 의하

---

24) 대법원 1995. 11. 21. 선고 93다39607 판결.

여 법인격이 부여되므로 법인이 설립될 때에 준거한 법률을 법인의 속인법으로 보아야 한다는 견해이다. 따라서 사단 또는 재단의 법인격의 존부는 물론 법인의 조직 및 그 밖의 문제들을 정하는 법률은 법인이 설립할 때에 준거한 법률을 속인법으로 보아야 한다는 주장이다.25)

설립준거법설은 법인의 속인법이 고정되어 변경되지 않으므로 그 확인이 쉽고 법적 안정성을 확보할 수 있는 장점이 있다. 반면에 거래상대방의 보호에 미흡하다는 단점이 있다. 이 같은 단점을 시정하기 위하여 제한적 설립준거법설이 주장되거나 현실적으로 법인의 본거가 소재하는 국가의 실체법상 거래보호를 목적으로 외국법인에 대한 감독규정을 설정하여 단점을 제거할 수 있다는 주장도 있다.26)

(2) 본거지법설

법인과 가장 밀접한 관계를 갖는 곳이 그 본거지이며 법인과 거래관계에 있는 상대방보호의 입장에서도 법인의 본거지를 법인의 속인법으로 정해야 한다는 주장이다. 따라서 특정 사단 및 재단의 본거지가 있는 곳의 법률에 의하여 결정해야 한다는 견해이다.27) 이때 법인의 본거지는 영업활동의 중심지를 본거지로 보아야 한다는 영업중심지설과 경영이 총괄적으로 이루어지는 곳을 본거지로 보아야 한다는 관리중심지설로 나누어지는데 관리중심지설은 다시 사실상 관리중심지설과 정관상 관리중심지설로 구분된다.

이 같은 본거지법설은 본거지의 개념이 애매하여 법인의 본거지를 결정하기 어렵고 그 본거지가 바뀜에 따라서 법인의 속인법도 변경된다는 단점이 있으나, 거래상대방의 보호에 적합하다는 장점이 있다.

---

25) 설립준거법설은 주로 보통법(common law)국가들이 채택하고 있어 영미법계주의라고도 한다. 미국은 Restatement, 1st, Conflict of law §152, §154 (1934), Restatement, 2ed, Conflict of law §296, §297 (1971)에서 규정하고 있다.

26) 溜池良夫, 國際私法講義, 有斐閣, 2005, 297면.

27) 이를 주소지법주의 혹은 대륙법계주의라고도 한다. 독일·오스트리아·벨기에·룩셈부르크·프랑스·그리스·포르투갈·폴란드·루마니아 등 유럽국가의 학설 및 판례에서 채택하고 있다.

(3) 중층화설

회사의 설립, 내부관계, 외부관계로 구분하여 원칙상 준거법에 의하면서 예외적으로 준거법 대신 본거지법상의 강행규정이 적용된다는 견해이다. 이때 예외적인 경우로 ① 회사의 관리중심지가 설립국 외에 있을 것, ② 회사의 직접적인 사법상의 이해관계자가 본거지법상의 강행규정의 적용을 요구하고 있을 것, ③ 본거지법상 강행규정의 적용이 회사의 직접적인 사법상의 이해관계자에게 유리하며 결과에 있어서 이 자가 보호될 것 등이다. 이 같이 중층화설은 기본적으로는 설립준거법설에 입각하면서 특정한 경우에 한하여 본거지법을 적용하려는 견해이다.

따라서 중층화설은 기본적으로는 설립준거법설에 입각하고 있으나 소수사원 등의 보호를 위하여 본거요건을 고려하고 있는 점을 고려할 때 본거지법설에 보다 가까운 제한적 본거요건필요설의 입장이라 할 수 있다.

(4) 개별화설

법인의 외부관계는 관계자의 이익이나 국제거래·경제생활의 요청으로 내부관계와는 이질적인 것으로 양자에 관하여 다른 지정규칙의 정립이 요구된다는 견해이다. 즉, 법인의 외부관계와 내부관계가 달리 보이는 이익상황을 정당하게 평가하기 위해서는 양자를 단일한 법질서에 의하여 규율할 수 없다는 견해이다.

개별화설은 법인의 외부관계는 국제적으로 가장 유리한 장소적 제 조건을 철저하게 이용하며, 국제적 분업을 향한 진보적 경제정책이 제시된 제 목표에 효력준거법 및 실행준거법을 적용하여야 한다는 입장이다. 또, 내부관계에 있어서는 준거법의 선택이 사원에게 위임되어야 한다는 것이다. 즉, 조합계약 및 기타 조직행위가 채무계약적 혹은 채무계약유사의 법적성질을 갖는 경우뿐만 아니라, 준거법의 명백한 결정 및 그 확정이 용이성에 관한 거래이익, 법치국가의 기초에 있는 제 근거 및 경제적인 제요청도 이에 포함한다는 견해이다.

이 같이 개별화설은 법인을 둘러싼 제반 문제를 외부관계와 내부관계로 이분화하여 법인의 외부관계에 관하여는 효력준거법·실행준거법·귀속법 가운데 거래우선원칙 및 제3자 우선원칙에 의해 정해진 준거법에 따르도록 하는 한편, 법인의 내부관계에 관하여는 당사자자치원칙에 따라서 준거법을 정하려는 것이다.

이 같은 개별화설에 대해서 설립준거법설의 수정 내지 변경으로 이해하려는 경향이 있으며, 법인을 외부관계와 내부관계로 분리하고 있는 기본적 전제에 대한 비판이 기해지고 있다.

(5) 유형화설

기업을 독립기업과 종속기업으로 구분하여, 그 가운데 독립기업의 경우에만 회사준거법의 연결문제를 논하고 있다. 이때 설립준거법의 차이에 착안하여 독일법(내국법), 유럽공동체가맹국법, 기타 외국법을 각각 설립준거법으로 하는 경우로 구분하고 있다.

즉, 독일법을 설립준거법으로 하는 회사에 대해서는 회사가 독일법에 따라 적법하게 설립된 경우 이 회사에 대해서는 독일법이 적용된다. 유럽공동체가맹국법을 설립준거법으로 하는 회사에 관해서는 그 회사의 활동이 적어도 어느 가맹국의 경제와 사실적·계속적 결합을 가지는 경우에는 설립준거법이 적용된다. 마지막으로 기타 외국법을 설립준거법으로 하는 회사에 관해서는 먼저 연결을 위한 특별규정이 조약 중에 있는가의 여부를 심리하여, 조약일부에서는 통상·거류협정 중에서 명시적으로, 일부에서는 특정 기업에 보호권을 인정하는 조약 중에서 추론상으로 외국의 상사회사 및 비영리 사단의 승인을 정한다.

이 같이 유형화설은 법인의 속인법 결정을 둘러싼 종래의 설립준거법설과 본거지법설과의 대립을 설립준거법의 상위에 기하여 사례 군의 유형화를 통해 해소하려는 것이다.[28]

4. 국제사법의 법인속인법

(1) 설립준거법주의 원칙

법인 또는 단체는 그 설립의 준거법에 의한다. 다만, 외국에서 설립된 법인 또는 단체가 대한민국에 주된 사무소가 있거나 대한민국에서 주된 사업을 하는 경우에는 대한민국법에 의한다(국제사법 제16조). 이 같이 국제사법에서 설립준거법을 택한 이유는 법적안정성을 확보할 수 있다는 장점이 있기 때문이다.

---

28) RGZ 73, SS. 366, 367; BGHZ 53, SS. 383, 385.

(2) 예   외

외국에서 설립된 법인 또는 단체가 대한민국에 주된 사무소가 있거나 대한민국에서 주된 사업을 하는 경우에는 대한민국법에 의한다(국제사법 제16조 단서). 이는 설립준거법주의를 따르는 경우에 발생할 수 있는 내국거래의 불안정성을 예방하기 위하여 단서 조항을 통하여 예외적으로 본거지법주의를 인정한 것이다. 그러나 본거지법주의는 주된 사무소를 대한민국에 두는 경우에 한해서 적용되고, 대한민국이 아닌 준거법 소속국 이외의 제3국에 두는 경우에는 적용되지 않는다. 따라서 국내기업들이 금융상의 편의 등을 위하여 외국의 조세피난처에 특수목적회사를 설립하고, 한국에서 주된 영업을 하는 경우에 한국에서 설립절차를 다시 밟지 않는 한 법인격이 인정되지 않는다.

(3) 적용범위

법인의 속인법은 법인의 설립, 법인 권리능력의 유무 및 범위, 법인의 행위능력, 법인의 조직과 내부적 법률관계, 사원의 권리와 의무, 합병 등 회사의 설립 및 소멸 등 법인에 관한 모든 사항을 규율한다. 즉, 법인의 속인법은 정관의 작성, 주무관청의 허가, 설립등기, 설립무효의 원인 및 효력 등 법인설립의 실질적 및 형식적 요건에 관한 모든 문제에 적용된다. 나아가 법인의 소멸원인, 해산사유와 시기, 해산의 효과 및 청산절차 등 법인의 소멸에 관한 것에도 적용된다. 나아가 법인 기관의 종류 및 성질, 인원, 선임·해임 및 대내적 권한과 책임, 법인과 사원 간의 관계, 사원의 권리 의무, 사원의 양도, 정관의 변경 등에도 적용되며, 특정법인의 주식발행과 그 방법, 주식의 종류와 성질, 양도 여부 등 법인의 주식발행에 관한 문제에도 적용된다.

법인은 자연인과 달리 일정한 법률, 즉, 속인법에 의하여 권리능력이 부여되기 때문에 속인법의 내용에 따라서 부여되는 권리능력의 범위도 달라진다. 그러나 외국법인의 권리능력의 범위를 속인법으로 판단하는 경우 행위지에서 거래의 안전을 해할 염려가 있는데, 이 경우 국제사법 제15조 제1항의 내국거래보호주의의 취지를 확대·유추 적용하여 행위지법에 의하여 권리능력을 갖는 경우에는 권리능력이 있는 것으로 해석할 수 있다.

그러나 법인의 일반적 권리능력의 문제와 달리 법인의 특정한 권리의무의 취

득 여부는 속인법이 적용되지 않고 문제가 된 권리의무에 대한 준거법이 적용된
다. 또, 법인의 행위능력은 속인법이 적용된다. 그러나 행위지의 거래안전을 보호
하기 위하여 속인법이 제한되는 경우가 있다.[29] 단, 법인 대표기관의 소송능력에
관해서는 법정지법에 의하여 결정된다.

---

29) 스위스 국제사법 제158조(대표권의 제한)에서 '법인 또는 단체는 상대방 당사자의 거소지 또
   는 영업소 소재지 국가의 법이 인정하지 않는 기관 또는 그 대표자의 대표권의 제한을 원용
   할 수 없다. 다만 상대방 당사자가 그 제한을 알았거나 알 수 있었을 때에는 그러하지 아니하
   다'고 규정하여 거래상대방을 보호하고 있다.

제 **3** 장

국제물품매매

제3장 국제물품매매

제1절 총 설

1. 국제거래의 구조

국제거래의 가장 전형적인 것은 물품의 매매를 중심으로 하는 무역거래이며, 무역거래는 거래의 대상이 되는 물품의 종류, 수송방법, 대금 결제의 방법에 따라서 거래형태가 다양하고 그 모습도 다양하게 나타난다. 이들 가운데 신용장으로 대금을 결제하고, 목적지까지 해상운임과 해상보험료를 매도인이 부담하는 거래 조건인 CIF(Cost, Insurance and Freight)매매의 경우는 다음과 같은 과정을 거쳐서 거래가 행해진다. ① 수출업자와 수입업자는 거래조건을 정하여 계약을 체결하고 ② 수입업자는 매매계약에 따라서 자신의 거래은행과 신용장 개설에 관한 계약을 체결하고, 은행과 계약을 체결 한 이후에 수입업자는 의무이행을 위하여 수출업자 앞으로 신용장을 개설해 주도록 거래은행에 요청한다. ③ 수입업자의 신청을 받은 거래은행이 내부 검토 후 신용장을 개설하면 거래은행은 개설은행이 되며, 개설은행은 신용장을 개설한 후 수출국 내의 거래은행에 이를 송부하고 수출업자에게 통지하도록 요청한다. ④ 개설은행으로부터 신용장을 전달받은 수출국 내의 거래은행이 수출업자에게 통지를 하면 통지은행이 된다. ⑤ 통지은행으로부터 신용장 도착을 통지받으면 수출업자는 수출품을 선적하며, 선적 후 선박회사로부터 선적에 대한 증거로 선하증권을 받게 된다. ⑥ 선적을 완료한 수출업자는 신용장에 기재되어 있는 서류를 모두 구비하여 환어음과 상업송장을 발행하고 수업업자는 환어음 등을 자신의 거래은행에 제시하고 매입신청을 한다. ⑦ 매입신청을 받은 수출업자는 내부적 검토를 거쳐서 환어음을 매입하고 대금을 지급하고, 이때 환어음을 매입한 은행은 매입은행이 되며, 이때 통지은행과 매입은행이 동일한 경우도 있다. ⑧ 매입은행은 매입한 환어음 및 신용장에 기재되어 있는 서류를 개설은행에 송부한다. ⑨ 개설은행은 수입업자에게 선적서류가 도착했음을 통지한다. ⑩ 수입업자는 환어음의 대금을 개설은행에 지급하고 선적서류를 받아 물품을 인도 받는다. ⑪ 개설은행은 매입은행에 환어음 대금을 상환한다.

이와 같이 국제거래는 물품 매매계약을 시작으로 그 이행에 필요한 은행, 운송, 보험 등 여러 가지 행위가 복합적으로 결합되어 성립하게 된다. 따라서 이하에서 이들 가운데 중요한 거래인 물품매매계약, 국제운송계약, 국제보험계약과 결제수단 등을 중심으로 살펴보도록 하겠다.

2. 국제계약의 준거법

국제계약의 준거법은 헤이그 국제사법회의에 의하여 「유체동산의 국제매매의 준거법에 관한 협약(1955)」이 이미 발효되었다. 본 협약은 1980년 국제연합의 국제물품매매협약이 채택된 이후 재 검토한 결과 1985년 헤이그 국제사법특별회기에 「국제물품매매계약의 준거법에 관한 협약」이 채택되었으나 아직 발효되고 있지 않다. 또 EC의 「계약채무의 준거법에 관한 EC협약(Convention on the law applicable to Contractual obligation)(1980)(로마조약)」, 미주기구의 「국제계약의 준거법에 관한 미주협약(1994)」 등이 있다. 로마협약과 미주협약은 이미 발효되었지만 로마협약은 2008년 「계약채무의 준거법에 관한 구주회의 및 이사회규칙(로마 I 규칙)」으로서 EU규칙으로 되었다.

무역과 투자 등과 같은 국제거래는 주로 계약을 통하여 행해지게 되는데, 국제계약과 관련한 여러 가지의 통일사법조약이 있는 가운데 운송계약의 경우와 같이 상당한 범위에서 법통일의 결과를 가져온 것도 있다. 반면에 법의 통일을 이루지 못한 분야와 법통일이 진행되고 있는 분야에서는 특정국가의 실체법에 의하여 보충해야하는 경우가 있다. 일단 개별적 계약을 검토하기 전에 국제계약의 준거법의 결정에 대해서 살펴보도록 하겠다.

(1) 당사자 자치의 원칙

당사자자치의 원칙이란 계약의 성립과 효력의 준거법결정에 관하여 당사자의 명시, 또는 묵시적인 지정을 허용하는 원칙이다. 따라서 국제통상과 관련한 계약은 당사자가 명시적 또는 묵시적으로 선택한 법에 의한다.

당사자가 일정한 법률관계에 대하여 다른 국가의 법률을 적용하고자 할 때에는 다음 두 가지를 생각할 수 있다. 첫째, 당사자가 특정국의 실체법상 인정하는 계약자유의 원칙에 의하여 계약의 내용을 스스로 결정하는 대신에 특정 외국법을 지정하는 경우, 둘째, 당사자가 국제법상 인정하는 당사자자치의 원칙에 기하여 특정 외국법을 준거법으로 지정하는 경우이다. 전자를 외국법의 '실체법적 지정(Matereiellrechtliche Verweisung)'이라 하고, 후자를 외국법의 '저촉법적 지정(Kollisionsrechtliche Verweisung)'이라 한다.

오늘날 계약의 준거법(governing law)에 관하여 각국의 입법, 판례 및 학설상으로 그의 결정은 당사자의 의사에 따르도록 하고 있다. 즉, 계약의 준거법은 계약체결지법과 이행지법과 같이 객관적 관련성에 따라서 일률적 내지 정형적으로 정해지는 것이 아니라, 당사자가 명시적 또는 묵시적으로 선택한 법에 의하도록 하고 있다(국제사법 제25조). 따라서 국제계약에 있어서 당사자자치의 원칙이 적용되기 위해서는 당사자 간에 명시적 또는 묵시적인 준거법 지정이 전제되어야 한다. 다만, 묵시적인 선택은 계약의 내용 그 밖에 모든 사정으로부터 합리적으로 인정할 수 있는 경우에 한한다(국제사법 제25조 제1항). 여기서 말하는 '그 밖의 모든 사정'이란 특정한 표준계약조항의 사용, 재판관할 합의 및 중재계약, 계속적 거래관계에 있는 당사자 간에 있어 종전계약의 준거법뿐만 아니라 당사자의 국적, 상거소 등을 고려할 수 있다.

이와 같이 계약의 준거법의 결정을 당사자자치에 따르도록 하는 것은 계약관계는 주로 당사자의 의사에 따른다는 특질에서 실체법상 계약자유의 원칙 또는 의사자치의 원칙의 대응에 따라서 국제사법상 당사자자치의 원칙이 인정되는 것이다. 나아가 국제계약의 모습은 다양하고 다른 법률관계와 같이 합리적 객관적으로 밀접한 관련성의 기준을 결정하기 어렵기 때문이다. 즉, 계약관계는 계약체결지법, 이행지법, 목적물 소재지법, 당사자의 영업소 소재지법 등 복수의 법질서가 존재하는 가운데 어느 것이 가장 밀접한 관련을 가진 법질서인지 일반적으로 결정하기는 어렵다. 따라서 당해 계약과 가장 이해관계가 높은 당사자에게 준거법을 결정하도록 하는 것이 당사자관계와 가장 밀접하게 관련하는 법질서의 선택과 적용이라는 국제사법의 이념에 합치하는 것이다. 나아가 실질적 관점에서 당사자가 선택한 법을 적용하는 것이 당사자의 준거법에 관한 예측가능성과 정당한 기대의 보호 요청에 합치하며 국제거래의 안전과 원활한 수행을 보장할 수 있다. 또, 법원도 당사자가 선택한 법을 적용하는 것이 준거법의 결정이 용이함과 동시에 국제적 판결의 조화라는 요청에도 부합한다.

그러나 모든 요소가 오직 한 국가와 관련이 있음에도 불구하고 당사자가 그 이외의 다른 국가의 법을 선택한 경우에 관련된 국가의 강행규정은 그 적용이 배제되지 아니한다(국제사법 제25조 제4항).

당사자가 준거법을 선택하지 아니한 경우에 계약은 그 계약과 가장 밀접한 관련이 있는 국가의 법에 의하며, 당사자가 계약에 따라 ㉠ 양도계약의 경우에는 양도인의 이행, ㉡ 이용계약의 경우에는 물건 또는 권리를 이용하도록 하는 당사자의 이행, ㉢ 위임·도급계약 및 이와 유사한 용역제공계약의 경우에는 용역을 이행해야 하는 경우에는 계약체결 당시 그의 상거소가 있는 국가의 법(당사자가 법인 또는 단체인 경우에는 주된 사무소가 있는 국가의 법)이 가장 밀접한 관련이 있는 것으로 추정한다. 다만, 계약이 당사자의 직업 또는 영업활동으로 체결된 경우에는 당사자의 영업소가 있는 국가의 법이 가장 밀접한 관련이 있는 것으로 추정하며(국제사법 제26조 제1항 및 제2항), 부동산에 대한 권리를 대상으로 하는 계약의 경우에는 부동산이 소재하는 국가의 법이 가장 밀접한 관련이 있는 것으로 추정한다(국제사법 제26조 제3항).

(2) 당사자 자치 원칙의 제한

당사자자치의 원칙을 긍정하는 경우에 당사자에 의한 준거법의 지정은 자유롭고 무제한적으로 인정되는가. 당사자자치의 원칙이 확립된 19세기 말 이후에 다양한 제한론이 제기되었는데, 당사자 자치를 임의법의 범위로 한정하려는 견해(질적제한론)와 당사자에 의한 준거법 선택의 범위를 당해 계약과 실질적 관련이 있는 일정한 법질서에 한정하려는 견해(양적제한론), 준거법의 선택이 법률회피의 목적으로 행하여진 경우에는 당사자 자치를 제한해야 한다는 견해 등이 있다. 질적 제한론의 경우 임의법의 범위로 당사자자치를 인정하는 것은 당사자 지정에 앞서 계약준거법의 존재를 예정하는 것으로 결국은 당사자 자치원칙을 부정하는 결과가 될 수 있으며, 양적제한론은 당사자 자치의 원칙이 객관적 기준으로 계약의 준거법을 결정할 수 없는 이상 일정한 범위의 법질서에 대하여 선택의 자유를 한정한다는 것은 설득력이 없어 보인다. 나아가 당사자에 준거법지정의 자유를 허용하는 이상, 적용을 회피해야 할 법의 존재를 예정하는 법률회피론도 타당하지 않아 보인다.

　이 같이 당사자자치의 원칙을 제한하는 이론은 지지받지 못하고 많은 비판을 받고 있으나 위의 주장에서 제기된 당사자자치 원칙의 문제점에 대해서는 정당하게 평가되어야 할 필요가 있다. 당사자자치의 원칙을 강조하는 경우에는 사회·경제 질서의 유지, 거래의 보호, 경제적 약자의 보호 등을 위하여 각국이 제정하고 있는 강행법규의 적용을 당사자가 쉽게 회피할 수 있는 문제가 있다. 이는 앞서 서술한 소비자계약과 노동계약과 같이 실질적으로 계약자유의 원칙이 일정한 제한을 받고 있는 분야에서 특히 문제가 될 수 있으며, 나아가 계약의 유형에 따라서는 당해 계약과 일정한 법질서 간에 밀접한 관계가 객관적으로 존재하는 경우가 있다. 즉, 우리나라에서 고용된 우리나라 노동자와 외국기업과의 근로계약은 근로자가 노무를 제공하고 있는 우리나라와 밀접한 관련이 있는 것이다.

　이 같이 당사자자치의 원칙을 무제한으로 인정할 경우에 많은 문제가 발생한다는 점에서 오늘날 각국의 입법과 조약에서는 당사자자치의 원칙을 긍정하면서 계약의 유형에 따라서 개별적인 제한을 가하고 있다. 즉, 우리나라 국제사법 제7조는 "입법목적에 비추어 준거법에 관계없이 해당 법률관계에 적용되어야 하는 대한민국의 강행규정은 이 법에 의하여 외국법이 준거법으로 되는 경우에도 적용되도록 규정하고 있다. 또, 「계약채무의 준거법에 관한 EC협약(Convention on the law applicable to Contractual obligation)(로마조약)(1980)」[1]에서도 "계약은 당사자가 선택한 법에 의하여 규율된다(제3조)고 규정하면서도 소비자계약과 근로계약에 관해서는 각각 소비자의 상거소지국 및 근로자가 통상 노무를 제공하고 있는 국가의 강행규정이 정한 소비자 및 근로자의 보호는 당사자 법의 선택으로 박탈되지 않는다(제5조·제6조)[2] 규정하고 있으며, 우리나라 섭외사법 제27조 및 제28조와 로마조약

---

1) 1991. 4. 1. 벨기에, 덴마크, 프랑스, 독일, 이탈리아, 룩셈부르크, 영국 등 7개국에서 발효되었다.
2) Martiny, Das Römisch Vertragsrechtsübereinkommen, ZEuP 1933, 1933. 298 ff.

을 규칙화한 EU의 로마 I 규칙(제6조·제8조)에서도 채택하고 있다.

또, 준거법의 적용범위의 제한의 하나로 협약 제7조는 강행법규에 의한 제한에 관해서 규정하고 있다. 즉, 당사자가 외국법을 준거법으로 선택했음에도 불구하고 특정 국가가 그의 법을 적용하여야 할 중대한 이해관계가 있는 경우에는 그국가의 법을 적용하도록 하여 계약상 채무의 준거법 결정에 관한 통상의 원칙에 대한 예외를 인정하고 있다. 이는 실체법의 영역에 있어 당사자들이 일정한 법률의 적용을 합의로써 배제할 수 없다는 것과 유사한 원리를 국제사법의 영역에서도 인정하는 것이다.

따라서 법원은 제3국의 강행법규의 효력을 부여할 것인지를 결정할 수 있으며, 이때 법원의 결정은 법적 성질과 목적 및 그 적용 또는 부적용의 결과 발생할 수 있는 효과 등을 고려하여야 한다(제7조 제1항). 그러나 제3국의 강행법규의 적용에 관하여 국제조약상 특별한 규정이 있는 경우에는 협약 제7조에 따르지 않고 당해 조약에 따라야 한다(International Monetary Fund Agreement Ⅷ. 2b참조).

(3) 명시적으로 정한 경우

계약의 성립과 효력에 대한 준거법의 결정은 대륙법계 국가들은 당사자자치의 원칙을 중시하여 당사자가 선택한 법에 의하는 것이 원칙이다(국제사법 제25조). 반면에 영미법계에서는 속지주의를 중시하여 행위지법을 적용하지만 오늘날의 대부분의 국가들은 상행위를 포함하여 사적인 법률행위에 대해서는 당사자가 자유롭게 법적용을 할 수 있도록 하고 있다. 그러나 당사자의 합의가 없는 경우 법원은 법정지법의 섭외사법 내지 준거법결정의 원칙에 따라서 적용되는 법을 정하게 된다. 문제는 각국의 섭외사법 내지 준거법 결정의 원칙이 서로 상이하고, 특정국가의 법률이나 법 원칙도 법률관계마다 적용하는 준거법의 결정기준이 서로 다르므로 적용결과의 예측이 매우 어렵다. 따라서 국제계약을 체결할 때에는 반드시 계약의 성립여부 및 해석 이행 등에 적용할 준거법에 관한 조항을 반드시 포함시킬 필요가 있다.

우리나라는 국제사법에서 명문으로 당사자자치의 원칙을 규정하고 있다(국제사법 제25조). 따라서 계약은 당사자가 명시적·묵시적으로 선택한 법에 따르며, 준거법을 명시적·묵시적으로 정할 수 있다. 다만, 이 경우 모든 사정을 고려하여 합리적으로 판단하여야 한다. 나아가 계약의 일부에 대해서도 준거법을 선택할 수 있다.

그러나 모든 요소가 한 국가와 관련이 있음에도 불구하고 다른 국가의 법을 준거법으로 지정한 경우 관련된 국가의 강행규정은 그 적용이 배제되지 않는다(국제사법 제25조 제4항). 즉, 국내거래인 한국인 간의 매매계약에서 미국법을 준거법으로 지정한 경우, 미국법은 준거법으로 인정되지만 한국법의 강행규정은 배제되지 않으므로 결국 한국법의 강행규정이 적용되고 그 이외의 사항에 대해서는 미국법이 적용되게 된다.

1) 준거법지정의 유효성

당사자의 준거법선택의 유효여부는 당해 준거법을 기준으로 한다. 다만 위 준거법을 기준으로 준거법 선택의 유효성을 판단하는 것이 명백하게 부당한 경우에는 당사자는 계약에 동의하지 아니하였음을 주장하기 위해 그의 상거소법을 원용할 수 있다(섭외사법 제25조 제5항 및 제29조).

나아가 당사자가 준거법을 지정하는 행위는 유효한 법률행위여야 한다. 따라서 당사자의 준거법의 지정이 착오에 의하거나, 사기·강박 등 하자있는 의사표시에 의한 경우에는 준거법 지정의 유효성이 문제가 제기된다. 이때 유효성의 판단은 저촉규정 해석의 문제로서 국제사법에 따라서 판단할 수 있으나, 이와 달리 입법에 따르도록 하는 경우도 있다(로마 I 규칙 제3조 5항 및 스위스 국제사법 제116조 2항). 문제는 보험계약과 운송계약 등과 관련한 부합계약(Adhesive Contract)에서의 준거법약관의 효력이다. 부합계약의 경우 당사자 일방(보험자)이 결정한 보험약관에 대하여 타방(계약자)이 이를 포괄적으로 승인함으로써 효력이 발생하는 특수한 계약으로 당사자자치의 원칙이 타당하지 않다는 견해도 있다. 그러나 부합계약은 대량의 계약으로 통일적인 처리가 필요하며 불특정 다수인을 상대로 하는 기업의 경우 통일적인 예산과 계획으로 사업을 수행해야 하며, 나아가 준거법약관으로 지정된 법의 적용이 항상 약자인 일방 당사자에게 불리한 결과를 가져오지 않는다는 점에서 부합계약에도 당사자자치의 원칙이 적용된다 할 것이다.

2) 실체법적지정과 저촉법적지정

계약에는 특정 국가가 실체법상 인정하는 계약자유의 원칙에 따라서 당사자가 상세하게 계약의 내용을 정하는 대신에 특정 국가의 법규 내지 관습을 원용하는 경우가 있다. 이른바 실체법적지정으로 계약에 적용되는 법률의 지정을 당사자에 위임하는데, 이는 당사자자치의 원칙에 따른 준거법의 지정(저촉법적지정)과 다르다. 실체법적지정은 계약준거법이 허용하는 범위에서 계약의 내용을 어떤 국가의 법규나 관습에 따르는 것에 불과하다. 또, 지정된 법규에 속하는 국가의 법률이 개정되더라도 원칙적으로 지정 당시의 법률이 적용되게 된다. 계약서의 준거법조항이 저촉법적지정을 의미하는지 실체법적지정에 그치는지는 다른 계약조항과의 관계와 그 지정의 방법 등, 구체적인 사정 등을 고려하여 개별적으로 판단해야 한다.

3) 준거법단일의 원칙과 분할지정

당사자는 계약의 일부에 관하여도 준거법을 선택할 수 있다(국제사법 제25조 제1항). 당사자가 준거법을 선택하지 아니한 경우에 계약은 그 계약과 가장 밀접한 관련이 있는 국가의 법에 의한다(국제사법 제26조 제1항). 따라서 외국적 요소가 있는 계약에서 당사자가 계약의 일부에 관하여만 준거법을 선택한 경우에 해당 부분에 관하여는 당사자가 선택한 법이 준거법이 되지만 준거법 선택이 없는 부분에 관하여는 계약과 가장 밀접한 관련이 있는 국가의 법이 준거법이 된다.

(4) 준거법 지정을 하지 않은 경우

당사자자치의 원칙에 따라서 당사자가 준거법을 정하지 않았을 경우에 어느 국가의 법을 준거법으로 정할 것인가의 문제가 있는데 당사자가 준거법을 정하지 않았을 때에는 법원에서는 그 법원의 국내법에 따라 준거법을 정하게 된다. 한편, 준거법의 결정과 관련하여 법정지의 국가가 가입한 국제협약이나 조약이 있을 때에는 국제협약이나 조약에 따라서 준거법을 정하면 된다.

그러나 계약의 일부가 다른 부분과 분리될 수 있고 그 부분이 다른 국가의 법과 보다 밀접한 관련을 갖는 때에는 그 부분에 대하여 다른 국가의 법이 적용될 수 있다(국제사법 제25조 제1항).

1) 묵시적 지정

계약은 당사자가 명시적 또는 묵시적으로 선택한 법에 의한다. 다만, 묵시적인 선택은 계약의 내용 그 밖에 모든 사정으로부터 합리적으로 인정할 수 있는 경우에 한한다(국제사법 제25조). 묵시적인 선택의 판단이 어느 사정인가 하는 점이 문제되는데 「계약채무의 준거법에 관한 EC협약」은 묵시적 선택은 계약의 조건 또는 사안의 제 사정으로부터 "합리적인 확실성(with reasonable certainty)을 가지고 표시되어야 한다고 규정하고 있어 참고가 된다(협약 제3조 제1항). 따라서, 계약이 특정국가의 법률에 의하여 규율되는 표준계약서를 사용하거나 특정국가 법원을 관할법원으로 합의한 경우 나아가 특정국가를 중재지로 합의한 경우에는 계약의 조건으로부터 관련된 거래에서 당사자들이 명시적으로 준거법을 지정한 경우에는 사안의 제 사정으로부터 묵시적인 준거법의 지정을 인정할 수 있을 것이다.

2) 밀접관련지법

당사자가 준거법을 선택하지 아니한 경우에 계약은 그 계약과 가장 밀접한 관련이 있는 국가의 법에 의한다(국제사법 제26조). 즉, 당사자들이 명시적 또는 묵시적으로 준거법을 정하지 않은 경우 계약의 준거법은 당해 계약과 "가장 밀접한 관련(the closest connection)"을 가진 국가의 법이 준거법이 된다. 가장 밀접한 관련성의 판단은 '당사자가 계약에 따라 (ⅰ) 양도계약의 경우에는 양도인의 이행, (ⅱ) 이용계약의 경우에는 물건 또는 권리를 이용하도록 하는 당사자의 이행, (ⅲ) 위임·도급계약 및 이와 유사한 용역제공계약의 경우에는 용역의 이행 등을 이행을 하여야 하는 경우에는 계약체결당시 그의 상거소가 있는 국가의 법(당사자가 법인 또는 단체인 경우에는 주된 사무소가 있는 국가의 법)이 가장 밀접한 관련이 있는 것으로 추정한다(국제사법 제26조 제2항). 또, 부동산에 대한 권리를 대상으로 하는 계약의 경우에는 부동산이 소재하는 국가의 법이 가장 밀접한 관련이 있는 것으로 추정한다(국제사법 제26조 제3항).

이는 당사자들이 명시적 또는 묵시적으로 준거법을 정하지 않은 경우에 계약의 준거법은 당해 계약과 가장 밀접한 관련을 가진 준거법을 정하는 추정 규정으로 당해 계약의 "특징적인 급부(characteristic performance)"를 하여야 하는 당사자가 계약을 체결할 때에 상거소가 있는 국가 또는 그가 사단 또는 법인인 경우에는 주된 집행부가 있는 국가가 가장 밀접한 관련이 있는 것으로 추정하는 것이다(로마협약 제4조).

(5) 준거법결정에 관한 특칙

경제적 약자인 소비자와 근로자를 보호하기 위하여 소비자계약과 개별적 근로계약에 관해서 특별규정을 두어 당사자의 준거법의 선택을 제한하고 있다. 특히 소비자계약에 관해서는 계약의 방식에 관한 특칙을 두고 있는데 이는 국제사법의 차원에서 사회경제적 약자를 보호하기 위한 것이다.

1) 소비자계약

국제계약의 경우 경제적 약자를 보호하기 위해서 소비자계약에 관해서는 특칙을 두고 있다(국제사법 제27조). 즉, 소비자가 직업 또는 영업활동 외의 목적으로 체결하는 계약이 (ⅰ) 소비자의 상대방이 계약체결에 앞서 그 국가에서 광고에 의한 거래의 권유 등 직업 또는 영업활동을 행하거나 그 국가 외의 지역에서 그 국가로 광고에 의한 거래의 권유 등 직업 또는 영업활동을 행하고, 소비자가 그 국가에서 계약체결에 필요한 행위를 한 경우, (ⅱ) 소비자의 상대방이 그 국가에서 소비자의 주문을 받은 경우, (ⅲ) 소비자의 상대방이 소비자로 하여금 외국에 가서 주문을 하도록 유도한 경우에는 당사자가 준거법을 선택하더라도 소비자의 상거소가 있는 국가의 강행규정에 의하여 소비자에게 부여되는 보호를 박탈할 수 없다(국제사법 제27조). 따라서 당사자가 준거법을 선택하지 않은 경우 소비자의 상거소지법에 의하고, 소비자는 그의 상거소가 있는 국가에서도 상대방에 대하여 소를 제기할 수 있으며, 소비자의 상대방이 소비자에 대하여 제기하는 소는 소비자의 상거소가 있는 국가에서만 제기할 수 있다(국제사법 제27조 제5항).

이 같은 소비자계약은 소비자가 직업상 또는 영업상의 활동에 속하지 아니하는 목적을 위하여 물품(goods)을 구입하거나 용역을 제공받은 경우에만 적용되며, 공급자가 그의 직업 또는 영업상 물품 또는 용역을 공급하거나 금융을 제공하는 경우에만 적용된다. 따라서 보험과 같은 용역의 제공에는 적용되지만 유가증권의 매매에는 적용되지 않는다.

물론 소비자계약의 경우에도 당사자는 준거법을 자유롭게 선택할 수 있다. 그러나 당사자의 법의 선택은 당사자가 준거법을 선택하지 않은 경우에 적용될 객관적 준거법 즉, 소비자의 상거소 소재지 법의 강행법규가 소비자에게 부여하는 보호를 박탈할 수 없다. 이러한 원칙은 동조에 규정된 세 가지 조건 중 어느 하나가 구비된 경우에만 적용된다. 첫째, 계약체결의 이전에 당해 국가에서 소비자에 대한 청약 또는 광고가 행해지고 소비자가 그 국가에서 계약체결을 위한 법률행위를 한 경우, 둘째, 소비자의 계약상대방 또는 그의 대리인이 소비자의 주문을 그 국가에서 받은 경우, 셋째, 소비자가 외국에 여행하여 주문한 경우 그 여행이 매도인에 의하여 소비자의 매수를 권유할 목적으로 한 경우이다.

2) 근로계약

근로계약의 경우에도 사적자치의 원칙에 의하여 당사자는 준거법을 자유롭게 결정할 수 있으며 당사자가 선택할 수 있는 법의 범위는 제한되지 않는다. 다만 당사자가 준거법을 선택하지 않은 경우 근로계약은 근로자가 일상적으로 노무를 제공하는 국가의 법에 의하여, 근로자가 일상적으로 어느 한 국가 내에서 노무를 제공하지 않는 경우에는 사용자가 근로자를 고용한 영업소가 있는 국가의 법에 따르며, 근로계약의 경우 당사자가 준거법을 선택하더라도 준거법 소속국가의 강행규정에 의하여 근로자에게 부여되는 보호를 박탈할 수 없다(국제사법 제28조).

이와 같이 당사자가 준거법을 선택하지 않은 경우에는 근로자가 계약의 이행의 통상(habitually) 그의 노무를 제공하는 국가의 법, 또는 근로자가 노무를 통상 어느 한 국가 내에서 제공하고 있지 아니한 경우에는 근로자를 고용한 영업소가 소재하는 국가의 법이 준거법이 된다.

근로계약의 경우에 근로자는 자신이 일상적으로 노무를 제공하거나 최후로 일상적 노무를 제공하였던 국가에서도 사용자에 대하여 소를 제기할 수 있으며, 자신이 일상적으로 어느 한 국가 내에서 노무를 제공하지 아니하거나 아니하였던 경우에는 사용자가 그를 고용한 영업소가 있거나 있었던 국가에서도 사용자를 상대로 소를 제기할 수 있다(국제사법 제28조).

근로계약의 경우에 사용자는 근로자에 대하여 제기하는 소는 근로자의 상거소가 있는 국가 또는 근로자가 일상적으로 노무를 제공하는 국가에서만 제기할 수 있다. 근로계약의 당사자는 서면에 의하여 국제재판관할권에 관한 합의를 할 수 있으며, 그 합의는 (ⅰ) 분쟁이 이미 발생한 경우, (ⅱ) 근로자에게 관할법원에 추가하여 다른 법원에 제소하는 것을 허용하는 경우에 한하여 그 효력이 있다(국제사법 제28조, 제4·5항).

국제사법 제28조 규정은 사회경제적 약자를 보호하기 위한 국제법상의 조치로서 개별적 근로계약에만 적용되고 단체협약 등 단체적 근로계약에는 적용되지 않는다. 그러나 국제사법에서 근로계약의 개념에 관한 명문의 규정이 없으므로 어떤 계약이 근로계약인가를 결정하여야 하는데 이는 법률관계의 성질결정의 문제로 남게 된다.

▶ 제2절   국제매매계약

Ⅰ 통일매매법과 인코텀스

세계 대부분 국가들의 실체법은 당사자의 사적자치를 인정하여 계약의 내용을 자유롭게 정하는 것을 인정하고 있다. 그 결과 매매법의 내용은 국가마다 서로 다르며, 따라서 거래와 관련하여 분쟁이 발생하는 경우에 그 해결과정에서 많은 문제가 발생하게 된다. 그렇다고 당사자들이 사전에 발생할 수 있는 모든 문제들을 사전에 예견하고 그에 대한 대응을 예정하는 것도 현실적으로 불가능하다는 점에서, 국제거래의 안전을 위하여 법의 해석을 위한 규정이나 보충규정 등으로 매매법을 통일하는 것도 그 해결을 위한 방법이 될 수 있다. 나아가 각국의 매매법 대부분은 국내매매를 위하여 제정했다는 점에서 이들 규정을 국제거래에 적용하는 경우에는 무리가 따른다. 이 같은 이유 등으로 국제매매법의 통일을 위한 노력이 경주되었는데 협약에 의한 법통일, 표준계약서 및 표준약관의 사용에 따른 계약 내용의 통일 기타 일반기관에 의하여 작성된 국제통일규칙 등을 들 수 있다.

1. 통일매매법

국제매매에 관한 통일법으로 1964년 헤이그에서 채택한 「국제물품매매에 관한 통일법(A Convention relating to a Uniform Law for the International Sale of Goods, 1964: ULIS)」[3)]과 「국제물품매매계약의 성립에 관한 통일법(A Convention relating to a Uniform Law on the Formation of Contracts for the International Sale of Goods, 1964: ULF)」(양 조약을 헤이그 통일매매법협약이라 함) 및 유엔국제상거래위원회(UNCITRAL)에서 제정한 「국제물품매매계약에 관한 유엔협약(United Nations Convention on Contracts for the International Sale of Goods)」(이하 유엔물품매매협약이라 함)이 있다. 헤이그 통일매매법협약은 1972년, 국제물품매매계약에 관한 유엔협약은 1988년 1월 1일 발효되었다.

---

3) Convention relating to a Uniform Law on the International sale of Good(The Hague, 1964).

국제물품매매계약에 관한 유엔협약은 헤이그 통일매매법협약을 개정하여 법과
사회 및 경제상황이 각기 다른 세계 주요국들이 가입하고 있다. 또, 협약의 적용은
영업소가 서로 다른 국가에 있는 당사자 간의 물품매매계약에 적용되게 된다.

(1) 헤이그 통일매매법협약

1930년에 시작된 국제사법위원회(International Institute for the Unification of Private
Law: UNIDROIT)의 통일매매법 작성을 위한 노력은 제2차 세계대전 후 국제물품매
매에 관한 통일법에 관한 협약 및 국제물품매매계약의 성립에 관한 통일법에 관
한 협약으로 결실을 맺었다. 국제물품매매에 관한 통일법에 관한 협약은 국제물
품매매계약에서 발생하는 매도인과 매수인의 권리와 의무를 중심으로, 국제물품
매매계약의 성립에 관한 통일법에 관한 협약은 국제물품매매계약의 성립에 관한
규정의 통일을 목적으로 하고 있다. 양 협약은 협약 본문과 부속서의 형식으로 구
성되어, 체약국은 부속서에서 정한 통일법을 자국의 입법에 편입하도록 하고 있
다. 양 협약은 일부 유럽 국가들의 가입으로 1972년에 발효한 이후 유엔물품매매
협약의 성립으로 가입국이 감소하여 현재에는 영국, 감비아(Republic of The Gambia)
2개국만 남아 있다.

헤이그 통일매매법은 국제매매에 관한 통일사법이다. 동법은 국제사법의 적
용을 배제하도록 함으로써, 국제매매의 경우에 체약국은 국제사법의 규칙에 따라
서 준거법을 정하는 것이 아니라 바로 동법을 적용하도록 하고 있다. 나아가 통일
법의 대상이 되는 국제매매는 다른 국가에 영업소를 둔 당사자 간의 물품매매계
약 가운데 일정한 조건을 충족하도록 하고 있는데, 체약국에 영업소가 있는 것을
요건으로 하지 않으므로 체약국이 아닌 국가의 기업도 적용 가능하다.

(2) 국제물품매매협약

1966년 12월 17일 유엔총회 결의 2205에 의하여 설립된 유엔 국제거래법위
원회(United Nations Commission on International Trade Law: UNCITRAL)는 헤이그 통일매매
법이 관념적이고 국제거래의 실무를 고려하지 않았으며, 개발도상국 및 사회주의
국가들의 의견을 반영하지 않았다는 이유 등으로 통일매매법에 대한 재검토가 이
루어졌다. 그 결과로서 1980년 오스트리아 빈에서 「국제물품매매계약에 관한 유
엔협약(United Nations Convention on Contracts for the International sale of Goods: CISG)」을 채

택하였는데 이를 유엔통일매매법이라고도 한다.

본 협약은 1980년 3월 오스트리아 빈에서 열린 외교회의에 참석한 62개 국가와 8개 국제기구의 만장일치로 통과시킨 것으로 빈 협약이라고도 부른다. 이 협약의 목적은 국제물품매매계약에 대해서 국제적으로 통일된 상관습을 성문화하여 무역거래의 법률적인 장벽을 제거함으로써 국제무역의 발전을 증진시키기 위한 것이다.

국제물품매매협약은 헤이그 통일매매법 개정을 위한 목적으로 몇 가지 수정안이 가해졌다. 즉, 국제물품매매협약은 다른 국가에 영업소를 둔 당사자 간의 물품매매계약으로, (ⅰ) 당사자의 영업소가 소재하는 국가가 모두 체약국인 경우, (ⅱ) 국제사법의 준칙으로 체약국의 법을 적용해야 하는 경우에 적용된다. 전자는 헤이그 통일매매법의 비판에 따라서 협약의 적용범위를 다른 체약국에 영업소를 둔 당사자 간의 매매에 한정한 것이다. 그러나 이 문제는 체약국이 증가하면서 실질적으로 해결되었는데, 이 경우 체약국의 법원은 자국의 국제사법에 의하여 준거법을 정하는 것이 아니라 본 협약을 적용해야 한다. 이에 대하여 협약 제1조 (1) (b)는 당사자의 영업소가 체약국에 없더라도 법정지의 국제사법에 따라서 체약국법이 준거법이 되는 경우에는 협약의 적용을 인정한다는 것이다. 결과적으로 조약의 적용범위를 당사자의 영업소가 있는 체약국 간의 국제매매 이외에 대해서도 확대 적용하는 것이다. 이 규정에 따르면 비체약국 간에 영업소가 있는 기업 간의 매매에도 체약국 법원에 소가 제기되어 당해 국가의 국제사법에 의하여 체약국법이 준거법이 되는 경우에는 국제물품매매협약이 적용되게 되는 것이다. 따라서 비체약국의 기업이 국제거래를 하는 경우에도 국제물품매매협약을 고려하지 않으면 안 된다.

그러나 국제물품매매협약은 임의규정으로 당사자가 협약의 전부 또는 일부의 적용을 배제하거나 그 효력을 합의로써 변경 할 수 있다(Article 6).4)

국제물품매매협약은 매매계약의 성립 및 그 계약으로부터 발생하는 매도인과 매수인의 권리·의무만을 대상으로 규율하는 점에서 헤이그 매매법과 다르지 않다(Article 4). 그러나 협약에 의하여 규율되는 사항으로서 협약에서 명시적으로 해결되

---

4) Article 6. The parties may exclude the application of this Convention or, subject to article 12, derogate from or vary the effect of any of its provisions.

지 않는 문제는 이 협약이 기초하는 일반원칙, 그 원칙이 없는 경우에는 국제사법
규칙에 의하여 적용되는 법에 따라서 해결되어야 한다고 규정하여, 흠결보충의 방
법은 먼저 이 협약에 기초하고 있는 일반원칙에 의하고, 일반원칙이 없는 경우에
는 최종적으로 법정지의 국제사법이 지정하는 준거법에 따르도록 규정하고 있다.

　　협약이 기초하고 있는 일반원칙으로 당사자 의사의 우선(Article 6), 신의칙(Article 7),
관행의 존중(Article 9), 의사표시나 형태의 객관적 해석(Article 8), 방식의 자유(Article 11),
계약유지의 우선(Article 47, 49, 51, 63, 64), 신뢰보호(Article1 6(2), 29(2)), 입증원칙(Article
79(1))등을 들 수 있다.

　　국제물품협약의 특징은 헤이그 통일매매법에 비하여 실질적이고 구체적인 접
근을 채택하고 있는 점이다. 이는 헤이그 통일매매법을 고려하여 법체계와 사회
및 경제체제가 서로 다른 국가들의 의견을 받아들여 협약의 기초로 삼았고, 특히
미국통일상법전(Uniform Commercial Code: UCC)의 영향 등으로 국제물품매매협약은
헤이그 매매법에 비해 많은 국가들이 수용하기 용이하였을 것으로 평가된다.

　　단, 국제매매에 관한 통일법으로 「국제물품매매의 시효기간에 관한 협약
(Convention on the Limitation Period in the International Sale of Goods)」이 이미 발효되었다
(이하 시효협약이라 함). 본 협약에서는 매우 복잡한 물품매매 분야 가운데 하나인 시
효와 관련된 내용을 통합적으로 다루고 있다. 시효협약은 기능적으로는 CISG의
한 부분을 구성하지만 당시 논의 중이었던 CISG의 채택여부가 불투명하였던 관
계로 1974년 별도의 협약으로 채택되기에 이르렀다. 1980년 CISG에 대한 합의가
이루어짐으로써 CISG와의 조화를 위해 「시효협약을 개정하는 의정서(Protocol amending
the Convention on the Limitation Period in IInternational Sale of Goods)」가 채택되었다.

　　시효협약의 개정의정서는 시효협약 제44조 1항에 근거하여 1988년 8월 1일
발효되었는데, 국제물품매매계약의 당사자가 계약상 또는 해당 계약의 위반·종
료·무효 등과 관련하여 상대방에게 청구권을 행사할 수 있는 기한에 대한 통일적
인 규범을 마련하여 재판상 청구가 이루어질 수 있는 시점에 대한 명확한 예측과
가능성을 제공하고 있다(제8조에서 원칙적으로 시효기간을 청구권이 발생한 날로부터 4년으로
규정하고, 제30조에서 시효중단의 국제적 효과에 대해서 규정하고 있다).[5]

---

5) 시효협약의 본문 및 가입국 관련자료는 UNCITRAL 웹사이트 참조(http://www.uncitral.org/
　uncitral/en/uncitral_texts/sale_goods/1974Convention_limitation_period.html.).

2. 인코텀스

인코텀스(Incoterms, ICC rules for the use of domestic and international trade terms)의 종래 공식명칭은 정형거래조건의 해석에 관한 국제규칙(International Rules for the Interpretation of Trade Terms) 내지 정형거래조건의 해석에 관한 ICC공식규칙(ICC Official Rules for the Interpretation of Trade terms)이었으나 국제상업회의소가 Incoterms 2010을 공표하면서 그 부제로 국내·국제거래조건의 사용에 관한 규칙(ICC rules for the use of domestic and international trade terms)이라 하고 있다.

즉, 인코텀스는 국제상업회의소가 제정하여 국가 간의 무역거래에 관한 무역거래조건에 관한 해석규칙으로 국제매매에서의 목적물의 인도방법과 당사자 간의 비용부담 및 위험부담 등 거래조건과 관련하여 FOB와 CIF라는 용어를 관행으로 사용하고 있다. 이 정형적 거래조건(trade terms)에는 가격과 책임에 있어서 수입업자와 수출업자 간의 분기점을 제시하고 있는데, 최근에는 운송관행에도 반영하고 있다. 즉, 물품과 관련하여 어느 지점까지 어떠한 비용을 누가 부담할 것인가를 정함과 동시에, 목적물의 인도장소와 위험의 이전시기 등 물품의 인도조건 등을 포함한다.

그러나 이 같은 정형거래조건은 국가마다 그 선택에 있어서 일치하지 않기 때문에 거래과정에서 어려움과 분쟁이 발생할 수 있다. 이 같은 이유로 국제상공회의소는 1921년 제1차 총회에서 각국의 무역용어에 대한 정의를 수집하여 간행하였으며, 1936년 이를 새롭게 정리한 11가지의 국제적 통일초안을 만들었는데, 1953년 다시 9종의 정형거래조건을 마련하였다. 1967년 국경 인도조건 및 반입조건(관세 포함)을 보완하는 무역거래조건을 반영하였고, 1967년 항공 인도조건을 제정하여 보완하였다. 1970년 이후 복합운송이 등장함에 따라서 새로운 운송방식에 적합한 정형거래조건으로서 운송인 인도조건과 운임·보험료 지급조건 등을 신설하고 종래 내륙운송에만 적용되었던 운임지급조건을 복합 운송의 경우에도 적용되도록 수정·보완하였다.

(1) 출하지 인도조건(EXW-EX Works)

매도인이 그의 시설이나 지정장소(공장, 창고 등)에서 물품을 매수인에게 인도할 때에 위험이 이전되는 것으로 하는 조건이다. 이 거래조건은 매도인에게 최소의

무만 있고 반대로 매수인에게는 최대한의 의무가 따른다. 즉, 공장 인도조건은 매도인이 지정한 날짜에 물품을 구내(공장, 창고 등)에서 인도하는 조건이다. 따라서 매수인은 물품을 해당 목적지까지 운송하는데 발생하는 모든 비용과 위험을 부담해야 한다. 인코텀스에서 매도인의 의무가 가장 적은 조건이다.

(2) 운송인 인도조건(FAC-Free Carrier)

매도인이 그의 시설 기타 지정된 장소에서 매수인이 지정한 운송인 및 기타의 자에게 물품을 인도했을 때 인도의무를 완료한 것으로 하는 인도조건이다. 매수인은 운송인과 운송계약을 체결해야 할 의무가 있고, 인도한 이후의 위험과 비용을 부담한다. 이에는 선측 인도조건(FAS-Free Alongside Ship)과 본선 인도조건(FOB-Free on Board)이 있다. 선측 인도조건은 매도인이 물품을 지정 선박의 하역 기기가 미칠 수 있는 선측에 두는 시점에서 매도인의 의무가 종료하는 조건으로, 그 이후의 모든 책임과 비용은 매수인이 부담한다. 따라서 본선에 선적하는 비용이 많이 소요되는 대량 화물의 경우 매도인에게 유리한 조건이다. 본선 인도조건은 해상운송에서만 사용할 수 있는 조건으로 물품이 지정 선적항에서 지정 선박에 적재한 상태에서 매도인의 의무가 종료하는 조건이다.

(3) 운임·보험료 포함 인도조건(CPT-Carriage Paid To)

이에는 운임 포함 인도조건, 운임·보험료 포함 인도조건, 운송비지급 인도조건, 운송비, 보험료지급 인도조건이 있다. 운임 포함 인도조건(CFR-Cost and Freight)은 매도인이 지정한 목적지 항구까지의 운임을 부담해야 한다. 그러나 위험부담은 물품이 매도인의 국경을 넘었을 때 매수인에게 이전된다. 선적인은 지정된 목적지 항구까지 운송과 통관절차 비용을 부담해야 한다. 선적인은 목적지 항구에서 최종목적지(일반적으로 매수인의 시설)까지의 운송과 보험비용을 부담한다. 매수인이 보험료를 요구하는 경우에는 CFR 대신 CIF조건을 고려해야 한다. CFR은 컨테이너에 선적되지 않은 해상운송이나 내륙수로운송에만 쓰일 수 있으며 모든 다른 종류의 운송수단을 이용하는 경우에는 CPT를 사용해야 한다.

운임·보험료 포함 인도조건(CIF-Cost, Insurance and Freight)은 매도인이 매수인을 위하여 보험계약을 체결하고 보험료를 부담하는 것을 제외하고 CFR조건과 같으며, 해상운송에 적합한 거래조건이다.

운송비지급 인도조건(CPT-Carriage Paid To)은 CFR과 같지만 일반/컨테이너/복합 운송에 적합한 거래조건이다. 매도인은 지정된 목적지까지의 운송비를 지급하지만, 위험부담은 물품을 제1운송인에게 인도한 때에 이전된다.

(4) 도착지 인도조건

도착지 인도조건은 터미널 인도조건(Delivered At Terminal: DAT), 도착장소 인도조건(Delivered At Place: DAP), 관세지급 인도조건(Delivered Duty Paid: DDP)이 있다. 터미널 인도조건은 매도인이 지정된 항구 또는 지정한 국가의 지정된 터미널에 물품을 하역하여 매수인에게 인도한 때에 위험이 이전된 것으로 하는 조건이다. 매도인은 수출절차 및 통관절차를 하고 지정 터미널까지 운송계약을 체결할 의무를 진다. 지정터미널까지의 위험과 비용은 매도인이 부담하며, 인도 후에는 매수인이 부담한다. 관세지급 인도조건은 매도인이 물품에 대한 관세를 지급하고 목적지까지 운송하는데 소요되는 일체의 위험과 비용을 부담하는 조건이다. 대부분의 수입 국가는 물품 수입 시 부과되는 부가세와 소비세는 이후 자국시장에서 물품판매 시에 이 같은 세금이 포함된 가격으로 판매하기 때문에 환급 가능한 세금으로 볼 수 있다. 도착장소 인도조건은 물품이 지정목적지에서 도착운송수단에 실린 채 양하준비된 상태에서 매수인의 처분 하에 있는 때에 매도인이 인도한 것으로 보는 인도조건이다.

(5) 선측 인도조건(Free Alongside Ship)

선측 인도조건은 물품이 지정된 선적항에서 본선의 선측에 있을 때 매도인이 물품의 인도의무를 이행한 것으로 하는 조건이다. 그 시점부터 매수인이 물품의 멸실이나 손상에 관한 모든 비용과 위험을 부담한다. 따라서 매도인이 수출물품의 통과절차를 이행해야 하는데 이는 매수인이 이행하도록 요구하던 1990 인코텀스와 달리 수출국의 수출절차는 수출업자가 이행하는 것이 바람직하다는 실무의 입장을 반영한 것이다. 따라서 당사자가 수출통과절차를 매수인에게 이행시키고자 할 때에는 매매계약에서 이 같은 취지의 내용을 명시적으로 추가하여야 한다.

(6) 본선 인도조건(Free on Board: FOB)

2010년 수정된 조건으로 물품이 지정된 선적항에서 본선의 난간(Ship's rail)을 통과한 시점에 매도인의 인도의무가 완료되는 조건을 말한다. FOB조건은 수출품이 본선의 난간을 통과한 때부터 매수인이 물품에 대한 모든 위험과 비용을 부담해야 하므로 수출업자에게 상대적으로 유리하다. 본선 인도조건은 매도인이 물품의 수출통관을 이행할 것을 요구하고 있으며, 해상 또는 내수로 운송에만 사용될 수 있다. 당사자들이 본선의 난간을 교차하여 물품을 인도할 의도가 없는 경우에는 운송인 인도조건(FAC)을 사용해야 한다.

(7) 운임·포함 인도조건(Cost and Freight)

운임 포함 인도조건이란 물품이 선적항에서 본선의 난간을 통과한 때에 매도인의 의무를 종료한 것으로 하는 인도조건이다. 매도인은 지정된 목적항까지 물품을 운반하는데 필요한 비용 및 운임을 지급해야 하며, 물품을 매수인에게 인도한 이후에 발생하는 사건에 기인하는 모든 추가적인 비용 및 물품의 멸실 또는 손상의 위험은 매수인이 부담해야 한다.

이 조건은 해상 및 내수로 운송에만 사용할 수 있으며, 당사자들이 본선의 난간을 교차하여 물품을 인도할 의도가 없는 경우에는 운송비지급 인도조건(CPT)을 사용하여야 한다.

이와 같이 인코텀스는 국제상업회의소가 제정하여 국가 간의 무역거래에 널리 쓰이고 있는 무역거래조건에 관한 해석규칙으로 국제상업회의소는 국제민간조직이며, 이것은 자치적 관습입법이다. 따라서 당사자는 인코텀스 내용에 대한 합의가 필요하다. 다만, 미국 통일상법전과 같이 정형거래조건에 관한 성문의 규정을 갖고 있는 국가는 매우 적기 때문에 각국법상 정형거래조건에 관한 관습으로서의 인코텀스의 활용은 중요한 지위를 차지하고 있다.

━ INCOTERMS 2010, 매도인·매수인의 의무

구 분	수출통관책임	수입통관책임	위험이전 시기 (매도인에서 매수인으로)
공장 인도조건(EXW)	수입업자	수입업자	물품 현존장소에서 인도 시
선측 인도조건(FAS)	수출업자	수입업자	매수인이 지명한 본선의 선측 인도 시
본선 인도조건(FOB)	수출업자	수입업자	매수인이 지명한 본선 인도 시

운임 포함 인도조건(CFR)	수출업자	수입업자	매수인이 지명한 본선 인도 시
운임·보험료 포함 인도조건(CIF)	수출업자	수입업자	매수인이 지명한 본선 인도 시
운송인 인도조건(FCA)	수출업자	수입업자	매수인이 지명한 운송인에게 인도 시
운송비지급 인도조건(CPT)	수출업자	수입업자	매수인이 지명한 운송인에게 인도 시
운송비·보험료지급 인도조건(CIP)	수출업자	수입업자	매수인이 지명한 운송인에게 인도 시
목적지 인도조건(DAP)	수출업자	수입업자	지정 목적지에서 하역하지 않은 상태에서 인도 시
터미널 인도조건(DAT)	수출업자	수입업자	지정 목적지에서 하역한 후 인도 시
관세지급 인도조건(DDP)	수출업자	수출업자	지정 목적지에서 하역하지 않은 상태에서 인도 시

Ⅱ 국제매매계약의 성립

국제매매계약의 경우 정형적이고 일반적인 상품의 매매와 같이 비교적 간단하게 계약이 체결되는 경우도 있지만, 플랜트 수출계약 등과 같이 장기간에 걸친 교섭을 통하여 계약이 체결되는 경우도 적지 않다. 국제매매계약과 관련하여 나타나는 문제 가운데에는 청약의 구속력과 승낙의 효력발생 시기 등과 관련하여 각 국가마다 법제가 서로 다르므로 분쟁이 발생하는 경우에 그 해결에 있어서 어려움이 따른다.

국제매매계약이 유효하게 성립하기 위해서는 일정한 요건이 필요하며, 이들 요건 가운데 계약의 성립에 관한 문제는 각국의 국제사법상 계약의 준거법에 따르도록 하는 것에는 이론이 없다. 그러나 계약 성립의 요소인 청약과 승낙의 성립 및 효력에 대해서는 준거법에 따르더라도 의사표시를 행하는 자의 이익보호를 위하여 행위지법과 거소지법 내지 영업소 소재지법에 따라야 한다는 견해도 있다.

나아가, 계약이 유효하게 성립하기 위해서는 계약 내용의 적법성 및 확정가능성 등의 문제도 준거법에 따르면 된다. 또, 계약이 성립하기 위한 요건 가운데 관청의 신고와 허가가 필요한 경우에 허가를 얻지 못한 경우의 법률효과 등도 계약의 준거법에 따르며, 입법목적에 비추어 준거법에 관계없이 해당 법률관계에 적용되어야 하는 우리나라의 강행규정의 경우, 이 법에 의하여 외국법이 준거법으로 지정되는 경우에도 이를 적용할 수 있다(국제사법 제7조). 그러나 계약준거법 소속국 이외 국가의 강행규정의 적용과 관련해서는 문제가 발생할 수 있다. 단, 계약의 성립에 관한 요건 가운데 계약 당사자의 행위능력(섭외사법 제13조)과 법률행위의 방식(섭외사법 제17조)의 문제는 준거법에 따르는 것에 의문이 없다.

1. 계약체결상의 과실책임

장기간에 걸쳐서 행하여지는 매매계약과 플랜트수출계약 등의 경우에는 계약을 위한 교섭을 시작하여 계약체결에 이르기까지는 상당한 기간이 필요하기 때문에 계약을 최종적으로 체결하기 전에 두 당사자 이상이 협의 내용에 대한 대략적인 사항들을 문서화하는 경우가 있다. 이 문서를 Letter of Intent(LOI)라 하며, 이같은 문서가 어떠한 법적인 효력이 있는지는 사안에 따라서 다르게 판단한다. 즉, Letter of Intent는 계약이 최종적으로 체결되기 전에 두 당사자 이상이 협약의 대략적인 사항을 문서화한 것으로 회사의 합병 등의 과정에서 다른 회사를 매입하거나 매도하는 과정에서 주로 사용된다. 일반 당사자의 입장, 의도, 결정 등을 다른 당사자에게 전달하기 위해서 특정 계약의 최종 협상에 앞서 내부적으로 통일적 의사를 정리하거나 확인하기 위해서 작성되는 일방적 의사표시 또는 쌍방의사의 합치를 표시하는 계약과정상의 문서이다.

그러나 계약교섭을 통하여 예비적 합의를 도출한 이후에 교섭이 일방적으로 중단되는 경우, 계약체결을 위한 준비를 개시한 당사자의 경우에 예측하지 못한 손해를 입을 수 있다. 이 같은 이유로 각국은 법률상 계약이 최종적으로 성립하지는 않았지만 예비적 합의가 있고, 계약이 성립하지 못한 이유가 당사자 일방의 책임 있는 사유로 인한 경우에는 그 책임을 물을 수 있도록 하고 있다. 이는 우리민법 제535조의 계약체결상의 과실책임과 맥을 같이한다. 계약이 원시적 불능으로 인하여 성립되지 않은 경우, 계약체결에 있어서 그 불능의 사실을 과실로 알지 못한 당사자 일방은 선의·무과실의 상대방에 대하여 신뢰이익, 즉, 그 계약이 유효하다고 믿음으로써 입은 손해를 배상할 책임이 있는 것이다.

2. 청약과 승낙에 의한 계약의 성립

대다수 국가들의 경우 계약은 청약에 대한 승낙으로 성립한다는 입장이다. 그러나 청약은 자유롭게 철회할 수 있는지, 승낙은 어느 시점에서 효력이 발생하여 계약이 성립하는 가에 관하여 각국의 법제는 상당한 차이가 있다. 특히 약인 (consideration)이론을 중심으로 하고 있는 영미법과 우리나라 법제에도 차이가 있다는 점에서 주의가 요구된다. 또, 유엔국제물품매매협약은 각국 법제의 상위를 고려하여 국제물품매매계약의 성립에 관한 독자의 규정을 두고 있다.

(1) 청   약

1) 의   의

청약은 이에 대응하는 승낙과 결합하여 일정한 계약을 성립시킬 것을 목적으로 하는 일방적·확정적 의사표시이다. 승낙이 있으면 바로 계약이 성립한다는 점에서 청약의 유인과 구별을 요한다. 유엔국제물품매매계약협약은 특정인에 대한 계약체결의 제안은 충분히 확정적이고, 승낙 시에 그에 구속된다는 청약자의 의사가 표시된 경우에 청약이 된다(CISG 14조 1항)고 규정하고 있다. 따라서 청약이 되기 위해서는 첫째, 특정인에 대한 의사표시여야 한다. 따라서 불특정인에 대한 의사표시는 원칙적으로 청약이 아니라 청약의 유인이 되며 다만 의사표시를 하는 자가 불특정인에 대한 의사표시가 청약임을 명확히 한 때에는 청약이 될 수 있다 (CISG 14조 2항). 둘째, 청약은 그 내용이 충분히 확정적이어야 한다. 의사표시가 확정적이기 위해서는 최소한 물품이 표시되고, 명시적이거나 묵시적으로 수량과 가격을 정하거나 정할 수 있어야 한다. 따라서 목적물, 수량, 가격 외에 다른 내용이 정해져 있지 않더라도 청약이 될 수 있다. 그러나 목적물, 수량, 가격 중 어느 하나라도 정해져 있지 않으면 그 의사표시는 청약이 아니다. 문제는 가격의 확정 가능성인데 본 규정에 의하면 가격을 정하고 있거나 정하는 조항이 있는 경우에 한해서 청약이 된다. 그러나 CISG 55조에서는 가격을 명시적 또는 묵시적으로 정하고 있지 않거나 또는 이를 정하는 조항이 없는 경우를 전제로 인정가격을 제시하고 있다. 나아가 CISG 55조는 계약이 유효하게 성립되었음을 전제로 하는데 비하여, CISG 14조는 가격이 정해져 있지 않거나 정하는 조항이 없다면 청약으로 인정할 수 없어 계약은 성립하지 않는다고 규정하고 있다. 이 같은 모순은 CISG 14조를 임의규정으로 이해할 경우에만 극복할 수 있다. 셋째, 청약은 승낙이 있으면 구속된다는 의사가 있어야 한다. 여기서의 구속은 성립한 계약에 구속된다는 의미이며 청약에 구속된다는 의미가 아니다.

2) 청약의 효력발생

청약의 효력은 상대방에 의사표시가 도달한 때에 효력이 발생한다(CISG 15조). 여기서의 도달은 구두에 의한 경우 및 기타의 방법에 의한 경우가 있다. 구두에 의한 경우는 대화자 간 또는 전화에 의한 통화를 포함하며, 이 경우 통고한 때에 도달로 본다. 그러나 기타의 방법에 의한 경우에는 개인적으로 전달되거나 상대방의 영업소나 우편에 의하여 전달된 때, 영업소나 주소가 없을 때에는 거소(habitual residence)에 전달한 때에 도달한 것으로 본다(CISG 24조). 의사표시가 제3자에게 전달된 경우에는 수령권한이 있거나 적어도 수령권한이 있다고 인정할 수 있는 자여야 한다(대리인, 피용인 등).

3) 청약의사의 회수

민법은 청약의 효력이 발생한 때에는 청약자가 이를 마음대로 철회하지 못하도록 규정하고 있다(민법 제527조). 청약은 법률행위가 아니므로 그 자체만으로는 아무런 효력이 없으므로 자유로이 철회할 수 있다. 그러나 청약의 의사표시를 받은 상대방은 승낙함으로써 계약을 체결할 수 있는 기회를 갖게 되고 계약에 대한 청약을 할 것인가를 고려하는 등 계약체결을 위한 준비를 하게 되는데, 청약자가 마음대로 청약을 철회할 수 있다면 거래의 안전을 유지할 수 없고, 상대방에게 부당한 손해를 줄 우려가 있다. 이 같은 이유로 민법은 청약에 대한 구속력을 규정하고 있다.

반면에 유엔국제물품매매협약에서 청약은 상대방이 승낙의 통지를 발송하기 전에는 언제든지 철회할 수 있다고 규정하여 청약의 철회가능성을 일반적으로 긍정하고 있다(CISG 15조). 단, (i) 청약에 철회할 수 없다는 의사표시를 하고 있는 경우, (ii) 청약이 철회할 수 없는 것이라고 상대방이 신뢰하는 것이 합리적이며 또한 그 청약을 신뢰하여 실제로 행동을 한 경우에는 철회할 수 없다(CISG 16조). 이는 청약의 자유로운 철회를 인정하는 영미법계와 청약의 구속력을 인정하는 대륙법계의 타협을 도모하고 있는 것으로 보인다.

청약의 의사표시는 상대방에 도달한 때에 효력이 발생한다(CISG 15조 1항). 도달의 의미에 대해서는 CISG 24조에서 규정하고 있다. 청약의 의사표시가 상대방에 도달하지 않는 한 상대방이 청약의 내용을 미리 알고 승낙의 의사표시를 하더라도 아무런 효력이 없다. 나아가, 청약의 의사표시가 도달하기 전이거나 도달과 동시에 그 청약을 회수(withdrawal)하는 의사표시가 상대방에게 도달한 경우에 청약의 효력은 없다(CISG 15조 2항).[6]

4) 청약의 철회

청약은 계약이 체결되기 이전에는 철회할 수 있다. 단, 상대방이 승낙의 통지를 발송하기 이전에 철회의 의사표시가 상대방에 도달하여야 한다(CISG 16조 1항). 그러나 (i) 청약이 철회될 수 없다는 의사를 표시한 경우, (ii) 철회할 수 없는 청약이라고 상대방이 신뢰하는 것이 합리적이며, 그 청약을 신뢰하여 실제로 행동한 경우에는 그러하지 아니하다.

5) 청약 의사표시를 발신한 후의 사정변경

청약의 의사표시를 발송한 후 표의자의 사망, 행위능력을 상실하거나 파산한 경우에 대해서 CISG에서는 명시적인 규정이 없다. 따라서 국제사법이 정하는 준거법에 의한다는 견해와 청약은 그대로 유효하다는 견해 등이 대립하고 있다.

6) 청약의 거절

청약에 대한 거절의 의사표시는 명시적일 수도 있지만 묵시적으로도 가능하다. 변경을 가한 승낙은 그 변경이 본질적인 것인 때에는 청약의 거절로 본다(CISG 19조). 거절의 의사표시는 상대방에 도달해야 그 효력이 있다.

(2) 승 낙

1) 의   의

승낙은 청약의 상대방이 청약에 응하여 계약을 성립시킬 목적으로 청약자에 대하여 행하는 의사표시이다. 즉, 승낙은 청약에 대한 동의를 말하며, 이러한 동

---

6) CISG는 의사표시의 회수(withdrawal)와 철회(revocation)를 구분하고 있다. 회수는 의사표시가 효력을 발생하기 이전에 그 의사표시를 거두는 것을 의미하고, 철회는 의사표시가 이미 효력을 발생 한 후에 의사를 거두는 의사표시이다.

의는 진술뿐만 아니라 기타의 행위에 의해서도 가능하다. 승낙은 청약과 합치함으로써 계약이 성립하게 된다. 따라서 승낙의 효력발생시기의 문제는 보통 계약의 성립시기의 문제가 된다.

승낙의 효력발생과 계약의 성립에 대해서도 각 국가들의 법률에는 차이가 있다. 대부분의 국가들은 일반적으로 의사표시의 경우와 같이 승낙의 의사표시가 상대방에게 도달했을 때 효력이 발생한다는 도달주의를 취하고 있다.

우리 민법도 의사표시의 효력발생시기에 관하여 도달주의를 취하고 있으며(민법 제111조 제1항), 다만 격지자 사이의 계약의 성립에 관하여는 도달주의의 예외로서 발신주의를 취하고 있다. 즉, 격지자 간의 계약은 승낙의 통지를 발송한 때에 성립한다(민법 제531조). 그러나 한편으로는 승낙기간을 정한 계약의 청약은 청약자가 그 기간 내에 승낙의 통지를 받지 않으면 효력을 잃고(민법 제528조 제1항), 승낙기간을 정하지 않은 계약의 청약은 청약자가 상당한 기간 내에 승낙통지를 받지 않으면 효력을 상실한다(민법 제529조)고 하여 발신주의를 제한하고 있다.

따라서 청약의 수령자가 승낙의 통지를 발송하면, 그것으로써 계약은 유효하게 성립하고(민법 제531조), 비록 승낙통지가 청약자에게 도달하지 않더라도 계약의 성립에는 영향을 주지 않는다. 그러나 승낙의 통지가 기간 내에 청약자에게 도달하지 않으면 청약은 효력을 잃고 계약은 성립하지 않는다(민법 제528조 제1항, 민법 제529조). 이 같은 문제를 둘러싸고 양 규정의 해석상의 논란이 있다.

영미법도 우편 및 전보에 의한 승낙의 경우 발신주의를 채택하고 있다. 이에 대해서 유엔국제물품협약에서 승낙은 청약자에게 도달한때에 효력이 생긴다 하여 도달주의를 따르고 있다(CISG 18조 2항). 이하에서 살펴보도록 하겠다.

2) 승낙의 효력발생

승낙의 효력은 언제 효력이 발생하고, 계약이 성립하는가에 관해서 각국 입법에 차이가 있다. 대부분의 국가는 일반적 의사표시와 마찬가지로 승낙도 상대방에 도달한 때에 효력이 발생한다는 입장이다. 마찬가지 CISG에서도 도달주의를 명시적으로 규정하고 있다(CISG 18조). 그러나 승낙은 청약자가 정한 기간 내에 도달하거나 기간을 정하지 않은 경우에는 합리적인 기간 내에 도달하여야 한다. 합리적 기간의 판단은 청약자가 선택한 통신수단의 신속성 등 거래의 상황을 고려해야 하며, 청약의 전달기간, 청약수령자의 숙고기간 등을 고려하여 판단해야 한다.

구두에 의한 경우는 대화자 간 또는 전화에 의한 통화가 포함되며, 이 경우 통고한 때에 도달한 것으로 본다(CISG 24조). 그러나 기타 방법에 의한 경우에는 개인적으로 전달한 때 또는 상대방의 영업소나 우편주소에 전달된 때, 영업소나 주소가 없는 경우에는 거소지에 전달한 때에 전달한 것으로 본다. 그러나 구두의 청약에 대해서는 특별한 사정이 없는 즉시 승낙하지 않으면 효력이 없다. 전화상의 청약은 구두청약이지만 팩스나 이메일에 의한 청약은 구두청약이 아니다.

승낙은 청약에 대한 동의로서 이러한 동의는 진술뿐만 아니라 기타 행위에 의해서도 가능하다(물품의 발송, 대금의 지급, 물품의 수령, 신용장의 개설 등). 그러나 침묵 또는 부작위 그 자체만으로는 승낙이 되지 못한다.

3) 승낙의사의 회수

승낙은 청약자에게 도달한 때에 효력이 발생한다. 따라서 승낙의 의사표시는 상대방에 의사표시가 도달하기 전에는 승낙의 의사표시를 회수할 수 있다. 그러나 승낙의 의사표시가 상대방에 도달한 이후에는 승낙을 철회할 수 없다. 승낙의 의사표시는 도달주의 원칙이므로 승낙자가 그 위험을 부담한다. 따라서 도달이 충분한 기간을 정하여 발송하였으나 사정에 의하여 도달하지 않았거나 늦게 도달한 경우에는 원칙적으로 계약이 성립하지 않는다. 그러나 예외적으로 유효할 수 있으며 이에 대해서는 CISG 22조7)에서 규율하고 있다.

4) 도달을 요하지 않는 승낙

승낙의 의사표시가 상대방에 도달하지 않고 단순히 물품의 발송, 대금지급, 신용장의 개설, 물품의 수령 등 승낙의 행위만으로 승낙의 효력이 발생할 수 있다. 이 경우 그 같은 행동만으로 동의의 의사표시가 된다고 청약에서 표시하거나 그 같은 내용이 관행이나 관례에 의하여 인정되어야 하고, 그 같은 행위가 청약자가 정한 기간 내이거나 합리적인 기간 안에 이루어져야 한다.

---

7) Article 22. (1) 연착된 승낙은 청약자가 상대방에게 지체 없이 승낙으로서의 효력을 갖는다는 취지를 구두로 통고하거나 그러한 취지의 통지를 발송하는 경우에는 승낙으로서의 효력이 있다.(연착된 승낙이 포함된 서신 그 밖에 서면에 의하여, 전달이 정상적이었다면 기간 내에 청약자에게 도달되었을 상황에서 승낙이 발송되었다고 인정되는 경우에는, 그 연착된 승낙은 승낙으로서의 효력이 있다. 다만, 청약자가 상대방에게 지체 없이 청약이 실효되었다는 취지를 구두로 통고하거나 그러한 취지의 통지를 발송하는 경우에는 그러하지 아니하다.

5) 변경된 승낙

승낙은 청약의 내용과 일치하여야 한다. 따라서 청약에 조건을 붙이거나 청약의 내용을 변경하여 하는 승낙은, 청약을 거절하고 새로운 청약을 한 것으로 본다(CISG 19조 1항). 이 경우 그것이 승낙인지 아니면 문의인지 등에 대해서는 CISG 8조에 의하여 판단한다. 그러나 승낙할 의사가 있고 청약의 중요 내용을 변경하지 않는 부가적 조건이나 상이한 조건을 포함하는 청약에 대한 승낙은 효력이 있다. 그러나 청약자가 지체 없이 그 상위를 구두로 제기하거나 그러한 취지의 의사를 통지한 경우에는 그러하지 아니하다. 특히 가격, 대금지급, 물품의 품질과 수량, 인도 장소와 시기, 책임범위의 문제, 분쟁해결의 문제 등을 신설하거나 변경한 경우 중대한 변경으로 본다(CISG 19조 2항).

6) 승낙기간의 시작

유엔물품매매협약에서 기간의 시작시기가 명확하지 않을 때 적용할 수 있는 보충규정을 두고 있다. 즉, 전보의 경우 발신하기 위해 교부한 때, 서신의 경우 서신에 기재된 일자, 또, 그것이 없을 때에는 봉투에 기재된 일자가 승낙기간이 된다(CISG 20조 1항). 그러나 전화나 텔렉스의 경우에는 발신과 도달이 동시에 일어나므로 도달 시부터 승낙기간이 진행된다. 법정공휴일이나 비영업일은 승낙기간에 산입된다. 그러나 승낙기간의 말일이 청약자 소재지의 법정공휴일 등에 해당하는 경우에는 그 다음 날까지 연장된다.

7) 연착된 승낙

연착된 승낙의 경우 청약자가 연착된 승낙의 효력을 인정하는 경우에는 승낙의 효력이 있다(CISG 21조 1항). 그러나 이때 청약자는 그 같은 의사를 지체 없이 해야 하고, 발송만으로 인정된다. 이 경우 승낙의 효력은 연착된 승낙의 도달시점에서 생기며 이때 계약이 성립한다.

연착된 승낙이라도 전달이 정상적으로 이루어졌다면 승낙기간 내에 도달할 수 있었을 발송이었고, 이를 청약자가 서신 등으로 알 수 있었던 것이라면 승낙으로서의 효력을 갖는다(CISG 21조 2항). 이 같은 경우에 청약자가 승낙자에게 청약이 효력을 상실하였다는 사실을 지체 없이 발송한 경우에 그 연착된 승낙은 효력을 상실한다.

3. 매매계약서의 작성

대부분의 국가 계약법은 원칙적으로 계약자유의 원칙을 인정하여 구두로써도 계약은 성립하고 반드시 서면에 의한 계약을 요구하지 않는다(그러나 일정한 경우 계약자유의 원칙을 제한하여 일정한 방식을 요하는 경우도 있다). 그러나 영미법계 국가에서는 일정한 계약의 경우 서면에 의하지 않으면 재판상 그의 주장이 인정되지 않는다(UCC 2-201). 국제거래와 관련한 계약에서는 사후적으로 분쟁을 피하기 위하여 통상적으로 계약서를 작성하고 있음에도 불구하고 유엔국제물품매매협약에서는 반드시 서면에 의한 계약체결을 요구하지 않고 있다(CISG 11조).

계약서에는 각 회사가 통상 정형적인 거래를 안전하고 획일적으로 처리하기 위하여 작성한 정형적인 계약서(printed contract form)와 장기적이고 중요한 계약을 위하여 면밀한 계약을 위한 교섭을 통하여 개별적으로 작성되는 계약서(tailored contract)가 있다. 전자는 계약마다 특약을 기입하는 표면약관과 일반적인 거래조건을 규정한 이면약관으로 구성되며, 표면에 필요사항을 기입하면 계약서가 완성된다. 대부분 문제가 제기되는 것은 계약서와 관련한 문제들이다.

매매계약에 관하여 당사자의 합의가 성립하기 위해서는 계약의 기본조건에 관한 의사의 합치가 필요하다. 즉 가격, 품질, 수량, 인도방법 및 결제와 보험 등과 관련한 조건 등이다. 가격은 일반적으로 US $ 500 per M/T CIF New York과 같이 FOB나 CIF 등 정형거래 조건에 따라서 그 구성요소를 표시하면 된다. 품질은 상품을 특정하기 위하여 필요한 상품의 품질에 관한 조건으로, 품질결정의 방법을 견본품에 따를 것인가 기타 방법 등에 따를 것인가, 나아가 품질의 최종결정 시점을 언제로 정할 것인가 등을 결정할 필요가 있다. 수량은 수량을 결정하는 방법(거래수량단위) 및 시기 등에 관한 조건이다. 수량의 부족이 발생할 위험이 있는 상품의 경우에는 몇 %까지의 부족을 용인할 것인가의 조건을 명확하게 정하는 것이 좋다. 또 상품의 인도시의 장소, 시기 및 방법 등에 관한 조건도 명확하게 하는 것이 좋다. 상품 결제의 경우 신용장결제로 할 것인가 아니면 기타의 방법에 의할 것인가를 정하여야 한다. 보험은 CIF거래와 같이 매도인이 보험을 부담할 의무가 있는 경우에 어느 범위의 위험까지 부담할 것인가 정하는 것이 좋다.

일반적으로 계약서에는 이들 기본조건 이외에 일반적인 계약조건으로서 불가항력, 계약양도의 금지, 준거법, 중재, 재판권관할에 관한 조항이 규정되어 있다.

Ⅲ 매매당사자의 권리와 의무

국제매매계약에서 당사자들은 권리·의무에 관하여 자세하게 약정할 필요가 있다. 특히 목적물의 인도와 당사자의 비용부담 및 위험부담 등에 관하여 정형화된 거래조건에 따르는 경우에 인코텀스 등 통일규칙에 당사자의 권리와 의무 등에 관해서 상세하게 규정되어 있다. 다만, 인코텀스는 당사자의 의무위반의 효과 및 상대방의 구제에 관해서는 규정하고 있지 않으므로 이 같은 점에 관하여 각국의 매매법의 적용과 관련하여 문제가 된다. 또, 유엔물품매매협약은 격지자 간의 국제매매의 특성을 고려하여 각 당사자의 권리·의무에 관한 상세한 규정들을 두고 있다.

1. 정형거래조건

INCOTERMS 2010은 11종의 정형거래조건을 규정하고 있는데 실무상 많이 활용하고 있는 것은 FOB와 CIF 및 CFR이다.

(1) 본선 인도조건(FOB)의 매도인과 매수인의 권리·의무

본선 인도조건이란 무역거래조건의 하나로서 물품의 인도가 수출항의 본선선상에서 이루어지는 계약으로, 수입업자가 지정 수배한 수출 선적항의 본선상에서 수출업자가 목적물을 수입업자에게 인도할 것을 조건으로 하는 계약이다. 따라서 수출업자는 물품이 현장에서부터 본선선상에서 인도될 때까지 모든 비용과 위험을 부담하게 되며, 수입업자는 목적물을 인도받은 이후 물품의 소유권을 취득하고 물품이 도착항에 이르기까지의 모든 비용과 위험을 부담한다. 따라서 물품을 지정 수입항까지 운송하기 위한 운송계약은 수입업자가 부담하므로 수입업자가 선박회사와 별도로 계약을 체결해야 한다. 따라서 FOB가격이란 수출업자의 원가와 수출항까지의 운송비, 본선적재비용, 수출통관비용 등을 합산한 물품가격을 말하는데 이를 본선적재가격이라고도 한다. 이는 CIF가격과 함께 무역거래에서 중요한 매매가격조건으로서 수출통관액은 FOB가격으로 집계되게 된다. 그러나 미국에서는 FOB는 화차 인도가격을 의미하며 본선 인도가격에는 FOB vessel이라는 용어를 사용한다.

따라서 FOB조건에서 매도인의 주요 의무는 ① 계약에 따른 물품을, 계약의 본지에 따라서 계약의 적합성을 증명할 수 있는 검사증명서 등과 함께 지정한 선적항에서 약정한 기일 또는 기간 내에, 수입업자가 지정한 본선상에서 인도할 의무(A-1, A-4), ② 자기의 위험과 비용으로, 수출에 필요한 수출허가 등을 취득할 의무(A-2), ③ 물품을 본선상에서 인도하기까지의 모든 비용과 위험을 부담할 의무(A-5, 5), ④ 매수인의 의뢰가 있을 때에는 매수인의 비용과 위험으로 선하증권의 발행 등에 협력할 의무(A-8)등이 있다.

FOB조건에서 본래 선박의 수배 내지 지정은 매수인이 부담하지만, 실제 거래에서는 원거리에 있는 매수인이 선박을 수배하기 보다는 선적지에 있는 매도인이 수배하는 것이 보다 편리하므로, 특약으로 매도인에게 선박 및 보험 등을 위탁하는 경우가 많다. 이 같은 경우 매도인은 매수인의 대리인으로 해석된다. 단 FOB조건에서도 대금결제의 방법으로 화환어음(Documentary Bill/Draft)으로 지급하는 경우, 별도의 합의가 없는 한 매도인은 선하증권을 취득하여 매수인에게 인도할 의무가 있다.

이에 대해서 매수인은 ① 계약의 본지에 따라서 대금을 지급해야 할 의무(B-1), ② 자기 비용으로 본선을 수배하고(B-3), 매도인에게 선박 명, 선적장소와, 선적에 필요한 정보를 통지할 의무(B-7), ③ 물품을 수령하여(B-4), 물품이 매도인에 의하여 본선상에 인도한 때로부터 모든 비용과 위험을 부담(B-5, 6)한다. 선적비용은 FOB조건에서는 매도인이 부담하지만 본선이 정기선인 경우에는 선적비용이 운임에 포함되므로 사실상 매수인의 부담이 된다.

이와 같이 FOB 조건에서는 선적항에서 물품이 본선상에서 인도될 때, 위험은 매도인으로부터 매수인에게 이전된다. 그러나 오늘날 컨테이너화물 운송(Container Transport Types)으로 변화됨으로서 실제 거래에 적합하지 않게 되었다. 따라서 인코텀스는 컨테이너 수송의 경우 매수인이 지정한 운송인에게 물품을 인도한 시점에서 매도인의 인도의무가 완료되는 FCA의(운송인 인도조건)[8] 사용을 권고하고 있다.

---

8) FAC(Free Carrier), 수출업자는 수입업자가 지정한 운송인에게 물품을 인도하고, 인도한 이후부터 목적지까지의 모든 물류비용을 수입업자가 부담한다.

(2) 운임·보험료 포함 인도조건(CIF)에서 매도인과 매수인의 권리·의무

운임·보험료 포함 인도조건은 물품이 선적항에서 본선의 난간을 통과한 때에 매도인이 인도한 것으로 하는 조건이다. 본선 인도(FOB)·운임 포함 인도(CFR)와 함께 국제거래에서 많이 사용되는 거래조건이다. 따라서 매도인은 지정된 목적 항까지 물품을 운반하는데 필요한 비용 및 운임을 지급하여야 하며, 물품이 인도된 이후에는 모든 추가적인 비용뿐만 아니라 물품의 멸실 또는 손상의 위험 등은 매도인에서 매수인에게 이전된다. 그러나 매도인은 수송 중 물품의 멸실 또는 손상에 대한 매수인의 위험에 대한 보험을 수배하여야 한다. 즉, 매도인은 보험계약을 체결하고 보험료를 지급하여야 한다.

CIF의 특징은 물품의 물리적 인도가 아니라 선적서류(Shipping document), 즉, 선하증권(bill of lading), 해상보험증권(marine insurance policy) 및 상업송장(commercial invoice)을 매도인이 매수인에게 인도함으로써 물품인도의무가 이행되고, 특약이 없는 한 매수인은 선적서류와 상환하여 대금지불의무를 부담한다는 것이다.

CIF와 FOB의 차이는 CIF에서는 매도인이 목적지로 향하는 선박을 수배하고, 해상운송보험료 등을 부담할 의무를 진다. 인코텀스에 따르면 매도인은 통상 항로로 지정된 항구까지 물품을 운송하므로, 자기 비용으로 운송계약을 체결하고 운송중의 위험에 대해서 자기의 비용으로 화물보험에 가입해야 한다(A-3). 이 같은 경우 보험조건은 최저의 조건이다. 그러나 실제로는 특약으로 보다 넓게 담보할 수 있는 보험가입을 하는 경우가 많다. 최저 보험금액은 CIF가격에 10%를 가산한 금액이 된다.

매도인은 수배한 선박에 계약의 본지에 적합한 물건을 선적항에서 약정한 기일 내지 기간 내에 선적할 의무가 있으며(A-4), 매도인은 운송인이 발행한 선하증권, 보험회사가 발행한 해상보험증권과 상업송장 기타 선적서류를 자기 비용으로 매수인에게 인도해야 한다(A-8). CIF매매의 경우 선적서류의 제공은 통상 환어음의 방식으로 은행을 통하여 행해진다.

매수인은 매도인이 계약의 본지에 따른 선적서류를 인도한 경우 이를 수령(B-8)함과 동시에 계약 내용에 따라서 대금을 지불해야 한다(B-1). 일반적으로 CIF매매에서는 특약이 없는 한 매도인의 선적서류의 인도와 매수인의 대금지급의무는 동시이행의 관계에 있다. 따라서 물품이 지정된 목적지에 도착하기 이전에도 선적서류를 제공한 경우에 매수인은 대금을 지급해야 한다.

CIF매매에서는 CIF London과 같이 명시되는 것이 보통인데, 계약의 성질은 FOB 조건과 같이 선적지에서 물품을 인도하는 매매이다. 따라서 특약이 없는 한 위험도 선적항에서 물품이 본선의 난간을 통과한 때에 매도인으로부터 매수인에게 이전한다(A-5, B-5).

2. 유엔물품매매협약에서 당사자의 권리와 의무

계약상의 의무위반의 효과 및 그에 대한 상대방의 구제에 대해서도 각 국가의 매매법에 있어서도 상당한 차이가 있다. 영미법상의 계약책임에서는 귀책사유에 관계없이 채무자는 그 책임을 물을 수 있다. 나아가, 계약위반에 대한 완전이행의 청구가 예외적 구제방법이라는 점 등에서 우리나라 채무불이행제도와 상당한 차이가 있다. 유엔물품매매협약은 각 국가의 매매법의 차이를 조정함과 동시에 국제거래의 특수성을 고려하여 당사자의 의무와 구제에 대해서 상세한 규정을 두고 있다.

(1) 매도인의 의무와 매수인의 구제

협약에서 정한 매도인의 주요 의무는 물품의 인도와 관련서류의 교부 및 소유권 이전의무이다(CISG 30조). 또, 매도인은 계약에서 정한 수량, 품질 및 종류에 적합하고, 계약에 정한 방식에 따라서 용기에 담겨지거나 포장된 물품을 인도해야 한다(CISG 35조 1항).

1) 물품 인도의무

당사자 사이에 특약이 없는 한 매매계약에서 물품운송이 포함된 경우에는 매도인은 제1운송인에게 물품을 인도함으로써 물품의 인도의무를 이행한 것으로 된다(CISG 31조 a호). 여기서 제1운송인은 매도인 및 매수인과는 독립된 운송인을 말한다. 이 규정은 최근 물품운송의 컨테이너 운송을 고려한 것으로 운송수단이 아니라 운송인에게 인도한 때에 인도의무가 완료된 것으로 보는 것이다. 따라서 선적항에서 선적함으로서 인도의무를 완료로하는 FOB조건과 CIF조건이 합의된 때에는 이 규정은 배제되게 된다.

운송인은 원칙적으로 물품의 운송 및 운송보험을 수배할 의무를 부담하지 않는다. 단, 계약에서 매도인이 운송계약을 체결할 의무를 부담하는 경우에는 적절한 운송수단을 사용하여 통상의 운송조건으로 계약을 체결할 의무를 진다. 또, 매수인의 요구가 있을 때 매도인은 운송보험에 가입하기 위한 필요한 정보를 매수인에게 제공해야 한다(CISG 32조 2항 a호).

물품 운송을 동반하지 않는 경우는 원칙적으로 계약을 체결할 때에 매도인의 영업소소재지가 인도장소가 되며(CISG 31조 c호), 물품이 특정물 또는 특정할 수 있는 특정물이며 당사자 쌍방이 계약체결 시에 그 물품이 존재하는 장소 또는 제조·생산하는 장소를 알고 있을 때에는 그 장소가 인도장소가 된다(CISG 31조 b호).

물품의 인도시기에 관해서는 일반적으로 계약에 의하여 정해지게 된다. 그러나 계약에 그 같은 내용이 없을 때에는, 계약을 체결한 후 상당한 기간 내에 매도인은 물품을 인도하여야 한다(CISG 33조).

2) 서류교부의무

매도인이 물품에 관한 서류를 교부해야 하는 경우, 매도인은 계약에 따른 방식으로 당해 서류를 매수인에게 교부해야 한다(CISG 34조). 물품에 관한 서류로는 선하증권 등 운송증권 이외에 창고증권, 화물상환증 이외에 매수인에게 필요한 모든 서류가 포함되는데, 수출허가서, 원산지증명서, 보험서류 등이 그것이다. 서류교부의 시기, 장소, 방식 등은 당사자의 의사 및 관행에 따르고 특히 Incoterms에 의하는 것이 일반적이다.

매도인이 서류를 미리 교부했으나 서류상 미비가 있는 경우에는 서류를 교부해야 할 시점까지 매도인은 그 미비를 추완할 수 있다. 이 경우 매수인에게 불합리적으로 불편을 가하거나 비용이 발생하지 않아야 한다. 이는 매도인에게 상당한 범위에서 매도인에게 계약상의 부적합한 것을 치유할 수 있는 권리를 인정한 것이다.

3) 물품의 적합성

물품은 계약의 내용에 따라서 인도해야 하고, 합의가 없는 경우 인도해야 할 물품의 객관적인 기준이 필요하다. 인도한 물품의 적합성 여부에 대해서는 우선은 계약의 내용에 따라서 정해진다(CISG 35조 1항). 따라서 매도인은 계약에서 정한 수량, 품질, 종류, 요구 등에 따른 물품을 인도해야 한다. 그러나 당사자 간에 물품의 종류와 수량은 정하였으나 그 이외 어떤 품질의 물품을 인도 할 것인지 정하지 않았을 경우에 인도해야 할 물품은 통상적 사용목적에 적합하여야 하고, 통상적인 사용목적의 판단은 거래관념에 따라서 판단해야 하지만 일반적으로 중등품질이 그 기준이 된다. 따라서, ① 동종 물품의 통상의 용도나 목적에 적합하지 않은 경우, ② 계약체결시 매도인에 대하여 명시적 또는 묵시적으로 알려졌던 것과 같이 특정한 목적에 적합하지 않은 경우, ③ 견본이나 모형과 다른 경우, ④ 통상의 방법이나 당해 물품에 적합한 방법으로 용기에 담겨져 있지 않거나 포장되지 않은 물품은 계약상 부적합으로 판단하게 된다(CISG 35조 2항).

이와 같이 객관적으로 부적합이 있는 경우에 매도인은 책임을 부담하여야 하는데 매수인이 계약체결시에 물품이 객관적 상태에 상응하지 않는다는 사실을 알았거나 알 수 있었을 경우에 매수인은 매도인에 대해서 물품부적합으로 인한 책임을 물을 수 없다(CISG 35조 3항).

물품이 계약에 적합한가 여부의 판단은 위험이 매수인에게 이전한 때가 그 기준이 된다(CISG 36조). 따라서 FOB조건과 CIF조건에 의한 매매는 선적 후에 발생한 부적합에 대해서 매도인은 책임을 부담하지 않는다. 단, 위험이전 후에 발생한 부적합이라도 그것이 매도인의 의무위반으로 인한 경우에는 매도인이 책임을 부담한다(CISG 37조 2항). 인도기일 이전에 물품을 인도한 경우에 매도인은 매수인에게 불합리하게 불편을 가하거나 비용을 발생시키지 않는 한, 그 기일까지 부적합한 것을 추완할 수 있다(CISG 37조).

매수인은 인도받은 물품을 가능한 빨리 검사하고(CISG 38조), 부적합을 발견하였거나 발견할 수 있었던 때로부터 상당한 기간 이내에 매도인에게 그 부적합한 성질을 특정하여 통지하여야 한다. 따라서, 매수인이 이 같은 사실을 통지하지 아니한 경우에는 물품의 부적합을 주장할 수 있는 권리를 상실한다(CISG 39조 1항). 이는 매도인이 부적합을 치유할 수 있도록 매수인에게 물품의 검사의무와 부적합을 통지해야 할 의무를 부과한 것이다. 물품의 운송을 동반하는 국제매매에서는 물품을 인도할 때에 검사를 하는 것이 곤란하기 때문에 매수인이 목적지에 도착한 후 검사할 수 있도록 한 것이다(CISG 38조).

또, 매도인은 매수인의 동의가 없는 한 매수인의 물품의 사용, 수익, 처분을 방해 한 제3자의 권리 또는 청구의 대상이 되지 않은 물품을 인도해야 한다(CISG

41조). 매도인은 계약체결 시 자신이 알았거나 알 수 있었던 공업소유권 기타 지적 재산권에 기초한 제3자의 권리나 권리주장의 대상이 아닌 물품을 인도해야 한다. 다만 제3자의 권리나 권리 주장이 ① 당사자 쌍방이 계약체결 시 물품이 특정 국가에서 전매되거나 기타의 방법으로 사용될 것을 예상한 경우에는 물품이 전매되거나 기타의 방법으로 사용될 국가의 법, ② 기타의 경우에는 매수인이 영업소가 있는 국가의 법에 의한 공업소유권 기타 지적재산권에 기초한 경우에 한한다(CISG 42조 1항). 국제매매인 것을 고려하여 매도인이 책임을 부담하는 것을 한정한 것이다.

매도인이 상품의 일부만을 이행하거나 인도한 물품의 일부가 부적합한 경우 매도인은 그 일부에 대해서만 책임을 지는 것이 원칙이다. 그러나 불완전이행이 계약의 목적을 달성할 수 없는 중대한 계약위반인 경우에는 매수인은 계약의 전부를 해제할 수 있다(CISG 51조).

4) 매도인의 계약위반에 대한 구제

매도인이 의무를 이행하지 않은 경우 매수인이 행할 수 있는 법률행위로서 이행청구, 계약의 해제, 대금감액 청구 및 손해배상의 청구를 생각할 수 있다(CISG 45조). 이 가운데 매수인이 손해배상을 청구하는 경우 다른 구제를 구하는 권리를 행사하는 것을 방해하지 않는다(CISG 45조 2항). 매수인이 매도인의 계약위반으로 인한 권리를 행사하기 위해서는 매도인의 채무불이행이 존재하면 되고, 상대방의 과실을 증명할 필요는 없다. 이에 대해서 매도인은 인도를 불합리하게 지체하지 않았고, 매수인에게 상당한 불편이나 매수인이 지출한 비용을 매도인으로부터 상환 받는데 위험을 야기하지 않은 경우에는 자신의 비용으로 추완할 수 있다(CISG 48조 1항).

(i) 이행청구

매수인은 매도인에 대하여 의무의 이행을 청구할 수 있다. 이행청구는 물품을 인도하지 않은 경우를 포함하여 일부만 인도한 경우 및 기타 급부를 이행하지 않은 경우에 청구할 수 있다. 그러나 매수인은 이행청구와 양립하지 않는 구제수단을 행사할 수 없다. 즉, 계약해제권이나 대금감액권을 행사하는 경우에는 이행청구를 할 수 없다.

(ii) 대체물청구

매도인이 인도한 물품이 계약의 내용과 다른 때에는 대체물을 청구할 수 있다. 그러나 대체물청구는 이행청구와 달리 엄격한 요건을 요구하고 있다. 즉 ① 물품의 부적합이 중요부분의 계약위반이어야 한다. 여기서 중요부분이 무엇인가가 문제되는데 이에 대해서 CISG 25조에서 규정하고 있다. ② 물품의 부적합을 통지한 이후 상당한 기간 이내에 대체물인도를 청구해야 한다. 매수인이 수령한 물품을 본래의 상태로 반환할 수 없는 경우에는 대체물인도를 청구할 수 없다 (CISG 82조).

(iii) 보완청구

대체물의 청구는 인도한 물품이 계약과 다른 중대한 계약위반인 경우에 청구할 수 있는데 비하여 보완청구는 모든 상황에 비추어 합리적이지 않은 경우에 한한다(CISG 46조 2항, 3항). 보완청구는 모든 상황에 비추어 불합리하지 않아야 하고, 물품의 부적합통지 이후 상당한 기간 내에 보완청구를 해야 한다. 이는 국제매매에서 대체물의 청구와 보완청구를 용이하게 인정하는 경우 매도인의 부담이 너무 크다는 점을 고려한 것이다.

(iv) 계약의 해제

계약의 해제에 대해서는 협약에서 매도인의 의무에 따라서 해제의 요건을 구별하고 있다. 인도의무의 불이행의 경우 매수인은 그 불이행이 중대한 계약위반인 경우에 매도인의 의무이행을 위하여 상당한 기간을 정하여 이행을 최고하고, 그 기간 내에 이행하지 않거나, 매도인이 이행하지 않겠다는 의사표시를 한 경우에 계약을 해제할 수 있다(CISG 49조 1항). 이에 대하여 인도한 물품이 계약내용에 적합하지 않은 경우에는 그것이 중대한 계약위반인 경우에만 계약을 해제할 수 있다. 이와 같이 중대한 계약위반을 계약해제의 요건으로 하는 것은 영미법에서 유래한 것으로, 격지자 간의 국제매매의 경우 해제의 효과는 중대하다는 점에서 계약해제에 보다 신중한 태도를 취한 것으로 보인다. 계약의 해제에는 상대방에 대한 통지가 필요하며(CISG 26조), 물품인도 한 이후에 해제가 상당한 기간으로 제한(CISG 49조 2항)하는 것도 같은 취지로 보인다.

(iv) 대금감액

인도한 물품이 계약 내용에 적합하지 않은 경우, 매수인은 물품 인도 당시 계약에 적합한 물품의 가치에 대한 비율에 따라서 대금감액을 청구할 수 있다(CISG 50조 1항). 이미 매수인이 대금을 지급한 경우에는 비율에 따라서 과지급분의 반환을 청구할 수 있다. 단 매도인의 추완권이 우선되고, 매도인이 부적합한 부분을 추완하거나, 매수인이 추완을 거절한 경우에는 대금감액을 청구할 수 없다(CISG 50조 단서).

(v) 손해배상청구

매수인은 매도인의 모든 의무위반으로 인한 손해배상을 청구할 수 있다(CISG 50조 1항 b호). 계약위반으로 인한 손해액은 이익의 상실을 포함하여 계약위반의 결과 상대방이 입은 손실과 같은 금액이다(전액배상의 원칙). 그러나 손해배상액은 계약위반 당사자가 계약체결 시에 알았거나 알 수 있었던 사실과 사정에 비추어, 계약위반의 가능한 결과로서 발생할 것을 예견하였거나 예견할 수 있었던 손실을 초과할 수 없다(CISG 74조). 단, 신체손해에 대한 매도인의 책임은 협약의 대상이 아니다(CISG 5조).

계약이 해제되면 매수인은 일반적으로 대체품을 구입하게 되는데, 대체거래를 하는 경우 계약가격과 대체거래가격과의 차액(CISG 75조) 대체거래를 하지 않은 경우에는 해제 시의 시가와의 차액을 손해로서 청구할 수 있다(CISG 76조). 한편 매수인이 계약위반으로 인한 손실을 경감하기 위하여 대체거래 등 합리적 조치를 취하지 않았을 경우 매도인은 경감되어야 했던 손실액을 손해배상액에서 감경할 것을 청구할 수 있다(CISG 77조). 이는 계약을 위반한 매도인의 손해배상 책임에 대한 경감의무를 인정한 것이다. 그러나 이 의무는 간접의무로서 이 의무에 위반한 경우 경감되었을 손해만큼만 배상액이 감축되게 된다.

(vi) 이행정지 · 이행기 이전에 계약의 해제

계약을 체결한 이후 이행하기 이전에 매도인의 사정변경 등으로 인하여 이행이 불확실함에도 불구하고 이행을 강요하는 경우에는 매도인에게 가혹한 결과가 되는 경우가 있다. 따라서 유엔물품매매협약은 예방적 구제수단으로서 이행정지와 이행기 전 계약의 해제에 관해서 규정하고 있다. 즉, 매수인은 매도인의 이행능력 및 신용상의 중대한 결함, 계약이행의 준비와 계약이행에 관한 행위에 비추어 볼 때 매도인이 의무를 이행하지 못할 것이라는 사정이 현저한 때에는 의무의 이행을 정지시킬 수 있다(CISG 71조 1항). 이는 계약 당사자의 일방이 상대방에게 자신의 채무를 먼저 이행할 책임이 있더라도 '상대방의 이행이 곤란한 현저한 사유'가 있을 때에는 상대방이 채무를 이행할 때까지 자신의 채무를 거절할 수 있는 「불안의 항변권(민법 제536조 제2항)」에 대응하는 것이다. 이 경우 계약해제는 단순한 계약불이행이 아니라 중대한 계약위반이라는데 주의해야 한다.

가. 이행정지

매도인이 채무의 상당부분(substantial part)을 이행하지 못할 가능성이 계약체결 이후에 명확해진 경우 매수인은 자신의 의무이행을 정지할 수 있다. 즉, 상대방의 이행이 현저히 곤란하거나 신용이 현저하게 악화된 경우, 나아가 상대방의 계약이행을 위한 준비행위 및 이행에 관한 행위의 결과로 채무의 상당부분을 이행하지 못할 가능성이 있는 경우에 매수인의 의무이행을 정지할 수 있다. 이때 상당부분에 대한 판단은 채권자의 객관적 입장에서 판단되어야 한다.

위의 요건이 충족되면 채무자는 자기의 이행을 정지할 수 있으며, 자기 의무를 이행하지 않더라도 의무위반이 아니므로 그 어떠한 제재도 받지 않는다. 이행정지를 하는 경우에는 즉시 상대방에게 통지하여야 한다(CISG 71조 3항). 그러나 상대방이 상당부분을 이행하거나 이행에 대한 적절한 보장을 한 경우에는 이행정지권이 소멸하므로 다시 이행하여야 한다(CISG 71조 3항).

나. 운송정지권

매도인은 운송정지권(right of stoppage in transit)을 갖는다. 매도인은 채무이행의 장애가 발생하기 이전에 물품을 발송한 경우, 발송된 물품이 매수인에게 교부되는 것을 저지할 수 있다. 이때 매수인이 물품의 인도를 청구할 수 있는 서류를 소유하고 있거나 소유권이 이미 매수인에게 이전되었더라도 물품이 매수인에게 인도되지 않는 한 매도인은 운송정지권을 행사할 수 있다. 따라서 매수인이 매도인의 운송정지권 행사에도 불구하고 물품을 수령하는 경우에는 운송정지권을 침해하는 결과 계약위반이 된다. 그러나 이미 물건이 제3자에게 소유권이 이전되었거나 처분권이 인도된 경우에는 매도인은 권리를 행사할 수 없다. 또, 매도인은 매수인에 대해서만 권리를 행사할 수 있으므로 운송인이나 창고업자 등에게는 행사할 수 없다.

(vii) 면 책

유엔국제물품매매협약은 과실책임주의를 채택하고 있지는 않지만 의무의 불이행이 채무자의 불가역적인 사정에 의한 경우에는 채무자의 면책을 인정하고 있다. 즉, ① 의무의 불이행이 자연재해나 전쟁, 국가의 수출입금지 조치 등과 같이 채무자가 통제할 수 없는 장애, ② 계약체결 시 당해 장애를 채무자가 예상할 수 없었거나, ③ 채무자가 장애 또는 그 결과를 회피하거나 극복할 수 없었어야 한다.

면책은 원칙적으로 장애가 지속되는 동안에 인정된다(CISG 79조 3항). 따라서 장애가 소멸하거나 채무자가 후에 장애를 극복할 수 있게 되면 면책은 종료된다. 또 면책과 관련하여 채무자는 장애가 존재한다는 것과 그것이 자기의 이행능력에 미치는 영향에 대해서 상대방에게 통지하여야 한다(CISG 79조 4항). 이는 상대방에 그에 대한 대비책을 마련할 수 있는 기회를 주기 위한 목적이다. 통지는 채무자가 장애를 알았거나 알 수 있었을 때로부터 상당한 기간 안에 해야 한다. 그 통지는 도달되어야 하며, 상대방이 상당한 기간 내에 통지를 받지 못하여 생긴 손해는 채무자가 배상해야 한다.

(2) 매수인의 의무와 매도인의 구제

1) 매수인의 의무

매수인의 주요 의무는 대금지급의무와 수령의무이다(CISG 53조). 대금지급의무에는 신용장의 개설과 송금허가를 얻는 등 대금지급을 가능하도록 하기 위한 조치를 포함한다(CISG 54조). 대금의 지급장소, 지급시기, 지급방법 등은 당사자의 계약에 의해서 정한다. 그러나 그 같은 계약 내용이 없을 때에는 다음 규정이 적용된다. 즉, 대금의 지급장소는 원칙적으로 매도인의 영업소가 된다. 물품의 인도와 서류교부와 상환하여 대금을 지급해야 하는 경우에는 물품의 인도 또는 서류를 교부하는 장소에서 대금을 지급해야 한다(CISG 57조 1항). 대금의 지급은 매도인이 물품이나 권리를 표상하는 증권(선하증권, 창고증권 등)을 매수인에게 인도하는 때에 지급해야 한다(CISG 58조 1항). 나아가 물품의 운송을 요하는 거래에서 매도인은 대금의 지급과 상환하지 않으면 물품 또는 권리를 표상하는 증권을 매수인에게 교부하지 않는 것을 조건으로 물품을 발송할 수 있다(CISG 58조 2항).

물품의 수령은 물품을 물리적으로 수령하는 것뿐만 아니라 매도인에 의한 인도가 가능하기 위하여 필요한 행위를 하는 것을 포함한다(CISG 60조). 따라서 FOB 거래와 같이 매수인이 운송수배 의무를 부담하는 경우에 매수인은 선적에 필요한 정보를 매도인에게 고지하여야 한다.

2) 매도인의 구제

매도인은 위험이 매수인에게 이전 할 때에 존재하는 물품의 부적합에 대하여, 그 부적합이 위험이전 후에 판명된 경우라도 계약과 본 협약에 따라서 책임을 진다(CISG 61조 1항). 이때에 손해배상의 청구는 이행청구 및 계약해제를 방해하지 않는다. 따라서 매도인은 계약해제로 인한 손해에 대한 배상을 청구할 수 있다(동조 2항). 매도인의 의무위반의 경우와 같이 매수인에게 중대한 계약위반인 경우에는 즉시 계약을 해제할 수 있으며, 그 이외의 경우에는 매도인이 정한 상당한 기간을 도과하거나, 그 기간 안에 의무를 이행하지 않겠다고 의사를 표시한 경우 매도인은 계약을 해제할 수 있다(CISG 64조 1항).

3) 위험의 이전

매수인은 위험이 자신에게 이전한 후에 발생한 물품의 멸실 기타 손상에 대해서 매도인의 책임을 물을 수 없으며(CISG 36조 1항), 대금지급의무도 면할 수 없다(CISG 66조). 운송이 필요한 국제매매에서 계약에 목적물의 인도장소에 관한 내용이 없고, 제1운송인에게 물품이 인도된 때에 위험은 매수인에게 이전한다(CISG 67조 1항). 따라서 FOB 조건 또는 CIF 조건의 경우에는 CISG 67조 1항은 적용되지 않는다. 또, 물품이 운송 중에 매매되었을 때에는 매매계약체결 시에 매수인에게 위험이 이전하는 것이 원칙이다(CISG 68조 1항).

Ⅳ 소유권의 이전의 준거법

유엔국제물품매매협약에서는 소유권의 이전을 매도인의 의무로 규정하면서 언제, 어떻게 소유권이 이전되었는가에 대해서는 협약의 적용범위 외의 문제로 다루고 있다(CISG 4조 b호). 따라서 국제매매에 의한 소유권 이전의 문제는 법정지의 국제사법에서 정한 각국의 법에 따르게 된다.

　　매도인은 계약과 유엔국제물품매매협약에 따라서 물품의 소유권은 매수인에게 이전하여야 한다(CISG 30조). 그러나 물권에 관해서는 의사주의와 인도주의가 대립하는 등 많은 국가들의 주장을 통일하기에 많은 어려움이 따르는 등의 이유로 협약에서도 명문의 규정이 없다. 결국 채권관계의 경우는 협약에 의하여 규율되지만 물권관계에 대해서는 협약이 적용되지 않는다.

　　따라서 물품의 소유권 이전은 법정지의 국제사법에 의하여 결정되는 물권법의 준거법에 의하여 결정되는데 대체적으로 물품의 소재지법이다(국제사법 제19조 제1항). 그러나 계약체결시 소유권이전의 요건이 구비되지 않은 경우 그 원인된 행위 또는 사실의 완성 당시 당해 목적물의 소재지법에 의하므로(국제사법 제19조 제2항), 소유권은 새로운 소재지인 우리나라법이 정하는 바에 따라서 당사자가 의도한 때, 매수인이 점유를 취득한 때에 매수인에게 이전된다.

　　물품이 운송도중에 매매가 이루어진 경우 목적물의 소재지 결정이 문제가 된다. 이 같은 경우 현실적으로 소재지를 특정하기에는 어려움이 따른다. 따라서 운송 중의 물건은 매도인이 운송 중에 처분하는 경우에는 목적지법이 준거법이 된다(국제사법 제22조). 또, 권리를 표상하는 증권이 발행된 경우에 대해서 국제사법에 규정이 없으므로, 이 같은 경우에는 예외적으로 증권에 의하지 않고 운송물을 처분할 수 있는 장소 소속국인 목적지국이 준거법이 된다 할 것이다.

제3절　국제물품운송

Ⅰ　국제물품운송의 종류

　　국제물품의 운송은 행하는 장소에 따라서 육상운송, 해상운송 및 항공기운송 등으로 나눌 수 있다. 그 가운데 국제해상운송이 오늘날의 중심적인 운송수단이다. 그러나 오늘날 운송수단의 발전으로 항공기운송이 대폭 증가하고 있다. 특히 항공기운송은 기술집약적이고 고가인 경량 제품을 중심으로 증가하고 있는 실정이다. 이 같은 경향은 앞으로 계속 유지될 것으로 생각되며 따라서 항공기 운송의 중요성은 점차 증가할 것이라 본다.

한편 화물수송의 컨테이너화가 진전되면서 한 운송인이 해상운송과 철도운송과 같이 다른 운송수단을 사용하여 일괄적으로 운송을 담당하는 국제적인 복합운송도 혁신적인 발전을 가져오고 있다.

이와 같은 국제운송에 관한 법규제에는 국제적 통일협약이 있다. 국제운송과 관련하여 20세기 초부터 국제적 법통일을 위한 움직임이 활발하게 전개되었다. 특히 「선하증권의 일부 법규 통일에 관한 국제협약(International Convention for the Unification of Certain Rules of Law Relating to Bill of Lading)(일명 Hague Rules 1924)」과 1924년 「국제항공운송에 있어서 일부 규칙의 통일에 관한 협약(Protocol to Amend the Convention for the Unification of Certain Rules relating to International Carriage by Air Signed at Warsaw on 12 October 1929)」 등이 그 대표적인 것이다. 이하에서 국제해상물품운송계약을 중심으로 각 운송계약에 관한 규제에 대해서 살펴보겠다.

Ⅱ 국제해상물품운송

1. 해상물품운송계약의 종류

해상물품운송계약이란 해상운송인이 송화인에 대하여 해상에 의한 화물운송을 약정하고 송화인은 이에 대한 운임을 지급하기로 약정하는 계약을 말한다. 이같은 해상물품운송계약에는 용선계약서(charter party)가 작성되는 계약과 선하증권(bill of lading)이 발행되는 계약으로 대별할 수 있는데 전자를 항해용선계약이라 하고 후자를 개품운송계약이라고 한다.

(1) 개품운송계약

개품운송계약이란 운송인이 개개의 물건을 해상에서 선박으로 운송할 것을 인수하고, 송하인이 이에 대하여 운임을 지급하기로 약정함으로써 효력이 생기는 운송계약을 말한다(상법 제791조). 일반적인 물품을 중심으로 하는 통상의 수출입거래의 대부분은 개품운송계약에 의하여 수주 받은 물품을 특정항로의 일정한 항해계획과 운임표에 따라서 배선되는 정기선(liner)으로 운송되게 된다.

개품운송은 불특정다수의 송화인으로부터 다양한 화물의 운송을 수주하기 때문에 운송의 수주는 선하증권의 표면에 인쇄된 정형적 운송약관에 의하여 획일적으로 처리되게 된다. 이 같이 거래의 정형화는 대량의 거래를 신속하게 처리할 때에 유리하지만 경제적 강자인 운송인이 자기에게 유리한 조건을 상대방에 강요할 수 있는 문제가 발생할 수 있다. 따라서 이와 같은 문제점을 극복하고 운송인과 송화인의 이해를 합리적으로 조정하기 위한 목적으로 작성된 것이 1924년 「선하증권에 관한 통일규칙을 위한 국제협약(International Convention for the Unification of Certain Rules of Law Relating to Bills of Lading)」이다. 이 협약은 각 참가국들 정부의 동의를 얻어 비준(ratification)을 벨기에 정부에 통고하기로 되었는데, 1931년 6월 2일부터 이를 비준한 국가 간에는 이 통일조약이 유효하게 되었다. 이 조약은 Hague 규칙을 모체로 하였다고 하여 오늘날 헤이그 규칙으로 불리고 있다.

즉, 헤이그 규칙(Hague Rules)은 해상운송에 관한 국제적 통일을 기하고, 해상운송인과 송화인 간의 이해관계의 충돌을 피하기 위하여 1921년 헤이그에서 전체 해운국의 선주, 화주, 운행 및 보험회사의 대표들이 참석한 회의에서 채택된 규칙으로 1924년 선하증권 통일협약의 기초가 되었다.

헤이그 규칙의 주요 내용

- **운송인의 주요 의무**
  ① 선박에 감항(堪港)능력을 지니게 할 것
  ② 선박에 적당한 선원을 승무(乘務)시키고, 의장(艤裝)을 갖추고 저장품(貯藏品)을 보급할 것
  ③ 본선의 선창(船艙), 냉장실 및 냉기실(冷氣室), 기타 운송물을 수령하여 보관하고 운송하는데에 적당하고 안전하게 할 것
- **선하증권에 기재할 사항**
  ① 주된 화인(貨印, cargo mark)
  ② 각각의 경우에 따라서 송화인(送貨人)이 제출한 포장 화물의 개수(個數), 수량이나 무게, 화물의 외관상(外觀 上) 상태 등을 규정하고 있다.
- **헤이그 규칙의 법적 효력을 부여하는 이유**
  ① 운송인이 자기를 보호하는 약관(約款)을 삽입하여 운송 계약상 운송인의 책임을 면하려는 경향이 강해지는 경향을 방지할 필요성
  ② 운송 계약의 이해 관계자(船主, 送貨人, 受貨人, 銀行 및 保險 會社 등)가 각각 국적(國籍)을 달리할 수 있다는 사실을 감안하여, 해상 운송의 거래조건은

국제적으로 채용된 규칙에 준거(準據)할 필요가 있다는 것을 들고 있다. 즉, 다수의 국가에서 선하증권에 기재된 여러 조건에 대한 해석을 통일하는 것이 절대적으로 필요하다는 2가지 사고방식에 의거하여 실현된 것이다.

(2) 용선운송계약

용선운송계약(charter party; C/P)이란 특정항해구간 또는 특정기간 동안 선박의 전부 또는 일부를 일정조건하에 임대차하는 운송계약을 말한다. 이 경우 송화인은 용선계약자가 되며 송화인과 용선주의 관계는 용선계약에 의하여 구속된다.

용선운송계약은 주로 석유, 석탄, 목재 등 대량의 원자재화물을 운송하는 경우에 이용된다. 보통 이들 운송의 경우 수요에 따라서 배선(配船)되는 부정기선(tramper)이 이용된다. 용선운송계약은 용선의 범위(정부용선 또는 일부용선)와 계약기간을 정하는 방법(항해용선 또는 기간용선) 등에 따라서 분류되는데, 오늘날 국제통상, 개품운송계약과 같이 기본적인 운송계약은 항해용선계약이다.

헤이그 규칙은 용선운송계약에 대해서 적용하지 않는 것이 원칙이다(5조). 이는 용선운송계약의 당사자는 전문적인 해상거래인으로 경제적 대등한 입장에서 계약 내용의 결정은 당사자의 자유로운 의사에 맡기는 것이 좋다는 판단에 의한 것이다. 따라서 용선운송계약의 당사자는 자유롭게 계약 내용을 결정할 수 있다.

1) 항해용선계약

항해용선계약(Voyage charter)은 특정 항구에서 특정 항구까지의 일항차 또는 수개항차에 걸쳐 용선자인 화주와 선박회사 사이에 체결되는 운송계약이다. 항해용선계약은 당사자 자치가 보장되어 선하증권에 적용되는 헤이그-비스비 규칙과 같은 국제조약이 적용되지 않으므로 항해용선계약상의 화주는 선하증권계약상의 화주보다 불리한 입장에 놓일 수 있다. 그러나 항해용선계약에서 용선계약부 선하증권이 발행되므로 항해용선자가 아닌 제3자에게 국제조약이 강제적으로 적용되게 된다. 따라서 헤이그-비스비 규칙에서 정하고 있는 운송인의 책임을 경감하는 항해용선계약상의 규정은 무효가 된다.

2) 기간용선계약

기간용선계약(time charter)은 일정 용선기간에 따라 용선자가 용선주에에 용선료를 용선 개시 전에 미리 선지급하는 계약형태이다. 즉, 용선주는 선박과 그에 따른 설비 및 용구를 갖추고 선원을 승선시킨 상태에서 일정기간에 걸쳐 용선자에게 임대하며, 계약기간 중 용선주는 선원비 및 보험료와 같은 통상적인 선비를 부담하고 용선자는 연료비, 항세 및 용선료를 부담한다. 용선주는 다른 화주로부터 받은 운임과 용선료의 차액을 이윤으로 얻는다.

3) 나용선계약

나용선계약(bare boat charter)의 경우 용선자가 선박 이외의 선장, 선원, 장비 및 소모품에 대하여 모든 책임을 진다. 선원은 있지만 선박이 없을 경우 외국선박을 나용선하여 선원과 장비를 갖추어 다시 다른 나라에 재용선(sub charter)하는 형식이다.

(3) 정기용선계약

정기용선계약(time charter)이란 선주가 정한 항해구역 내에서 용선자가 일정기간 용선한 선박을 임의로 배선하고 계약상 제한된 화물을 제외한 어떤 화물이라도 적재할 수 있는 용선계약을 말한다. 선박임차약관과 선박이용약관 등 일정 특수한 약관을 포함하고 있는 점에서 항해용선계약과 기간용선계약은 그의 성질이 다르다. 정기용선계약에서 선주는 자기가 배승시킨 선장 및 선원을 통하여 계속 선박을 지배 관리할 수 있는 반면에 용선자는 용선기간 중 용선자는 용선기간 동안에 자기가 의도하는 항로에 자유롭게 배선운항 할 수 있는 이점이 있다. 따라서 정기용선계약은 타선이용에 의한 해상운송의 주류로 오늘날 세계적으로 넓게 보급되어 있다.

정기용선계약은 해운실무에서 나타난 비교적 새로운 운송형태로서 각국의 실무 관련 법률이 충분하게 마련되어 있지 않아 국제적 표준서식이 이용되고 있다. 이 같은 표준서식으로 발틱해국제해운동맹(The Baltic and International Maritime Conference; BIMCO)이 제정한 표준기간용선계약서식인 Baltime(Uniform Time charter)과 미합중국 해운중립업·대리점협회가 제정한 NYPE 46, NYPE 93 등이 있다.

2. 국제해상물품운송계약의 법원(法源)

우리나라는 국제해상물품운송법이라는 단일법 규정은 없으며 따라서 국제해상물품운송계약에 관한 주요 법원으로 상법과 해운법을 들 수 있을 것 같다. 해운법은 1963년 12월 5일(법률 제1472호) '해상운송의 질서를 유지하고 해상운송사업의 건전한 발전을 도모하여 공공의 복리 증진'을 위하여 제정되었다. 이후 몇 차례에 걸쳐서 일부 개정이 되었는데, 1978년 12월 5일(법률 제3145호) 일부 개정에서는 외국인이 출자한 법인에 대한 화물정기 및 부정기항로사업 면허기준을 신설하고, 외항선박운항사업자 간에 운임·요금 등에 관한 계약을 체결할 수 있도록 하는 한편, 외국인 정기항로사업자에 대한 규제방안을 마련하였다.

특히 1984년 1월 1일(법률 제3716호) 전면개정이 이루어 졌는데 "해상운송사업법"의 제명을 "해운업법"으로 변경하였다. 이는 우리나라 해운의 국제경쟁력강화를 위하여 선박의 공동운항 등 필요한 제도적 장치를 마련하고 여객선의 안전운항확보를 위하여 운항관리자에 대한 감독을 한국해운조합과 일원화하여 각종 규제사항을 완화하는 등 해운업의 자율성을 보장하기 위한 목적이었다. 이후 1993년 6월 11일(법률 제4546호) 해운환경의 자율화·개방화 추세에 따라서 정부의 행정규제를 완화하여 해운산업의 자율경영을 유도하고, 해운분야에서의 외국과의 마찰요인을 해소하기 위한 목적으로 '해운업법'을 '해운법'으로 법의 제명을 변경하였다.

헤이그 규칙은 시대 발전에 따라서 운송인의 책임 한도액의 인상과 컨테이너 수송의 대응 등의 개정 요구에 응하여 이제까지 2회에 걸쳐서 동 협약이 개정되었는데, 1968년 「선하증권통일협약의 일부를 개정하는 의정서」(일명 Visby Rules)와 금의 공정가격의 폐지에 따라 배상한도액의 기준통화로서 IMF의 특별인출권(Special Drawing Right: SDR)을 채택한 1979년 개정의정서가 그것이다. 마찬가지로 우리나라 상법 제791조 이하에서 해상운송계약과 관련한 일련의 규정들이 있는데, 이는 1924년 헤이그 규칙(Hague Rules, 1924; Hague-Visby Rules, 1968)의 내용을 수용하여 이를 명문으로 규정한 것이다.

3. 운송인의 주의의무

(1) 감항능력 주의의무

해상운송인은 항해 중에 통상적인 해상위험에 대응할 수 있는 능력을 갖춘(감항능력) 선박을 제공하여야 한다. 즉, 운송인은 운송품의 선적·적부(積付)·운송·보관·양륙 등 운송품의 취급과 관련하여 일반적인 주의의무를 부담하며, 안전하게 항해할 수 있는 능력(감항능력)을 갖춘 선박을 제공해야 한다. 나아가 필요한 선원의 승선, 선박의장과 필요품의 보급, 선창·냉장실, 그 밖에 운송물을 적재할 선박의 부분을 운송물의 수령·운송과 보존을 위하여 적합한 상태에 두어야 한다(상법 제794조). 따라서 자기 또는 선원이나 그 밖의 선박사용인이 발항 당시 주의를 해태하지 아니하였음을 증명하지 않는 한 운송물의 멸실·훼손 또는 연착으로 인한 손해를 배상하여야 한다(상법 제794조).

나아가 운송인의 책임과 관련하여 주의해야 할 점은 국제물품해상운송에서 발생하는 일정한 손해에 관해서 운송인에게 면책을 인정하고 있다는 점이다. 이에 대해서는 '4. 해상운송인의 면책사유'에서 언급하도록 하겠다.

(2) 운송물에 관한 주의의무

운송인은 자기 또는 선원이나 그 밖의 선박사용인이 운송물의 수령·선적·적부·운송·보관·양륙과 인도에 관하여 주의를 해태하지 아니하였음을 증명하지 아니하면 운송물의 멸실·훼손 또는 연착으로 인한 손해를 배상해야 한다(상법 제795조 제1항). 그러나 운송인은 선장·해원·도선사, 그 밖의 선박사용인의 항해 또는 선박의 관리에 관한 행위 또는 화재로 인하여 생긴 운송물에 관한 손해를 배상할 책임을 면한다. 다만, 운송인의 고의 또는 과실로 인한 화재의 경우에는 그러하지 아니하다(상법 제795조 제2항).

4. 해상운송인의 면책사유

(1) 항해과실

해상운송인은 선장, 해원, 도선사 기타 선박사용인의 항행 또는 선박의 관리에 관한 과실로 인하여 생긴 운송물에 관한 손해를 배상할 책임을 면한다(상법 제

795조 제2항 전단, 헤이그 규칙 제4조 제2항 a호). 여기서 항해과실이란 항해상의 행위에 관한 과실(errors of navigation)과 선박의 관리와 관련된 과실(negligence in management of the ship)을 포함하는 개념이다. 전자는 해도의 오독, 항행로의 잘못된 선택, 선박의 조종과실, 부적절한 항법의 시용 등 항행 기술상 행위에 관한 과실을 의미하며, 선박관리에 관한 과실이란 선박의 안전항행을 위한 선박자체에 대해서 행해지는 조치에 관한 과실이다.

(2) 화   재

해상운송인은 자신의 고의 또는 과실에 의한 것이 아닌 화재로 인하여 생긴 운송물의 손해에 대해서 면책된다(상법 제795조 2항 후단, 헤이그 규칙 제4조 제2항 b). 따라서 화재가 선장, 해원, 기타 보조자의 과실로 인하여 발생한 경우에도 운송인의 고의·과실이 없으면 운송인의 책임은 면책된다. 선박화재는 선박 내에서 발화된 것뿐만 아니라 외부(육상이나 다른 선박 등)에서 발화하여 당해 선박으로 옮겨 붙은 화재를 포함한다.9)

(3) 해상고유의 위험 또는 사고

해상운송인은 해상 기타 항행할 수 있는 수면에서 위험 또는 사고(danger and accidents of the sea or other navigable water)로 발생한 운송물의 손해에 대해서 면책된다(상법 제796조 1호, 헤이그 규칙 제4조 제2항 c) 여기서 해상고유의 위험이란 항행구역 또는 항해계절 등을 감안할 때 상당한 주의를 하더라도 예견할 수 없거나 예견했더라도 방지할 수 없는 위험 또는 사고를 말한다. 폭풍, 농무, 해일, 선박의 충돌, 난파, 좌초, 침몰 등의 경우가 그 예이다.

(4) 불가항력에 의한 손해의 발생

해상운송인은 불가항력에 의하여 발생한 운송물의 손해에 대해서 면책된다(상법 제796조 2호, 헤이그 규칙 제4조 제2항 d). 여기서의 불가항력이란 헤이그 규칙상 천재지변에 해당하는 면책사유로 낙뢰와 같이 상당한 주의로도 예견할 수 없고 인력으로 예방할 수 없는 자연적 위력에 의한 재해를 의미한다.

---

9) 대법원 2002. 12. 10. 선고 2002다39364 판결.

(5) 전쟁·폭동 또는 내란

해상운송인은 다음 ①~③과 같은 사유로 발생한 운송물의 손해에 대하여 면책된다(상법 제796조 3호, 헤이그 규칙 제4조 제2항 e, k).

① 전쟁: 전쟁은 국가 간 또는 국가에 준하는 단체 간의 집단적 무력충돌을 의미하며, 이에는 포격, 선박나포, 화물몰수 등 직접적 전쟁행위는 물론, 항만봉쇄, 군함과의 충돌 등과 같은 간접적 행위도 포함한다.
② 폭동: 무력을 행하지 아니한 집단적 폭력행동, 사회적 소요로 안녕과 질서를 어지럽히는 사변 등이 이에 해당한다.
③ 내란: 조직적인 무력으로써 정부의 전복, 국권을 탈취하는 등 국권을 불법적으로 파괴하는 조직적, 집단적 폭력행위를 말한다.

(6) 해적행위와 그 밖에 이에 준하는 행위

해상운송인은 해적행위 및 그 밖의 해적행위에 준하는 행위로 발생한 운송물의 손해에 대해서 면책된다(상법 제796조 4호, 헤이그 규칙 제4조 2항 f). 해적행위란 사적인 집단이 사욕을 위해 선박, 속구 또는 선적화물 등을 약탈하는 가해행위를 말하며 이에 준하는 행위로는 집단적인 해상강도 또는 테러행위 등이 포함된다. 따라서 육상에서의 강도행위나 일반인 내지 선원들의 절도에 의한 운송물 손해는 면책되지 않는다.

(7) 재판상 압류, 검역상의 제한 기타 공권에 의한 제한

해상운송인은 ① 운송인의 책임 있는 사유가 아닌 부당한 사유로 선박 또는 운송이 압류 또는 가압류 당한 경우, ② 정부 당국이 전염병이나 국민보건상의 질병 등을 예방하기 위하여 선박이나 운송물에 대해 시행하는 검역상 제한하는 경우, ③ 정부 또는 이에 준하는 행정당국 등 공권력의 발동에 의한 규제 또는 제한으로서 선박이나 운송화물의 입출항 금지, 선박의 해상통항금지 또는 항만의 봉쇄, 금제운송화물의 몰수 등 공권력에 의하여 제한하는 경우에 발생한 운송물의 손해에 대해서 면책된다(상법 제769조 5호, 헤이그 규칙 제4조 제2항 g, h).

(8) 송하인 또는 운송물의 소유자나 그 사용인의 행위

해상운송인은 송하인, 운송화물의 소유자 또는 그 사용인이나 대리인이 당해 화물의 운송에 필요한 적정한 행위를 하지 않았거나 불완전하게 한 결과(포장의 불충분, 운송에 필요한 서류의 미비, 필요한 관공서 절차의 미이행 등)로 발생한 운송물의 손해에 대해서 면책된다(상법 제796조, 헤이그 규칙 제4조 제2항 i).

(9) 동맹파업이나 그 밖의 쟁의행위, 선박폐쇄

해상운송인은 그의 과실이 없는 한 동맹파업이나 그 밖의 쟁의행위 또는 선박폐쇄로 인하여 발생한 운송물의 손해에 대하여 면책된다(상법 제796조 7호, 헤이그 규칙 제4조 제2항 j). 여기서의 동맹파업이나 그 밖의 쟁의행위란 근로자 선원 등이 그들의 주장을 관철하기 위하여 집단적으로 노무제공을 거부하거나 집단적으로 업무능률을 저하시키고 소극적으로 업무를 수행함으로써 사용자에게 손해를 가하는 쟁의행위를 말하며, 선박폐쇄란 보통 선박근로자의 단체 쟁의행위인 동맹파업 등에 대항하여 그들의 사용자로서의 선주가 선원을 선박업무에 임하지 못하도록 현실적으로 저지하는 행위를 말한다.

(10) 해상에서의 인명·재산의 구조행위 및 이로 인한 항로이탈, 기타 정당한 이유로 인한 항로이탈

해상운송인은 아래와 같은 구조행위 또는 정당한 이유로 인한 항로이탈로 인하여 발생한 운송물의 손해(멸실, 훼손, 지연손해)에 대해서 면책된다(상법 제796조 8호, 헤이그 규칙 제4조 제2항).

즉, ① 해상에서 인명이나 재산을 구조하는 행위는 물론 구조행위의 시도 및 구조행위에 착수했으나 실패한 경우(헤이그 규칙 제4조 제2항, l). ② 정당한 이유로 인한 항로이탈(reasonable deviation). 여기서의 항로이탈은 정해진 항로의 변경뿐만 아니라 정박항구의 변경 및 정박순서의 변경을 포함한다. 해상운송인이 항로를 이탈하는 경우 해상위험을 증가시키고 연착의 원인이 될 수 있어 원칙적으로 항로이탈은 허용하지 않는 것이 원칙이다. 그러나 예외적으로 해상에서의 인명·재산의 구조행위 및 이로 인한 항로이탈 기타 정당한 이유로 인한 항로이탈의 경우에는 면책된다.

(11) 운송물 포장의 하자 또는 기호표시의 불완전

해상운송인은 화물 포장의 불충분 또는 기호 표시의 불완전으로 인한 운송물의 손해에 대해서 면책된다(상법 제796조 9호, 헤이그 규칙 제4조 제2항 n).

포장의 불충분(insufficiency of packing)이란 운송화물에 적합하지 않은 포장재료, 불량재료 또는 포장방법의 결함 등이 포함되며, 해당 항로를 항해하는 도중의 통상적인 해상위험과 통상적인 선적·양륙작업에 견딜 수 있는 포장상태를 의미한다. 또, 운송물 기호 표시의 불완전(insufficiency or inadequacy of marks)이란 운송화물의 식별을 용이하게 하기 위한 포장, 용기 또는 화물 자체에 표시되는 각 화물 고유의 하인(荷印)을 의미한다. 운송물의 기호는 통상 문자, 숫자 및 도형으로 구성되어 있으며, 이는 물품의 주 기호 외에 품질, 목적지, 화물번호, 원산지 등을 축약·내포하고 있다. 따라서 기호표시의 불완전에는 이러한 표시를 하지 않거나 부정확한 표시, 부적절한 표시, 또, 항해 종료 시까지 판독이 어려울 정도로 지워지게 한 표시를 포함한다.

(12) 운송물의 특수한 성질 또는 숨은 하자

해상운송인은 물품의 특수한 성질 또는 숨은 하자로 인한 운송물의 손해에 대해서 면책된다(상법 제796조 10호, 헤이그 규칙 제4조 제2항 m). 여기서 운송물의 특수한 성질이란 운송물품과 동종의 물품에 공통되는 선천적인 특성으로 통상의 운송과정에서 외부로부터 어떤 충격이나 사고가 없음에도 물품이 자연적으로 감량, 변질, 변색 혹은 훼손을 일으키는 특성을 말하며(과실, 생선 등의 자연부패, 곡물의 건조로 인한 감량 또는 액체화물의 자연누실에 의한 감량 등), 운송물의 숨은 하자란 특정의 화물운송에 대하여 상당한 주의를 다하여도 발견할 수 없는 숨은 하자를 말한다(땅콩껍질 속에 생긴 충해, 화학제품의 제조과정에서 생성된 부산물의 존재로 인하여 생긴 변색 등).

(13) 선박의 숨은 하자

해상운송인은 신중하고 상당한 주의를 다하여도 발견할 수 없는 선박(선체, 선창, 설비 포함)의 잠재된 하자(latent defect)로 인해 발생한 운송물에 대해서 면책된다(상법 제796조 11호, 헤이그 규칙 제4조 제2항 p). 여기서 '상당한 주의로서도 발견할 수 없는 선박의 숨은 하자'란 사안에 따라서 판단해야 하지만 대체적으로 상당히 숙련된 기술을 가진 사람(a person of competent skill)이 통상적인 주의(ordinary care)를 하여
도 발견할 수 없는 하자, 또는 이제까지 알려진 통상적인 검사방법으로는 발견할
수 없는 하자를 의미한다. 숨은 하자에 대한 입증책임은 운송인에게 있다.

　이 같은 규정은 헤이그 규칙을 제정할 당시 종래 선하증권에 열거되었던 면
책사유를 폐지하는 대신, 증명책임의 감경사유로 법조문화 함으로써 운송인과 송
화인의 이익의 균형을 도모하기 위한 것이다.

5. 국제해상물품운송협약

　헤이그-비스비 규칙(Hague Visby Rule)은 헤이그 규칙(Hague Rule)을 기본으로
시대 발전에 따른 수정을 통하여 해석상의 문제점들을 해결하려한 것임에 대하
여, 1978년에 채택한 유엔해상물품운송협약(United Nations Convention on the carriage of
Goods by Sea), 즉, Hamburg Rules은 새로운 협약의 제정형식을 취하고 있다. 헤이
그 규칙이 주로 선진국의 이익을 대변했다는 개발도상국들의 주장을 반영하여 항해
성의 과실면책을 부정하는 등 헤이그 규칙과 전혀 다른 내용으로 규정하고 있다.

(1) 헤이그-비스비 규칙

1) 개　　요

　헤이그 규칙(Hague Rule)은 1924년 이후 40여 년 동안 국제해상운송법의 국제
적 통일을 위하여 공헌하여 왔다. 특히 선하증권의 가장 중요한 조항의 표준화를
정립했다는 점과 해상운송 중에 발생하는 위험의 공평한 분배에 노력하여 왔다.
그러나 이 규칙을 채용하여 입법화한 국가들 간에 본 규칙의 해석상의 상위와, 새
로운 컨테이너 화물운송수단의 등장, 통신수단의 발전 및 항해기술의 발전, 인플
레이션 등 협약의 사회경제적 배경의 변동 등으로 종래의 원칙 내지 규정으로는
오늘날의 국제해상운송관계를 규율하기에 한계가 있었다.

　그 결과 1959년 9월 리제카에서 개최된 국제해사위원회 제24회 총회에서 선
하증권약관 소위원회(Sub-Committee on the Bill of Lading Clauses)를 구성하여 헤이그
규칙의 수정안에 대한 준비에 착수하였고, 국제해사위원회의 선하증권약관소위원
회는 규칙의 내용을 검토하여 1960년 8월 파리에서 회의를 개최하여 검토한 이후

보고서를 작성하여 국제해사위원회에 제출하였다.

이후 1963년 스톡홀름에서 개최된 국제해사위원회 제26차 총회에서 선하증권통일조약의 일부 개정안이 채택되었으며, 1967년 5월 브뤼셀에서 개최된 12차 해사법외교회의를 거쳐서 1968년 2월 23일 해사법외교회의 제2회기에서 참가국 가운데 24개 국가의 찬성에 의하여 1968년 선하증권통일조약 개정의정서 즉, 1924년 브뤼셀에서 채택된 '선하증권에 관한 약관의 규칙통일을 위한 국제조약을 개정하는 의정서(Protocol to amend the International Convention for the Unification of certain Rules of Law Relating to the Bills of LAding signed Brussels on 25th August 1924)(Brussels, February 13th, 1968)'라는 정식명칭으로 성립하였다. 이 규칙을 심의·채택회의가 개최된 비스비의 지명을 따서 비스비 규칙(Visby Rules)이라고 부르게 되었는데, 헤이그 규칙(Hague Rules)과 합쳐서 '헤이그-비스비 규칙(Hague-Visby Rules)'이라고 한다.

헤이그-비스비 규칙은 1979년 12월 21일에 브뤼셀에서 서명된 의정서(1979년 의정서)에 의해 개정되었다. 이 의정서는 '1979년 헤이그-비스비 특별인출권 의정서(1979 Hague-Visby Special Drawing Right Protocol)'라고도 하고, 포아카레 프랑으로 되어 있던 운송인의 책임한도액을 IMF의 특별인출권(SDR)에 의한 표시로 변경했다.

2) 주요 내용

가. 적용범위의 확대

헤이그 규칙은 조약의 적용범위를 체약국에서 발행된 선하증권으로 한정하고 있으나(제1조), 개정의정서에는 이것을 확대하여 ① 선하증권이 체약국에서 발행된 경우, ② 운송이 체약국의 항구로부터 개시된 경우, ③ 선하증권상에 포함된 계약 또는 선하증권에 의하여 증명된 계약이 이 조약 또는 계약의 효력을 인정하는 국내법을 준거법으로 정한 경우 등에는 당해 운송계약 관계가 규율된다고 규정하여 (제10조) 그 적용범위를 확대하였다.

나. 선하증권의 증거력 강화

헤이그 규칙은 선하증권의 추정적 증거로써의 효력만을 인정함으로서 선하증권의 유통성 저해 및 선의의 선하증권 소지인을 보호하기에 충분하지 못하였다. 그러나 의정서는 선하증권의 유통성의 강화를 위하여 헤이그 규칙상의 추정적 증거력의 원칙에 추가하여 선의의 선하증권 소지인에 대한 관계에서는 선하증권기재의 결정적 또는 절대적 증거력을 부여하였다(제1조 제1항).

다. 운송인의 책임한도액의 인상

헤이그 규칙에서 운송인의 배상책임한도액은 선하증권에 가액의 기재가 없을 때에는 운송물의 1포장(Package) 또는 1단위(Unit)에 대하여 영국화폐 100파운드 또는 그 밖의 통화인 경우에는 이와 동액으로 규정하여 유한책임을 인정하고, 그 파운드가 어떠한 내용의 금화인지에 관하여는 규정하지 않았다. 또, 각국이 100파운드를 자국의 통화로 환산하는 시기에 관한 규정도 없었다. 그 결과 이 규칙을 채택한 각국 간에 운송인의 책임한도액이 통일되지 않았다. 화폐가치의 하락 등을 고려하여 현저하게 불합리하게 되는 점을 시정하기 위하여 개정된 의정서는 포장, 단위당 10,000 포앙카레 프랑 상당액과 멸실 혹은 손상된 물품 총 중량의 kg당 30 포앙카레 프랑 상당액 가운데 더 많은 금액을 운송인의 책임한도액으로 하는 새로운 규정을 두었다(제4조 제5항(a)).

라. 컨테이너 조항 신설

헤이그 규칙을 작성할 당시에는 컨테이너 운송은 존재하지 않았으므로 이에 대한 규정이 없었다. 그러나 60년대부터 컨테이너 운송이 증가되었고 운송인의 1포장 당의 책임한도액은 컨테이너 내의 개개의 포장인지 아니면 컨테이너 1개 전체인지의 여부가 문제로 대두되었으며 판례도 일치하지 않았다. 따라서 개정 의정서에는 선하증권에 컨테이너, 팔레트 등에 적입된 포장 또는 개수가 표시되어 있으면 그 개개의 포장 또는 단위를 운송인의 책임한도액에 적용하고, 표시되어 있지 않으면 컨테이너 팔레트 그 자체를 1포장 또는 단위로 간주하게 되는 컨테이너 조항(Container clause)을 신설하였다.

마. 기   타

불법행위의 경우 책임에 관한 조약상의 항변과 책임제한의 이익을 주장할 수 있도록 운송인의 대리인과 사용인의 경우도 이를 원용할 수 있도록 하였고, 당사자의 합의에 의한 책임의 소멸시효의 연장 및 책임이 소멸된 경우라도 법정지법이 허용하는 기간 내에 소송을 제기하면 운송인의 구상권은 소멸하지 않도록 하였다.

(2) 함부르크 규칙

1) 개 요

함부르크 규칙(Hamburg Rulesm, 1978)은 개발도상국의 발의에 의하여 기존의 선하증권조약에 대한 근본적인 재검토를 통하여 운송인의 책임을 대폭 강화하여 화주의 권리가 강화된 선하증권관련 국제규칙이다. 헤이그 규칙, 헤이그-비스비 규칙의 해상책임체계는 선진 해운국을 중심으로 화주국인 개발도상국의 의사를 무시하고 제정된 것으로 경제개발의 저해요인이 되었다는 개발도상국들의 비판과 함께 운송인의 책임체계의 근본적인 변화를 주장하였다. 이에 따라 유엔무역개발위원회(U.N. Conference on Trade and Development: UNCTAD)의 발의로 유엔국제무역법위원회(Commission on International Trade Law: UNCITRAL)는 1972년부터 심의하여 작성한 "해상화물운송에 관한 조약안"을 1978년 독일 함부르크에서 유엔 주최 해상화물운송전권회의에서 「United Nations Convention on the Carriage of Goods by Sea(1978)(Hamburg Rules)」 채택하게 되었다. 함부르크 규칙의 특징은 해상운송법제상 항해과실에 대한 운송인의 면책을 부정하는 등 운송인의 면책사유를 축소하고, 운송인에게 무과실책임을 부과하였다는 점이다. 또 운송인의 책임제한액을 인상하는 등 헤이그 규칙의 체계를 근본적으로 바꾸어 운송인의 책임을 가중시켰다는 점이다.

2) 주요 내용

가. 선하증권기재사항의 상세 규정

헤이그-비스비 규칙에서는 선하증권의 기재사항으로 화물의 식별에 필요한 기호, 포장의 개수, 용적 또는 중량 및 화물의 외관상태 등 3개 사항만을 열거하고 있음에 반하여 함부르크 규칙에서는 보다 상세한 규정을 두고 있다. 즉, (1) 화물의 종류, 화물식별을 위한 화인(貨印), 위험물인 경우 그 위험성, 포장 또는 개품의 수 및 중량 또는 기타 표시의 수량, (2) 화물의 외관상태, (3) 운송인의 명칭 및 주된 영업소의 소재지, (4) 송하인의 명칭, (5) 송하인이 수하인을 지정한 때에는 그 수하인의 명칭, (6) 운송계약상의 선적항 및 화물 수령일, (7) 운송계약상의 양륙항, (8) 선하증권 원본의 발행 통수, (9) 선하증권 발행지, (10) 운송인 또는 운송인에 갈음하여 행위하는 자의 서명, (11) 선하증권 또는 기타의 해상운송계약을 증명하는 증권이 발행된 경우, 그 증권에는 이 조약이 저촉되고 송하인 또는 수하인의 불이익한 일체의 약관을 무효로 한다는 본 조약규정에 따른다는 취지를 기재해야 함(제23조 3항), (12) 수하인이 지급해야 할 운임의 범위 또는 수하인이 지급한다는 의사의 표시, (13) 화물을 갑판적(on-deck stowage)으로 운송한다거나 또는 갑판적으로 운송되어 질 수 있다는 취지의 문언, (14) 당사자 간에 명시적으로 합의된 경우, 화물을 인도할 날 또는 기간, (15) 합의된 경우, 본 규칙규정보다 증가된 운송인의 책임한도, (16) 기명선박에 선적되었다는 사실 및 그 일자 등이다.

나. 확대된 규칙의 적용범위

헤이그-비스비 규칙에서 그 적용을 제외하였던 생동물, 갑판적 화물을 포함시켜, 선하증권의 발행유무에 관계없이 용선계약에 의한 살물(撒物) 운송을 제외한 모든 개품 운송에 적용하도록 하였다(제2조).

다. 운송인의 책임기간의 확대

헤이그-비스비 규칙의 책임기간은 화물의 선적부터 양륙까지인데 비하여, 함부르크 규칙은 운송인이 화물을 수령한 때부터 인도까지로 확대하였다(제4조).

라. 면책사유 열거주의 폐지

함부르크 규칙은 항해과실을 운송인의 면책사유로 인정하지 않는 것을 포함하여 선박취급상의 과실면책, 선박화재 면책 조항 등 헤이그-비스비 규칙에서 규정한 16가지의 운송인의 면책사유를 폐지하였다. 본 규칙에서 운송인에게 인정되는 면책사유는 살아있는 동물(live animal), 고유의 위험 및 해난구조에 따른 손해로 한정하였다(제15조).

마. 인도지연에 대한 책임조항 신설

헤이그-비스비 규칙에서는 인도지연에 관한 규정이 없었으나, 함부르크 규칙에서는 인도지연의 정의 규정과 함께 운송인의 책임한도액을 명문으로 규정하였다. 즉, 인도지연이란 운송계약에서 명시적으로 합의된 기간 내에, 또 그러한 합의가 없는 때에는 당해 정황을 고려하여 성실한 운송인에게 요구되는 합리적 기간 내에 물품이 인도되지 아니한 경우를 말하며(제5조 2항), 이 같은 지연이 있는 경우 운송인은 운임의 2.5배로 배상책임액을 제한할 수 있으며, 해상운송계약에 의하여 지급되는 운임총액을 초과하지 못하도록 그 상한액을 규정하였다(제6조 1항b).

바. 운송인의 책임제한액의 인상

화물이 멸실 또는 훼손된 경우, 헤이그-비스비 규칙에서 포장 당 666.67SDR 또는 kg당 2.00SDR중 높은 쪽을 택하여 산출된 금액을 운송인의 책임제한액으로 할 수 있도록 규정한데 비하여, 함부르크 규칙에서는 이를 835SDR 또는 kg당 2.5SDR로 인상하였다(제6조 1항 a).

사. 손해통지기한 및 제소기한 연장

헤이그-비스비 규칙에서 화물의 멸실 또는 훼손이 외부에 나타나지 않을 때에는 화주가 화물을 인도받은 날로부터 3일 이내에 서면으로 운송인에게 통지하도록 하였으나, 함부르크 규칙에서는 이를 15일로 연장(제192조 2항)하고, 인도지연의 경우는 60일 이내에 지연손해에 관한 서면통지를 하지 않으면 수하인은 지연손해에 대한 청구권을 잃는다(제19조 5항).

또, 헤이그-비스비 규칙은 화물의 인도일 또는 인도했어야 할 날로부터 1년 이내에 소송의 제기가 없으면 운송인은 화물손해에 대한 일체의 책임을 면한다. 그러나 함부르크 규칙에서는 이를 2년으로 연장하고 그 이후의 소송절차는 효력이 없다 규정하였다(제20조 1항).

아. 송하인의 보상각서에 관한 조항 신설

운송화물에 이상이 있음에도 불구하고 운송인이 그 내용을 선하증권에 편입하지 않음으로 인하여 발생할 수 있는 운송인의 손해를 송하인이 보상하겠다고 약정하는 보상각서(letter of identity) 및 합의서는, 제3자에 대해서 효력이 없지만 송하인과 운송인 사이에는 유효하다고 규정하였다(제17조).

자. 재판관할 및 중재신청 장소에 관한 조항 신설

함부르크 규칙은 원고 또는 중재 신청인에게 법원 또는 중재장소의 선택권을 부여하면서 다음 중 하나를 선택하도록 하고 있다(제21조 및 제22조).

　ⅰ. 피고/피신청인의 주영업소 소재지, 그것이 없을 때에는 피고/피신청인의 평소의 거소지, 또는
　ⅱ. 운송계약의 체결지(피고/피신청인의 사무소, 대리점이 있을 경우), 또는

iii. 선적항, 또는

iv. 운송계약이나 중재계약으로 특별히 지정한 장소

함부르크 규칙은 헤이그-비스비 규칙보다 그 체계가 구체적이고 현실화되었다. 그러나 본 규칙은 주로 내륙의 화주국, 개발도상국의 요청에 의하여 성립된 것으로 해상으로의 항행이라는 위험을 고려하지 않고 화주보호 측면을 강하게 반영한 것이 특징이다. 나아가 운송인을 운송화물의 담보자로서 높은 책임을 귀속시키는 한편, 운송인 자신이 면책되기 위해서는 당해 운송에 관한 일체의 의무이행과 손해방지를 위한 모든 조치를 다하였다는 입증책임까지 귀속시켰다.

이 같은 책임귀속의 체계는 위험의 분배를 깨뜨리고 결국 운임의 인상 등의 요인이 되기 때문에 우리나라를 포함하여 대다수의 국가들도 동 조약에 비준하지 않고 있다. 그 결과 동 조약은 현재 발효 중에 있지만 대부분의 비준국가들은 내륙국, 신생 또는 아프리카 국가들이며 이들 비준국가들의 물동량도 세계 물동량의 2%에도 미치지 못하는 등, 동 조약은 현재 국제적으로 실질적인 효력을 발휘하지 못하고 있는 실정이다.

▬ 헤이그 규칙과 함부르크 규칙

구 분	Hague Visby Rule	Hamburg Rule
적용대상	체약국에서 발행된 선하증권	체약국과 관련된 해상운송계약
책임기간	적재부터 양하까지(Tackle to Tackle)	인수부터 인도까지(Receipt to deliver)

책임원칙	• 과실책임주의
	  － 선박의 불감항성
	  － 상사과실
	• 면책사유 열거
	  － 항해과실, 화재 등 17가지
		• 과실책임주의
		  운송인은 자기 또는 그 사용인 등이 운송물의 손해의 원인이 된 사고를 회피하기 위하여 합리적으로 조치를 취하였다는 것을 입증하지 못하면 화물 배상책임 발생

책임제한	• 포장당: 667SDR • kg당: 2SDR	• 포장당: 835SDR • kg당: 2.5SDR
제척기간	인도완료(예정)일로부터 1년	인도완료(예정)일로부터 2년

6. 선하증권

(1) 의   의

선하증권(bill of lading: B/L) 해상물품운송계약에 따라서 운송품을 수령한 운송인이 그 수령 또는 선적의 사실을 증명함과 동시에 목적지에서 증권의 정당한 소지인에게 운송품을 인도할 것을 약속한 증권을 말한다. 즉, 선주가 자기 선박에 화주로부터 의뢰받은 운송화물을 적재 또는 적재를 위하여 그 화물을 영수하였음을 증명하고, 동 화물을 도착항에서 일정한 조건하에 수하인 또는 그 지시인에게 인도할 것을 약정한 유가증권이다. 국제해상운송의 경우 물품이 화주에게 도착하기까지 상당한 시간을 요하는 것이 보통이다. 또, 원격지에 있는 화주로서는 물품이 안전하게 적재되었는지 여부를 확인하는 것은 사실상 어렵다.

이와 관련하여 헤이그 규칙은 선하증권에 관하여 몇몇 중요한 사항에 대해서만 규정하고 기타 문제는 국내법에 따르도록 하였다. 따라서 국제해상물품 운송은 상법의 규정을 중요시함으로써 조약의 규정을 보충하고 있다.

(2) 종   류

선하증권에는 여러 종류가 있는데 그 가운데 실무상 중요한 것으로 선적선하증권과 수취선하증권 및 무사고 선하증권과 사고부 선하증권 등이 있다.

1) 선적선하증권과 수취선하증권

선하증권의 발행시기가 운송물의 수령 후인지 아니면 선적후인지에 따른 구별이다(상법 제852조 제1항 및 제2항). 선적선하증권(shipped B/L)은 화물이 선적되었다는 요지의 기재가 있는 선하증권으로, 따라서 화물이 실제 본선에 적입이 된 후에 발행되며, 가장 많이 이용되고 있다. 선적선하증권은 보통 증권면에 "shipped...", "shipped on board...", "received on board..."와 같이 기입함으로써 선적선하증권임을 표시하고 있다. 그러나 선적전이라도 화물이 선박회사의 창고에 반입되면 화주의 요청에 따라서 선박회사는 선하증권을 발행할 수 있으며, 이때에는 "received for shipment..." 또는 received to be transported by steamer" 등으로 기입되는데 이를 수취선하증권(Received B/L)이라 한다. 즉, 컨테이너 화물 등의 경우 컨테이너 야적장에 운송품이 야적된 때에 운송품의 수취가 있다는 요지를 기재하여 발행하게 된다. 수취선하증권이 발행되어도 화물이 선적되었다는 사실과 선적일을 기입하고 운송인이나 그의 대리인이 서명하면 선적선하증권과 동일하게 취급한다. 수취선하증권은 선적사실을 증명하는 것이 아니라는 점에서 선적선하 증권에 비하여 신뢰도가 낮다.

2) 무사고 선하증권과 사고부 선하증권

선적화물의 상태가 양호하여 약정한 수량의 전부가 선적되면 선박회사는 선하증권면의 적요란(remarks)에 사고 문언이 없는 선하증권을 발행한다. 이 같은 선하증권을 무사고 선하증권(Clean B/L)이라고 하며, 선하증권 면에는 "Shipped on board in apparent good order and condition"이라고 기재되어 있다. 이에 반해서 선적된 화물이 포장이나 수량 또는 기타 화물이 불완전한 상태인 때에는 선박회사는 선하증권의 적요란에 사고문언을 기재하여 선하증권을 발행한다. 이 같이 B/L의 적요란에 사고문언이 기재되어 있는 선하증권이 사고부 선하증권(Foul B/L: Dirty B/L)이다.

운송품이 정상상태가 아니라는 사고 문언이 기재되어 있는 사고부 선하증권은 신용장거래에서 대부분 거절되는데 실무에서 송하인이 운송인에 대하여 장래 문제가 생겨도 운송인에게 책임을 묻지 않겠다는 요지의 훼손화물보상장(letter of idemnity)의 문구를 넣어 그것과 상환하여 무사고 선하증권을 교부받는 경우가 있다. 이 같은 경우 악의의 목적으로 이용될 수 있으며, 매수인과 은행에 불측의 손해를 야기하고 선하증권의 신용을 떨어뜨릴 수 있는 등의 문제가 있다.

3) 기명식 선하증권과 지시식 선하증권

기명식 선하증권(Straight B/L)은 수화인 란에 수화인(consignee)의 성명을 명확하게 기입된 것으로서 수화인으로 기명된 자만이 물품인도를 청구할 수 있고, 수출상은 권리가 없으므로 화환어음에 의한 결제가 아니고 송금결제방식이나 청산결제방식의 거래에 한하여 이용되고 있다. 지시식 선하증권(Order B/L)은 선하증권의 수화인으로 "Order", "Order of Shipper", "Order of…(Buyer)", "Order of…Negotiation Bank"로 표시하여 발행되는 선하증권이다. 지시식 선하증권은 이들 Shipper, Buyer, Negotiation bank 등이 이서하면 유통시킬 수 있다.

4) 통선하증권

통선하증권(Through B/L)이란 화물의 운송이 해운과 육운의 양 경로를 통과하는 경우에 최초의 운송인과 화주 간에 체결되는 운송계약에 의하여 발행되는 선하증권인 동시에 철도의 화물수취증(Way Bill: 영국, Railroad Bill of Lading: 미국)을 적용한 것으로서 주요 운송경로가 해운이라는 점에서 선하증권에 속한다.

5) 환적선하증권

통선하증권(Through B/L)은 최초의 운송인만이 서명하여 그가 수화인 또는 B/L 소지인에 대하여 운송상의 모든 책임을 지게 되지만, 환적선하증권(Transhipment B/L)은 목적지까지 운송도중 중간항에서 화물을 다른 선박에 환적하여 최종목적지까지 운송하는 경우 발행되는 선하증권을 말한다.

6) Third Party B/L

운송계약의 주체인 Shipper와 L/C상의 Beneficiary가 다른 선하증권이 제3자 선하증권(Third Party B/L)이다. 즉, 한국에서 일본으로 수출을 하려는 업체가 수출물품을 한국이 아닌 중국에서 조달하여 수출하는 경우에, 계약당사자, 즉, L/C상의 Beneficiary는 한국의 수출상이지만, 실제 수출물품은 중국에서 선적되어 선하증권상의 Shipper는 중국에 있는 제3의 업체가 된다. 이런 경우 오해나 분쟁을 방지하기 위해서는 신용장이나 매매계약서에 "Third party Bills of Lading are acceptable"이라는 문구를 기재한다.

7) 운송주선인협회 선하증권

운송주선인이 운송계약 주체가 되어 발행하는 선하증권으로서 국제운송주선인협회연맹(FIATA)이 제정한 증권(FIATA B/L)으로, 이 연맹에 가입한 회원만이 본 증권을 발행할 수 있다. 이 증권은 통상 복합운송에 이용되고 있다.

8) Stale B/L

Stale B/L은 선적 후 상당일수가 경과된 선하증권이다. 신용장통일규칙 제43조 a항에 의하면, 운송서류를 요구하는 모든 신용장은 운송서류 발행일자 이후에 지급, 인수 또는 매입을 위하여 서류를 제시하여야 할 특정기간을 명시하도록 하고 있다. 그 같은 기간이 약정되어 있지 않은 경우에 은행은 운송서류의 발행일자 이후 21일 경과한 후 제시된 서류는 거절하도록 규정되어 있으므로 은행은 특별히 신용장 면에 "Stale B/L Acceptable"이란 조항이 없이는 이를 수리하지 않게 된다.

9) Long Form B/L과 Short Form B/L

선하증권은 이면약관의 기재 여부에 따라 이면약관이 전부 인쇄되어 있는 Long Form B/L과 그렇지 않은 약식선하증권(Short Form B/L)으로 나눌 수 있다. 약식선하증권은 최근 미국계 선박회사를 중심으로 사용하고 있는 선하증권의 일종이며, 보통 사용되는 Long Form B/L상의 선박회사와 화주의 권리와 의무에 따르도록 하고 있다.[10]

10) Red B/L

Red B/L은 보통의 선하증권과 보험증권을 결합한 것으로서 이 증권에 기재된 화물이 항해 중에 사고가 발생하면 이 사고에 대하여 선박회사가 보상해주는 선하증권이다. 이 경우 선박회사는 모든 Red B/L 발행 화물을 일괄부보하게 되므로 궁극적으로 손해부담은 보험회사가 지게 된다. 그러나 운임에 보험료가 포함되므로 결과적으로 보험료는 운송계약자의 부담이 된다.

(3) 선하증권의 기재사항

선하증권면의 내용은 상법 제814조에 의하여 반드시 기재해야 할 필수기재사항과 계약 당사자 간에 임의로 정하여 기재할 수 있는 임의기재사항이 있다.

1) 법정기재사항

선적화물
- ① 운송품명(description of commodity)
- ② 중량(weight)
- ③ 용적(measurement)
- ④ 개수(number of packages)
- ⑤ 화물의 기호(marks and nationality)

---

10) "All the terms of the carrier's regular long form of Bill of Lading are incorporated herein with like force and effect as if they were written at length herein. A copy of such Bill of Lading may be obtained from the carrier, its agent, or the master."

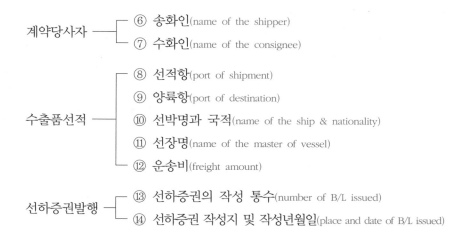

계약당사자 ── ⑥ 송화인(name of the shipper)
　　　　　　　 ⑦ 수화인(name of the consignee)

수출품선적 ── ⑧ 선적항(port of shipment)
　　　　　　　 ⑨ 양륙항(port of destination)
　　　　　　　 ⑩ 선박명과 국적(name of the ship & nationality)
　　　　　　　 ⑪ 선장명(name of the master of vessel)
　　　　　　　 ⑫ 운송비(freight amount)

선하증권발행 ── ⑬ 선하증권의 작성 통수(number of B/L issued)
　　　　　　　　 ⑭ 선하증권 작성지 및 작성년월일(place and date of B/L issued)

2) 임의기재사항

① 통지처(Notify Party)

② 본선의 항차 번호(voyage No.)

③ 운임 및 지불지 환율

④ 선하증권번호(B/L No.)

⑤ 일반약관(General Clause) 또는 면책약관(Exception)

⑥ 스템프 약관(Stamp Clause)

⑦ 비고(Remark)

송하인이 서면으로 통지한 운송물의 종류, 중량 또는 용적, 포장의 종별, 개수와 기호에 대한 기재사항이 정확하다는 사실을 운송인이 담보한 것으로 본다(상법 제853조 제3항). 또, 운송인이 선하증권에 기재된 통지수령인에게 운송물에 관한 통지를 한 경우 송하인 및 선하증권소지인과 그 밖의 수하인에게도 통지한 것으로 본다(상법 제853조 제4항).

(4) 선하증권의 효력

1) 채권적 효력

선하증권의 소지인은 운송인에 대하여 운송계약상 채무의 이행을 청구할 수 있으며 불이행의 경우에는 손해배상을 청구할 수 있다. 이 같은 선하증권의 효력을 채권적 효력이라 한다. 선하증권의 기재가 사실과 다른 경우, 운송인은 그것으로서 선의의 선하증권을 소지하고 있는 자에게 대항할 수 없다. 즉, 선의의 선하증권소지인과의 관계에서 증권상의 기재가 사실에 반하는 경우에도 운송인은 증권상의 기재에 따른 의무를 부담한다. 헤이그－비스비 규칙에서도 부실기재에 대한 선의의 제3자에 대한 반증은 허용되지 않는다(제3조 4항)하여 운송인의 과실 유무를 묻지 않고 있다.

2) 물권적 효력

선하증권의 물권적 효력이란 선하증권이 운송물 상의 담보권의 설정이나 이전에 대하여 갖는 효력을 말한다. 즉, 선하증권에 의하여 운송물을 받을 수 있는 자에게 선하증권을 교부한 때에는 운송물 위에 행사하는 권리(소유권, 질권 등)의 취득에 관하여 운송물을 인도한 것과 동일한 효력이 있는 것을 말한다. 선하증권의 물권적 법률관계는 주로 선하증권의 소지인이 선하증권에 의하여 표창된 운송물에 대한 소유권 또는 담보권을 취득하는가의 문제로 대두된다.

선하증권은 증권의 인도만으로 운송품의 인도와 같은 동일한 효력이 생기는 물권적 효력이 있다. 선하증권은 물권적 효력이 있는 결과 송화인은 운송중의 물품에 대해서 선하증권을 인도함으로써 양도 및 저당을 할 수 있으며 물품의 도착을 기다리지 않고도 대금의 회수가 가능하다. 단, 선하증권이 발행된 경우 선하증권에 의해 운송물을 받을 수 있는 자에게 선하증권이 교부된 경우 운송물을 받을 수 있는 자는 운송물에 행사할 수 있는 권리도 운송물을 인도받은 것과 동일하게 취득한 것으로 본다(상법 제133조 및 제861조).

선하증권이 발행된 경우 운송인과 송하인 사이에 선하증권에 기재된 대로 운송계약이 체결되고 운송물을 수령 또는 선적한 것으로 추정하며, 선하증권에 기재된 대로 운송인으로서 책임을 부담한다(상법 제854조). 선하증권은 기명식인 경우에도 배서에 의해 양도할 수 있으며(상법 제130조 및 제861조), 선하증권에 배서를 금지하는 뜻을 기재한 경우에는 그러하지 아니하다.

(5) 선하증권의 준거법

선하증권은 해상운송인이 해상물품운송계약에 따른 운송물의 수령 또는 선적을 증명하고, 해상운송인에 대한 운송물의 인도청구를 표창하는 유기증권이다.11) 선하증권의 이면에는 약관이 기재되어 있는데, 통상 운송인과 선하증권 소지인 간의 법률관계를 규율할 국가의 법을 지정한 준거법조항이 있다. 그러나 당사자 합의에 의한 준거법은 선하증권의 채권적 효력에만 적용되며, 물권적 효력에는 적용되지 않는다.

선하증권의 준거법을 정하는 방식에는 ① 한 국가의 법으로 준거법으로 지정하는 방식, ② 일정한 요건에 따라서 출발항과 도착항의 법 가운데에서 준거법을 정하는 방식, ③ 헤이그-비스비 규칙이나 함부르크 규칙을 준거법으로 정하는 방식, ④ 선하증권에서 준거법을 명시하지 않고 용선계약상의 준거법 조항을 선하증권에 편입하는 방식 등이 있다. 이 가운데 ④의 "용선계약상의 중재조항이 선하증권에 편입되어 선하증권의 소지인과 운송인 사이에서 효력을 가지는지 여부는 선하증권의 준거법에 의하여 판단하여야 하는데, 구 섭외사법(2000. 4. 7. 법률 제6465호) 제9조는 "법률행위의 성립 및 효력에 관하여는 당사자의 의사에 의하여 적용할 법을 정한다. 그러나 당사자의 의사가 분명하지 아니한 때에는 행위지법에 의한다"고 규정하고 있는바, 따라서 선하증권이 그 약관에서 명시적으로 적용할 국가의 법을 정하고 있는 경우에는 그 정한 법률에 의하여, 선하증권의 발행인이 선하증권에 적용될 법을 명시적 혹은 묵시적으로 지정하지 않은 경우에는 선하증권이 발행된 국가의 법에 의하여 이를 판단하여야 한다는 것이 법원의 입장이다.12)

1) 선하증권의 채권적 효력에 관한 준거법

선하증권의 채권적 효력의 준거법은 선하증권의 준거법에 의하여야 한다는 견해13)와 운송계약의 준거법에 의하여야 한다는 견해14)가 있다. 전자에 의하면, 선하증권의 준거법과 운송계약의 준거법이 일치하는 것이 바람직하나 양자가 반드시 일치하는 것은 아니라는 점을 들어 선하증권의 준거법에 의하여야 한다는 주장이다. 만일 양자가 상이한 경우, 운송계약 당사자들의 법률관계는 운송계약에

---

11) Michaeel D. Books, The bill of lading-A document of title to goods, An Anglp-American Camparison(London Hong Kong, 1977), p.1-8.

12) 대법원 2003. 1. 10. 선고 2000다70064 판결.

13) 석광현, 선하증권의 준거법에 관한 몇 가지 문제점, 국제사법과 국제소송 제2권, 박영사, 2002, 89-90면.

14) 김진권, 해상법상의 준거법 결정에 관한 연구, 한국해양대학교 대학원 박사학위논문, 2003. 2.

의해 규율되므로 그들 간의 법률관계는 운송계약의 준거법에 의하여야 한다고 한다. 후자의 견해는 운송계약에 의하여 발생하는 법률관계이기 때문에 운송계약의 준거법에 의하여야 한다는 주장이다. 즉, 선하증권은 운송계약에 의거하여 작성·교부되는 증권이기 때문에 그 작성이나 교부의무 및 유효성에 대하여는 운송계약의 준거법에 의한다고 한다.

그러나 선하증권의 준거법은 우리나라 법원의 판결례에서와 같이 선하증권의 발행지법이 될 것이다. 왜냐하면 국제사법 제26조 제1항에서 가장 밀접한 관련이 있는 곳이 당해 법률관계의 준거법이 되기 때문에 선하증권의 법률관계에서는 선하증권의 발행지법이 가장 밀접한 관련이 있는 곳이기 때문이다. 다만 양자가 상이한 경우에 선하증권의 준거법은 선하증권의 준거법에 의하고, 운송계약은 운송계약의 준거법에 의하게 된다. 운송계약의 준거법은 국제사법 제26조 제2항 3호에 의하여 운송인의 주된 사무소 내지 영업소 소재지법이 된다.

2) 선하증권의 물권적 효력의 준거법

선하증권의 물권적 효력은 통상 '이동 중의 물건'의 물권변동의 문제로 논의되는데 이동 중의 물건의 처분에 관하여는 선하증권이 발행되지 않은 경우와 선하증권이 발행된 경우로 나누어 논의하는 것이 일반적이다. 선하증권이 발행되지 않는 경우에 이동 중의 물건에 대한 물권변동은 목적지국법에 따른다는 견해가 있으며, 우리나라 국제사법 제22조에서 이 같은 내용을 규정하고 있다. 선하증권이 발행되고 그에 의하여 이동 중의 물건이 처분되는 경우의 준거법에 관하여는, 종래 독일과 일본에서는 증권소재지법, 목적지국법 또는 선하증권의 준거법에 의한다는 견해 등이 있다.15)

---

15) 석광현, 위의 글, 92면.

Ⅲ 국제항공물품운송

1. 총   설

국제적인 물품운송 가운데 항공운송의 중요성이 높아지고 있는 가운데, 우리나라에서도 수출입에서 차지하는 비율은 매년 증가하고 있는 실정이다. 마찬가지로 국제항공운송과 관련하여 오래전부터 국제협약을 통한 법통일이 추진되어 왔는데, 1929년 「국제항공운송에 있어서 일부 규칙의 통일에 관한 협약(Convention for the Unification of certain Rule relating to International Transportation by Air)」(일명 Warsaw Convention)으로 국제항공운송인의 책임에 관한 통일법을 제정하여 동 사건에 관한 각국법의 충돌을 방지하고 국제항공인의 책임을 제한하여 국내항공운송사업의 발전에 기여하기 위한 목적으로, 세계 대다수 국가들이 참여하였으나 우리나라는 아직 가입하지 않은 상태에 있다.

그러나 이 같은 Warsaw협약은 시대의 발전에 따라서 반복하여 개정이 이루어졌으며 개정의정서마다 체약국이 다르고 그 적용관계가 복잡하다는 등의 문제가 제기되었다. 나아가 운송시스템의 발전과 경제사정의 변화에 대응하기 위하여 책임원칙에 대한 재검토와 책임한도액의 인상과 같은 문제점들이 제기되었다. 그 결과 국제민간항공기구(International Civil Aviation Organization: ICAO)16)의 초청으로 1999년 캐나다 몬트리올에서 외교회의를 개최하여 「항공운송에 있어서의 일부규칙 통일에 관한 협약(몬트리올 협약)(Convention for the Unification of Certain Rules for International Carriage by Air)」이 채택되어 2003년 11월 4일 발효되었다. 2007년 12월 현재 82개국이 가입하고 있는 가운데 우리나라는 2007년 12월 29일 82번째 당사

---

16) 유엔 산하의 전문기구로 국제항공운송에 필요한 원칙과 기술 및 안전에 대한 연구를 하는 기관으로 캐나다의 몬트리올에 본부가 있다. 제2차 세계 대전 때에 민간 항공기의 발전에 따라서 1944년 국제민간항공조약(통칭 시카고 조약)에 근거해 1947년 4월 4일에 발족했다. 국제 민간 항공에 관한 원칙과 기술을 개발하고, 제정해 항공분야 발달을 목적으로 한다. 총회, 이사회, 사무국과 보조기관이 되는 복수의 위원회로부터 구성되며, 위원회에서는 국제 민간 항공에서의 항공관제, 불법 간섭의 방지, 월경 방법에 관한 표준과 추천하는 방법을 심의한다. ICAO는 시카고 조약을 비준하는 각국의 운수 안전 당국의 준거가 되는, 항공기 사고 조사에 관한 조약을 정하고 있다. 또한 각 공항의 안전을 위해 공항 규모를 기준으로 소방대의 기준을 규정, 제시하고 있다.

국이 되었다.

2. 몬트리올 협약

(1) 적용범위

몬트리올 협약은 국제항공운송에만 적용되며 협약이 적용되는 국제운송은 ① 당사자가 약정한 출발지와 도착지 모두가 체약국이어야 하며, ② 출발지 및 도착지 하나의 체약국 내에 있고 동시에 예정기항지가 타국(비체약국 포함)의 영역에 있는 운송(1조 2항)이어야 한다.

몬트리올 협약의 적용과 관련하여 국제사법과의 관계가 문제가 되는데, 동 협약이 당사자가 약관 또는 특약으로 준거법을 정하거나 재판관할에 관한 규칙을 변경하는 등으로 협약에 반하는 경우에, 그 약관 또는 특약을 무효(제49조)로 함으로써 협약의 적용범위에 해당하는 국제항공운송의 경우는 국제사법에 따르지 않고 협약이 적용된다. 그러나 실무에서는 국제항공운송협회(IATA)가 작성한 항공화물운송약관이 사용되고 있다.

여객운송에 관한 소는 ① 항공사의 주소지 ② 항공사의 주된 영업소 소재지 ③ 운송계약이 체결된 영업소 소재지 ④ 도착지 법원 ⑤ 여객의 주소지 또는 영구 거주지의 법원에서 소를 제기할 수 있다.

🖊 **관련판례**

■ **대법원 2016. 3. 24. 선고 2013다81514 판결**

우리나라가 가입한 국제조약은 일반적으로 민법이나 상법 또는 국제사법보다 우선적으로 적용되지만, 그 적용대상은 조약에서 정한 바에 따라 엄격하게 판단하여야 한다. 「국제항공운송에 있어서의 일부 규칙 통일에 관한 협약」(이하 '몬트리올 협약'이라 한다)은 우리나라도 가입하여 2007. 12. 29. 국내에서 발효되었는데, 이는 '항공기에 의하여 유상으로 수행되는 승객·수하물 또는 화물의 모든 국제운송'을 원칙적인 적용대상으로 하고(제1조 제1호), 여기에서 말하는 국제운송이라 함은 '운송의 중단 또는 환적이 있는지 여부를 불문하고 당사자 간 합의에 따라 출발지와 도착지가 두 개의 당사국의 영역 내에 있는 운송, 또는 출발지와 도착지가 단일의 당사국 영역 내에 있는 운송으로서 합의된 예정 기항지가 타 국가의 영역 내에 존재하는 운송을 말한다'고 규정되어 있다(제1조 제2호). 따라서 국제항공운송계약에 몬트리올 협약이 적용되려면 출발지와 도착지가 모두 협약 당사국이어야 한다.

(2) 운송인의 책임

운송인은 항공운송중의 사고로 화물의 파손, 멸실, 훼손이 발생한 경우 손해배상책임을 부담한다(제18조 제1항). 이 경우 운송인의 귀책사유가 요구되지 않으므로 운송인의 책임은 무과실책임이다. 단, 그 손해가 ① 화물 고유의 결함 또는 성질, ② 운송인 이외의 자가 행한 행위로 인한 결함, ③ 전쟁 또는 무력분쟁, ④ 수출입과 관련하여 기관의 조치에 기인한 것을 증명한 경우에 운송인은 면책된다(동조 제2항).

여기서 말하는 '항공운송 중'이란 운송인이 운송물을 관리하고 있는 기간을 말하며(동조 제3항), 운송인이 운송물을 관리하고 있는 기간은 운송인이 운송물을 수령한 때부터 운송물을 인도할 때까지로 그 장소는 묻지 아니한다. 항공운송 중에는 공항외부에서 행하는 육상, 해상 또는 내륙 수로 운송은 포함되지 않으나, 육상, 해상 또는 내륙수로운송이 항공운송계약을 이행함에 있어서 운송물의 적재, 인도 또는 환적을 목적으로 행하여졌을 때에는 운송물의 파손, 멸실 또는 훼손으로 인한 손해는 항공운송 중에 발생한 사고로 인한 것으로 추정한다(동 협약 제18조 제4항).

운송물의 파손, 멸실 또는 훼손으로 인한 손해를 야기한 사고가 항공운송 중에 발생하면 되고 손해가 항공운송 중에 발생할 필요는 없다. 이 같은 사고가 항공운송 중에 발생했다는 점에 대한 증명책임은 청구인이 부담한다. 운송인이 송하인의 동의 없이 당사자 합의에 따라 항공운송으로 행할 것으로 예정된 운송의 전부 또는 일부를 다른 운송수단에 의한 운송으로 대체하였을 때에는 그 다른 운송수단에 의한 운송은 항공운송으로 본다(동 협약 제18조 제4항).

운송인은 운송물의 연착으로 인한 손해에 대해서도 책임이 있다. 그러나 운송인 자신과 그 사용인 및 대리인이 손해를 방지하기 위하여 합리적으로 요구되는 모든 조치를 취하였거나 그러한 조치를 취할 수 없었다는 것을 증명한 경우에 운송인은 면책된다(동 협약 제19조). 여기서 말하는 연착의 의미는 다른 운송의 경우와 같다.

🔖 항공운송인의 책임

■ 부산지법 1990. 1. 19. 선고 89나6164 제2민사부판결

헤이그 의정서 제13조는 "The limits of liability specified in Article 22 shall not apply if it is proved that the damage resulted from an act or omission of the carrier, his servant or agents, done with intent to cause damage or recklessly and with knowledge that damage would probable result"라는 규정을 하고 있는 바, 여기서 말하는 "recklessly and with knowledge that damage would probably result"라는 것은 개정 전의 바르샤바 협약 제25조 제1항에 규정된 "by such default on his part as, in accordance with the law of the court seised of the case, is considered to be equivalent to wilful misconduct" 즉, 우리나라의 경우에는 중과실에 해당하는 개념을 구체적으로 풀어쓴 것으로 해석되는 점에 비추어 볼 때 항공운송회사 직원들의 중대한 과실로 위탁수하물이 분실된 경우에는 운송인의 책임을 제한한 헤이그 의정서 제11조 2(a)의 규정이 적용되지 아니한다 할 것이고 항공회사 직원들이 항공 기내에 폭발물이 장치되어 있을지도 모른다는 이유로 기내의 승객을 전원 대피시키고 모든 화물을 밖으로 옮겨내어 폭발물 장치 여부를 조사, 확인한 후 다시 승객을 탑승시키고 화물을 탑재하면서 여객으로부터 수하물 중 일부가 분실되었다는 신고를 받고서도 위 항공기의 내부와 기체 밖 주변을 철저하게 수색하지 아니한 채 항공기의 연착을 모면하기 위한 데 급급한 나머지 그대로 출발하여 버렸다면 위 수하물의 분실로 인한 손해는 위 회사직원들의 중과실로 인한 것으로 보아야 한다.

운송인의 책임한도액은 화물 1kg에 대해서 17SDR이다. 단, 송하인이 운송인에게 화물을 인도할 때에 그 가액을 신고하고 필요한 추가요금을 지불한 경우에는 이 한도액은 적용되지 않는다(동 협약 제22조 3항). 이 같은 운송인의 책임과 책임한도에 대해서 협약은 면책약관을 금지하고 있다(동 협약 제26조).

(3) 항공화물운송장

1) 의   의

항공화물운송장(Air Waybill)이란 항공회사가 화물을 항공으로 운송하는 경우에 발행하는 화물수취증으로 해상운송의 선하증권에 해당하며 이를 항공운송장 또는 항공화물수취증이라고도 한다. 항공화물운송장의 성격은 선하증권과 같으나 선하증권이 화물의 수취를 증명하는 동시에 유가증권적인 성격을 가지고 유통이 가능

한 반면, 항공운송장은 화물의 수취를 증명하는 영수증에 불과하며 유통이 불가능하다는 점에서 차이가 있다.

운송계약은 항공화물운송장을 발행한 시점, 즉 화주 또는 그 대리인이 AWB에 서명하거나 항공사 또는 해당 항공사가 인정한 항공화물취급대리점이 AWB에 서명한 순간부터 유효하며 AWB상에 명시된 수화인(Consignee)에게 화물이 인도되는 순간 소멸된다.

운송장은 화물과 함께 보내어져 화물의 출발지, 경유지, 목적지를 통하여 각 지점에서 적절한 화물취급 및 운임정산 등의 작업이 원활하게 수행되는데 필요한 모든 사항이 기재되어 있는데 하주들이 항공운송장에 대한 이해부족으로 업무의 혼란을 가중시키거나 손해를 입는 사례가 빈번하게 나타나고 있다.

2) 기 능

항공운송에 있어서 화물의 유통을 보장하는 가장 기본적인 운송서류인 항공화물운송장은 항공운송인의 청구에 따라 송화인이 작성하여 운송인에게 교부하는 것이 원칙이지만(동 협약 제4조 1항, 제7조 1항) 실무에서 항공사나 항공사의 권한을 위임받은 대리점(또는 항공운송주선업자)에 의하여 발행되는 것이 통례이다. 항공화물운송장의 기재사항은 법정되어 있으며(동 협약 5조), 실무에서는 국제항공운송협회가 작성한 양식에 준거한 항공화물운송장이 사용되고 있다. 송화인은 자신 또는 대리인이 기재한 명세 및 신고의 정확성에 대해 책임을 부담한다(동 협약 제10조). 항공화물운송장이 작성되지 않았거나 기재사항의 불비가 있더라도 운송계약에 영향을 미치지 않는다(동 협약 제9조). 항공운송장의 기능은 다음과 같다.

가. 운송계약서

AWB는 송화인과 항공운송인 간의 항공운송계약의 성립을 입증하는 운송계약서이다(동 협약 제11조). 그러나 운송장은 12통(원본 3통 + 부본 9통)으로 구성되어 있어 그 모두가 운송계약서는 아니며 송하인용 원본이 이에 해당된다.

IATA Air Waybill원본

- Original 1(for Carrier)
- Original 2(for Consignee)
- Original 3(for Shipper)

나. 화물수취증

항공화물운송장은 항공운송인이 송하인으로부터 화물을 수취한 것을 증명하는 화물 수령증의 성격을 가지고 있다.

다. 요금계산서

화물과 함께 목적지에 보내어져 수하인이 운임 및 요금을 계산하는 근거자료로서 사용된다.

라. 보험계약증서

송하인이 AWB에 보험금액 및 보험가액을 기재한 화주보험(Air Waybill)을 부보한 경우에는 AWB의 원본 No.3이 보험계약의 증거가 된다.

마. 세관신고서

수출입신고서 및 통관자료로서 사용된다.

바. 화물운송의 지시서

AWB에 송하인이 화물의 운송, 취급, 인도에 관한 지시를 기재할 수 있다.

3) 항공화물운송장의 표준화

국제항공운송에 있어서 발행되는 항공화물운송장은 IATA(International Air Transport Association 국제항공운송협회)에 의해 양식과 발행방식이 규정되어 있다(IATA RESO 600). 이 통일안은 모든 IATA 회원 항공사가 의무적으로 사용하도록 규정하고 있으며 비회원사도 회원사들과 연계운송을 위하여 대부분 IATA 양식을 사용하고 있다.

운송장이 국제적으로 유통성이 보장되는 이유는 IATA가 결의한 모든 규정을 대부분의 정부가 인정하여 공인하고 있기 때문이다. 법률적인 뒷받침으로서는 항공운송에 관한 국제조약인 바르샤바 협약(Warsaw Convention)이 있다. 이 협약에 의해 화물운송장의 법률적 성격, 운송인의 책임범위, 배상한도, 송하인, 수하인, 항공회사의 권리와 의무 등이 규정된다.

아울러 화물운송장에는 바르샤바 협약과 헤이그 의정서(Hague Protocol)에 따라서 항공사가 행해야 할 사항을 화물운송장 원본 뒷면에 명백히 규정하고 그 규정에 따라 위탁받은 화물의 운송에 대한 책임을 지도록 하고 있다.

4) IATA의 항공화물운송장 이면약관

IATA는 항공운송의 조건(운임, 운송규칙)을 협정하고 항공운송장의 양식 및 발행방법 등을 정하고 있는데 IATA가 제정한 운송계약약관은 Warsaw Convention의 범위 내에서 제정된 것으로 이 가운데 운송인의 책임과 관련된 조항을 운송장의 이면약관에 구체적으로 명시하고 있다.

가. 약관전문 주의서에 의한 전제

화물의 발송지 국가 이외의 국가에 최종 목적지 또는 기항지를 가지는 운송에 대해서는 바르샤바 협약이 적용된다. 즉, 운송이 협약 제1조에 규정하는 것일 때는 이 협약이 적용되는 것을 가리킨다. 협약은 운송인의 책임을 손해화물 1kg당 250금프랑으로 제한하고 송하인이 보다 높은 가액을 신고하거나 또는 필요로 하는 금프랑으로 제한하고 송하인이 보다 높은 가액을 신고하거나 또는 필요로 하는 추가요금을 지급한 경우에는 신고가액을 한도로 한다는 취지를 규정하고 있다. 이 250금프랑은 금 1온스가 USD42.22로써 약 USD20에 상당한다.

나. 운송책임

이 약관에 의한 운송이 협약에 규정된 국제운송일 때는 바르샤바 협약의 책임규정에 따른다. 즉, 운송이 협약 제1조 2항에 규정된 국제운송인 경우에는 협약에 있어서 운송인의 책임한도에 대한 규정 및 기타의 책임규정에 따른다.

다. 규정규준(規準)

이 약관에 의한 운송에 있어서 준수해야 할 규정은 ① 적용법령(국내법을 포함함) ② 이 약관의 규정 ③ 적용 Tariff, 운송조건, 규칙, 시각표(발착시각을 제외함) 등이다. 이것들은 이 운송의 계약조건의 일부이며 또한 이것들을 열람할 수 있다.

라. 비 Warsaw운송

바르샤바 협약이 적용되지 않는 운송의 경우도 운송인의 책임은 운송화물 1kg에 대하여 USD20을 초과하지 않는 것으로 한다. 다만 송하인이 높은 가격을 신고하거나 추가요금을 지급하였을 때에는 예외로 한다. 즉, 협약체약국에서 발송되어 비체약국에 도착하는 화물과 같은 비Warsaw 운송화물에 대해서도 IATA가맹국의 항공회사에 의하여 운송된 화물에 대해서는 이 약관이 적용된다는 것을 규정한 것이다.

마. 책임제한규정의 원용(援用)

운송인의 책임에 대한 유한(有限)책임제는 다음에 열거된 자에 대해서도 적용된다. ① 운송인의 대리인, 사용인, 대표자 ② 운송에 사용하는 항공기의 소유자, 그 대리인, 사용 및 대리자

이것은 Hague 개정 Warsaw협약, 즉, 헤이그 의정서의 제25조 1항의 규정에 상응하는 것이지만 Hague 의정서에는 그 적용대상을 운송인을 사용인으로 하고 있고 이 약관에서는 그 이외의 자로 확대하고 있다.

바. 운송책임의 기간

운송인이 운송에 대해서 책임을 부담해야 하는 기간은 ① 화물이 자기의 관리하에 있는 기간 ② 자기의 대리인의 관리 하에 있는 기간이다. 여기서 자기의 관리 하에 있는 기간이란 발송공항에서 화물의 점유가 운송인에 의하여 개시된 때부터 도착공항에서 화물이 운송인의 점유를 떠날 때까지를 말한다. 또한 대리인이란 전술한 기간 내에서의 대리인을 가리키며, 그 이외의 장소에서의 대리인까지 포함하는 것은 아니다.

Ⅳ 국제복합운송

1. 의   의

복합운송(multi order transport or combined transport)이란 복합운송인(multi oder transport operator)이 화물을 자기책임 하에 인수하여 특정 국가의 한 지점에서 다른 국가에 위치해 있는 지정 인도지점까지 복합운송계약에 의하여 해상, 내수로, 항공, 철도 및 도로 운송 등 여러 운송방식 중 2종류 이상의 운송수단을 사용하여 운송하는 것을 말한다. 어느 한 운송방식에 의한 계약의 이행을 위해 부수적으로 행해지는 집화나 인도에 이용되는 운송방식은 복합운송으로 간주되지 않는다. 복합운송은 국제 간의 무역운송에 있어 컨테이너화의 발달과 수송기술 및 장비의 혁신에 따라 종래의 Tackle to Tackle 운송개념이 CY to CY 개념으로 발전된 데 이어, 더

나아가 Door To Door라는 더욱 앞선 운송형태로 나타나게 된 것이다. 특히 컨테이너에 의한 화물의 복합운송은 해상운송을 신속·저렴하게 하였을 뿐만 아니라 해상과 육상, 나아가서는 항공운송에 이르기까지 전 수송을 신속하고 효율적으로 연결 수송할 수 있게 한 중대한 수송혁신이다.

국제복합운송은 환적작업검사, 사무수속 등 수송기관의 접점에서 발생하는 작업비용을 절감할 수 있으며, 작업흐름의 원활화 및 하역생산성 향상을 가져올 수 있으며, 컨테이너화에 의하여 수송수속의 간소화로 화물과 서류의 체크, 서류의 단순화가 가능하고, 복합운송업자에 의한 일괄운송업무 수행으로 운송책임의 일원화가 가능하게 됨으로써 그에 따른 클레임처리의 일원화가 가능하며 단일의 운송인에 의하여 취급되므로 화물의 추적 시스템화(cargo Tracing System)가 용이하다.

또, 송하인으로서는 전 구간에 걸친 운송을 1인의 운송인에게 맡기게 됨으로써 각 운송수단 및 운송구간마다 운송인과 운송계약을 체결할 필요가 없으며 단일 운임으로 일괄된 서비스를 제공받을 수 있는 이점 등으로 인하여 복합운송의 이용은 점차 증가하고 있는 실정이다.

복합운송은 선박회사가 직접 담당하는 해상운송 이외의 구간에 대해서 다른 운송인을 하청운송인으로 이용하는 경우와 아무런 운송수단도 없는 자가 모든 운송구간에 대해서 복수의 하청운송인을 이용하여 운송을 담당하는 것이 있다. 이같이 오직 다른 운송사업자를 이용하여 복합운송을 하는 자를 freight forwarder 이라고 한다. 우리나라 무역업자들이 이용하고 있는 국제복합운송의 주요 경로는 한국-북미 간 항로 및 한국-유럽 항로 등이다.

2. 복합운송인의 책임

오늘날 국제복합운송의 이용이 증가하고 있는 가운데 복합운송계약을 직접 규제하는 법규를 가진 국가는 극히 소수이다. 이 같은 이유로 국제복합운송계약의 내용은 운송인이 작성한 복합운송약관에 따르고 있는 실정이다. 특히 이 같은 운송약관에 관해서 업계의 단체들이 표준약관을 작성하고 있는데 이를 이용함으로써 통일화가 상당히 진전되어 있다. 또 국제복합운송에 관한 법통일의 성과로서 1980년 「국제화물복합운송에 관한 UN협약(United Nations Convention on International Multimodal Transport of Goods)」이 있다.

본 협약은 해상물품운송에 관한 함부르크 규칙을 기초로 복합운송인의 책임에 관해서 단일책임원칙을 적용하는 등 국제복합운송 전반에 걸쳐서 상세한 규정을 두고 있는데 복합운송인의 책임이 무겁다는 점과 실무의 관행과 일치하지 않아 발효될 가능성은 아직까지 없어 보인다. 그런데 복합운송계약에서 복합운송인이 모든 운송구간에 관해서 책임을 지도록 하고 있는데 문제되는 것은 책임의 내용이다. 앞에서 살펴본 바와 같이 물품운송에는 육상·해상·항공 각각의 운송수단마다 규제할 수 있는 법제가 확립되어 있으며, 운송인의 책임원칙도 일치하고 있는 것은 아니다. 따라서 기존의 원칙과 복합운송인의 책임을 어떻게 조정할 것인가 하는 점이 문제된다. 이 같은 복합운송인의 책임을 결정하는 방법으로 다음 2가지 방법을 생각할 수 있다. 첫째, 운송품의 멸실·훼손이 어느 운송구간에서 발생했는가에 관계없이 단일의 책임원칙으로 복합운송인의 책임을 결정하는 방법이다. 또 하나의 방법은 운송품의 멸실·훼손이 발생한 운송구간을 특정할 수 있을 때에는 그 운송구간에 적용되는 기존의 책임원칙으로 복합운송인의 책임을 결정하고, 특정할 수 없을 때에는 계약에서 정한 바에 따라서 복합운송인의 책임을 결정하는 것이다. 즉, 손해가 국제항공운송구간에서 발생한 것이 증명된 경우에는 몬트리올 협약의 책임원칙으로, 손해발생구간이 불명확한 때에는 해상운송 중에 발생한 것으로 간주하여 헤이그 규칙에 의하여 복합운송인의 책임을 결정하는 것이다. 전자의 방식은 특정 구간을 실제로 운송하는 하청운송인의 책임과 복합운송인의 책임 간에 차이가 있는 등의 문제가 있어, 실무에서는 후자의 방식에 따르고 있다.

3. 복합운송증권

(1) 의   의

복합운송증권(Combined Transport Document: CTD)은 복합운송에 의하여 물품이 인수된 사실과 계약상의 조항에 따라 물품을 인도할 것을 약속한 복합운송계약을 증명하는 증권이다. 즉, 복합운송증권(CTD)은 운송물품의 인수(taking in charge)에 의해 발행되는 서류로 선하증권형식으로 발행하고 있다. 제5차 개정 신용장통일규칙에서는 신용장에 별도의 명시가 없는 한 은행은 복합운송서류를 수리하여야 한다고 규정하고 있어, 복합운송증권을 중요한 운송서류에 포함하고 있다. 특히 복합운송증권(CTD) 중에서 국제운송주선인협회연맹 복합운송선하증권(FIATA Combined Transport Bill of Lading: FIATA FBL)은 복합운송선하증권양식을 이용하고 있다. 이는 유통성을 지닌 유가증권으로 은행이 수리하지만 FIATA 운송주선인 화물운송증권(FIATA Forwarding Agents Certificate of Transport: FIATA FCT)과 FIATA 운송주선인화물수령증(FIATA Forwarding Certificate of Receipt: FIATA FCR)은 비유통성서류로 신용장에 별도의 허용이 있어야만 수리가 가능하다.

(2) 주요 내용

복합운송증권은 선박, 철도, 항공기, 자동차 등 종류가 다른 운송수단 가운데 두 가지 이상의 조합에 의해 이루어지는 운송에 대해서 복합운송인이 발행하는 증권으로 발행자인 운송인이 운송품의 수령을 증명하고 운송계약의 증거가 되며, 유가증권으로서의 성격을 갖는다. 복합운송증권의 성질 및 효력에 관하여 직접 규율할 수 있는 법규는 현재 없으며, 오직 운송인이 정한 복합운송약관에 따르고 있는 실정이다.

오늘날 많은 화물이 컨테이너로 운송됨에 따라서 1980년 UN은 국제복합운송조약을 채택하여 복합운송에 관한 통일조약을 마련하였으며, 1983년 개정된 신용장통일규칙(제25조)에서도 신용장에 별도의 명시가 없는 한 은행은 이러한 복합운송서류를 거절하지 못한다고 규정하고 있다.

복합운송증권의 특징은 ① 화물의 멸실, 손상에 대한 전 운송구간에 대해서 일괄적인 책임을 지며, ② 선하증권과 달리 운송인뿐 아니라 운송주선인에 의해서도 발행되며, ③ 화물이 본선적재 전에 복합운송인이 수탁 또는 수취한 상태에서 발행된다는 점이다. 복합운송증권은 법적으로 선하증권과 같이 유통증권으로서의 기능을 한다. 다만 지시식 또는 무기명식으로 되어야 하며, 지시식으로 발행한 때에는 배서에 의해 양도 가능하다. 복합운송증권의 표면에 "Negotiable combined transport document issued subject to Uniform Rules for Combined Transport Document(ICC Brochure No.273)"라고 기재되어 있다.

(3) 복합운송증권의 형태

복합운송에 사용되는 운송서류로서의 복합운송증권에는 기존 선하증권을 약간 변형한 선하증권형식의 복합운송증권과 복합운송에 관한 국제규칙에 따른 복합운송증권이 있다.

1) 선하증권 형식의 복합운송증권

복합운송증권의 대부분은 "Bill of Lading(B/L)"이라는 표식의 선하증권 형식의 "Combined Transport Bill of Lading"이 주로 사용되고 있다. 선하증권형식의 복합운송증권은 "Combined Transport B/L", "Multimodal Transport B/L", "Through B/L" 등의 다양한 명칭을 사용하고 있는데, 이러한 증권은 그 명칭에 복합운송을 의미하는 문언이 기재되어 있는 것이 특징이다.

여기서 특히 Through B/L은 선적지로부터 도착지까지 하나의 운송계약에 여러 운송인이 서로 연결하여 운송하는 형태의 운송계약에 의하여 발행되는 증권으로서, 최초의 운송인이 모든 운송구간에 대하여 책임을 부담하므로 그 책임의 소재가 명확하다.

2) Combined Transport Document(CTD)

CTD는 ICC에서 1975년에 제정한 "복합운송증권에 관한 통일규칙(Uniform Rules for a Combined Transport Document)"에서 규정하는 복합운송증권이다. CTD는 모든 복합운송구간을 포괄하기 때문에 각 운송구간에 대한 별도의 운송서류가 필요하지 않으며, 유통 가능한(negotiable) 형태와 유통 불가능한(non-negotiable) 형태로도 발행된다.

3) Multimodal Transport Document(MTD)

"UN 국제복합운송조약"에 준거한 복합운송증권으로 조약이 아직까지 발효되지 못하고 있기 때문에 실제 사용되는 경우는 없다. 조약의 법체계가 화주 중심으로 MTD는 복합운송인에 대하여 엄격한 책임원칙을 정하고 있는 것이 특징이다.

제4절 국제화물보험

I 총 설

오늘날 운송수단과 운송기술의 발달에도 불구하고 국제적 화물운송에는 여러 가지 위험이 따른다. 이러한 위험으로부터 생기는 손해를 전보하는 제도가 보험제도이다. 국제적 화물운송에 관한 보험은 국제물품운송과 함께 국제통상관계의 안전과 계획적인 운영을 위해서 불가결한 제도이다.

국제화물운송에 관한 보험은 보험사고의 발생장소를 기준으로 육상보험, 해상보험 및 항공보험으로 분류할 수 있다. 해상보험은 항해와 관련한 사고로 인한 선박과 적하 등에서 발생하는 손해의 전보를 목적으로 하는 손해보험이다. 해상보험 가운데 선박에 관한 것을 선박보험, 화물에 관한 것을 화물보험이라 한다.

항공보험은 항공운송 도중 화물에 손해가 발생하면 대부분 항공운송인이 책임을 지지만 항공운송인의 과실이 없거나 불가항력에 의한 손해일 경우에는 면책된다. 항공운송 도중 사고가 발생하면 기체와 함께 전손되므로, 항공화물 보험은 전위험담보조건인 ICC(Air) 약관으로 부보한다. 이 경우에도 해상적하보험과 마찬가지로 전쟁위험과 동맹파업위험은 면책되므로 이들 위험을 담보받기 위해서는 특약을 해야 한다. 보통 보험기간은 최종 양하지에 있어서 항공기로부터 보험의 목적인 화물을 양하 한 후 30일이 경과했을 때이며, 화물고유의 결함에 기인하는 멸실 손상 비용 등 손해는 담보하지 않는다.

이들 보험 가운데 국제적 물품매매와 관련하여 국제화물해상보험에 대해서 살펴보겠다. 단, 국제항공화물은 실무상 화물해상보험과 거의 동일하고, 또 해상운송과 국제항공운송에 부수하여 육상운송도 화물보험에서 취급하고 있으므로 크게 다르지 않다.

Ⅱ 화물해상보험계약

1. 해상보험증권

(1) 의   의

해상보험계약이 체결되면 보험자는 해상보험증권(marine insurance policy)을 보험계약자에게 발급하게 되는데, 이때의 보험증권은 보험계약의 성립과 내용을 증명하기 위하여 계약의 내용을 기재하고 보험자가 기명·날인하여 보험계약자에게 교부하는 증권을 말한다.

(2) 법적 성질

화물해상보험계약은 당사자의 의사의 합치만으로 성립하는 불요식·낙성계약이다. 따라서 당사자 의사의 합치만으로써 계약이 성립하며, 계약의 성립에 그 어떠한 요식행위를 요하지 않으며 보험증권의 발행 여부와 관계없이 보험계약이 성립한다. 해상보험계약이 성립하면 보험자는 해상보험증권(marine insurance policy)을 보험계약자에게 발급하며, 이때의 보험증권은 보험계약의 성립과 그 내용을 증명하기 위한 목적으로 계약의 내용을 기재하고 보험자가 기명·날인하여 보험계약자에게 교부하게 된다.

그러나 우리나라 해상보험실무는 보통 영국에서 제정된 해상보험증권과 협회약관이 사용되고 있는데, 영국법상 보험계약에 관한 모든 것은 보험증권의 내용에 의해서만 결정되며 보험증권에 기재되어 있지 않은 사항에 대해서는 보험계약의 내용으로 인정받지 못하게 된다.

1) 요식증권성

해상보험증권의 기재사항은 법률로 규정되어 있는 요식증권이다. 손해보험증권에는 ① 보험의 목적, ② 보험사고의 성질, ③ 보험금액, ④ 보험료와 그 지급방법, ⑤ 보험기간을 정한 때에는 그 시기와 종기, ⑥ 무효와 실권 사유, ⑦ 보험계약자의 주소 또는 상호, ⑧ 보험계약 연원일 ⑨ 보험증권의 작성지와 그 작성연월일을 기재하고 보험자가 기명날인 또는 서명해야 한다(상법 제666조).

해상보험증권의 경우에는 위의 사항 이외에 선박보험인 경우에는 선박의 명칭, 국적과 종류 및 항해의 범위, 적하보험인 경우에는 선박의 명칭, 국적과 종류, 선적항, 양륙항 및 출하지와 도착지를 정한 때에는 그 지명, 보험가액을 정한 때에는 그 가액 등을 추가적으로 기재하여야 한다. 그러나 해상보험증권의 요식증권성은 엄격하지 않으며 법정기재사항을 갖추지 못한 경우에도 그 효력에는 영향이 없다.

2) 증거증권성

해상보험증권은 해상보험계약의 성립과 내용을 증명하기 위하여 보험자가 발행하는 증거증권성을 갖는다. 해상보험계약은 당사자 간 의사의 합치만으로 성립하는 불요식의 낙성계약이므로 해상보험증권의 작성 및 교부는 해상보험계약의 성립요건은 아니다. 그러나 해상보험계약 및 그 내용을 증명할 수 없는 경우에는 다툼이 발생할 수 있으며, 따라서 해상보험증권은 계약의 성립과 내용을 증명하는 증거증권성을 갖는다. 그러나 해상보험증권은 보험계약의 결정적 증거가 아니며 추상적 증거이다. 따라서 보험계약자가 해상보험증권과 다른 보험계약의 내용을 증명할 경우에는 그 증권에 기재된 사실을 배제시킬 수 있다.

3) 유가증권성

해상보험증권의 양도를 금지하는 명시적인 조건을 포함하고 있지 않는 한, 양도가 가능하다(MIA 제50조 제1항). 적하보험증권의 경우 선적서류의 일부로서 선하증권에 부수하여 유통되는 것이라도 양도에 의하여 피보험자의 지위가 양수인에게 이전된다는 점에서 유가증권성의 효력을 갖는다. 그러나 보험증권의 양도는 피보험이익이 양도되기 이전 또는 그와 동시에 행해여야 하고(MIA 제51조), 양도의 방법은 배서 기타 관습적인 방법에 따른다(MIA 제50조 제3항).

(3) 해상보험증권의 종류

1) 선박보험증권 · 적하보험증권 · 운임보험증권

피보험재산을 기준으로 선박보험증권, 적하보험증권, 운임보험증권으로 분류된다.

2) 항해보험증권 · 기간보험증권 · 혼합보험증권

항해보험증권(voyage policy)은 보험기간(보험자의 책임기간의 시기와 종기)을 특정한 항해, 즉 지리적 특정 한계로 표시된 증권으로, 어느 장소에서부터(at and from) 또는 어느 장소부터(from) 다른 1곳의 장소나 수 곳의 장소까지(to) 보험을 인수하는 증권이다(MIA 제25조 제1항). 즉, 지리적인 특정 한계로 표시된 보험증권으로 적하보험의 경우 대부분 항해보험증권이 발행된다.

기간보험증권(time policy)은 보험 기간이 일정 기간으로 표시되는 보험증권으로, 선박보험은 특별한 경우를 제외하고 대부분 12개월을 보험기간으로 하는 기간보험증권을 사용한다. 또, 혼합보험증권(mixed policy)은 하나의 보험증권에 항해와 기간에 대한 계약을 포함하는 보험증권이다. 즉, 선박을 "New York으로부터 Pusan까지 6개월 동안" 또는 "Pusan으로부터 New York까지 및 도착 후 30일 동안" 보험에 가입하는 경우가 그 예이다.

3) 미평가보험증권 · 기평가보험증권

미평가보험증권(unvalued policy)이란 보험계약체결 시 보험가액을 기재하지 않고, 추후 손해발생시에 보험가액을 확정하는 보험증권을 말하며(MIA 제28조), 이때의 보험가액을 법정보험가액이라고 한다. 이에 대해서 기평가보험증권이란 보험계약체결 시에 계약 당사자 간에 보험가액을 협정하여 협정보험가액(agreed value)을 기재한 보험증권을 말한다.

(4) 해상보험증권 양식

1) Lloyd's S.G. 보험증권

1779년 Lloyd's가 제정한 것으로 영국해상보험법(MIA, 1906) 제1부칙에 표준보험증권으로 첨부되어 있다. 즉, MIA 제30조 제1항에서 "보험 증권은 본 법 제1부칙에 있는 양식을 사용할 수 있다"고 규정하여 1980년 초반까지 약 200년 이상 사용하였다. 이 증권의 영문명은 Lloyd's S.G. Policy로 선박보험, 적하보험, 운임보험 기타 모든 해상보험에 공통적으로 사용되는데, 나아가 보험계약의 체결사실뿐만 아니라 보험계약의 내용으로서 담보의 범위까지 증권 상에 기재하도록 하고 있다. 그러나 문장이 고어체로 되어 있어 해석상의 어려움과 20세기 전후에 걸쳐 실무에 맞지 않는다는 문제가 제기됨으로써 각종 특별약관(이텔릭서체약관, 난외약관, 국제언더라이팅협회가 제정한 협회약관 등)을 마련하여 증권에 첨부하거나 인쇄하여 사용하게 되었다. 따라서 이 증권은 전면의 본문약관 · 이텔릭서체약관 · 난외약관, 이면의 특별약관으로 구성되는데, 본문약관에는 소급보험과 보험자가 부담하는 위험을 포함하여 보험계약의 세부 내용을 규정하고, 이탤릭서체약관에는 전쟁위험 및 동맹파업위험에 대한 보험자의 면책을 규정하기 위한 포획나포 부담보약관(F.C.&S. Clause)과 동맹파업폭동소요부담보약관(F.S.R.&C.C. Clause) 등을 포함하고 있다. 난외약관은 손해발생시 피보험자의 손해검정의무를 규정하고 이면의 특별약관은 Lloyd's S.G. 보험증권에 첨부되는 적하보험 협회약관으로 ICC(A/R), ICC(WA), ICC(FPA) 등이 있으며, 선박보험용 협회약관으로 ITC(Hull), IVC(Hull) 등이 있다.

2) 신해상보험증권(Marine Policy Form: MAR증권)

UNCTAD가 발표한 "해상보험계약의 법률 및 서류에 관한 보고서(1978)"를 통하여 보험증권의 단순화·통일화에 대한 필요성이 제기되면서 런던보험자협회와 로이즈보험자협회의 합동작업반이 그 중심이 되어 1982년 Lloyd's S.G. 보험증권을 대체하는 신해상보험증권과 협회약관을 제정하였다.

신해상보험증권은 Lloyd's S.G. 보험증권과 달리, 적하보험용과 선박보험용으로 구분하여 사용되는데, 신해상적하보험증권에는 신협회적하약관인 ICC(A), ICC(B), ICC(C)가 첨부되며, 신해상선박보험증권에는 신협회선박약관인 ITC(Hull), IVC(Hull) 등이 첨부된다.

신해상적하보험증권 전면에는 보험계약의 내용(선박명, 출항예정일, 보험목적물, 보험조건, 담보조건)을 기재하는 스케줄(Schedule)과 본문약관(준거법약관, 타보험약관, 약인약관, 선서약관, 중요약관)만이 기재된다. Lloyd's S.G. 보험증권 본문약관 가운데 위험약관(Perils Clause), 소급약관(Lost or Not Clause), 손해방지약관, 위부약관, 소손해면책약관 등은 삭제되거나 특별약관인 협회적하약관에 통합하였거나, 이탤릭서체약관은 삭제되어 간결한 형식을 취하게 되었다.

2. 해상보험계약의 준거법

해상보험계약은 보험회사가 제정한 보험약관에 의하여 규율되는 부합계약이다. 부합계약의 준거법에 관하여 당사자자치의 원칙을 부정하는 견해가 있으나 부합계약에 대해서도 당사자자치의 원칙이 적용된다. 즉, 계약은 당사자가 명시적으로 또는 묵시적으로 선택한 법에 의한다(국제사법 제25조 제1항). 따라서 해상보험계약도 당사자의 의사에 의하여 그 준거법을 정하는 것이 원칙이다. 우리나라 판례도 "영국 협회선박기간보험약관은 그 첫머리에 이 보험은 영국의 법률과 관습에 따른다고 규정하고 있는 바, 이러한 영국법 준거약관은 오랜 기간에 걸쳐 해상보험업계의 중심이 되어 온 영국의 법률과 관습에 따라 당사자 사이의 거래관계를 명확하게 하려는 것으로서, 그것이 우리나라의 공익규정 또는 공서양속에 반하는 것이라거나 보험계약자의 이익을 부당하게 침해하는 것이라고 볼 수 없어 유효하다"[17)는 입장이다.

또 "이 사건 영문 보험증권에 '이 보험증권에 포함되어 있거나 또는 이 보험증권에 첨부되는 어떠한 반대되는 규정이 있음에도 불구하고, 이 보험은 일체의 전보청구 및 결제에 관해서 영국의 법률과 관습에만 의한다(Notwithstanding anything contained herein or attached hereto to the contrary, this insurance is understood and agreed to be subject to English law and practice only as to liability for and settlement of any all claims)'고 명기되어 있음을 알 수 있으나, 이와 같은 영국법 준거조항은 이 사건에서와 같이 보험계약의 보험목적물이 무엇인지 여부에 관한 사항, 즉, 보험계약의 성립 여부에 관한 사항에까지 영국의 법률과 실무에 따르기로 한 것으로 볼 수 없으므로, 이와 같은 사항은 우리나라 법률이 적용되어야 할 것이다"고 판시하여 해상적하보험증권상 "이 보험증권에 포함되어 있거나 또는 이 보험증권에 첨부되는 어떠한 반대되는 규정이 있음에도 불구하고, 이 보험은 일체의 전보청구 및 결제에 관해서 영국의 법률과 관습에만 의한다"라는 영국법 증거약관은 보험계약의 보험목적물이 무엇인지 여부에 관한 사항, 즉, 보험계약의 성립 여부에 관한 사항까지 영국의 법률과 실무에 따르기로 한 것으로 볼 수 없으므로, 이와 같은 사항에는 우리나라의 법률이 적용되어야 한다.[18)

3. 화물해상보험계약의 내용

화물해상보험계약에 의하여 보험계약의 당사자, 보험의 목적, 보험금액, 보험회사가 담보하는 보험사고의 종류(담보위험), 보험기간, 전보되는 손해의 범위, 보

---

17) 대법원 2005. 11. 25. 선고 2002다59528, 59535 판결.
18) 대법원 1998. 7. 14. 선고 96다39707 판결.

험료 등이 결정된다. 보험회사는 보험기간 동안에 담보위험으로 발생한 손해가 계약의 내용에서 정한 전보 범위에 해당할 때에는 전보책임을 부담한다.

(1) 보험계약의 당사자

화물해상보험계약의 당사자는 보험자와 보험계약자이다. 보험자는 보험사고 가 발생한 경우에 손해를 전보할 의무를 부담하는 자를 말하며, 보험계약자는 자기 이름으로 보험자와 보험계약을 체결하고 보험료를 지불해야 할 의무를 부담하는 자이다. 또 화물의 소유자와 같이 보험 목적에 일정한 이익을 가지고, 보험사고가 발생한 경우에 보험자로부터 손해의 전보를 받을 권리가 주어지는 자를 피보험자라 한다. 통상 보험계약자와 피보험자는 동일인이지만 타인을 위한 보험도 있다(상법 제639조).

국제매매에서 매도인과 매수인 가운데 누가 해상보험을 체결하는지는 매매계약에서 정하는 것에 따라서 다르다. 우리나라의 CIF계약에 의한 수출의 경우 계약상에 별도의 명시가 없을 경우 매도인은 해상운송계약과 해상보험계약을 스스로 체결하고, 선적을 완료한 때에 보험증권을 기타 선적서류와 함께 매수인에게 이서하여 양도해야 한다.

(2) 고지의무

고지의무란 보험계약자 또는 피보험자가 보험계약을 체결함에 있어 고의 또는 중대한 과실로 중요한 사항을 알리지 않거나 부실의 고지를 하지 않을 의무로, 보험회사가 서면으로 질문한 사항은 중요한 사항으로 추정된다(상법 제651조 및 651조의 2). 여기에서 보험계약자나 피보험자가 보험계약 당시 보험회사에 고지할 의무를 지는 중요한 사항이란, 보험회사가 보험사고의 발생과 그로 인한 책임부담의 개연율을 측정하여 보험계약의 체결 여부 또는 보험료나 특별한 면책조항의 부가와 같은 보험계약의 내용을 결정하기 위한 표준이 되는 사항을 말한다.[19]

화물해상보험계약의 경우 보험의 인수를 판단하기 위한 필요한 정보는 오직 보험계약자에게 있으며, 보험자는 보험계약자의 말을 믿고 계약을 체결하게 된다. 따라서 각국의 입법은 보험계약자에게 중요한 사실을 고지해야 할 의무(고지의무)를

---

19) 대법원 2005. 7. 14. 선고 2004다36215 판결.

부과하고, 보험계약자가 악의 또는 중대한 과실로 인하여 그 의무를 위반한 경우에는 보험자는 당해 계약을 해제하거나 취소할 수 있도록 하고 있다(상법 제651조).

(3) 보험의 목적과 피보험이익

보험의 목적이란 보험사고의 대상이 되는 객체를 말한다. 보험자는 이 객체에 대해서 보험사고가 발생했을 때에는 그로 인한 손해의 보상 또는 일정한 보험금을 지급해야 할 책임이 있으므로 보험계약에서 보험의 목적이 무엇인지를 구체적으로 정하여야 한다(상법 제666조). 보험의 목적이 물건인 경우는 경제적 이익이 있는 건물·운송물·선박·기계 등이며, 해상화물보험의 경우에는 운송화물이 보험의 목적이 된다. 이에 대해서 피보험이익이란 보험의 목적에 대해 보험사고가 발생하지 않음으로 인해 피보험자가 갖는 경제적 이익을 의미한다. 즉, 피보험자가 화물의 소유자인 경우, 화물이 보험의 목적이며, 화물의 소유권이 피보험이익이다.

예컨대, 동일한 건물에 소유자와 임차인이 각각 화재보험을 가입한 경우, 보험의 목적인 건물은 동일하나, 피보험이익은 소유자로서의 피보험이익과 임차인으로서의 피보험이익으로서 다른 것이 된다. 이런 피보험이익은 다음과 같은 중요한 효용을 갖는다. ① 손해보험은 피보험이익의 손실을 보상하는 것이므로(동법 제665조), 보험자의 책임범위는 이 피보험이익의 가액(보험가액)을 한도로 하여 정해지게 된다. 따라서 피보험이익은 보험자 책임범위의 표준이 된다. ② 보험은 피보험이익의 손실을 보상하는 것 일뿐 그 이상의 이득을 주는 제도가 아니므로 피보험이익의 가액(보험가액)을 초과하는 중복보험(동법 제672조)·초과보험(동법 제669조)의 폐단을 방지할 필요가 있는데, 피보험이익의 가액(보험가액)은 이런 중복보험과 초과보험을 정하는데 표준이 된다. ③ 손해보험은 피보험이익을 전제로 그 이익 상실에 대해 상실된 이익만큼만 보상해주는 것이므로, 이런 피보험이익이 없는 것은 도박의 대상은 될 수 있으나, 보험계약의 대상은 될 수 없다. 따라서 이런 피보험이익의 존재는 보험의 도박화를 방지하는 역할을 한다. ④ 보험은 보험의 목적에 따라 구별되는 것이 아니라, 보험계약의 목적에 따라 구별되는 것이므로, 피보험이익은 보험계약의 동일성을 구별하는 표준이 된다.

이와 같이 피보험이익은 ① 보험자의 책임보험의 확정, ② 중복보험 및 초과보험의 방지, ③ 도박보험의 방지, ④ 보험계약의 동일성을 구별하는 표준이 되는 중요한 의미를 갖는다. 상법에서는 피보험이익을 「보험계약의 목적」으로 규정하고 있으나(상법 제668조, 제669조), 보험계약의 목적은 「보험의 목적」과는 구별되는 개념이다. 즉, 보험의 목적은 보험사고 발생의 대상이 되는 피보험자의 경제상의 재화(건물, 선박, 자동차 등)를 의미하는데 반해, 「보험계약의 목적」은 피보험자가 보험의 목적에 대해 갖는 경제상의 이해관계를 의미한다.

즉, 피험자가 화물의 소유자인 경우, 화물이 보험의 목적이며, 화물의 소유권이 피보험이익이다. 피보험이익은 보험의 목적에 대하여 피보험자가 갖는 이해관계이기 때문에 동일한 보험목적에 복수의 피보험이익이 존재할 수 있다. 예를 들어 화물의 매수인은 매도인으로부터 인도받은 화물의 소유권과 전매에 의하여 취득할 수 있는 장래 취득할 수 있는 이익을 각각 피보험이익으로서 보험에 부가할 수 있다.

피보험자에게 피보험이익이 없는 경우에는 보험계약은 원칙적으로 무효이며, 사고로 인하여 보험의 목적이 멸실하거나 손상되더라도 보험금을 청구할 수 없다. 또, 보험이익은 적법한 것이어야 하므로 밀수품과 금제품의 이익에 관한 보험계약은 무효이다.

(4) 보험가액과 보험금액

피보험이익을 금전으로 평가한 액이 보험가액이다. 해상보험계약과 같은 손해보험계약에서는 손해를 상회하는 전보를 받는 것은 인정되지 않으므로(이득금지의 원칙) 보험가액은 보험사고로 인하여 지불되는 보험금의 최고한도액을 의미한다. 즉, 보험가액이란 피보험이익을 금전으로 평가한 액으로 상법은 이를 보험계약의 목적의 가액이라 규정하고 있다(상법 제669조). 이 같은 보험가액은 항상 일정한 것은 아니고 경제 상황에 따라서 변동하는 피보험이익의 가액에 따라서 변동한다. 이때에 ① 보험계약을 체결할 때에 당사자 간에 피보험이익의 평가(보험가액)에 관해서 미리 합의한 보험을 기평가보험이라고 한다. 이 경우 협정한 보험가액은 반드시 당사자 간의 명시적인 합의에 의해야 하고, 보험증권에 기재해야 한다(상법 제685조, 제690조, 제695조). ② 보험계약을 체결할 때에 당사자 간에 피보험이익의 평가(보험가액)에 관하여 아무런 합의를 하지 않은 보험을 미평가보험이라고 하는데, 이런 경우 피보험자와 재화와의 관계를 고려하여 객관적 표준에 따라 피보험이익을 평가해야 하지만, 상법에서는 사고발생시의 가액을 보험가액으로 한다(상법 제671조)고 규정하여 평가시점에 대해서만 규정하고, 평가 장소와 평가방법에 대한 규정은 없다. 이와 관련하여 법원은 평가 장소는 사고발생지를 기준으로 해야 할 것이고, 평가방법은 사회통념에 따른 객관적인 가액을 기준으로 해야 한다는 입장이다.[20]

보험금액이란 보험계약에 의해 약정된 보험자의 지급의무의 최대한도 액을 말한다. 보험금액은 보험계약 당시에 약정되며, 생명보험의 경우 보험금액과 보험자가 실제로 지급하는 보험금은 일치하지만, 손해보험의 경우 실손해에 대한 보상이므로 보험금액과 실제로 지급하는 보험금이 일치하지 않는다. 보험자가 보험사고 발생시에 지급하는 보험금은 보험가액을 법률상의 최고한도로 하고, 그 범위 안에서 다시 보험금액을 계약상의 최고한도로 하여 산정된 구체적인 손해액을 기준으로 결정된다. 따라서 보험가액은 보험계약 당시에 당사자가 약정하는 보험금액의 최고한도액이 된다.

(5) 담보위험과 손해전보의 범위

1) 담보위험

담보위험(perils covered risks)이란 보험자가 그 위험에 의하여 발생한 손해를 보상할 것을 약속한 위험으로 보험자가 보상책임을 부담하기 위해서는 손해가 담보위험에 의하여 발생한 것이어야 한다. 선박의 좌초·침몰·화재·파손 등 화물이 해상운송 중에 노출되는 위험 가운데, 보험계약에 의하여 담보되는 것을 담보위험 또는 보험사고라고 한다. 상법은 항해에 관한 모든 사고를 포괄적으로 보험사고라 하고 있는데, 영국의 해상보험법에서는 담보위험을 구체적으로 열거하여 (제3조), 열거된 개개의 해상위험에 대해서만 보험자가 책임을 부담하도록 하는 열거위험담보방식(Named Perils Cover)을 채택하고 있다.

과거 Lloyd's증권에 기한 해상보험증권은 영국의 해상보험법에 따라서 보험증권본문에 담보위험에 대해서 열거하여, 그것을 난외약관과 증권이면의 특별약관으로 변경하는 구조를 취하고 있었다. 증권본문에 열거한 위험은 ① 선박의 침몰·좌초·침수 등 바다 고유의 위험, ② 화재, ③ 강도, ④ 투화, ⑤ 선원의 악행, ⑥ 해적, ⑦ 전쟁위험, ⑧ 정부·관청에 의한 억류 등 8가지이다. 이 가운데 투화 내지 정부 등에 의한 억류 등에 대해서는 증권좌측난외약관 가운데 「포획·나포

---

20) 대법원 1991. 10. 25. 선고 91다17429 판결.

⁽拿捕⁾부담보약관」에 따라, 기타 위험 즉 동맹파업·폭동으로 인한 것은 마찬가지 난외약관 가운데 「동맹파업·폭동·소요부담보약관」에 의하여 보험자는 면책되기 때문에, 결국 증권의 이면약관으로 담보되는 위험은 동맹파업과 폭동 등으로 인한 경우를 제외한 ① 내지 ⑤의 위험이 된다. 피보험자가 전쟁위험과 동맹파업 등의 위험도 담보하고 싶을 때에는 증권이면의 「협회전쟁위험담보약관」 및 「협회 동맹파업·폭동·소란담보약관」의 별도의 특약을 맺어야 한다.

2) 전보의 범위

보험자는 담보위험으로 발생한 화물의 손해를 전보해야 하는데 모든 손해를 전보해야 하는 것은 아니고 미리 약정된 전보범위 내의 손해만이 전보되게 된다. 보험사고로 인한 손해는 전손(total loss)과 분손(partial loss)으로 나눌 수 있다. 여기서의 전손이란 피보험이익이 전부 소멸한 경우를 말하며 그 이외의 손해가 분손이다. 분손 가운데 물적 손해에는 피해를 입은 자만이 그 손해를 부담하는 단독해손과 선박의 침몰을 방지하기 위하여 적하의 일부를 투기한 경우와 같이 선박 및 적하 공동의 위험을 회피하기 위한 처분으로 인하여 생긴 손해(공동해손)가 있다.

또, 분손에는 손해방지비용과 구조비용 등과 같은 비용손해를 포함한다. 이들 손해의 어느 것을 전보할 것인가는 화물과 피보험이익의 종류, 보험료 금액 등으로 보험계약자가 판단해야 하는데 기본적인 손해전보의 조건으로서는 다음과 같은 것이 있다.

가. 전손만 담보(total loss only: TLO)

보험의 목적 즉 보험계약화물에 전손만 발생하였을 때 보험자가 이것을 보상하는 보험조건으로 보험자에 있어서는 가장 부담이 적은 조건이다. 보험료도 제일 저렴하다. 피보험자는 전손이 발생한 경우에 보험금액의 전액 지급을 청구할 수 있는 것 외에 전손의 발생을 방지하기 위한 손해방지비용도 지급된다. 약간의 잔존화물이 있더라도 그 권리를 포기하여 위부(Abandonment)의 절차를 취하면 전손에 준한 취급을 받는다.

나. 분손부담보(free from particular average: FPA)

일반적으로 FPA조건으로 부르는데, 분손(단독해손)은 원칙적으로 담보하지 않는 조건으로 W.A 및 A/R(All Risk)와 구별되는 약관이다. 그러나 FPA조건에는 보험자가 담보하지 않는 분손과 담보하는 분손이 있는데, 이 조건에서는 좌초나 침몰 또는 화재가 발생하지 않는 한 분손(단독해손)은 담보하지 않는 것이 원칙이다. 그러나 보험 회사 사이의 경쟁 결과 보험자의 담보범위가 확대되어 ① 전손 ② 하역 또는 환적 작업 중에 발생한 적하품 한 개의 포장단위(Package)의 전손 ③ 공동해손(General Average) ④ 해난구조료, 소송 및 손해방지비용(Sue and Labour Expenses), ⑤ 본선 또는 부선의 침몰, 좌초 , 모래접촉, 화재 또는 물 이외의 다른 물체(석유, 빙산, 향료 등)와의 접촉 및 충돌, 혼적 등으로 발생한 손해, 즉, 유류와 혼적하였기 때문에 담배나 식품 등에 나쁜 냄새가 스머든 것 등의 손해가 보험자가 예외적으로 담보한다. 그러나 나쁜 기후로 파도에 의해서 발생한 해수손해(Sea Water Damage) 및 불가항력(Force Majeure)에 기인해서 발생한 분손은 보험자가 담보하지 않는다. 피난항에서 피보험자가 지급한 양륙비, 창고 보관료 및 반송에 드는 특별 비용은 보험자가 담보한다. 이와 비슷한 신보험약관은 ICC(C)로 표시되기 때문에 신약관에서는 하역작업중 포장단위 전손이 발생한 경우에도 보상의 범위에 넣고 있다.

다. 분손담보(with average: WA)

적하보험에서 기본적 조건의 하나로 보험자가 전손과 공동해손은 물론, 단독해손에 대해서도 책임을 부담하는 보험조건이다. 보상대상 위험의 범위를 FPA 조건에 지진, 낙뢰, 갑판유실, 해수침손 등으로 확대한 것으로 나아가 손상의 정도가 목적물의 일부에 대하여 일어난 분손의 경우도 보상하도록 하는 조건이다. 신약관에서는 이를 ICC(B)로 표시한다.

라. 전위험담보(all risks: A/R)

적하보험조건의 구약관으로서 제품의 고유한 하자, 선박의 지연, 원자력 피해, 전쟁, 동맹파업 등을 제외한 모든 우발적 사고가 담보되는 조건으로, 그 손해에 대해서는 면책비율이 적용되지 않는다. 한편, 전쟁이나 파업, 폭동 및 소요(civil commotion), 즉, W/SRCC 등은 추가로 담보하면 된다. 우리나라는 현재 준전쟁국이므로 대부분의 수입업자가 CIF조건으로 수입 시에는 A/R에 W/SRCC가 추가로 부보한다.

3) 보험기간

보험기간이란 실질적인 의미에서는 보험자의 책임이 존속하는 기간(책임기간)

을 의미하며, 형식적인 의미에서는 보험계약의 존속기간을 의미하며 이를 보험계약기간이라고 한다. 나아가 기술적인 의미에서는 보험료산정기간을 의미하는데 이를 보험료기간이라고 한다. 보험자의 책임기간이 개시되는 보험기간은 최초 보험료의 지급을 받은 때로부터 시작된다.

보험기간이란 보험자의 책임이 시작되어 종료하는 기간, 즉, 그 기간 안에 보험사고가 발생함으로써 보험자가 책임을 지게 되는 기간으로 이를 책임기간(위험기간)이라고도 한다. 이 같은 보험기간은 개념상으로는 보험계약이 성립하여 존속하는 기간인 보험계약기간과 구별되나, 원칙적으로 당사자 간에 이에 관한 특약이 없으면 보험기간은 보험계약기관과 일치한다. 또, 보험기간은 당사자 간에 다른 약정이 없으면 최초의 보험료의 지급을 받은 때로부터 시작한다(상법 제656조). 즉, 보험자가 보험계약자로부터 보험계약의 청약과 함께 보험료 상당액의 전부 또는 일부를 받은 경우에 그 청약을 승낙하기 전에 보험계약에서 정한 보험사고가 생긴 때에는 그 청약을 거절할 사유가 없는 한 보험자의 책임이 개시된다(상법 제638조의2 제3항).

4. 보험대위

(1) 의   의

보험의 목적의 전부가 멸실한 경우에 보험금액의 전부를 지급한 보험자는 그 목적에 대한 피보험자의 권리를 취득한다. 그러나 보험가액의 일부를 보험에 붙인 경우에는 보험자가 취득할 권리는 보험금액의 보험가액에 대한 비율에 따라서 이를 정하는 것이 보험목적에 대한 보험대위이다(상법 제681조). 즉, 피보험자가 운송인, 기타의 제3자에 대한 구상권을 보험자에게 양도하는 것을 보험대위(Subrogation)라고 한다. 보험사고로 전손이 생겨도 잔존물에 가치가 있는 경우와 당해 사고로 인하여 피보험자가 제3자에 대하여 손해배상청구권을 취득한 경우에 피보험자가 보험금을 취득한 후에 여전히 이들에 관한 권리를 보유하는 것은 오히려 피보험자에게 결과적으로 이득이 된다. 따라서 일정한 요건 하에 피보험자가 소유하고 있는 권리를 보험자에게 이전하는 것을 각국의 법률에서 인정하고 있는데 이것이 바로 보험대위제도이다.

🔖 관련판례

■ 대법원 2013. 9. 13. 선고 2011다81190, 81206 판결

[1] 영국 해상보험법(Marine Insurance Act, 1906)상 위부는 보험의 목적이 전부 손실된 것과 같이 볼 수 있는 일정한 사정이 발생한 경우 피보험자가 보험금액 전부를 보상받기 위한 전제조건으로서 피보험자가 보험의 목적에 잔존하는 자기의 일체의 이익을 보험자에게 이전하는 것으로, 이에 대한 위부의 승인은 보험자의 행위에 의하여 묵시적으로도 인정될 수 있으나, 보험자의 묵시적 승인은 증거에 의하여 명백히 증명되어야 한다. 그리고 영국 해상보험법의 법리와 관습에 의하면, 위부의 통지를 받은 보험자가 구조작업에 착수했다고 해서 이것이 위부의 승인으로 해석되지 않으며 반대로 피보험자가 구조작업에 착수했다고 해서 위부의 포기로 해석되지 않는다.

[2] 영국 해상보험법(Marine Insurance Act, 1906)상 보험자대위는 보험의 목적에 발생한 피보험자의 손해를 보상하여 준 보험자가 보험목적의 잔존물에 대한 이익을 승계할 수 있는 권리를 취득하거나, 보험목적과 관련된 피보험자의 권리 또는 다른 구제수단을 대위하는 것을 의미하는데, 영국 해상보험법의 법리에 의하면, 보험자는 피보험자의 위부통지를 승인함으로써 제63조 제1항에 따라 잔존물에 대한 권리를 승계할 수 있으나, 위부통지를 거절하더라도 전손 보험금을 지급한 후 제79조 제1항 전단의 규정에 근거하여 피보험자가 잔존물에 대하여 가지는 재산상 권리를 승계할 수도 있다. 그리고 보험금을 지급한 보험자는 제79조 제1항 후단에 의하여 피보험자의 제3자에 대한 손해배상청구권뿐만 아니라 계약상의 권리 등을 대위할 수 있고, 잔존물의 매각대금 등 피보험자가 회복한 이익을 대위할 수도 있다.

[3] 갑 보험회사와 을 주식회사가 을 회사 소유의 선박에 관하여 영국 해상보험법의 법리와 관습이 반영된 협회선박기간보험약관(Institute Time Clauses-Hulls, 1983)을 적용하는 선박보험계약을 체결하였는데, 선박이 침몰하는 사고가 발생하여 갑 회사가 을 회사의 위부통지를 거절하고 을 회사에 추정전손 보험금을 지급한 후 을 회사를 대위하여 선박에 관한 구조작업을 진행한 사안에서, 갑 회사가 위 선박의 위부 승인에 대하여 명백히 거절의사를 표시한 점 등 제반 사정에 비추어 갑 회사가 구조작업을 진행한 것이 영국 해상보험법상 위부의 묵시적 승인으로 간주될 수 없다고 본 원심판단을 정당하다.

(2) 보험대위의 준거법

보험대위의 경우에 그 요건 및 효과에 대해서 어느 나라의 법이 준거법이 되는가가 문제가 된다. 해상보험 소송에서는 보험계약자 또는 피보험자가 보험회사를 상대로 청구하는 보험금청구소송과 보험회사가 피보험자를 대위하여 보험사고의 책임당사자를 상대로 청구하는 구상금청구소송으로 나누어 볼 수 있다. 구상금청구소송은 피보험자의 권리를 대위하는 것이므로 그 준거법도 보험계약에 의하여 정해지는 것이 아니고 피보험자의 권리를 표창하는 선하증권 등 원인관계에 의하여 결정된다.

한편 보험금청구소송의 준거법은 보험계약에 따르게 되므로 보험계약상 준거법약관이 있으면 동 약관에 따르게 된다. 우리나라 섭외사법 제33조는 "보험계약으로 인한 권리의무는 보험업자의 영업소 소재지의 법에 의한다"고 규정함으로써, 당사자 간에 준거법을 별도로 약정하거나 선택하지 않았다면 보험업자의 영업소 소재지법이 준거법이 된다. 그러나 동조의 취지가 당사자 간에 그에 반하는 준거법합의를 할 수 없다는 취지로 해석되지는 않으며 외국법준거약관도 유효하다는 것이 일반적 견해이다. 현재 우리나라의 해상보험계약실무에서는 그 준거법을 영국의 법률과 관행을 따르도록 하고 있다(subject to English law and practice). 즉 "보험증권 아래에서 야기되는 일체의 책임문제는 외국의 법률 및 관습에 의하여야 한다는 외국법준거약관은 동 약관에 의하여 외국법이 적용되는 결과 우리 상법 보험편의 통칙의 규정보다 보험계약자에게 불리하게 된다고 하여 상법 제663조(보험계약자 등의 불이익변경금지)에 따라 곧 무효로 되는 것이 아니고 동 약관이 보험자의 면책을 기도하여 본래 적용되어야 할 공서법의 적용을 면하는 것을 목적으로 하거나 합리적인 범위를 초과하여 보험계약자에게 불리하게 된다고 판단되는 것에 한하여 무효로 된다고 할 것인데, 해상보험증권 아래에서 야기되는 일체의 책임문제는 영국의 법률 및 관습에 의하여야 한다는 영국법준거약관은 오랜 기간 동안에 걸쳐 해상보험업계의 중심이 되어온 영국의 법률과 관습에 따라 당사자 간의 거래관계를 명확하게 하려는 것으로서 우리나라의 공익규정 또는 공서양속에 반하는 것이라거나 보험계약자의 이익을 부당하게 침해하는 것이라고 볼 수 없으므로 유효하다"[21]고 판시한 이래, 대법원 1996. 3. 8. 선고 95다28779 판결 등에서

---

21) 대법원 1991. 5. 14. 선고 90다카25314 판결.

이를 재차 확인하고 있어 우리법상 영국법준거약관의 유효성은 이미 확립되었다.

(3) 영국법준거약관의 법적성질

영국법준거약관의 법적 성질은 저촉법적 지정인가(저촉법적 지정설) 아니면 실질법적 지정인가(실질법적 지정설), 저촉법적 지정의 경우에도 전부지정으로 보아야 하는가 아니면 부분지정으로 보아야 하는가 하는 문제가 있다. 계약의 당사자가 그 계약의 준거법을 선택하는 것을 저촉법적 지정이라 하고, 당사자가 선택한 준거법(주관적 준거법) 또는 당사자가 준거법을 선택하지 않은 경우 준거법 결정원칙에 따라 결정된 준거법(객관적 준거법)의 적용을 받으면서 그 준거법이 허용하는 범위 내에서 당사자들이 준거법 소속국이 아닌 다른 국가의 법규를 적용하기로 약정하는 것이 실질법적 지정이다.

나아가 영국법준거약관을 저촉법적 지정으로 파악하는 경우에도 이를 보험계약전체에 대한 지정으로 볼 것인가(전부지정설) 아니면 보험계약에 따른 책임의 문제에 한정된 준거법의 부분지정으로 볼 것인가(부분지정설)하는 견해로 갈라져 있다. 저촉법적 지정과 실질법적 지정의 구별은 저촉법적 지정의 경우는 당사자가 준거법을 선택하지 않았다면 준거법으로 될 객관적 준거법의 강행법규의 적용이 배제되는데 반하여, 실질법적 지정의 경우에는 객관적 준거법의 강행법규의 적용을 배제하지 않는다는 점에서 차이가 있다.

위와 같은 준거법약관의 법적 성질은 당해 준거법약관의 문언과 당사자의 의사해석에 따라서 다르다는 점에서, 구체적 사안에서 그 구별기준이 명백한 것은 아니다. 우리나라에서는 통상 사용되는 준거약관이 이건 보험계약의 준거법을 영국법으로 한다고 규정하는 대신 이 보험증권상 발생하는 모든 책임문제는 영국의 법률과 관습에 의하여 규율된다고 규정하는 경우가 많으므로 이 경우에는 보험계약전체가 아니라 보험자의 책임문제만을 영국법을 준거법으로 한 것이 아닌가 하는 의문이 제기된다.

위에서 살펴본 대법원 90다카25314 판결은 "All questions of liability arising under this policy are to be governed by the laws and customs of England"라는 내용의 외국법준거약관에 대하여 동 약관에 의하여 외국법이 적용된다고 판시하여 약관의 문언이 책임문제에 한정하고 있음에도 불구하고 보험계약 전체에 대하여 영국법이 적용된다는 소위 전부지정설을 취하고 있는 것으로 보인다. 그러나 부산고등법원 1997. 11. 7. 선고 95나12392 판결은 "this insurance is understood and agreed to be subject to english law and practice only as to liability for and settlement of any and all claims"라는 내용의 준거법약관에 대하여 해상적하보험의 보험증권에 영국준거법조항이 규정되어 있으므로 해상적하보험에 있어서 적용되는 법률은 우리 상법이 아닌 영국해상보험법(Marine Insurance Act, 1906)이라 할 것이나, 이 조항은 보험자의 책임문제에 관하여만 영국의 법률과 관습에 의하여 결정하고 보험계약자체의 성립 및 효력 등의 문제에 대하여는 영국의 법과 관습을 적용할 수 없고 우리나라 법을 적용하여야 한다고 하여 오히려 부분지정설의 입장이나 실질법적 지정설에 가깝다고 할 수 있다. 이에 관하여는 앞으로의 판례 및 학설의 추이를 지켜볼 필요가 있다.

🗂 관련판례

- **대법원 1991. 5. 14. 선고 90다카25314 판결**
  - 가. 보험증권 아래에서 야기되는 일체의 책임문제는 외국의 법률 및 관습에 의하여야 한다는 외국법 준거약관은 동 약관에 의하여 외국법이 적용되는 결과 우리 상법 보험편의 통칙의 규정보다 보험계약자에게 불리하게 된다고 하여 상법 제663조에 따라 곧 무효로 되는 것이 아니고 동 약관이 보험자의 면책을 기도하여 본래 적용되어야 할 공서법의 적용을 면하는 것을 목적으로 하거나 합리적인 범위를 초과하여 보험계약자에게 불리하게 된다고 판단되는 것에 한하여 무효로 된다고 할 것인데, 해상보험증권 아래에서 야기되는 일체의 책임문제는 영국의 법률 및 관습에 의하여야 한다는 영국법 준거약관은 오랜 기간 동안에 걸쳐 해상보험업계의 중심이 되어 온 영국의 법률과 관습에 따라 당사자 간의 거래관계를 명확하게 하려는 것으로서 우리나라의 공익규정 또는 공서양속에 반하는 것이라거나 보험계약자의 이익을 부당하게 침해하는 것이라고 볼 수 없으므로 유효하다.
  - 나. 영국법 준거약관의 적하보험계약을 체결함에 있어 화물을 적재하고 출항한 선박으로부터 사고의 발생이 예상되는 전문을 수령한 사실을 감춘 경우, 위 전문 수령사실은 영국해상보험법 제18조 제2항 소정의 고지의무의 대상에 해당하므로 보험자가 같은 법 제17조, 제18조에 의해 고지의무위반을 이유로 위 보험계약을 해지한 것은 적법하고, 거기에 우리 상법 제651조 소정의 제척기간이나 상법 제655조의 인과관계에 관한 규정은 적용될 여지가 없다.

다. 영국해상보험법 및 영국법원의 판례에 의하면 열거책임주의가 적용되는 분손불담보조건의 적하보험계약에 있어서 피보험자가 보험자로부터 손해를 전보받기 위하여는 손해가 보험증권상에 열거된 부보위험으로 인하여 발생하였다는 적극적 사실을 입증하여야 함이 일반적인 원칙이기는 하나, 화물이 선박과 함께 행방불명된 경우에는 현실전손으로 추정되고(영국해상보험법 제58조), 그 현실전손은 일응, 부보위험인 해상위험으로 인한 것으로 추정되어 보험자는 전보책임을 면할 수 없는 것이며, 부보위험으로 인한 손해라는 추정은 보험자가 부보위험이 아닌 다른 위험 내지 면책위험으로 인한 것일 가능성이 있음을 주장하고 그 가능성이 보다 우월하거나 동일함을 입증하는 경우에 한하여 깨어지는 것이라고 할 것이다.

제5절   국제대금결제

Ⅰ 국제거래에서 대금결제의 방식

국제거래에서 대금결제와 관련하여 현금을 수수하는 대금결제방식은 드물며 일반적으로 거래은행을 통하여 결제를 행하게 된다. 은행을 통하여 무역대금을 결제하는 방식은, 채무자인 매수인(수입업자)이 매도인(수출업자)에게 대금을 송금하는 방식과, 채권자인 매도인이 매수인으로부터 대금을 청구하는 방식이 있다.

1. 송금결제 방식

송금인의 의뢰에 의하여 거래처 은행이 수취인이 소재하는 외국은행에 대하여 수취인에게 지불할 것을 지시하고, 당해 수취인이 소재한 외국은행은 그 같은 지시에 따라서 수취인에게 지불하는 방식이다. 즉, 외국환어음에 의한 송금은 다음과 같은 절차를 거쳐서 행하여진다. 우리나라 수입업자 甲이 미국의 매도인 乙에게 대금을 송금하는 경우, 우선 甲은 국내 거래처은행 丙에게 대금상당액의 원화를 지불하고 丙 은행으로부터 미국에 소재하는 丁은행을 지급인, 乙을 수취인으로 하는 외국환어음을 발행받는다. 甲은 이 환어음을 乙에게 송부하고, 乙은 丁은행에 이를 제시하고 달러화로 지불을 받는다. 송금의 지불 지시는 환어음과 수표 등의 유가증권에 의하는 것 이외에 서신(우편송금), 전신(전신송금) 등의 방식도 있다.

이 같은 송금방식에는 대금결제 시기에 따라서 수출업자가 물품을 선적하기 전에 수입업자가 대금의 일부 내지 전액을 수출업자에게 미리 송금하여 지급하고 수출업자는 계약서의 약정기일 이내에 해당 물품을 선적하는 사전송금방식(이를 사전송금방식을 단순송금방식 Advance Payment, 선지급방식 Payment in Advance or Cash in Advance, CWO, 또는 T/T in Advance, Prior to Ship이라고도 한다)과 계약에 의하여 수출업자가 먼저 물품을 선적한 후에 선적서류 원본을 수입업자에게 직접 송부하면, 수입업자는 물품매매계약서상의 송금조건에 따라서 선적일을 기준으로 일정기간이 경과한 후에 거래 건별로 수출업자가 지정한 은행의 계좌로 대금을 결제하는 사후송금방식(Later remittance after shipment)이 있다.

사전송금방식에는 수출업자가 물품을 선적한 이후에 선적서류를 수입지에 있는 자신의 대리인에게 송부하고 물품이 목적지에 도착하면 수입업자가 물품을 검사한 후에 물품을 인도받으면서 대금을 결제하는 상품인도결제방식(Cash On Delivery: COD), 수출업자가 물품을 선적하고 선적서류를 수입업자의 지시나 대리인(주로 수출업자 국가에 소재)에게 제시하거나 해외 수입업자에게 직접 서류를 송부하여 당해 서류와 상환으로 대금의 결제가 이루어지도록 하는 서류상환결제방식(Cash Against Documents) 등이 있다.

2. 추심결제방식

(1) 의   의

수출업자가 수입업자에게 물품을 선적한 후 수입업자가 요구하는 선적서류를 수출업자의 은행(추심의뢰은행, remitting bank)을 통하여 수입업자가 지정하는 은행(추심은행, collecting bank)으로 송부하고 수입업자의 은행이 수입업자로부터 대금을 회수하여 수출지의 은행(추심의뢰은행)으로 송금하는 거래를 말한다.

송금결제방식에서 선적서류를 수출업자가 수입상에게 직접 송부하고 수출대금은 수입업자가 자발적으로 은행에서 송금하는 것이며, 신용장 방식에서 수출국 은행이 선적서류를 개설은행으로부터 송부하면 은행이 직접 수출대금을 지급하는 것과 비교 된다.

(2) 종　류

추심결제방식은 ① 수출업자가 물품을 선적한 후 관련서류가 첨부된 일람지급 환어음을 수입업자를 지급인으로 발행하여 추심의뢰은행에 추심을 의뢰하면, 추심의뢰은행은 그 같은 서류가 첨부된 환어음을 수입업자가 거래하는 은행(추심은행)으로 송부하여 추심을 의뢰하고, 추심은행은 그 환어음의 지급인인 수입업자로부터 대금을 지급받음과 동시에 서류를 인도하고 지급받은 대금은 추심을 의뢰한 추심의뢰은행에 송금하는 지급 인도조건(Documents against Payment: D/P), ② 수출업자가 수입업자와의 매매계약에 따라 물품을 자신의 책임 하에 선적한 후, 관련서류가 첨부된 기한부환어음(documentary usance bill or time bill)을 수입업자를 지급인(drawee)으로 발행하여 자신의 거래은행인 추심의뢰은행(remitting bank)에 추심을 의뢰하면, 수출업자의 거래은행은 그 같은 서류가 첨부된 환어음을 수입업자의 거래은행인 추심은행으로 보내어 추심을 의뢰한다. 그러면 수입업자의 거래은행인 추심은행은 그 환어음의 지급인인 수입업자로부터 어음의 인수를 받으며 서류를 인도하고, 어음의 만기일에 대금을 지급받아 추심을 의뢰하여온 수출업자의 거래은행으로 송금하여 결제하는 인수 인도조건(Documents against Acceptance)이 있다.

Ⅱ 화환어음

1. 의　　의

화환어음(Documentary Draft)이란 국제무역에서 물품의 수출업자(매도인)가 발행인이 되어 수입업자(매수인)를 또는 신용장거래에 있어서는 신용장개설은행을 지급인으로 하여 당해 화환어음의 매입은행을 수취인으로 하여 발행된 환어음으로, 이때 수출업자가 수입업자 앞으로 선적하여 운송 중인 물품, 즉, 운송증권(선하증권, 해상화물운송장 등)에 의하여 환어음금의 지급이나 인수가 담보되어 있는 어음을 말한다.

따라서 화환어음은 수입업자 개인의 신용에 의해 결제되나 신용장에 의한 결제는 환어음에 대한 수입업자의 대금지급을 신용장 개설은행이 확약하는 것이기 때문에 만약 수입업자가 대금지불을 못하더라도 개설은행이 그 책임을 지고 지불하여주므로 수출지의 환어음 매입은행은 안심하고 어음대금 전액을 수출업자에게 지급해 줄 수 있다.

따라서 화환어음은 다음과 같은 경제적 기능을 갖는다. 즉, 매도인은 화환어음을 거래은행에 매도함으로서 화물을 선적한 후 바로 대금을 회수할 수 있으며, 매수인은 선적서류의 상환으로 어음의 지불 또는 인수를 하기 때문에 물품이 선적된 것을 확인하고 대금을 지불할 수 있다. 또, 어음의 인수를 조건으로 선적서류를 교부받을 경우에 매수인은 지불기한 까지 물품을 처분하고 그 대금으로 결제하는 것이 가능하다. 나아가 매수은행은 선적서류를 담보로 매수인이 지불하지 않는 경우에 담보권의 실행으로 물품을 처분할 수 있다. 이 같이 화환어음은 매매당사자 및 거래은행의 이해를 합리적으로 조정할 수 있어 오늘날 국제거래의 결제방법으로 넓게 활용하고 있다.

2. 종   류

화환어음에는 수출업자가 화물을 선적하고 구비된 운송서류에 일람출급 환어음을 발행 첨부하여 거래은행을 통하여 수입국의 추심은행 앞으로 어음대금을 추심의뢰하면 추심은행은 수입업자에게 어음을 제시하여 수입대금의 일람지급과 동시에 운송서류를 인도하는(documents against payment: D/P) 것을 조건으로 하는 것과 추심은행이 기한부 화환어음을 송부 받아 어음지급인에 대하여 어음의 인수와 동시에 운송서류를 인도하는 조건(Documents against Acceptance: D/A)이 있다.

어느 조건을 사용할 것인가는 거래 당사자의 약정에 따르며 일반적으로 D/P는 신속하게 대금을 회수할 수 있는 장점에서 매도인에게 유리하고, D/A는 인수부터 지불까지 일정기간 유예가 있는 점에서 매수인에게 유리하다.

그러나 신용장거래는 시간·비용·복잡한 절차 등으로 신용장의 이용이 감소하고 있는 반면에 송금방식이나 D/P, D/A거래 방식이 증가하면서 신용장부 화환어음보다 신용장 없는 화환어음이 많이 활용되고 있다. 즉, 신용장부화환어음 (documentary bill of exchange with letter of credit)의 신용장(L/C)은 무역거래에서 가장 널리 이용되는 결제형태로서 화환어음에 은행의 조건부 지급 확약이 더 붙는 것이 신용장부 화환어음이다. 화환어음은 어디까지나 수입업자 개인의 신용에 의해 결제되지만 신용장에 의한 결제는 환어음에 대한 수입업자의 대금지급을 신용장 개설은행이 확약하는 것이기 때문에 만일 수입상이 대금지불을 못하더라도 개설은행이 그 책임을 지고 지불해주므로 수출지의 환어음 매입은행은 안심하고 어음대금 전액을 수출업자에게 지급해 줄 수 있다.

이에 대해서 화환추심어음(bill of documentary collection)은 수출업자가 선적을 완료하고 관계 선적서류와 환어음을 발행하여 거래은행을 통해 수입지은행에 수출대금의 추심을 의뢰하게 되는데 이때에 발행되는 환어음을 화환추심어음이라고 하며, 그 관계 선적서류의 인도조건에 따라서 D/P(documents against payment)와 D/A(documents against acceptance)로 구별된다. 이들 추심화환어음은 신용장에 의해 발행되는 화환어음과는 성질에서 차이가 있다. 신용장에 의한 화환어음은 개설은행이 보증을 하기 때문에 매입은행이나 인수은행이 하등의 위험 없이 매입 또는 인수를 하나 D/P나 D/A환어음의 추심은행은 어디까지나 수출지의 추심의뢰은행의 지시에만 따르며 어음의 지급에 대해서는 책임을 지지 않는다. 또한 D/P거래에서 수입상이 대금을 지급하기 전에, 또, D/A거래에서 수입상이 환어음을 인수하기 전에는 모든 선적서류에 대한 권리는 어음 발행인에게 있으며, 만일 은행이 매입한 D/P 또는 D/A환어음이 지급거절이 되면 발행인은 전적으로 상환의 의무를 져야 하기 때문에 D/A나 D/P거래는 서로 믿는 거래선 간인 경우에만 가능하다.

— D/P 방식

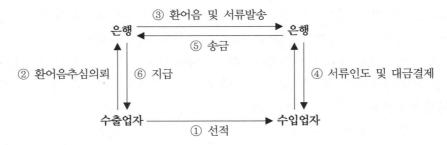

── D/A방식

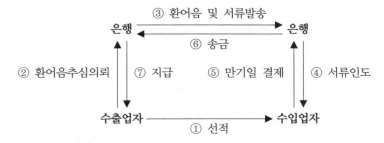

Ⅲ 화환신용장

1. 의　　의

화환신용장(documentary letter of credit) 또는 상업신용장(commercial of credit)이란 매수인의 의뢰에 따라서 그의 거래은행이 일정한 조건에 따라서 매도인이 발행한 화환어음에 선하증권 등의 서류를 첨부하는 것을 조건으로 지급, 인수 또는 매입할 것을 확약하는 신용장을 말한다. 국제거래에서 화환어음에 의한 거래의 경우 수출업자와의 거래은행으로서는 어음 수취인인 외국 수입업자의 신용상태를 파악하기에 어려움이 따르며, 따라서 어음지급에 대한 불안 등으로 거래가 성사되지 않을 수도 있다. 따라서 수입업자의 거래은행이 환어음의 인수·지급을 확약함으로써 수출업자 및 그 거래은행의 불안을 제거하여 신속한 무역대금의 결제와 안전한 거래가 이루어지도록 하는 것이 화환신용장제도의 목적이다.

2. 화환신용장의 구조

화환신용장은 일반적으로 다음과 같은 절차에 의하여 거래가 이루어지게 된다. ① 계약의 당사자가 화환신용장으로 대금을 결제할 것을 합의한 경우, 수입업자 乙(발행의뢰인)은 자기가 거래하는 은행 丙(발행은행)에, 수출업자 甲을 수익자로 하는 화환신용장의 발행을 의뢰한다. ② 丙은행이 신용장을 발행한 경우 일반적으로 수익자 소재지 은행丁(통지은행)을 경유하여 甲에게 신용장을 통지(교부)한다.

③ 甲은 발행은행 또는 수입업자를 지급인으로 하는 환어음을 발행하고, 신용장과 함께 신용장조건에 따라서 선적서류를 첨부하여 자기가 거래하는 은행 戊(매수은행)에 어음의 매수(할인)를 의뢰한다. 이때 戊은행은 발행은행의 파산과 발행은행 소재국의 외환제한 등의 사태가 발생하지 않는 한 어음의 인수와 지급이 신용장에 의하여 확약되어 있기 때문에 소정의 선적서류가 신용장의 조건과 합치할 경우에는 화환어음을 매수할 수 있다. ④ 戊은행은 발행은행 또는 수입업자에게 화환어음의 인수 및 지급을 요구하여 어음대금을 회수한다. ⑤ 발행은행이 화환어음을 지급한 경우에 발행은행은 대금의 지급과 상환하여 수입업자에게 선적서류를 인도한다. 단, 신용장의 신뢰를 높이기 위하여 발행은행 이외의 은행이 발행은행의 의뢰에 의하여 스스로 환어음의 인수·지급하는 요지의 확약을 그 신용장에 추가하는 경우가 있다. 이 같은 확약을 하는 은행을 확인은행이라고 하며, 확인은행에 의한 확약이 추가된 신용장을 확인신용장(confirmed L/C)[22]이라고 한다. 수출업자는 외국은행의 신용상태를 파악하기 어려운 경우에 일반적으로 수출업자 소재지국가의 통지은행이 확인은행이 되는 경우가 많다. 이 경우 확인은행은 자기의 책임으로 환어음의 인수·지급을 확약하는 것으로, 확인은행이 부담하는 채무는 발행은행의 채무와 별개의 독립된 채무이다.

— **화환신용장거래의 흐름**

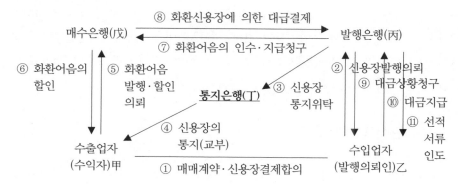

---

22) 지급과 인수 또는 매입을 제3의 은행에 의해 확인받은 신용장을 말한다. 신용장을 개설한 은행을 신용하기 어려울 때, 또는 수입 국가의 경제 사정이 좋지 않을 때, 수출업자는 수출 대금을 안전하게 받기 위하여 제3의 은행에 신용장에 대한 지급과 인수 또는 매입을 확인해 줄 것을 요청하게 되는데, 이때 은행에서 확인을 해 준 신용장이다.

3. 신용장통일규칙

(1) 의   의

신용장통일규칙은 국제상업회의소(ICC)가 제정한 신용장업무를 취급할 때 지켜야 할 제반사항 및 해석의 기준을 규정한 국제규칙이다. 신용장제도는 거래실무의 관행에서 생성된 것으로 신용장거래가 급증하였던 제1차 세계대전 이후 국가 간에 신용장에 의한 거래 시에 신용장에 관한 법률의 상충 문제가 발생함으로써 미국 및 서구를 중심으로 신용장의 효력에 관한 국제 통일운동이 발생하였다. 이에 따라서 국제상업회의소(ICC)는 1962년부터 신용장거래에서의 용어 해석의 기준의 국제적 통일을 위하여 노력하여 1933년 5월 오스트리아 빈 ICC 제7차 회의에 상정되어 1933년 6월 3일 동 안건이 채택됨으로서 「상업화환신용장에 관한 통일규칙 및 관례(Uniform Customs and Practice for Documentary Credits: UCP)」를 제정하였다. 이후 국제무역에 있어 운송수단과 통신수단의 발전, 정보통신기술의 발달 등에 대응하기 위하여 전시 중의 중단을 제외하고 1951년, 1962년, 1974년, 1983년(UCP 400), 1993년(UCP 600), 2007년(UCP 600) 제정 이후 제6차 개정까지 진행되었으며 거의 10년마다 개정되고 있다.

(2) 주요 내용

2007년 7월 1일부터 시행되고 있는 UCP 600은 그 동안 명시되지 않았던 "규칙(rules)"을 명시하였는데, 제1조 정의 및 제3조 해석조항을 추가하였고 기존 49개 조항이었던 UCP 500의 조문을 새롭게 정리하여 39개 조항으로 구성하였다.

또, ICC는 신용장통일규칙(UCP)만으로는 신용장 관련 분쟁을 원만하게 해결할 수 없다는 점과 신용장이 전자적으로 사용될 경우의 문제점 등을 보완하기 위하여 신용장통일규칙에 대한 보충규정인 eUCP 및 ISBP(국제표준은행관행)를 각각 제정함으로써 신용장 분쟁을 미연에 방지하고 이미 발생한 분쟁을 원만하게 해결하도록 하였다.

UCP 500과 비교하여 UCP 600에서 달라진 주요 내용은 첫째, 서류심사기간이 단축되었다. UCP 500에서는 "서류를 수령한 다음 날로부터 제7은행 영업일을 초과하지 않는 범위 내에서 상당한 기간을 갖는다"라고 규정한 것에 대해서 UCP 600에서는 "지정에 따른 지정은행, 확인은행이 존재하는 경우 확인은행, 그리고 개설은행에게는 제시가 일치하는지 여부를 결정하기 위하여 제시일 다음 날로부터 기산하여 최장 제5은행 영업일이 각각 주어지도록 규정하였다. 이 기간은 제시 일에 또는 그 후에 유효기간이나 제시기간의 최종일이 도래한다는 이유로 단축되거나 달리 영향을 받지 않도록 규정하였다."

둘째, 불명확한 용어들을 삭제하였다. 즉, "reasonable care", "reasonable time", "on its face" 같은 모호한 표현을 제거하여 무역업계 및 은행계의 법적 분쟁소지를 줄이도록 하였다. 문면상(On its Face) 표현의 경우 본문에서 제거하는 안건에 관해 12개국이 반대했고, 25개국이 찬성하였다. 제 14조 서류의 심사 표준(Standard for Examination of Documents)의 한 조항을 제외하고는 모든 부분에서 문면상에 대한 언급을 삭제하였다.

셋째로, 보험서류에 관한 사항이다. UCP 600에서는 UCP 500의 보험서류의 발행인 및 서명권자로서 보험회사, 보험업자 또는 이들 대리인(agent)에 "대리업자(proxies)"를 추가 하였고, UCP 600 제28조 f항 I호에 "보험담보의 금액이 표시되어야 한다"는 규정을 추가하였다. 나아가 제28조 f항 iii호는 보험담보구간의 표시의무를 신설하였다.

🔖 관련판례

■ 대법원 2000. 11. 24. 선고 2000다12983 판결

[1] 주된 신용장 대금의 지급을 조건으로 하는 신용장의 지급조건은 첨부서류에 의하여 조건의 성취 여부를 판정할 수 없는 비서류적 특수조건에 해당하여 신용장의 본질에 비추어 바람직하지 않지만 사적자치의 원칙상 이를 무효라고 할 수는 없다.

[2] 제4차 신용장통일규칙 제16조 혹은 제5차 신용장통일규칙 제14조에서 '신용장 개설은행이 제시된 서류의 불일치를 이유로 서류의 수리를 거절하고자 하는 경우에 지체 없이 제시인에게 그 불일치 사항을 통지하고 서류를 반송하는 등의 조치를 취하지 아니하면 개설은행은 그 서류가 신용장의 조건과 일치하지 않는다는 주장을 할 수 있는 권리를 상실한다'고 규정한 취지는, 신용장 제시 서류에 불일치가 있다 하여도 개설은행이 제시인에게 이를 통지하는 등의 조치를 취하지 아니하면 개설은행은 그 불일치를 주장하지 못하고 원래의 신용장조건에 따른 대금지급의무를 부담한다는 것에 불과하지, 그 불일치 사항의 통지가 없다고 하여 신용장 수익자나 그 이후의 신용장 매입은행으로

하여금 종전에 없었던 새로운 권리를 취득하게 하는 것은 아니다.

[3] 신용장 매입은행이 신용장 개설은행에게 선적서류 등의 신용장 서류와 환어음을 제시하였으나 그 신용장에 부가된 특수조건이 불성취되는 것이 확정되는 등으로 인하여 신용장 대금 지급의무가 발생하지 않는 경우에 신용장 개설은행의 제시서류 반환의무에 관하여 신용장통일규칙 등에 명문의 규정은 없지만, 신용장 제시서류에 하자가 있는 경우 신용장 개설은행은 제시된 서류를 제시인을 위하여 보관하든지 혹은 제시인에게 반송할 것을 규정하고 있는 제5차 신용장통일규칙 제14조(d)항의 규정 등을 유추하여 볼 때 그 제시된 서류는 신용장서류 제시인 등이 그 서류반환청구권을 포기하였다고 볼 특별한 사정이 없는 한 원칙적으로 신용장 서류 제시인에게 반환되어야 할 것이다.

(3) 신용장의 준거법

신용장통일규칙은 신용장거래에 관한 통일규칙이지만 신용장을 둘러싸고 나타나는 모든 법률문제를 규정하고 있는 것은 아니다. 문제는 신용장통일규칙에는 준거법에 관한 명시적 규정이 없으므로 거래 당사자 간에 분쟁이 발생할 경우에 어느 나라의 법을 적용하여 분쟁을 해결할 것인가의 문제는 그리 쉬운 일이 아니다.

신용장과 관련한 분쟁이 발생하여 당사자 간에 화해가 성립하는 경우에는 원만하게 해결될 수 있겠으나 화해가 이루어지지 않을 경우에는 소송을 통하여 분쟁을 해결할 수밖에 없다. 이 경우에 어느 국가의 법을 적용하여 이 문제를 해결할 것인가는 분쟁당사자들에게는 매우 중요한 일이다. 왜냐하면 어느 나라의 법률을 적용하느냐에 따라서 당해 문제의 해석과 관련하여 그 결과가 정반대로 나타날 수도 있기 때문이다. 이 같이 당사자가 준거법을 명시의 의사표시에 의하여 지정한 경우에는 문제가 없겠으나 그렇지 않은 경우에 문제가 된다.

이에 대하여 국제사법 제26조 제1항은 외국적 요소가 있는 법률관계에서 당사자가 준거법을 선택하지 아니한 경우에 계약은 그 계약과 가장 밀접한 관련이 있는 국가의 법에 의하여야 한다고 규정하고, 제26조 제2항 제3호에서는 위임사무의 준거법은 위임사무 이행의무 당사자의 계약체결 당시의 주된 사무소 등의 소재지법을 가장 밀접한 관련이 있는 법으로 추정하고 있다. 그런데 신용장에 기한 환어음 등을 매입하는 매입은행은 신용장 개설은행의 수권에 의하여 매입하긴 하지만, 이는 어디까지나 자기의 계산에 따라 독자적인 영업행위로서 매입하는 것이고 신용장 개설은행을 위한 위임사무의 이행으로서 신용장을 매입하는 것은 아니므로, 신용장 개설은행과 매입은행 사이의 신용장대금 상환의 법률관계에 관한 준거법의 결정에는 위임사무의 이행에 관한 준거법의 추정 규정인 국제사법 제26조 제2항 제3호를 적용할 수 없고, 환어음 등의 매입을 수권하고 신용장대금의 상환을 약정하여 신용장대금 상환의무를 이행하여야 하는 신용장 개설은행의 소재지법이 계약과 가장 밀접한 관련이 있는 국가의 법으로서 준거법이 된다.[23]

🔖 관련판례

- 대법원 2011. 1. 27. 선고 2009다10249 판결

  [1] 국제상업회의소(International Chamber of Commerce)의 제5차 개정 신용장 통일규칙(The Uniform Customs and Practice for Documentary Credits, 1993 Revision, ICC Publication No. 500) 제9조 제a항 제iv호, 제10조 제d항, 제14조 제a항 등의 규정을 종합하면, 화환신용장에 의한 거래에서 신용장의 제 조건과 문면상 일치하게 표시된 서류와 상환으로 환어음을 매입한 매입은행이 신용장 개설은행에 대하여 신용장대금의 상환을 청구하는 경우에 특별한 사정이 없는 한 신용장 개설은행은 상환의무를 면할 수 없다. 따라서 분할 환어음의 발행이 허용된 신용장거래에서 수익자가 신용장 한도금액을 초과하여 분할 환어음을 발행하고 선적서류 중 일부를 위조하여 서로 다른 은행에게 이를 매도한 경우, 위조된 선적서류를 매입한 선행 매입은행의 신용장대금 청구에 대하여 신용장 개설은행이 선적서류에 상당한 주의를 기울였으면 충분히 발견할 수 있었던 신용장조건과 불일치하는 하자가 있음을 간과하고 신용장대금을 상환하였다면, 신용장 개설은행은, 후행 매입은행이 상당한 주의를 기울였음에도 신용장 한도금액을 초과하여 환어음이 발행되었고 다른 은행이 환어음 일부를 선행하여 매입하였다는 사실 등을 알지 못한 채, 신용장의 제 조건과 문면상 일치하게 표시된 서류와 상환으로 환어음 등을 선의로 매입한 후 신용장대금의 상환을 구하는 것에 대하여 선행 매입은행에게 신용장대금을 상환한 점을 내세워 신용장 한도금액이 초과하였다는 이유로 이를 거절하지 못한다. 그리고 여기서 신용장 개설은행과 매입은행에게 요구되는 상당한 주의는 상품거래에 관한 특수한 지식경험이 없는 은행원으로서의 일

---

23) 대법원 2011. 1. 27. 선고 2009다10249 판결.

반적인 지식경험에 의하여 기울여야 할 객관적이고 합리적인 주의를 말하며, 은행원은 이러한 주의를 기울여 신용장과 기타 서류에 기재된 문언을 형식적으로 엄격하게 해석하여 신용장조건과의 합치 여부를 가려낼 의무가 있다.

[2] 국제사법 제26조 제1항은 외국적 요소가 있는 법률관계에서 당사자가 준거법을 선택하지 아니한 경우에 계약은 그 계약과 가장 밀접한 관련이 있는 국가의 법에 의하여야 한다고 규정하고, 제26조 제2항 제3호에서는 위임사무의 준거법은 위임사무 이행의무 당사자의 계약체결 당시의 주된 사무소 등의 소재지법을 가장 밀접한 관련이 있는 법으로 추정하고 있다. 그런데 신용장에 기한 환어음 등을 매입하는 매입은행은 신용장 개설은행의 수권에 의하여 매입하긴 하지만, 이는 어디까지나 자기의 계산에 따라 독자적인 영업행위로서 매입하는 것이고 신용장 개설은행을 위한 위임사무의 이행으로서 신용장을 매입하는 것은 아니므로, 신용장 개설은행과 매입은행 사이의 신용장대금 상환의 법률관계에 관한 준거법의 결정에는 위임사무의 이행에 관한 준거법의 추정 규정인 국제사법 제26조 제2항 제3호를 적용할 수 없고, 환어음 등의 매입을 수권하고 신용장대금의 상환을 약정하여 신용장대금 상환의무를 이행하여야 하는 신용장 개설은행의 소재지법이 계약과 가장 밀접한 관련이 있는 국가의 법으로서 준거법이 된다.

[3] 지연손해금은 채무의 이행지체에 대한 손해배상으로서 본래의 채무에 부수하여 지급되는 것이므로 본래의 채권채무관계를 규율하는 준거법에 의하여 결정되어야 한다. 한편, 소송촉진 등에 관한 특례법 제3조 제1항에서 정하는 법정이율에 관한 규정은 비록 소송촉진을 목적으로 소송절차에 의한 권리구제와 관련하여 적용되는 것이기는 하지만 그 실질은 금전채무의 불이행으로 인한 손해배상의 범위를 정하기 위한 것이다. 따라서 소송촉진 등에 관한 특례법 제3조 제1항에서 정한 법정이율에 관한 규정을 절차법적인 성격을 가지는 것이라고만 볼 수는 없다.

4. 신용장의 당사자 법률문제

신용장거래에는 다수의 당사자가 관계되며 따라서 각 당사자 간에 발생하는 법률문제도 다양하게 나타난다. 그 가운데 신용장거래의 주요 당사자 간의 법률문제를 중심으로 살펴보겠다.

(1) 신용장의 당사자

신용장거래와 관계되는 모든 자를 총칭하여 당사자(parties) 또는 관계당사자(parties concerned)라 한다. 관계당사자는 모든 신용장에서 일정하게 나타나는 것은 아니며, 신용장의 종류 및 발행은행의 사정에 따라서 다르다. 당사자는 신용장의 조건변경 또는 취소에 관계되는 기본당사자와 기타 당사자로 구분할 수 있다.

1) 기본당사자

기본당사자라 함은 신용장거래에서 직접적인 권리와 의무를 부담하는 자로서, 신용장의 조건변경 또는 취소에 관계되는 당사자로서 발행은행, 확인은행, 수익자가 있다.

여기서의 발행은행(issuing bank)이라 함은 발행은행(opening bank) 또는 신용공여은행(grantor)으로 UCP에는 'issuing bank'라 하는데, 신용장발행의뢰인의 요구에 응하여 수익자 앞으로 신용장을 발행하는 은행을 말한다. 발행은행은 보통 발행의뢰인의 주거래은행이 되며 수익자에 대하여 지급을 확약하는 자로서 환어음지급에 있어서 최종적인 책임, 즉 상환의무를 부담한다.

확인은행(confirming bank)이란 발행은행으로부터 수권되었거나 요청받은 제3은행이 신용장에 의하여 발행된 어음의 지급, 인수 또는 매입을 추가로 확약하는 경우 그러한 은행을 확인은행이라 한다. 신용장의 확인은 발행은행과 독립적인 확약이며, 발행은행에 대한 확인은행의 여신행위이므로 발행은행의 확인요구에 반드시 응할 의무는 없다. 수출업자는 수입업자의 거래은행이 정치·경제적 사정 등으로 결제상의 위험이 있다고 판단되면 보통 수출상 소재지의 제3은행을 확인은행으로 하는 확인신용장(confirmed L/C)발행을 요청하게 할 수 있다.

수익자(beneficiary)란 발행은행으로부터 신용장을 수령하여 신용장조건에 따른 권한과 이익을 얻는 수출상이 수익자를 말한다. 수익자는 매도인, 수출상 이외에 신용장의 사용자이므로 사용자(user), 환어음을 발행할 수 있으므로 어음발행인(drawer), 신용을 수혜하고 있으므로 신용수령인(accredited), 신용장이 수익자 앞으로 발행된다는 점에서 수신인(addressee) 또는 물품을 선적하는 자라고 하여 송하인(shipper)이라 할 수 있으나, 신용장거래에서는 beneficiary로 통용되고 있다.

2) 기타 당사자

기타당사자로는 발행의뢰인(applicant), 통지은행(advising bank), 매입은행(negotiating bank), 지급은행(paying bank), 인수은행(accepting bank), 상환은행(reimbursing bank)등이 있다. 발행의뢰인이란 수입업자의 경우 매매계약에 따라서 거래은행에 대하여 신용장발행을 의뢰하게 되는데, 이 경우의 수입상을 신용장거래에서 발행의뢰인이라 한다. 발행의뢰인은 매수인(buyer), 수입상(importer) 이외에 채무자(accountee; for account of), 신용장을 개설하여 주는 자라고 하여 개설인(opener)라고도 한다.

통지은행이란 신용장발행은행이 신용장을 발행하게 되면 그 내용을 수출상인 수익자에게 알리기 위하여 수익자 소재지에 있는 발행은행의 본·지점은행이나 환거래은행(correspondent bank)을 경유하여 통지하게 되는데, 이때 통지하는 은행을 통지은행이라 한다.

매입은행은 수익자는 신용장조건에 따라 선적을 완료한 후 결제서류를 준비하고 수출환어음을 발행하여 자기의 거래은행에 환어음의 매입을 의뢰하게 되는데, 이때 환어음을 매입하는 은행이 매입은행이다.

지급은행은 수익자가 발행한 환어음에 대하여 직접 대금을 지급하여 주는 은행으로 어음금액을 지급하도록 수권 받은 은행이다. 지급은행은 발행은행의 예치환거래은행(depositary bank)으로서 예치환거래계약을 체결하고 발행은행의 예금계정을 설정하여 신용장조건과 일치하는 서류에 따라서 제시 환어음 지급 시마다 발행은행의 예금계정에서 당해 금액을 차감하면서 지급을 행하기 때문에 지급과 동시에 상환 받게 된다. 그러나 어음지급에 대한 최종책임은 발행은행이다.

인수은행이란 수익자가 발행하는 환어음이 기한부어음(usance bill)일 경우에 은행이 지급에 앞서 인수하게 되는데, 이때 은행은 어음 만기일에 가서 그 어음을 지급하게 되는데, 이처럼 기한부어음을 인수하는 은행을 말한다. 일단 은행에서 인수한 어음은 은행의 무조건 지급확약이 추가되므로 국제금융시장에서 유리하게 유통할 수 있다.

상환은행이란 신용장의 결제통화가 수출입양국의 통화가 아니고 제3국 통화인 경우에 발행은행의 자금운용 측면에서 제3국에 소재하는 은행 가운데 발행은행의 예치환거래은행을 이용하여 신용장조건에 따라서 대금을 결제하게 되는데, 이 은행을 결제은행(settling bank)이라 하고, 수익자가 발행한 어음을 매입한 매입은행과도 환거래계약을 체결하고 있으므로 매입은행에 어음대금을 상환하여 주는 은행을 상환은행이라 한다.

양도은행이란 양도가능신용장(transferable credit)에서 최초의 수익자가 제2의 수익자에게 신용장의 모든 권리와 의무를 이전시킬 수 있는 양도가능신용장의 양도절차를 의뢰받은 은행을 말한다. 주로 발행은행의 본·지점 또는 환거래은행인 통지은행이 양도은행의 역할을 한다. 양도취급은행은 지급신용장에서는 지급은행, 연지급신용장에서는 연지급은행, 인수신용장에서는 인수은행, 매입제한신용장에서는 매입제한은행, 자유매입신용장에서는 신용장에서 양도은행으로 지정된 은행이 된다.

(2) 거래당사자 간의 법률관계(신용장개설 약정)

신용장발행의뢰인인 매수인(수입업자)과 수익자인 매도인(수출업자)이 매매계약에서 대금결제수단으로 화환신용장으로 행할 것을 합의한 경우에는 당사자 간에 신용장거래와 관련한 법률관계가 성립하며, 따라서 매수인(수입업자)은 계약에 따라서 신용장을 개설해야 할 의무를 부담한다. 이 의무는 매도인(수출업자)의 목적물인도의무보다 먼저 행해야 할 급부의무이다. 신용장 개설의 시기에 대해서는 당사자가 매매계약의 내용에서 정하는 것이 보통이며, 그러나 이 같은 의사가 없을 때에는 늦어도 선적기간이 경과하기 이전에 개설하여야 한다. 따라서 매수인이 신용장개설의무를 위반하는 경우에는 대금지급의무 위반이 되어 계약해제의 사유가 된다.

신용장이 개설되면 매도인(수익자)은 신용장에 의한 결제의무가 생기며, 매수인에 대하여 직접 매매대금의 지급을 청구할 수 없다. 그러나 매수인의 대금채무는 신용장이 발행되더라도 당연히 소멸하는 것은 아니고, 발행은행이 신용장에 기하여 채무의 이행을 거절하는 경우에 매도인은 매수인에 대해서 대금채무의 이행을 청구할 수 있다.

(3) 발행의뢰인과 발행은행과의 법률관계(신용장의 발행의뢰)

매수인은 자기가 거래하는 은행에 신용장의 개설을 의뢰하면, 의뢰를 받은 은행은 신용장에 의한 여신을 허용할 것인지 여부를 심사한 이후에 신용장개설계약을 체결하게 된다. 이때 매수인은 신용장발행을 의뢰함에 있어서 혼란이 생기지 않도록 신용장의 지시내용이 완전하고 명확해야 하며, 발행은행이 신용장조건에 일치된 서류에 대한 지급·인수가 행해진 경우에 매수인은 발행은행에 대해 서류를 인수하고 대금을 상환해야 하며, 신용장 발행에 따르는 수수료를 부담한다. 나아가 발행은행이 요구하는 경우에는 담보를 제공해야 하며, 타은행 서비스 이용 및 외국의 법률과 관습에 따라서 채무를 부담할 의무가 있다.

발행은행은 발행의뢰인의 지시 내용을 준수하여야 하고, 발행된 신용장을 통지은행을 통하여 수익자에게 통지해야 할 의무가 있으며, 제시된 서류에 대한 신용장조건과 엄격성, 기타 서류형식에 대한 조사의무가 있으며, 제출한 서류가 신용장조건과 일치하지 않을 때에는 거절권을 갖는다. 발행은행은 서류의 형식·법적효력, 기재된 물품의 실질상태, 서류의 작성·발행자에 대해서 면책되고, 서류·통신의 송달 및 전문용어 번역 등에 따른 면책, 불가항력의 사유로 은행업무중단에 따른 면책, 타 은행의 지시불이행에 따른 면책이 인정된다.

(4) 발행은행과 수익자와의 법률관계

1) 취소가능신용장과 취소불능신용장

발행은행과 수익자와의 관계는 신용장이 취소 가능한 것인가 아니면 취소불능인 것인가에 따라서 크게 다르다. 취소가능신용장이란 발행은행이 수익자에 대한 사전의 통지 없이 언제든지 취소할 수 있고, 나아가 신용장조건을 변경할 수 있는 신용장이다. 반면에 취소불능신용장이란 신용장조건에 일치한 소정의 서류가 제시되면 이에 대금을 지급하겠다는 발행은행의 일정한 확약(definite undertaking)으로서 일단 발행된 후에는 발행은행, 확인은행(이 있는 경우) 및 수익자 전원의 합의 없이는 결코 그 조건을 변경하거나 취소할 수 없는 신용장이다. 신용장의 조건이 이행되는 한, 취소불능신용장에 의한 발행은행의 수익자에 대한 지급확약은 절대적인 구속력을 갖게 되므로 취소가능신용장보다 경제적인 효용성을 더 가진다. 신용장상에 "취소불능"이라는 명확한 표시가 있거나 그 취소가능성에 관한 구분이 없는 경우에 이러한 신용장은 모두 취소불능신용장이다.

2) 신용장채무의 독립·추상성의 원칙

신용장에 의하여 발행은행이 수익자에 대해서 부담하는 채무는 신용장 발행의 원인이 된 매매계약 기타 계약관계로부터 독립된 별개의 채무이다(UCP 600 4조 a항).

즉 신용장의 독립이란 신용장은 당사자 간의 계약 기타 거래와 별개의 독립된 거래로 간주하는 신용장거래의 기본원칙을 말한다. 따라서 은행은 어떠한 경우에도 매도인과 매수인 사이의 매매계약 기타 신용장발행의 근거가 되는 계약상의 이유에 의한 항변으로 권리를 침해당하거나 책임과 의무를 부담하지 않는다.

이에 대해서 신용자의 추상성이란 신용장거래의 모든 당사자는 거래의 목적이 물품이 아닌 이를 상징하는 서류에 의한 거래로 이루어지는 것을 말한다. 즉, 매매계약에서 언급된 물품과 상관없이 신용장에서 요구하는 서류만으로 대금지급 여부를 판단하는 원칙을 말한다. 즉 '은행은 서류로 거래하는 것이며 그 서류가 관계된 물품, 서비스 또는 의무이행으로 거래하는 것은 아니다'(UCP 600 5조).

3) 신용장조건의 엄격일치·상당일치의 원칙

엄격일치의 원칙(doctrine of strict compliance)이란 신용장조건에 엄밀하게 일치하지 않는 서류에 의하여 신용장의 발행을 요청하는 경우 이를 거절할 수 있는 원칙이다. 따라서 은행은 제시된 서류가 신용장조건의 문언과 합치되는 경우에 한해서 지급을 하게 된다. 즉 '신용장은 그 명칭이나 표현에 관계없이 일치하는 제시에 대하여 지급이행(honour)하겠다는 발행은행의 확약으로서 취소 불가능한 모든 약정을 말한다'(UCP 600 2조). 또 '상업송장상의 물품, 서비스 또는 의무이행의 명세는 신용장에서 보이는 것과 일치하여야 한다'(UCP 600 18조).

상당일치의 원칙(doctrin of substantial compliance)이란 엄격일치의 원칙이 엄격하게 적용되는 신용장거래에서도 그 일반적인 의미에 큰 하자가 없는 상당히 실질적으로 일치하는 서류의 경우에도 인수할 수 있다는 원칙이다. UCP 600 14조 d항 e항에서 엄격일치의 원칙을 다소 완화하여 서류가 내용상 신용장조건과 상호 모순되는 내용이 아닌 한 어느 정도까지 일치하면 은행은 이를 지급할 의무가 있다하고 있다. 나아가 UCP 600 14조 d항에서 '신용장, 서류 그 자체 그리고 국제 표준은행관행의 문맥에 따라 읽을 때의 서류상의 정보는 그 서류나 다른 적시된 서류 또는 신용장상의 정보와 반드시 일치될 필요는 없으나 그들과 저촉되어서는 안 된다'고 규정하고 있으며, e항에서 '상업송장 이외의 서류에, 물품, 서비스 또는 의무이행의 명세는, 만약 기재되는 경우, 신용장상의 명세와 저촉되지 않는 일반적인 용어로 기재할 수 있다'고 규정하고 있다.

4) 서류거래의 원칙

은행은 서류로 거래하는 것이며 그 서류가 관계된 물품, 서비스 또는 의무이행으로 거래하는 것은 아니(UCP 600 5조)라는 원칙이다. 따라서 은행이 신용장조건에 일치하는 서류와 상환하여 대금을 지급해야 할 의무는 해당물품이나 서비스 또는 계약이행이 실제 내용과 일치하지 않는다는 통지에 영향을 받지 않으며, 발행은행이 서류를 접수한 후 그 서류가 문면상 신용장조건에 일치하지 않는 경우에 그러한 서류의 수리여부 등은 서류만으로 결정하여야 한다.

Ⅳ 어음 및 수표

1. 어음·수표법의 통일

(1) 총   설

어음·수표는 거래의 결제수단 또는 현금대용수단으로 넓게 활용하고 있는 가운데 국제거래에서도 중요한 결제수단으로서의 역할을 하고 있다. 유럽에서는 중세의 관습법으로 유포(流布)되었는데, 이탈리아의 지중해 연안도시는 세계상업의 중심지로서 무역에 수반하여 성행한 환전상(換錢商)을 이용하여 타지(他地)로 송금하는 자는 당지(當地) 환전상에게 당지의 화폐를 주고 서면(書面)을 받아 목적지의 환전상(또는 그 대리인)에게 그것을 제시하여 목적지의 화폐로 지급 받는 기구로 활용하였는데 이 서면이 어음의 기원이다. 이 같이 장소적으로나 통화의 명목으로나 격지자(隔地者) 간의 환전송금(換錢松禁)의 방법으로서 어음제도가 시작되었으며, 성문법으로서는 1673년 프랑스의 상사조례(商事條例)에서 어음관계의 규정을 찾아볼 수 있다. 이후 1807년 프랑스 상법전의 1편 제8장 제110조 내지 제189조에 어음법이 규정되었고, 1882년 영국의 어음법(종래의 관습법·특별법령 또는 판례 등 약 2,500조를 수집·정리하여 100조로 된 어음법), 1896년 미국의 유통증권법(流通證券法)이 성립하였다.

1901년 헤이그에서 어음법통일회의가 네덜란드 정부 주최로 개최되어 '어음법통일조약' 31개조를 입안(立案)하여 30여 국가가 참가하여, '환어음·약속어음통일규칙' 80개조를 규정하였으나 제1차 세계대전이 발발함으로서 회의가 중단되어 조약은 그 효력을 보지 못하였다. 세계대전이 종결된 후 국제연맹이 다시 발족되었으며 통일어음법에 대한 기대가 높아짐에 따라서 1930년 제네바에서 '환어음·약속어음 및 수표법통일국제회의'가 개최되었다. 이 회의는 실질적으로는 헤이그에서의 어음법 회의의 속회라 할 수 있는데, 헤이그 조약안을 답습한 의정(議定)이 행하여졌고 31개국의 대표위원들이 참가하였다. 그러나 이 회의에서도 영국·미국은 처음부터 참가하지 않았으며 미국은 비가맹국으로서 옵서버로 참가하여 1934년에 3조약, 즉, 환어음과 약속어음에 관한 통일법을 제정하는 조약, 환어음과 약속어음에 관한 법률의 어느 저촉을 해결하기 위한 조약 및 환어음과 약속어음의 인지법(印紙法)에 관한 조약을 의결하고, 영미를 제외한 대다수의 참가국들이 이에 조인함으로서 발효되었다. 그러나 당시 제2차 세계대전이 발발하여 세계통일어음법의 이상은 달성되지 못하였다. 다만 일본은 이 제네바 규정에 준거하여 상법 4편을 폐지하고 단행법으로서 어음법(1932년)·수표법(1933년)을 제정하여 제네바 3조약 발효연도(發效年度)인 1934년부터 시행하였다. 우리나라는 1962년 1월 20일에 새 상법전과 함께 어음법 수표법이 공포되어 1963년 1월 1일부터 시행하였다. 이것이 개정되기 전의 구 어음법·구 수표법은 일본의 수형법(手形法)과 소절수법(小切手法)을 계수한 것으로 광복 이후 군정(軍政)시대에는 법령 21호 1조·2조에 의하여, 건국 이후(1948년)에는 헌법 제100조에 의하여 그대로 한국의 수형법·소절수법으로서의 효력을 가지고 있었다. 이 수형법과 소절수법이 각각 어음법과 수표법으로 그 명칭을 바꾸는 동시에 내용에 있어서도 국제어음법과 국제수표법에 관한 규정은 이를 삭제하여 섭외사법(1962년)에 이를 통합하였고, 1995년 12월 6일 부분 개정하여 시행하고 있다. 이와 같은 현행 어음법과 수표법은 대체로 구법과 같고 구법은 일본의 현행 수형법과 소절수법에 해당한다. 이 구법은 제네바 어음법과 수표법 통일조약에 의하여 제정된 통일법에 부칙을 가하여 국내법으로 한 것으로서 1934년에 시행되었다. 따라서 우리 어음법과 수표법은 통일법계에 속한다고 할 수 있다.

(2) 제네바 조약

어음법 통일운동은 18C부터 시작되어 19C 말까지 국제법협회 및 국제법학회 등에 의하여 그 통일안이 작성되기 시작하였다. 1910년 최초로 독일과 이탈리아의 제의로 네덜란드의 헤이그에서 어음법 통일회의가 개최되었으며, 1912년 헤이그에서 제2차 통일회의를 개최하여 어음통일에 관한 조약과 80개조의 환어음 약속어음통일규칙을 제정하여 26개국의 대표가 이에 서명하였다. 그러나 이후 각국의 사정으로 그 비준이 연기되던 중, 제1차 세계대전이 발발하여 통일운동은 중단되었다. 대전 후 국제연맹이 1930년 5월 13일부터 제네바에서 어음법통일을 위한 회의를 개최하였다. 이 회의에 31개국이 참여하여 다음의 세 가지 조약이 성립되었다. ① 「환어음과 약속어음에 관한 통일법을 제정하는 조약(convention portant loi uniforme sur les lettres de change et billets a ordre)(1930)」으로 본 조약에 의하여 체약국은 이 조약의 부속서 제1인 통일법을 원문으로 또는 자국어로 번역하여 변경 없이 각국의 영토 내에 시행할 의무를 지게 되었다. 이 조약에는 두 개의 부속서가 있다. 하나는 통일어음법의 조문이고, 다른 하나는 유보사항에 관한 조문으로서 각국의 고유한 사정에 따라 통일법과 다른 규정을 둘 수 있는 한계를 정하고 있다. ② 환어음과 약속어음에 관한 「법률 저촉을 해결하기 위한 조약(convention clestines a regler certain conflits de loisen matiere de lettre de changes et de billets a ordre)」으로, 이는 어음국제사법에 관한 내용이다. ③ 「환어음과 약속어음의 인지에 관한 조약 (convention relative au droit de tim−breen matiere de lettre de change et billet a ordre)」으로, 이 조약은 어음행위의 효력 또는 이로 인하여 생기는 권리의 행사를 인지법의 준수에 관련시키지 않는다는 것이다. 이들 조약은 1934년 1월 1일에 발효하여 26개국 이상이 비준하고 있다. 스페인은 서명만 하였고, 미국은 회의에 참가하지 않았으며, 영국은 인지법에 관한 조약에만 조인하고 있다. 따라서 통일어음법은 영미법은 통일시키지 못하였으나, 대륙법계를 통일하는 데 성공하였다. 또, 회의에 참가하지 않은 많은 나라들도 통일법을 기초로 어음법을 제정하고 있다. 우리 나라의 어음법도 통일법을 근거로 제정된 것이다. 통일법은 독일법의 성격이 강하고, 독·불 간의 상위점이 유보사항으로 되어 있어서 그 차이점은 여전히 존재하고 있다. 또, 통일법을 국내법으로 시행하는 데에 각국에서 규정의 해석에 관해 일치하지 않을 수도 있다. UN국제상거래법위원회는 1972년 초에 국제어음에 관한 통일법률을 마련하여 1977년 초에 수정하였는데, 이는 통일어음법을 제정하는 것이 목적이 아니라, 통일어음법이 통일법과 영미법으로 양분되어 국제적인 거래관계에서 불편한 문제를 야기하는 것을 해결하기 위한 국제결제관계의 통일을 도모하는데 그 목적이 있다.

　수표법의 통일운동도 1912년의 헤이그 회의에서 34개조의 통일수표규칙이 성립되었다. 그러나 역시 제1차 세계대전으로 중단되었다가, 이후에 국제연맹이 소집되어 1931년 2월 23일부터 3월 19일까지 개최된 제네바의 수표법통일협회에서 다음의 조약을 성립시켰다. ① 수표에 관한 통일법을 제정하는 조약으로서 두 개의 부속서를 포함하는데, 그 중 제1은 총57개조에 달하는 통일수표법 조문이며, 제2는 체약국을 위한 총31개조의 유보사항으로 되어 있다. ② 수표에 관한 법률 저촉해결을 위한 조약, ③ 수표의 인지법에 관한 조약 등이 제정되었다. 그러나 통일어음법과 마찬가지로 영미 및 영미법계의 넓은 법역은 통일시키지 못하였다.

🔖 관련판례

- **대법원 1998. 4. 23. 선고 95다36466 전원합의체 판결**

[1] 국내어음이란 국내에서 발행되고 지급되는 어음을 말하는 것이므로 국내어음인지 여부는 어음면상의 발행지와 지급지가 국내인지 여부에 따라 결정될 것이지만, 어음면상에 발행지의 기재가 없다고 하더라도 그 어음면에 기재된 지급지와 지급장소, 발행인과 수취인, 지급할 어음금액을 표시하는 화폐, 어음문구를 표기한 문자, 어음교환소의 명칭 등에 의하여 그 어음이 국내에서 어음상의 효과를 발생시키기 위하여 발행된 것으로 여겨지는 경우에는 발행지를 백지로 발행한 것인지 여부에 불구하고 국내어음으로 추단할 수 있다.

[2] [다수의견] 어음에 있어서 발행지의 기재는 발행지와 지급지가 국토를 달리하거나 세력(歲曆)을 달리하는 어음 기타 국제어음에 있어서는 어음행위의 중요한 해석 기준이 되는 것이지만 국내에서 발행되고 지급되는 이른바 국내어음에 있어서는 별다른 의미를 가지지 못하고, 또한 일반의 어음거래에 있어서 발행지가 기재되지 아니한 국내어음도 어음요건을 갖춘 완전한 어음과 마찬가지로 당사자 간에 발행·양도 등의 유통이 널리 이루어지고 있으며, 어음교환소와 은행 등을 통한 결제 과정에서도 발행지의 기재가 없다는 이유로 지급 거절됨이 없이 발행지가 기재된 어음과 마찬가지로 취급되고 있음은 관행에 이른 정도인 점에 비추어 볼 때, 발행지의 기재가 없는 어음의 유통에 관여한 당사자들은 완전한 어음에 의한 것과 같은 유효한 어음행위를 하려고 하였던 것으로 봄이 상당하므로, 어음면의 기재 자체로 보아 국내어음으로 인정되는 경우에 있어서는 그 어음면상 발행지의 기재가 없는 경우라고 할지라도 이를 무효의 어음으로 볼 수는 없다.

[보충의견] 일반적으로 모든 법은 법규정의 본질을 바꾸는 정도의 것이 아닌 한 도에서 이를 합리적으로 해석함으로써 뒤쳐진 법률을 앞서가는 사회현상에 적응

시키는 일방 입법기관에 대하여 법률의 개정 등을 촉구하는 것은 법원의 임무에 속하는 일이라 할 것이고, 그 뒤쳐진 법규정의 재래적 해석·적용이 부당한 결과를 초래한다는 것을 알면서도 법률 개정이라는 입법기관의 조치가 있을 때까지는 이를 그대로 따를 수밖에 없다고 체념해 버리는 것은 온당치 않은 태도이다. 어음법이 강행법·기술법적 성질을 가지고 있음에 비추어 볼 때 어음법에서 정한 어음요건은 이를 엄격하게 해석함이 원칙일 것이나, 이러한 엄격해석의 요청은 이를 자의로 해석함으로써 어음거래 당사자에게 불이익하게 법률을 적용하는 것을 막자는 데에 있는 것이지 입법취지를 해하지 않는 범위 내에서 합리적으로 해석하는 것까지도 절대적으로 금지하려는 것은 아니다. 따라서 어음면의 기재 자체에 의하여 국내어음으로 인정되는 경우에 단지 발행지의 기재가 없다는 이유로 이를 무효의 어음이라고 보는 것은 지나치게 형식논리에 치우친 해석이라고 하지 않을 수 없을 뿐만 아니라 어음 유효해석의 원칙에 비추어 보더라도 타당한 해석이 아니므로, 국내어음에 한하여는 발행지의 기재가 없다고 하더라도 이를 무효의 어음으로 볼 수 없다고 해석함이 상당하며, 이러한 해석은 국내어음에 한하는 것으로서 국제어음에 있어서는 발행지의 기재가 없으면 그 어음은 무효라는 입장을 견지하고 있으므로 위 해석에 의하더라도 발행지를 어음요건의 하나로 규정하고 있는 어음법의 조항을 완전히 사문화시키는 것은 아니며, 법원의 법률해석권의 범위를 일탈하는 것도 아니다.

(3) 국제어음협약

살펴본 바와 같이 어음법 통일을 위한 노력이 결실을 맺지 못함으로써 이를 극복하기 위하여 국제거래법위원회(United Nations Commission on International Trade Law: UNCITRAL)[24]에 의하여 새롭게 작성된 것이 「국제환어음 및 약속어음에 관한 국제연합협약(Uunited Nations Convention on Internatiional Bills of Exchange and International Promissory Notes)」이다. 이 협약은 기존의 법제를 변경하기 위한 것이 아니라 국제거래에서 사용하고 있는 국제어음의 통일적 규정을 제정하기 위한 목적의 협약이다. 국제어음협약은 국제거래에서 이용하고 있는 모든 어음에 적용되는 것이 아

---

24) 국제무역법의 단계적인 조화와 통일을 촉진하기 위하여 1966년 12월 17일 유엔총회결의 2205에 의해 설립된 유엔의 조직이다. UNCITRAL은 국제거래법 분야에서 유엔의 중심적인 법률기관으로, 중재, 조정, 국제물품매매, 전자상거래 등에 대해 국제적으로 활용되고 있다.

니라, 당사자가 협약이 적용된다는 요지를 어음에 밝히는 경우에 한해서 적용된다(제1조). 또, 협약이 적용되는 국제어음이란 발행지, 발행인의 서명에 부기된 장소, 지급인의 명칭에 부기된 장소, 수취인의 명칭에 부기된 장소 및 지급지 가운데 적어도 두 개가 특정되고 그 어느 쪽인지 두 개가 서로 다른 국가에 있는 것이 표시된 어음으로서 발행지 또는 지급지가 표시되고 동시에 그것이 체약국내에 있는 것이어야 한다(제2조).

이와 같이 국제어음조약은 그 적용 여부의 결정에서 발행인에게 넓게 그 선택권을 인정하고 있다. 국제어음조약은 제네바협약과 영미어음법과의 조정이라는 관점에서 여러 군데에서 영미어음법이론을 채용하고 있다. 예를 들면 위조이서의 효력에 관한 규정(제25조) 및 보호되는 소지인(제29조) 규정 등은 제네바협약의 규정과 다르다는 점에서 향후 본 협약이 발효되는 경우에는 주의가 필요하다.

🗨 관련판례

- **대법원 1998. 4. 23. 선고 95다36466 전원합의체 판결 [약속어음금]**

  [1] 국내어음이란 국내에서 발행되고 지급되는 어음을 말하는 것이므로 국내어음인지 여부는 어음면상의 발행지와 지급지가 국내인지 여부에 따라 결정될 것이지만, 어음면상에 발행지의 기재가 없다고 하더라도 그 어음면에 기재된 지급지와 지급장소, 발행인과 수취인, 지급할 어음금액을 표시하는 화폐, 어음문구를 표기한 문자, 어음교환소의 명칭 등에 의하여 그 어음이 국내에서 어음상의 효과를 발생시키기 위하여 발행된 것으로 여겨지는 경우에는 발행지를 백지로 발행한 것인지 여부에 불구하고 국내어음으로 추단할 수 있다.

  [2] [다수의견] 어음에 있어서 발행지의 기재는 발행지와 지급지가 국토를 달리하거나 세력(歲曆)을 달리하는 어음 기타 국제어음에 있어서는 어음행위의 중요한 해석 기준이 되는 것이지만 국내에서 발행되고 지급되는 이른바 국내어음에 있어서는 별다른 의미를 가지지 못하고, 또한 일반의 어음거래에 있어서 발행지가 기재되지 아니한 국내어음도 어음요건을 갖춘 완전한 어음과 마찬가지로 당사자 간에 발행·양도 등의 유통이 널리 이루어지고 있으며, 어음교환소와 은행 등을 통한 결제 과정에서도 발행지의 기재가 없다는 이유로 지급거절됨이 없이 발행지가 기재된 어음과 마찬가지로 취급되고 있음은 관행에 이른 정도인 점에 비추어 볼 때, 발행지의 기재가 없는 어음의 유통에 관여한 당사자들은 완전한 어음에 의한 것과 같은 유효한 어음행위를 하려고

하였던 것으로 봄이 상당하므로, 어음면의 기재 자체로 보아 국내어음으로 인정되는 경우에 있어서는 그 어음면상 발행지의 기재가 없는 경우라고 할지라도 이를 무효의 어음으로 볼 수는 없다.

(4) 어음·수표법의 준거법

앞에서 서술한 바와 같이 어음·수표법의 통일을 위한 노력에도 불구하고 아직 법통일의 실현은 이루지 못하고 있는 실정이며 앞으로도 많은 시간을 요할 것으로 예상된다. 따라서 국제적으로 유통하는 어음·수표의 준거법이 문제가 된다. 이에 관해서는 제네바협약과 함께 작성된 「환어음 및 약속어음에 관한 법률의 저촉 해결을 위한 협약(convention clestines a regler certain conflits de loisen matiere de lettre de changes et de billets a ordre)(1930)」 및 「수표에 관한 법률저촉 해결을 위한 협약」이 참고된다.

어음·수표에 관한 저촉규정의 특징은 원칙적으로 어음·수표 유통성의 확보를 위한 목적으로 거래의 안전에 중점을 두고 있다. 즉, 어음능력·수표능력은 원칙적으로 본국법에 의하도록 하고, 본국법과 다른 국가의 법에 의하도록 하는 규정이 있을 때에는 그 국가의 법이 준거법이 되도록 하고 있다.

우리나라 구 섭외사법 제34조는 환어음, 약속어음 및 수표에 의하여 의무를 지는 자의 능력은 그 본국법에 의한다. 그러나 그 국가의 법이 다른 국가의 법이 다른 국가의 법에 의하여야 할 것을 정한 때에는 그 다른 국가의 법을 적용하여야 한다고 규정하고 있어 참고 된다.

제6절 물품 결함에 의한 손해의 책임

Ⅰ 총   설

물품의 결함으로 소비자와 이용자가 손해를 입은 경우에 피해자 내지 유통업자가 부담하는 책임이 제조물책임(product liability)이다. 현대사회의 유통구조는 대량생산·대량소비 되는 가운데 소비자가 물품의 안전성을 하나하나 검토하여 사용하는 것은 불가능하며, 물품의 품질관리에 대해서 생산자를 신뢰하고 구입할 수밖에 없다. 반면에 대량생산 및 대량판매를 통하여 기업은 막대한 수익을 가져오는 가운데 그 이면에는 결함제품의 발생으로 인한 위험을 내재하고 있다. 이 같은 유통구조에서 물품의 결함으로 인하여 소비자들에게 손해가 발생한 경우, 물품을 생산한 생산자는 과실책임보다 더 무거운 책임을 부담해야 한다는 법리가 나타났는데 그것이 바로 제조물책임의 법리이다.

이 같은 사고는 오늘날 미국과 유럽 국가들의 경우에 결함물품에 대하여 제조자의 과실을 문제 삼지 않는 무과실책임의 법리가 학설·판례를 통하여 이미 확립되었다. 우리나라는 2002년 7월 1일(법률 제6109호) 제조물책임법을 제정하여 시행에 들어갔으나 동 법률에 의한 소비자피해 구제가 가능한지에 대해서 많은 의문이 제기된다. 주요 선진국가들의 경우 제조물책임에 관한 무과실책임의 법리를 확립함으로써, 이들 국가들과의 통상관계와 관련하여 그들 국가들의 제조물책임법에 대한 관심이 고조되었다. 즉, CISG에서도 「물품의 적합성과 제3자의 권리주장」이라는 제목 하에 별도의 규정을 마련하고 있으며, 특히 미국의 경우 자동차, 의약품, 식료품, 화장품, 공작기계 등 대부분의 물품에 관해서 많은 소송이 제기되어 있는 상태이며 우리나라 기업이 생산한 물품이 문제가 된 사건도 이미 상당하다.

특히 제4차 산업혁명을 견인하고 있는 인공지능·자율주행차·드론·3D프린팅·사물인터넷 등 지능정보기술은 소프트웨어로 구현되고 있는 우리사회 현실에서, 소프트웨어의 결함으로 인한 사고는 막대한 사회적·경제적 손실을 유발한다는 점을 고려할 때 소프트웨어의 안전성은 제4차 산업혁명의 필수불가결한 요인으로 작용하며 이를 담보하기 위한 법제도가 필요한 실정이다.[25]

이 같은 문제의식을 가지고 이하에서 미국, 유럽 및 우리나라의 제조물책임을 개관하고 국제통상에서 문제가 되는 제조물책임 준거법에 대해서 살펴보기로 하겠다.

---

25) 자율주행차(Google car, Tesla car)의 소프트웨어의 오작동으로 2016년 5월 7일 미국 플로리다 주에서 테슬라 Model S를 자동주행 모드로 운전하던 운전자가 충돌로 사망한 예가 있다. 나아가 미국에서 소프트웨어는 엄격책임이 적용되는 제조물에 해당할 수 있다고 판시한 예가 나타나고 있다(Winter v. G.P. Putnam's Sons, 938 F. 2d 1033, 1035 (1991)).

Ⅱ 주요국들의 제조물책임 현황

1. 미   국

(1) 경   위

미국은 매년 수십만 건 이상의 제조물책임소송으로 인하여 많은 기업들이 도산 하고 있는 가운데 제조물책임을 둘러싸고 큰 사회적문제가 되고 있다. 나아가 소송의 증가와 고액의 손해배상액은 1970년대 및 1980년 중반 제조물책임 보험료의 앙등 및 보험의 인수거절로 인하여 물품생산자가 제조물책임보험을 부보할 수 없는 사태 등이 이미 2회에 걸쳐서 나타났다. 즉, 1906년 미국 「식품·의약품법」의 제정과 함께 그 기폭제가 된 것은 1937년 화농성 질환치료제 「사루폰 아미드」에 의한 76명의 사망자를 발생시킨 사건을 들 수 있다. 이 사건으로 미국의 식품·의약품·화장품법은 1938년 수정·강화되었으며, 소비자 중심의 소비자법의 제정은 소비자주권을 근간으로 한 1962년 케네디 대통령의 케네디 교서에 의한 대중소비사회에 맞는 4대 권리(안전을 추구할 권리, 소비자가 알 권리, 선택할 권리, 듣고 물을 권리)에 기초하여 소비자 입법을 정비할 것을 요청하였다.

이 같은 상황의 배경에는 무과실책임인 엄격책임이 제조물에 도입된 것임은 부인할 수 없다. 그러나 미국에서의 제조물책임위기의 주요 원인은 오히려 미국 보험업계의 체질과 배심제, 변호사성공보수제, 저렴한 소송비용과 미국 고유의 소송제도 및 징벌적손해배상과 같은 고액의 배상제도에 있었음을 주의해야 한다.

이 같은 사태에 대해서 연방정부는 주에 따라서 다른 제조물책임원칙을 통일하기 위하여 1979년 「통일제조물책임 모델법(Model Uniform Product Liability: MUPLA)」을 공표하여 각 주에 그 채택을 권고했으나 몇몇 주에서 만 부분적으로 채택하는데 그쳤다. 이후 제조물책임법개혁안이 몇 차례에 걸쳐서 연방의회에 제안되었으나 모두 채택하는 데에는 실패하였다. 한편, 주 차원에서 제조물책임을 포함한 불법행위법 개혁을 시도하여 징벌적손해배상제도의 제한적 운용과 변호사의 성공보수의 제한 등, 종래제도를 제한하는 입법이 많은 주에서 제정되었다.

(2) 미국 제조물책임법의 주요 내용

미국의 제조물책임법은 각 주의 주법에 의하여 규제되는데, 일반적으로 과실책임(negligence), 보증책임(warranty), 엄격책임(strict liability)의 3가지 소송원인을 인정하고 있다. 초기에는 산업 육성의 요청에 따라서 소비자보호는 경시되어 제조업자의 책임은 제한적으로만 인정하였다. 초기에 불법행위상의 과실책임을 추궁하기 위해서는 피해자와·가해자·제조업자와의 사이에 계약당사자관계를 요하였으므로 소비자의 제조업자에 대한 불법행위책임의 추궁은 매우 제한적으로 인정되었다.

과실책임은 불법행위책임으로 소비자(피해자)가 제조자의 과실을 입증해야 하는데, 피해자로서는 큰 부담이 된다. 따라서 판례는 일정한 경우에 손해발생의 사실자체로서 피해의 과실을 추정하는 과실추정칙(res ipsa loquitur)을 적용함으로써 피해자의 입증곤란을 완화하고 있다. 오늘날에는 엄격책임이 인정됨으로써 과실책임은 그 의의를 상실하였다 할 수 있으나 과실의 인정으로 배심이 인용하는 배심액이 증가할 가능성이 있어 현재에도 실무에서는 다른 소송원인과 함께 원용하는 경우가 많다.

보증책임은 매도인이 매수인에 대하여 물품의 품질·성능 등에 대해서 명시 또는 묵시의 보증을 하는 것으로서 부담하는 계약책임으로 매도인의 과실 유무는 문제되지 않는 무과실책임이다. 따라서 제조물책임에서 보증책임을 원용하기 위해서는 상대방과의 직접적인 계약관계가 있어야 하는 문제가 있다. 판례는 이 같은 계약관계의 요건을 점차 확대해석하여 오늘에는 실질적으로 이 요건을 요구하지 않는다.

이와 같이 보증책임에서 계약관계의 요건이 폐지됨에 따라서 무과실책임에 의한 제조물책임이 인정되게 되었다. 그러나 보증책임에는 결함을 발견 한 이후 상당한 기간 내의 통지와 면책약관에 의한 책임제한의 가능성 등 계약책임으로 인한 장애가 여전히 존재하고 있다. 이 같은 장애를 극복하고 제조자의 무과실책임을 실현하기 위하여 고안한 것이 불법행위법상의 엄격책임이다. 이는 물품에 결함이 있고, 그 결함의 원인으로 손해가 발생한 것을 피해자가 입증한 때에 제조자는 그 과실의 유무에 상관없이 책임을 부담해야 한다는 논리이다. 이 이론은 1963년 캘리포니아 주 법원의 Greenmann v. Yuba Power Products Inc 사건26)

---

26) 원고는 자기 부인이 소매상으로부터 구입하여 선물한 목공선반으로 사용되는 조립동력기계

에서 채택된 이후 1965년 Restatement of Torts(2d) 402 A[27])에 규정함으로써 미국판례법에 의하여 확립되었다. 이 사건에서 법원은 "제조업자가 그의 제품이 점검되지 않고 사용되는 것을 알면서 시장에 유통시켜 그것에 결함이 있었기 때문에 신체에 상해를 줄 수 있는 결함을 가지고 있다는 것이 입증된 때에는 불법행위법상의 엄격책임을 진다"고 하여 이 판결의 영향으로 제조물책임이론에서 적어도 제조물책임은 불법행위법상의 책임이라는 판례법상의 원칙이 확립되었다.

(3) 제3차 Restatement of Torts(3d)

Restatement of Torts (2d) 402 A에서는 결함의 개념이 명확하지 않았으며 따라서 해석과 관련하여 다툼이 있었다. 나아가 제조물책임법 개혁의 움직임의 영향 등으로 미국 법률가협회는 Restatement of Torts(2d) 개정에 착수하여 1998년 Restatement of Torts(3d)를 공표하였다. Restatement of Torts(3d)의 주요 개정된

(Shopsmith)를 사용하던 중 기계의 결함으로 인하여 파편이 튀어나와 눈을 다쳐 중상을 입은 사건이다. 이 사건에서 원고는 소매상 및 기계제조사를 상대로 과실 및 보증위반에 근거한 소송을 제기하면서, 기계의 부품을 고정시키는 나사못이 부적합한 것임을 보여부는 실체증거를 제출하였다. 판결에서 소매상의 책임은 부정하여 청구를 기각하고, 제조사에 대해서는 책임을 인정하였다.

27) Restatement of Torts 2d §402 A. (1) One who sells any product in a defective condition unreasonably dangerous to the user or consumer or to his property is subject to liability for physical harm thereby caused to the ultimate user or consumer, or to his property, if
   (a) the seller is engaged in the business of selling such a product, and
   (b) it is expected to and does reach the user or consumer without substantial change in the condition in which it is sold.
(2) The rule stated in Subsection (1) applies although
   (a) the seller has exercised all possible care in the preparation and sale of his product, and
   (b) the user or consumer has not bought the product from or entered into any contractual relation with the seller.
Caveat:
The Institute expresses no opinion as to whether the rules stated in this Section may not apply
(1) to harm to persons other than users or consumers;
(2) to the seller of a product expected to be processed or otherwise substantially changed before it reaches the user or consumer; or
(3) to the seller of a component part of a product to be assembled.

내용은 결함의 개념을 제조상의 결함, 설계상의 결함 및 지시·경고상의 결함으로 구분하여 각각 결함의 기준을 명시하고 있다(2조). 즉, 제조상의 결함이란 제조물의 의도한 설계를 일탈한 경우에는 결함이 있다고 하여(표준일탈기준) 종래와 같이 엄격책임이 적용된다. 이에 대해서 설계상의 결함과 지시·경고상의 결함에 대해서는 합리적 대체설계 가능성이 있음에도 그러한 대체 조치를 취하지 않음으로서 제조물이 합리적 안전성을 결한 경우에 결함이 있다고 하여(위험효용기준), 피해자 측에 합리적 대체 조치의 입증을 요구하고 있다. 이 같이 Restatement of Torts (3d)에서는 설계상의 결함과 지시·경고상의 결함에 대해서는 제조자의 엄격책임을 완화하여 실질적으로 과실책임으로 회귀하는 경향을 볼 수 있다.

2. 유   럽

(1) 경   위

유럽 각국들은 결함상품과 의약품 등으로 인한 제조물책임에 대하여 각각 독자의 법리를 발전시켜 왔다. 프랑스는 계약법상의 하자담보책임의 확장과 불법행위법상의 무생물책임(responsabilité du fait des choses inanimées)의 적용으로 무과실책임에 의한 제조물책임이 판례에 의하여 확립되었고, 독일은 과실책임의 원칙하에 증명책임을 제조자에 전환함으로써 피해자구제를 도모하였다. 그러나 이와 같은 각국법의 상위는 EC공동체에서 각국의 제조자의 경쟁조건의 불평등을 가져왔고 동시에 EC지역 내에서 제품의 유통을 저해함으로써 시장통합의 장애가 되었다. 이 같은 이유로 EC는 각국의 제조물책임법 통일을 위한 작업을 진행하여 1985년 7월 25일 결함제조물 책임에 관한 가맹국의 법률규칙 및 행정협정의 조정에 관한 이사회지침(Council Directive 85/374/EEC of 25 July 1985 on the approximation of the laws regulations and administrative provisions of the Member Strates Concerning liability for defective products: 이하 EC지침)을 채택하게 되었다. EC지침은 강제력은 없으나 가맹국들은 EC지침에 따라서 국내법을 정비하도록 의무를 부여하였는데, 이에 따라서 대부분의 가맹국들은 입법화를 마쳤다. 나아가 이 같은 EC가맹국들의 움직임에 유럽의 다른 국가들 즉, 노르웨이, 아이슬란드, 스위스 등의 EFTA 가맹국들도 제조물책임법을 제정하였는데, 이 같이 유럽전체가 EC지침에 의하여 무과실책임에 의한 제조물책임법을 제정하였다.

(2) 제조물책임에 관한 EC지침의 주요 내용

1) 무과실책임원칙의 채택

제조자는 제품의 결함에 의하여 발생한 손해에 대하여 과실 유무를 묻지 않고 책임을 부담한다(제1조, 제4조)고 규정하여 무과실책임을 채택하였다. 따라서 피해자가 손해의 발생, 결함의 존재 및 결함과 손해발생과의 인과관계를 증명한 경우에 제조자는 일정한 면책사유가 없는 한 그의 과실 유무를 묻지 않고 책임을 부담해야 한다. 무과실책임을 채택한 이유로서 EC지침 전문에서 "특히 전문적 기술이 향상되고 있는 현대에 있어서 최신기술에 의한 생산에 내재하는 위험의 공평한 분담이라는 문제를 적절히 해결하는 유일한 방법"이라 밝히고 있다.

EC지침에서 정한 면책사유는 다음의 6가지이다. (ⅰ) 제조자가 당해 제품을 유통시키지 아니한 사실, 즉, 판매 목적으로 생산하였으나 아직 유통시키지 않은 결함제조물에 의하여 기업의 고용인이 상해를 입은 경우에는 제조자는 제조물책임을 부담하지 않는다. 그러나 제품으로서 이미 유통되어 사용된 결함부품 또는 결함원료에 의하여 피해를 입은 경우, 당해 고용인은 결함부품 또는 원료의 제조자에 대해서 제조물책임을 물을 수 있다(제3조 제1호). (ⅱ) 제조자가 제조물을 유통시킨 시점에는 결함이 존재하지 않았거나 그 결함이 그 후에 발생된 경우, (ⅲ) 당해 제품이 판매 기타 영리를 목적으로 제조된 것이 아니며 또 영업활동의 일환으로 제조, 공급된 것이 아닌 경우, (ⅳ) 결함이 당국에서 정한 강제기준을 준수함으로써 발생한 경우, 여기서 강제기준이란 국가가 제조자에 대하여 법률이나 규칙 등으로 일정한 제조방법을 강제하고 제조자로서는 제조하는 이상 그 기준을 따를 수밖에 없고 국가가 정한 기준 자체에 정당한 안전에의 기대(제6조)에 합치하지 않음으로서 필연적으로 결함제조물이 나올 수 밖에 없는 그런 성격을 의미한다. (ⅴ) 제조자가 당해 제품을 유통시킨 시점의 과학·기술수준으로 결함의 존재를 발견할 수 없었다는 사실, 이른바 개발위험의 항변에 대해서 제조자에게 책임을 지울 수 없다(제15조 제1항 (b); 선택조항). (ⅵ) 부품제조자의 경우 그 부품을 조립한 최종제품의 설계가 원인이 되어 결함이 발생하였다는 사실 또는 최종 제품 제조자의 지시에 의해 결함이 발생한 경우 등이다.

2) 제조물의 범위

전기 및 공업적으로 생산된 모든 동산에 대해서 적용이 된다(제2조 및 지침전문).
그 동산이나 다른 동산 및 부동산에 부합되어 있는 경우에도 적용되며, 제1차 농
산물(축산물, 해산물 포함) 및 수렵물은 원칙적으로 제외된다. 제2차 농산물이란 제1
차 가공을 한 제품을 제외한 농산물, 축산물 및 해산물을 의미한다(제2조)고 규정
하고 지침 전문에서 농업생산물과 수렵물에 대한 책임에 관하여 '당해제품에 결
함을 일으킬만한 공업적 성질을 갖는 가공된 경우를 제외하고는 이것을 배제하는
것이 적절하다'기술하고 있다. 따라서 농업생산물과 수렵물에 대해 공업적 성질의
가공을 하게 되면 적용의 대상이 된다.

단, 각 가맹국은 국내법으로 제1차 농산물 및 수렵물을 적용대상에 포함시켜
서 이에 대해서도 무과실책임을 물을 수 있는 선택권을 갖고 있다(제15조 제1항 (a)).

3) 제조자의 범위

「완성품의 제조자」, 「원재료·부품의 제조자」, 「제조물에 성명·상표 기타 식
별 가능한 기호 등을 부착함으로써 자신을 제조자로 표시한 자」는 모두 제조자이
다(제3조 제1항). 완성품의 제조자는 그 제조물에 대해서 모든 책임을 진다. 구성부
품 또는 원재료의 결함으로 인하여 완성품에 결함이 발생하고 그 결함에 의해 손
해가 발생한 경우 완성품의 제조자는 구성부품의 제조자 또는 원재료의 제조자와
연대하여 책임을 부담한다.

또 「EC지역 내에 업으로써 판매 등을 목적으로 제조물을 수입하는 자」도 제
조자로 간주된다(동조 제2항). 수입업자는 '업으로써 판매 등을 목적으로' 제조물을
수입한 경우에만 제조자로서 간주된다. 따라서 개인적 필요를 위해 수입하는 경
우(개인적 성격이든 상업적 성격이든 불문함)는 제조자로 간주되지 않는다. 이는 피해자가
EC지역 외의 외국의 제조자에 대해 손해배상을 청구하는데 따르는 불편을 방지
하기 위한 목적이다. 수입업자를 제조자와 동일하게 취급하는 것은 수입업자가
EC국가 외의 외국으로부터 값싼 제품을 수입하는 경우, 수입업자 간에 경쟁관계
의 왜곡이 발생할 수 있으므로 이를 방지하기 위한 것도 한가지 이유이다. EC지
역 내의 다른 회원국으로부터 제품을 수입하는 자는 제외된다. 따라서 이 경우 피
해자는 다른 회원국의 제조자를 상대로 소송을 제기하여야 한다. 그러나 그 소송

은 1982년 민사관할권 및 판결법(Civil Jurisdiction and Judgements Act, 1982)의 적용을 받게 되므로 원고는 다른 회원국의 제조자를 상대로 자기 나라의 법원에 소를 제기할 수 있고 피고 나라의 법원에서 판결을 집행할 수 있다.

제조물의 제조자를 확정할 수 없을 때 그리고 수입품에 있어서 그 제조자는 알 수 있으나 수입한 자를 확정할 수 없을 때에는 각각의 공급자를 제조자로 간주한다(동조 제3항). 이 규정은 익명의 제조물을 사용함으로써 입는 피해로부터 소비자를 보호하기 위한 규정이다.

4) 입증책임

피해자는 제조물의 결함, 손해, 결함과 손해와의 인과관계를 입증하여야 한다. EC지침 제4조에는 「피해자는 손해, 결함 및 결함과 손해와의 인과관계를 입증하지 않으면 아니 된다.」라고 규정하여 전통적인 입증책임분배의 원칙을 따르고 있다.[28] 그러나 EC지침 제7조에서 제조자가 다음 사항을 입증한 경우에는 지침에서 규정한 책임을 지지 않도록 규정하고 있으며, 다음 사항 중 (b)호에서 "여러 상황을 참작할 때 손해를 야기한 결함이 제조자에 의해 유통된 시점에는 존재하지 않았거나 또는 그 결함이 사후에 발생하였다고 하는 개연성이 높은 경우"이다. 이것은 피해자가 결함, 손해 및 인과관계를 입증한 경우에는 결함은 제조물이 유통과정에 둔 시점에서 이미 존재하고 있었다고 추정되는 것으로 해석한다.

무과실책임을 채택한 것과 관련하여 제조자와 소비자 사이의 형평을 고려하여 고전적인 증명책임의 분배를 채용하였다. 그러나 표현증명 또는 사실추정칙에 의해 원고의 입증책임의 부담을 완화시키는 것은 각 가맹국의 법원의 운용과 관련된 것이며 본 조는 그것까지 규제하는 것은 아니다.

5) 연대책임

동일한 손해에 대해서 2인 또는 그 이상의 자가 책임을 부담하는 경우에는 연대하여 책임을 부담하여야 한다(제5조). 소비자를 보다 두텁게 보호하고 기업의 책임을 강화하기 위한 조항이다.

---

[28] 이것을 두고 독일의 타쉬너(Taschner)는 "이 立證責任의 규제방법은 부당한 損害賠償청구로부터 산업계를 보호하기 위한 마그나 카르타이다"라고 표현하였다고 한다.; Taschner, NJW 1986, 610(612). 吉野正三郎(譯), "製造物責任訴訟の近時の動向－證明責任問題を中心に－", 「ジュリスト」 No.967(1990. 11. 15), 76－77면에서 재인용.

6) 결함의 판단시기

제조물의 표시, 합리적으로 예상할 수 있는 제조물의 사용, 제조물이 유통된 시기 등을 포함한 모든 사정을 고려하여 일반인이 당연히 기대하는 안전성을 구비하지 않은 경우 결함이 존재하는 것으로 된다(제6조 제1항). 다만 나중에 보다 우수한 제품이 유통되었다는 이유만으로 제조물에 결함이 있는 것으로 간주할 수는 없다(동조 제2항).

유통된 시기는 결함유무의 판단기준시점이 된다. 완성품의 경우 제조자가 판매를 위하여 자유의사에 의하여 제조물을 유통업자에게 인도한 시점을 말한다. 그리고 부품인 경우에는 완성품 제조자에게 납품된 시점을, 원재료인 경우에는 제조업자에게 납품된 시점을 말한다.

7) 제3자·피해자의 과실 등

손해가 제품의 결함과 함께 제3자의 작위·부작위로 인하여 발생한 경우에도 제조자의 책임은 경감되지 아니한다(제8조 제1항). 이 경우 제3자는 지침의 규정에 근거하여 책임을 지는 자가 아니므로 연대책임을 부담하지 않는다. 다만 제3자의 책임여부, 그 책임의 범위 및 구상권(求償權) 등에 대해서는 각국의 국내법에 위임하고 있다(제8조 제1항). 그러나 손해가 제품의 결함과 함께 피해자 또는 피해자의 책임으로 돌아가는 제3자의 과실로 인하여 발생한 경우에는 제조자의 책임은 경감 또는 면제된다(동조 제2항).

8) 손해의 범위

제조자가 배상책임을 부담하는 손해는 제품의 결함에 의해 발생한 신체손해 및 재산손해이다(제9조). 신체손해의 경우 원칙적으로 그 배상액에 제한이 없으나, 각국은 책임총액의 제한을 옵션으로 채용할 수 있다(지침 제16조 제1항 참조). 다만 재산손해의 경우 제품 자체의 손해는 배상대상에서 제외되고 개인적인 사용·소비를 위하여 이용되는 재산(따라서 영업용 재산은 제외됨)에 발생한 500 ECU(유럽통화단위)[29] 이상의 손해에 대해서만 배상책임을 부담한다. 제품 자체의 손해는 계약책

---

29) ECU란 European Currency Unit의 略稱으로 유럽통화제도(EMS)에 있어서 공통의 計算單位이다. ECU의 가치는 매일 결정되지만 指針은 各國의 國內法에서 그 國內通貨單位로 明文化할 때의 換算基準時를 指針의 採擇日인 1985년 7월 25일로 정하였다(제18조 제1항 참조).

임에 의해 처리된다. 이는 무과실책임을 근거로 해서 소액청구가 빈발하는 것을 방지하기 위함이다. 위자료 등의 무형손해에 대해서는 각 가맹국의 국내법에 그 취급을 위임하고 있다.

9) 제소기간 및 소멸시효

피해자는 손해·결함 및 제조자의 신원을 안 날 또는 합리적으로 그것을 알 수 있었던 날로부터 3년 이내에 제소하여야 하며(제10조 제1항), 또한 피해자에게 부여된 권리는 손해의 원인이 된 제품이 유통된 후 10년이 경과하면 소멸한다(제11조).

10) 특약에 의한 책임제한 등의 금지

제조자는 특약에 의해 자신의 책임을 제한 또는 배제할 수 없다(제12조). 제조자들 간의 관계는 본조에서 고려의 대상이 되지 않는다. 따라서 책임의 제한 또는 배제금지는 소비자와의 관계에서만 적용된다.

11) 인적손해에 대한 책임한도

제조자의 책임에 특별한 제한이 없는 것이 원칙이다. 그러나 각 가맹국은 필요에 따라 동일한 결함을 가진 동종의 제품에 의한 사망 또는 신체상해로 발생한 손해에 대한 제조자의 책임총액을 제한할 수 있다(제16조 제1항 전단). 다만 그 한도액이 7,000만 ECU 이상이어야 한다(제16조 제1항 후단). 지침은 개발위험을 제조자에게 부담시키지 않는 대신 책임한도액을 설정하지 않는 것을 원칙으로 하고, 다만 각 가맹국이 신체손해에 한하여 7,000만 ECU보다 낮지 않은 범위에서 책임한도액을 제한하는 국내입법도 가능하다는 선택조항을 두었다.

12) 제조물책임의 중복적용의 가능성

지침이 통보된 시점에 존재하는 계약상 또는 계약 외의 책임에 관한 법 규정 혹은 특별책임제도 등에 의하여 피해자에게 부여된 모든 권리는 지침의 영향을 받지 않는다(제13조). 따라서 개별사건에 있어서 피해자는 각 국내법이 허용하는 한 자유로이, 지침에 의해 제정되는 국내법, 계약책임법, 비계약책임법(불법행위법) 및 제조물책임에 관한 특별책임제도30) 중 어느 하나를 선택하여 손해배상을 청구할 수 있다. 본 지침에 근거하는 무과실책임으로서의 제조물책임법에는 여러 가

---

30) 독일은 EU會員國 전체에서 유일하게 醫藥品이라는 特定分野에 1976년 改正藥師法이 있다.

지의 제한이 있으므로 다른 법률에 근거한 청구는 실익이 있다.

(3) EC주요국의 제조물책임 입법현황

1) 독　　일

독일은 1989년 제조물책임법이 제정되기 이전에는 민법상 계약책임과 불법행위책임으로 관련문제를 해결하였다. 즉, 물품의 제조자와 소비자 간에 계약관계가 있는 경우에는 계약책임으로, 계약관계가 없는 경우에는 불법행위책임에 의하여 문제를 해결하였다. 이후 Thalidomide사건(1960)[31]을 계기로 제조물책임에 관한 논의가 활발하게 진행된 가운데 특히 의약품 제조자에게 엄격책임을 귀속시키는 움직임이 고조되어 1976년 약사법 개정으로 제약사에 대해서 무과실책임을 귀속시키는 법률이 제정되었다.

이후 1985년 7월 25일 제조물책임에 관한 EC지침이 EC이사회에 의하여 채택됨으로써 각 가맹국은 EC지침에 따라 1988년 7월 30일까지 국내법을 정비하여 제조물책임법을 시행해야 할 의무를 부여하였다. 이에 따라 1988년 6월 9일 연방의회에 「결함제조물의 책임에 관한 법률(안)」이 연방정부안으로 제출되어 1989년 12월 5일 제정되어, 1990년 1월 1일부터 「제조물책임법(Produkthaftuungsgesetz)」이라는 특별법의 형태로 시행되게 되었다.

독일의 제조물책임법은 모두 19개조로 구성되며, 그 내용은 EC지침의 내용을 그대로 수용하고 있다. 다만 제조자의 개발위험의 항변을 인정하고, 무과실책임의 경우에는 책임한도액을 설정하였고, 위자료를 인정하지 않는 등의 내용이다.

2) 영　　국

영국은 EC지침에 따라서 1987년 5월 15일 「소비자보호법」을 제정하여 1988년 3월 1일부터 시행하고 있다. 특히 소비자보호법 제1장에서 제조물책임에 관하여 규정하고 있는데, 기본적으로 무과실책임의 원칙을 도입하고 있다. 다만 제조

---

31) 1957년 10월 독일에서 콘테르간(Contergan)이라는 제품명으로 의사의 처방 없이도 구입할 수 있는 진정제, 수면제로 시판되었다. 무독성 광고 등으로 특히 임산부의 경우 입덧을 완화하는 효과가 있어 많은 임산부들이 사용하였으나, 이 약을 복용한 산모에게 사지가 없거나 짧은 신생아들이 태어났고 그 원인이 이 약으로 인한 것임이 밝혀졌다. 1961년 독일, 1962년 일본에서 시판이 금지되기까지 약 5년 간 사용되었는데, 유럽에서 8천명, 전 세계 48개국에서 1만 2천여 명 이상의 기형아가 태어났다.

물책임에 대한 종래의 계약책임이나 과실책임의 원칙에 근거한 불법행위책임의 적용을 배제하지 않는 등, 기존의 책임원칙도 소비자보호법에 의한 무과실책임과 함께 제조물책임의 근거로 적용하고 있다.

3) 프랑스

프랑스는 1998년 이후 신속하게 입법절차를 진행하여 1998년 4월 30일 결함 제조물책임과 관련한 민법을 개정하는 정부안이 의회(Assemblée nationale)에 제출되어, 1998년 5월 5일 원로원에서 가결되어 대통령이 5월 19일 서명하여 5월 21일에 관보에 발표하였다.

프랑스제조물책임의 규정은 제조물을 민법상의 규정으로 하는 한편, 그 규정을 민법체계상 비계약적 책임을 규율하는 프랑스민법 제4장의 그 다음에 규정하여, 제조물책임 규정의 적용영역이 계약적 영역과 불법행위영역을 포함하고 있다.

4) 일   본

일본에서 제조물의 결함으로 인한 소비자의 생명·신체 및 재산에 심각한 손해를 가져온 사건으로 1955년 모리나가 분유 비소중독사건[32] 이후, 1969년 가네미유사건[33], 1971년 스몬사건[34], 1975년 크로로킨 사건 등이 잇따라 발생하면서

---

[32] 1955년 비소에 오염된 조제분유를 먹은 어린아이들이 집단 식중독을 일으킨 사건이다. 이 사건으로 피해를 입은 중독환자는 12,131명이었으며, 그 가운데 130명이 사망하였고, 후유증으로 시력저하, 난청, 학업성적불량, 뇌파이상, 간질과 같은 발작, 두통, 현기증, 수족냉증 등의 부작용을 호소하였다.

[33] 1968년 3월부터 여드름 형태의 피부병 환자가 많이 발생하게 되어 이 지역 보건소에서 역학조사를 실시하게 되었다. 그 결과 같은 해 11월 발생 원인이 가네미회사에서 제조 판매하고 있는 식용유를 사용한 음식을 먹은 사람들에게 발생하였음을 밝혀졌다. 가네미회사는 식용유 제조시 가열 매체로 PCB를 사용했는데, 가열 파이프가 부식되어 PCB가 식용유 속으로 흘러 들어갔으며, 이 식용유가 튀김요리에 사용되어 많은 사람들에게 피해를 주게 된 것이었다.이 사건을 계기로 일본은 1972년에 PCB와 같이 자연환경에서 분해되지 않고 인체에 유해한 물질을 특정 화학물질로 규정하고 이를 법률로 규제하기 시작했다.

[34] 1955년경부터 장질환의 치료 중에 원인불명의 신경염증상이나 반신마비증상이 함께 나타나는 환자가 나오게 되고 후에 이 증상은 스몬(SMON/아급성척추시신경증)이라고 명명되었다. 1969년에 후생성에 설치된 스몬조사연구협의회에서 원인과 치료에 관한 연구가 개시되어 1970년에 원인이 기노호름이라는 의약품이라고 학설이 발표된 것을 계기로 기노호름제의 판매중지 조치를 강구하였다. 그 이후 스몬환자의 발생은 격감하였고 기노호름이 원인물질임이 확인되었다. 즉 1972년에 실시한 스몬조사연구협의회의 역학조사에 의하면 전국 스몬환자의 수는 1만천 명으로 발표되었다.

관련입법을 요구하는 목소리가 고조되면서, 1973년 국민생활심의회가 제조물책임제도를 포함한 소비자피해구제에 대한 심의를 시작으로 1975년 제조물책임연구회가 제조물책임법 요강시안을 발표하였다.

특히 일본은 과실책임의 원칙(일본민법 제709조)에 의하여 제조물책임에 대응함으로써 피해자가 가해자의 과실을 증명해야 함으로써 피해자 구제에 한계가 있었다. 그 결과 학설과 판례는 제조자에게 고도의 예견가능성 내지 결과회피의무를 부과하고 동시에 증명책임을 제조자에 전환하는 등의 방식으로 피해자구제를 도모하여 왔다.

이 같이 해석상으로 제조물책임을 무과실책임과 유사한 방법으로 해결하기 위하여 노력하여 왔는데 피해자보호의 중시적 경향과 제조물책임의 법제화라는 국제적인 조류에 따라서 1994년 7월 제조물책임법을 민사특별법으로 제정하여 제조물의 결함을 요건으로 하는 무과실손해배상책임제도를 도입하였다.

제조물책임법에서 제조자 등이 제조물의 결함으로 인하여 타인의 생명·신체 또는 재산의 침해로 인하여 발생한 손해를 배상할 책임이 있다(제3조)고 규정하여 무과실손해배상책임을 규정하고 있다. 여기서의 결함이란 당해 제조물이 일반적으로 갖추어야 할 안전성을 결한 것을 말하며, 그의 판단은 제조물의 특성, 통상 예견되는 사용형태, 제조물의 인도시기 기타 당해 제조물에 관한 사정을 고려하여 판단하여야 한다(제2조2항).

제조물책임법은 제조자에게 엄격한 책임을 과하는 한편 일정한 면책사유를 인정하고 있다. 즉, EC지침을 참고하여 개발위험의 항변(제4조1호)을 인정하였다. 제조물의 인도 시의 기술수준으로 인식 불가능한 결함을 이유로 책임을 추급하는 것은 제조자에게 가혹하고 형평성에 반하며, 제조자의 연구개발과 기술혁신을 저해하지 않도록 하기 위한 정책적인 판단에 따른 것이다. 다른 하나는 설계지시의 항변으로 다른 제조물의 부품·원재료로 사용되는 제조물의 결함에 의하여 사고가 발생한 경우에 그 결함이 전적으로 부품·원재료를 사용하는 제조업자의 설계에 관한 지시에 따른 사실에 의하여 발생하였고, 부품·원재료의 제조업자에게 그 결함의 발생에 대하여 과실이 없는 때에는 부품·원재료의 제조업자에게 책임을 지우지 않는다(부품·원재료 제조업자의 면책).

제조물의 범위는 "제조 또는 가공된 동산"으로 정의하고 있다. 따라서 부동산, 전기등 무형의 에너지, 서비스는 제조물에서 제외되고 미가공의 농수축산물도 제조, 가공되지 아니한 동산이므로 제외된다. 제조물책임의 책임주체는 "① 제조업자, 가공업자, 수입업자 ② 스스로 제조물에 자기를 제조업자·수입업자로서 이름·상호·상표 기타 표시를 한 자 또는 제조업자로 오인할 수 있는 이름 등을 표시한 자 ③ 제조물의 제조·가공·수입 또는 판매에 관한 형태 기타 사정으로 보아 그 제조물의 실질적인 제조업자로서 인정할 수 있는 이름 등을 표시한 자"가 포함된다.

제조물책임의 소멸시효기간은 피해자가 손해 또는 배상의무자를 안 때로부터 3년이며, 제소기간은 제조업자가 그 제조물을 인도한 때로부터 10년으로 하고 있다. 다만, 제소기간에 있어서 신체에 축적된 경우에 신체의 건강을 해하는 물질에 의한 손해 또는 일정한 잠복기간이 경과한 후에 발견되는 손해에 대하여는 그 손해가 발생한 때로부터 기산한다. 따라서 의약품과 같이 장기간의 기간이 경과한 다음에 나타나는 손해는 손해가 발생한 시점부터 제소기간을 기산하게 된다.

5) 중 국

중국은 80년대 중반에 들어서면서부터 소비자피해사건이 사회적인 문제로 대두되기 시작하여 학자들의 건의를 받아들여 미국의 제조물책임법과 EC지침을 참조하여 1986년 민법통칙 제122조에서 제조자와 판매자에 대하여 무과실책임을 지우는 조항을 두는 한편, 1986년 4월 5일 "공산품품질책임조례"를 공표하여 제조물책임을 명확히 하여 위반에 대해서 형사책임을 추궁하도록 하였다.

그러나 80년 후반부터 90년대 초에 걸쳐서 제조물품질의 문제는 더욱 심각해지는 등 소비자의 신체 및 재산의 안전을 침해하고 국민경제발전을 저해하는 심각성이 더욱 고조되었다. 이에 '중화인민공화국제품품질법'이 1993년 2월 22일 공포되어 동년 9월 1일 시행 이후, 7년 이후 제9기 전국인민대표회의 제16회 회의에서 2000년 7월 8일 채택 이후, 2000년 9월 1일부터 개정된 법률을 시행하고 있다.

중국의 제품품질법은 총74개조로 구성되어 있는데, 외국의 입법례와 달리 민사책임을 근간으로 하는 제조물책임에 관하여 보다 상세한 규정을 두고 나아가 제품품질의 감독관리제도에 관한 행정상의 규정 및 형사처벌에 관한 규정을 포함하고 있다. 중국의 제조물책임의 책임원칙은 결함을 요건으로 하는 무과실책임을 도입하고 있다. 즉, 제품품질법 제40조에서 ① 제품이 본래 갖추어야 할 사용성능을 갖추고 있지 않음에도 사전에 설명하지 않은 경우, ② 제품 또는 포장에 내용이 명기되어 있는 제품표준에 합치하지 않은 경우, ③ 제품의 설명, 실물견본 등의 방법으로 표시한 품질상황에 합치하지 않은 경우에 대하여 판매자의 하자담보책임을 규정하고 있다.

제품품질법 제41조 제1항은 제품의 결함으로 신체, 또는 결함제품 이외 기타 재산에 피해가 발생한 경우, 제조자는 손해배상책임을 진다고 규정하여 무과실책임의 원칙을 명시하고 있다. 반면에 제42조는 판매자의 과실로 제품에 결함이 존재하여 신체, 타인의 재산에 손해를 가한 경우에는 판매자는 배상책임을 진다고 규정하여 판매자의 책임은 원칙적으로 과실책임임을 밝히고 있다. 다만 판매자가 결함제품의 제조자 또는 결함제품의 제품공급자를 명확하게 제시할 수 없는 경우, 판매자는 그 손해를 배상해야 한다고 규정하여 예외적으로 무과실책임을 규정하고 있다.

제품품질법 제2조에서 제조물의 범위를 정의하고 있는데 "본 법에서 제품이라 함은 가공·제조를 거쳐 판매에 제공된 제품을 말하고, 건설공사에는 본법을 적용하지 않는다." 다만 건설공사에 사용되는 건축자재·부품 및 설비에 대해서는 전항에서 규정하는 제품의 범위에 속하는 경우 본법이 적용된다 하여, 제품품질법이 적용되는 범위는 동산에 한하며 서비스, 미가공 농림수산물 및 부동산을 제외하고 있다. 나아가 수입품의 경우 제품품질법의 적용대상이 된다. 제품품질법상에서의 결함이란 제조물에서 통상적으로 기대할 수 있는 안전성을 결여하고 있는 것이라 규정하고 있다.

6) 우리나라

우리나라 제조물책임법은 무과실책임의 법리에 따른 위험책임으로 민사특별법의 형태로 제정되었다. 총 8개의 조문으로 이루어진 제조물책임법은 실질적인 피해자 구제 및 보호를 위한 민사적 구제수단으로 제조물의 결함으로 인한 손해배상책임을 인정하고 있는데, 제조물책임의 성립요건으로 제조물의 정의와 결함 및 손해, 손해배상의 주체와 면책사유 등에 대해서 규정하고 있다. 본법은 소비자 보호를 강화하고 피해자 구제를 용이하게 했다는 점에서 긍정적인 평가를 받고 있으나 제조물의 범위와 책임의 주체를 현실적인 부분까지 확정하지 못한 점과 입증책임과 관련하여 아무런 규정이 없는 점 등에 비추어 볼 때 피해자 구제 및 소비자 보호에 다소 미흡한 점이 있다. 또한 손해배상에 대하여 상세한 규정이 없이 본법 제8조에서 결함제조물로 인한 손해배상책임에 관하여 별도의 규정이 없으면 민법의 규정에 의하도록 하고 있어, 이때 적용되는 민법상의 규정 및 그에 따른 손해배상의 내용을 구체적으로 확인하는 작업이 필요하다.

현행 제조물책임법은 외형상 제조물책임에 있어서 두 축이라 할 수 있는 미국의 제3차 불법행위법 리스테이트먼트(제조물책임)와 유럽연합의 제조물책임 입법지침을 병합한 것으로서 이에 대하여 긍정적인 평가와 함께 비판적인 우려도 표출되고 있다. 제조물책임법이 시행된 이후 자동차 급발진 사고, 담배소송, 화학물질오남용사건 등과 관련하여 제조물책임이 주장되고 있으나, 제조물책임법을 적용하여 손해배상을 인정한 사례는 그다지 많지 않은 실정이다. 제조물 사고가 발생하여 피해자가 손해배상을 청구할 때에, 피해자는 제조업자를 상대로 손해배상을 청구하고 그 과정에서 제품의 결함, 손해의 발생, 결함과 손해 간의 인과관계를 입증하여야 한다. 나아가 제조업자에게 책임이 있다는 사실이 입증된 경우에도 제조업자에게 경제적 능력이 있어야 비로소 피해자는 손해를 배상받을 수 있다. 이와 같이 제조물책임법이 시행된 이후에도 피해자는 실질적인 피해구제를 받는데 많은 어려움이 있으며 제조물책임법의 책임요건을 과실에서 결함으로 변경한 것을 핵심내용으로 하고 있을 뿐, 제조물 사고 후 어떠한 배상기준으로 어떠한 절차를 거쳐 어떻게 배상되는지에 대한 상세한 규정이 없어 구제에 많은 어려움이 따르고 있는 실정이다. 이 같은 문제점 등으로 국제통상 관련 물품의 하자로 인한 분쟁이 발생하는 경우, 피해자 구제에 많은 허점을 노출시키고 있어 법률개정이 시급한 실정이다.

Ⅲ 제조물책임의 준거법

위에서 살펴본 바와 같이 대부분의 국가들의 경우 제조물책임법은 무과실책임의 방향으로 나아가고 있는 그 이면에는 각 국가의 제조물책임법 규정에서는 많은 차이가 나타나고 있다. 그 결과 국제적으로 매매되고 있는 물품의 결함으로 인하여 손해가 발생한 경우에 제조물책임의 준거법이 문제가 된다. 즉, 우리기업이 생산한 물품을 복수의 국가에 수출하여 물품 등의 하자가 원인이 되어 제조물책임소송이 제기된 경우 국제사법의 세계적인 통일화를 이루지 못하였기 때문에 각국의 법원은 우리의 법과 다른 자국의 국제사법에 따라서 당해 사안에 적용될 준거법을 결정하게 된다. 따라서 어느 국가의 법원에 소가 제기되었는지에 따라서 당해 사안에 적용될 법규와 판결의 내용도 달라지게 된다.

우선 국제사법을 적용하기 위해서는 당해 법률관계의 성질에 대한 개념을 정의할 필요가 있다. 다시 말하면 제조물책임의 법적성질을 계약책임으로 이해할 것인가 아니면 불법행위책임으로 이해할 것인가에 따라서 달라진다.

우리나라 국제사법 제32조에서 "불법행위는 그 행위가 행하여진 곳의 법에 의한다"고 규정하여 행위지법주의를 취하고 있다. 그런데 "불법행위가 행하여진 당시 동일한 국가 안에 가해자와 피해자의 상거소가 있는 경우에는 그 국가의 법에 의한다(제32조 제2항)"하여 가해자와 피해자의 공통의 상거소가 있을 때에는 그 법이 불법행위지법에 우선하도록 하고, 다시 "가해자와 피해자 간에 존재하는 법률관계가 불법행위에 의하여 침해되는 경우에는 그 법률관계의 준거법에 의한다(제32조 제3항)"고 규정하고 있다. 나아가 "사무관리·부당이득·불법행위가 발생한 후 합의에 의하여 대한민국의 법을 준거법으로 선택(제33조)"할 수 있도록 하였다.

한편 "국제사법에 의하여 지정된 준거법이 해당 법률관계와 근소한 관련이 있을 뿐이고, 그 법률관계와 가장 밀접한 관련이 있는 다른 국가의 법이 명백히 존재하는 경우에는 그 다른 국가의 법에 의한다(제8조 제1항)" 규정하여 예외적으로 밀접관련지의 원칙을 인정하고 있다. 단, 당사자가 합의에 의하여 준거법을 선택하는 경우에는 이 원칙은 적용하지 않는다(제8조 제2항).

이 같이 국제사법상 불법행위에 적용되는 조항을 순차적으로 나열하면 ① 준거법의 사후적합의(제33조), ② 준거법 지정의 예외(제8조), ③ 법률관계의 준거법(제32조 제3항), ④ 공통의 상거소지법(제32조 제2항), ⑤ 불법행위지 법(제32조 제1항)이 된다.

✎ 관련판례

■ 서울고등법원 2006. 1. 26. 선고 2002나32662 판결

　　[1] 대한민국의 베트남전 참전군인들이 미국 법인인 제초제 제조회사들에 의하여 제조되어 베트남전에서 살포된 고엽제의 유해물질(TCDD)로 인하여 각종 질병을 얻게 되었음을 이유로 위 참전군인들 또는 그 유족들이 위 고엽제 제조회사들을 상대로 대한민국 법원에 제조물책임 또는 일반불법행위책임에 기한

손해의 배상을 구하는 사안에서, 대한민국 법원이 위 고엽제 제조회사들의 재산소재지 또는 불법행위지의 법원으로서 국제재판관할권을 가진다.

[2] 구 섭외사법(2001. 4. 7. 법률 제6465호 국제사법으로 전문 개정되기 전의 것) 제13조 제1항에 의하면, 불법행위로 인하여 생긴 채권의 성립 및 효력은 그 원인된 사실이 발생한 곳의 법에 의한다고 규정하고 있는바, 여기에서 원인된 사실이 발생한 곳이라 함은 불법행위를 한 행동지(가해행위지)뿐만 아니라 손해의 결과발생지도 포함하며, 불법행위의 행동지와 결과발생지가 상이한 경우에는 준거법으로 지정될 수 있는 행동지법과 결과발생지법은 각각 그 지정을 정당화하는 이익에 의하여 뒷받침되고 그 이익의 우열을 판단하기는 어렵다고 보아야 할 것이므로, 피해자인 원고는 다른 준거법을 적용할 때보다 더 유리한 판결을 받을 수 있다고 판단하는 준거법이 있다면 그 법률을 준거법으로 선택할 수 있다.

[3] 대한민국의 베트남전 참전군인들이 미국 법인인 제초제 제조회사들에 의하여 제조되어 베트남전에서 살포된 고엽제의 유해물질로 인하여 각종 질병을 얻게 되었음을 이유로 위 참전군인들 또는 그 유족들이 위 고엽제 제조회사들을 상대로 대한민국 법원에 제조물책임 또는 일반불법행위책임에 기한 손해의 배상을 구하는 사안에 적용될 수 있는 준거법은 행동지법으로서 생산지법인 미국법과 사용지법인 베트남법, 결과발생지법으로서 대한민국법이라 할 것인데, 피해자인 원고들이 불법행위의 결과발생지인 대한민국의 법률에 근거하여 제조물책임 등에 기한 손해배상청구권의 성립과 효과를 주장하고 있으므로 대한민국법을 준거법으로 선택하였다고 본다.

[4] 고엽제 제조회사들이 베트남전 당시 미국 정부에 제조·공급한 고엽제에는 그 공급 당시의 기술수준과 경제성 등에 비추어 기대 가능한 범위 내의 유해물질의 농도 안전수치를 초과하는 유해물질이 함유되어 있는 결함이 존재하므로, 위 회사들은 특별한 사정이 없는 한 고엽제 제조자로서 그 결함으로 인하여 발생한 손해에 대한 제조물책임을 부담한다.

제 **4** 장

플랜트수출 및
국제기술이전

제4장 플랜트수출 및 국제기술이전

제1절 총 설

　국제통상에는 물품 매매 이외에 운수, 보험, 금융, 여행, 광고 등 서비스 거래와 대규모 공장설비, 선박, 철도차량, 석유시추 시설 등의 자본재수출로 자본재의 엔지니어링, 노하우, 건설시공, 기계, 장치 및 시운전까지 일체의 하드웨어와 소프트웨어를 결합하여 수출하는 플랜트 수출(plant export) 등이 있다. 이들 거래 형태는 실제 거래실무에서 새롭게 생성된 거래형태로서 지금까지의 법률이 충분하게 예측하지 못한 측면이 있다. 즉, 공장의 설계부터 건설에 이르기까지 일체를 수주하는 플랜트수출계약에는 기자재에 관한 제작공급계약, 시설의 설계·시공에 관한 도급계약, 생산기술에 관한 기술이전계약 등이 유기적으로 결합한 일종의 혼합계약으로 당사자의 권리와 의무도 매우 복잡한 관계로 나타난다. 따라서 기존의 법률규정에 의하여 이 같은 계약관계에서 나타나는 법률관계를 통제할 수 없다. 따라서 이들 거래관계에 대해서는 국제기관과 산업단체 등에 의하여 작성된 표준약관과 가이드라인 등이 중요한 역할을 담당하고 있다. 본서에서는 이 가운데 비교적 중요하다고 생각되는 플랜트수출 및 국제기술이전에 관한 법률문제를 중심으로 다루어 보겠다.

제2절 플랜트수출

1. 플랜트수출계약의 의의

(1) 총   설

일반적으로 플랜트란 다수의 기계, 장치, 공작물 등으로 구성된 생산시설을 말하는데, 그와 같은 플랜트를 해외에 공급을 목적으로 하는 계약을 플랜트수출계약이라 한다. 즉, 해외에 발전소, 석유 정유시설, 제철소 등의 생산시설을 건설·공급하는 경우가 그것이다. 이 같은 플랜트수출계약에는 단순히 생산시설에 필요한 기기의 공급에 그치는 것에서부터 생산시설의 설계, 기자재의 조달, 시설의 건설, 생상기술의 제공 등 모두를 수주하는 것까지 다양한 유형들이 있는데 일반적으로 다음과 같은 특징이 있다.

첫째, 계약의 목적과 이행의 내용이 광범위하고 매우 복잡하다. 계약의 내용은 생산시설의 설계, 기자재의 제작 및 조달, 시설의 건설, 현지에 기계를 설치하거나 조립, 설비의 시운전, 생산기술 및 노하우의 제공, 직원훈련 등 다양한 내용을 포함할 수 있다. 따라서 수주자는 플랜트건설에 필요한 이 같은 다양한 공정 가운데 어느 범위의 작업에 대해서 책임을 부담하는가를 계약의 내용에서 명확히 할 필요가 있다.

둘째, 플랜트수출에는 다수의 관계자가 관여하는 것이 보통이다. 즉, 플랜트수출계약은 발주자(employer)와 수주자(contractor) 간에 체결되며, 대규모의 플랜트 건설의 경우에서 계약자는 한 기업이 아니라 다수의 기업이 공동사업체(컨소시엄)를 형성하여 인수하는 경우가 적지 않다. 최근 국내외 기업으로 구성된 국제 공동사업체에 의한 수주도 증가하고 있는데, 이 같은 경우에 각 구성원의 역할분담, 권리·의무를 명확히 할 필요가 있다.

플랜트건설에서의 기자재의 공급과 공사의 시공은 통상 복수의 공급자와 하도급업자를 통해서 행해진다. 따라서 플랜트수출계약의 경우 하도급업자의 선택방법과 하도급업자의 과실 등에 관해서 발주자와 계약자의 책임분담 등에 관해서도 명확한 법률관계를 설정하는 것이 중요하다. 또, 플랜트 건설의 입안 및 실시가능성의 조사, 기본사양의 작성, 입찰조건의 설정, 입찰의 실시, 계역교섭 등에 관해서도 발주자의 의뢰에 의하여 컨설턴트(consulting engineer)라는 독립된 전문가가 관여하는 경우가 있다. 나아가 플랜트 건설에는 고액의 자금을 필요로 하는데 따라서 은행 등의 금융기관이 자금의 제공, 이행보증등과 관련하여 플랜트수출계약에 관여하는 것이 보통이다.

셋째, 플랜트수출계약의 경우 계약금이 거액인 경우가 보통이다. 따라서 발주자 또는 계약자가 필요한 자금을 어떻게 조달할 것인가 하는 것은 매우 중요한 문제 가운데 하나이다. 나아가 계약금액이 거액이기 때문에 당사자 쌍방에게 위험이 매우 큰 계약이다. 따라서 계약위반의 경우 손해배상의 범위와 손해배상액의 예정 등에 대해서 충분한 검토가 필요하다. 또, 각종의 보험제도(수출대금보험 등)의 이용과 계약자의 이행보증 등을 요구하는 등의 조치가 필요하다.

넷째, 플랜트수출계약은 계약기간이 장기간에 걸치는 경우가 보통이다. 따라서 계약기간 중의 자재와 인건비의 앙등, 금리의 변동 등 외부환경의 변화를 계약에 어떻게 반영시킬 것인가는 중요한 문제 가운데 하나이다.

다섯째, 플랜트수출계약에서 발주자가 개발도상국의 정부기관 또는 공영기업인 경우가 많다. 따라서 그 같은 경우에는 일종의 국가계약이므로 당해 정부 규제에 대해서 충분하게 주의할 필요가 있다.

(2) 플랜트수출계약의 종류

1) FOB형 계약

기기의 공급과 설치에 필요한 지도를 행하는 것을 주요 내용으로 하는 계약이다. 이는 매매계약 및 제작물공급계약과 유사한데 기술과 노무 제공이 따르지 않는 점에서 단순한 매매계약과 차이가 있다. 이 같은 계약은 기기의 인도조건이 CIF조건 등인 경우에도 FOB형 계약이라고 한다.

2) turn key형 계약

플랜트설계에서부터 기기의 조달 및 현지의 설치, 시운전에 이르기까지 모든 과정을 인수하는 계약이다. 계약자는 가동할 수 있는 상태의 플랜트를 인도할 의무가 있으며 따라서 이 같은 계약을 turn key형 계약이라고 한다. tern key형 계약 가운데 기기의 조달·설치 등은 제3자가 하고, 계약자는 지도·감독만 하는 경우와 같이 계약자의 업무범위가 비교적으로 좁은 것을 semi tern key계약이라 부르는 경우도 있다. 그 어느 경우나 계약의 내용은 다양하며, 기기의 제작공급계약, 플랜트의 설계·시공에 관한 도급 또는 위임계약, 생산기술에 관한 기술이전계약 등이 유기적으로 결합된 일종의 혼합계약이다. 따라서 이 같은 종류의 계약은 기기의 공급은 매매, 시설의 설계·시공에 관해서는 도급과 같이 계약의 각 부분에 대한 법적인 효력을 고려하는 것이 아니라 전체를 하나의 전형계약으로 당사자의 법률관계를 이해해야 할 필요가 있다.

2. 플랜트수출계약의 성립

(1) 계약체결 방식

플랜트수출계약을 체결하는 방식은 발주자가 특정 상대방과 임의의 교섭을 통하여 계약을 체결하는 수의계약(negotiated contract)방식과 경쟁입찰(competitive bid)방식이 있다. 수의계약방식은 상대방이 특수한 특허와 노하우를 가지고 있는 경우와 과거 수주 경험이 있고, 발주자와의 간에 특별한 신뢰관계가 있는 경우에 주로 선택하는 방식이다. 이에 대하여 발주자가 정부기관과 공영기업인 경우에는 일반적으로 경쟁입찰방식으로 계약을 체결한다.

1) 경쟁입찰

경쟁입찰에는 일반경쟁입찰방식과 지명경쟁입찰방식이 있다. 일반경쟁입찰방식이란 입찰할 의사가 있는 모든 자에게 입찰할 수 있도록 하는 경우를 말하고, 지명입찰방식이란 예정된 기준에 의하여 선정된 자만이 입찰에 참가할 수 있도록 하는 방식이다. 일반경쟁입찰방식의 경우에도 부적격자가 입찰에 참가하는 것을 배제하기 위하여 입찰 참가자에 대해서 사전에 자격심사의 조건을 제시하거나, 입찰보증의 제공을 조건으로 하는 것이 보통이다.

입찰절차는 발주자의 입찰공고에 의하여 개시되며, 발주자는 참가자 가운데 사전 자격심사를 통과한 입찰참가자에 대해서 계약의 조건 기타 입찰에 필요한 자료를 첨부하여 입찰할 것을 권유한다. 이 경우 입찰의 권유는 청약의 유인이 된다. 입찰참가자는 발주자의 의사에 따라서 입찰서를 작성하고, 이를 기일까지 제출하도록 하는데 이것이 청약이다. 발주자는 제출된 서류를 심사하여 낙찰자를 결정하는데 이것이 승낙이다. 플랜트건설에서는 입찰자의 기술력과 자금조달력 등이 중요한 요소를 구성하므로 최저의 계약가격을 제시한 자가 반드시 낙찰을 받는 것은 아니다. 나아가 입찰서의 내용에 대해서 입찰 후 복수의 입찰자와 교섭을 통하여 낙찰자를 결정하는 경우도 적지 않다. 이 같이 입찰절차에는 플랜트건설에 관한 전문지식과 입찰자를 판정하는 능력 등을 요하는데, 발주자에 의하여 위탁된 컨설턴트(consulting engineer)가 관여하는 경우가 많다.

플랜트수출계약과 같이 복잡한 계약에서는 낙찰자를 결정하고, 낙찰의 통지를 하더라도 실제로 계약이 체결되기까지는 상당한 시간을 요하는 경우가 일반적이다. 이 같은 경우 계약자가 안심하고 계약의 이행을 준비할 수 있도록, 우선 계약의 기본적인 사항을 확인한 문서를 교부하는 것이 관행인데 이것이 letter of intent이다.

2) 입찰보증

입찰절차는 발주자를 중심으로 입찰참가자 기타 관계자들이 많은 비용과 노력이 요구된다. 따라서 결정된 자가 수주를 거절하는 경우에 미치는 영향은 매우 클 수밖에 없다. 따라서 이 같은 사정을 고려하여 입찰참가자는 입찰할 때에 입찰보증(bid bond)을 요구받는 것이 일반적이다. 낙찰자가 수주를 거절하는 경우 이 보증금은 발주자에 귀속된다. 이 같은 입찰보증은 은행 또는 보험회사가 발행한 보증서(letter of guarantee)에 의하여 행해진다.

(2) 플랜트수출계약의 내용

1) 표준계약약관

플랜트수출계약은 계약관계가 매우 복잡하고, 당사자의 권리·의무의 내용도 다양하며, 계약의 내용도 광범위하다. 따라서 하나의 계약이 대다수의 문서로 구성되게 된다. 일반적으로 플랜트수출계약은 계약에서의 일반조항, 계약에서의 특별조항, 사양서, 도면, 수량명세서, 가격표 등의 제 문서와 이 같은 내용을 요약한 계약서식(form of agreement)등으로 구성된다.

계약의 일반조항은 동종의 플랜트계약에 적용할 수 있는 조항으로, 일반적으로 각종 단체에 의해서 작성된 표준계약약관이 이용된다. 이에 대해서 계약의 특별조항은 당해 공사의 특성을 고려하여 일반조항에 추가·수정한 조항이다. 이 경우 이들 문서가 서로 충돌하는 경우에 우선순위가 문제가 되는데, 일반적으로 계약의 특별조항, 계약의 일반조항, 사양서, 도면 순으로 적용하며, 그러나 확립된 원칙이 아니라는 점에서 계약서에서 명확하게 정의하는 것이 안전하다.

2) 각종 표준계약약관

플랜트수출계약의 경우 국제기관이나 국제 민간기구 등이 작성한 각종 표준계약약관이 넓게 이용되고 있다. 그 가운데 유엔 유럽경제위원회(United Nations Economic Commission for Europe: UNECE)의 각종 플랜트건설공사표준계약약관, 국제엔지니어링컨설팅연맹(International Federation of Consulting Engineers: FIDIC)[1]의 「전기·기계공사 약관」 및 「토목공사약관」 등 기타 영국의 과학기술자협회의 「프로세스·플랜트용 모델약관」 등이 국제계약에서 사용되는 경우도 있다. 또, 국제개발부흥은행(IBRD)은 국제개발협회(IIDA)의 융자와 관련하여 정부조달에 관한 가이드라인을 마련하고 있으며, 국제상거래법위원회에서도 「공장건설을 위한 국제계약의 법률 가이드」(1987)를 제정하고 있다.

(3) 계약서작성의 주요 내용

1) 업무의 범위

플랜트건설에 필요한 공사 가운데 어느 범위의 공사에 대해서 계약자가 책임을 부담하는 가는 계약자의 이행의무의 범위를 정하는 전제가 됨과 동시에 계약자의 담보책임의 범위와 공사의 관리책임, 납기, 가격 등 계약상의 권리·의무를 확정하는데 가장 중요한 문제 가운데 하나이다. 일반적으로 계약자의 구체적인 업무범위는 도면, 사양서, 수치표 등에 의하여 특정된다. 그러나 실제적으로 공사가 복잡하고 광범위한 공사 등으로 본래 필요로 했던 기기 및 작업에 관한 규정이 빠지거나 문서상에 모순이 생기는 일이 많이 발생하게 된다. 따라서 이 같은 문제가 발생한 경우에 대한 조치 및 그에 따르는 가격과 납기 조정에 관한 일반 규정을 계약의 내용에 포함시키는 작업이 필요하다. 그의 예로 국제엔지니어링컨설팅연맹의 「전기·기계공사 약관」에는 이 같은 문제의 해결을 위하여 발주자로

---

1) 세계 건설 및 엔지니어링 분야에서 공동의 이익을 증진하기 위한 목적으로 1913년 설립된 국제 민간기구(회원국 101개국, 우리나라는 1982년에 가입)로 건설 및 엔지니어링 국제 입찰시 표준으로 활용되는 국제표준계약조건 및 가이드라인을 발간하고, 국제계약 분쟁조정 역할 등을 하고 있다.

제4장 플랜트수출 및 국제기술이전 **273**

부터 계약의 관리를 위탁된 엔지니어의 결정과 도면에 따라야 한다는 요지의 규정을 두고 있다.

플랜트수출계약은 장기간 영향을 미치는 계약이므로 제사정의 변화에 대응하여 계약의 내용을 변경해야 하는 경우도 발생한다. 계약 내용의 변경에는 납기와 가격에 영향을 미치기 때문에, 많은 표준약관에서는 이 같은 사정을 고려한 규정(hardship clause)을 두고 있다.

2) 계약가격의 결정방식

계약가격의 결정에는 다음 3가지의 방식이 있다.

첫째, 확정금액계약(lump sum contract)으로 계약체결시의 계약가격을 확정하는 정액청부계약 방식이다. 모든 비용을 한 덩어리(Lump)로 간주하고 확정된 금액과 상환으로 플랜트 건설을 약정하는 계약이다. 따라서 설계비, 자재비, 운반비, 공사비, 인건비 등의 코스트는 물론 예측하지 못한 사태에 대비하는 예비비도 이익도 모두 계약금액에 포함된다. 발주자에 의한 설계변경 등의 경우를 제외하고 인플레이션 등에 의한 비용증가도 계약자가 부담해야 한다. 계약자로서 이러한 부담증가를 회피하기 위해서는 인플레이션비율에 합당한 금액을 변동시키는 Escalation Clause를 삽입시켜야 한다. 이에 대한 계약방식을 Cost-plus Contract라고 한다. 따라서 이 같은 계약방식을 채택하기 위해서는 계약체결 시에 계약에 따른 공사의 범위와 총비용을 정확히 산정할 수 있어야 한다. 확정금액방식은 계약의 가격이 확정되어 있으므로 발주자의 경우 사전에 공사 전체에 대한 총비용을 쉽게 파악할 수 있는 장점이 있으며, 계약자도 자기의 책임으로 계약을 이행할 수 있는 이점이 있다.

둘째, 단가계약방식(unit price contract)이다. 이 방식은 단가계약은 공사의 단위마다 소요재료의 수량이나 직종별 공수 등의 가격산출시 각기 단가를 먼저 정하고, 공사완료 단계에서 집계된 실제공사 물량에 계약된 단가를 곱하여 공사대금을 결정하는 계약방식으로, 사전에 물량이 확정되지 않은 프로젝트에 많이 적용되며 이를 넓은 의미의 정액도급계약이라 한다. 이 계약은 처음부터 공사물량의 증감을 전제로 하고 있기 때문에 사업주의 변경지시 없이도 변경, 추가공사가 가능하다. 단가에는 직접비 이외에 일반관리비 이익 및 간접비가 포함되며, 직접비 이외의 항목은 고정비 성격을 갖고 있어 공사물량 증감에 따라 예민하게 변하지 않는다. 따라서 실제 공사물량이 예상물량보다 많게 되면 사업주는 필요이상의 고정비를 지불하게 되어 손해를 보게 되며, 반면에 실제 공사 물량이 예상 물량보다 적으면 계약자가 손해를 보게 된다. 이와 같이 단가계약을 물량의 변경을 전제로 하고 있어도 공사물량이 예상과 달라지면 사업주와 계약자 간에 문제가 발생할 수 있기 때문에, 이러한 문제를 제거하기 위하여 실제 물량이 예상 물량과 일정량 이상 차이가 나면 단가를 조정할 수 있도록 단가 조정 방법을 명기 하는 것이 바람직하다. 일반적으로 플랜트 건설 공사에는 잘 이용하지 않으나, 플랜트 공사 중에도 토목공사, 건축공사 혹은 공사성격이 정형적일 때에는 단가 계약 방식을 이용할 수 있다.

셋째, 실비정산계약(cost reimbursement contract)이다. 계약의 이행에 필요한 실비에 일정한 보수를 가산하여 계약가격을 결정하는 방식이다. 실비는 직접비(direct cost)와 간접비(indirect cost)로 구성되며 보수는 대개 도급자의 일반관리비와 이윤을 포함한다. 설계도서와 시방서 등이 명확하지 않은 상태에서 계약을 체결하고 프로젝트를 시작하여 조기완료가 필요한 대규모의 프로젝트나, 설계도서는 명확하지만 프로젝트 비용 총액 산출이 곤란한 경우에 채택된다. 프로젝트 비용이 과도하게 높아지지 않고 도급자는 손해를 볼 염려가 없기 때문에 양질의 프로젝트를 기대할 수 있다. 실비의 정당성을 확인하기 위해서 발주자가 도급자의 회계장부에 대한 감사를 실시하는 경우도 있으며, 초기에는 실비정산 방식으로 시작하여 어느 정도 공사가 진척된 후에는 정액계약으로 전환하는 경우도 있다.

3) 대금의 지급

대금의 지급은 분할로 지급하는 것이 일반적이다. 분할지급의 방법은 계약체결 시에 일정액(down payment)을 계약자에게 지급한 이후 업무량에 따라서 지급(progress payment)하는 것이 일반적이다.

(4) 채무의 이행

turn-key형 계약의 경우 계약자는 기한 내에 공사를 완료해야 할 채무를 부담한다. 공사가 완료된 경우에는 발주자가 완료를 검사하여 합격한 경우에는 인도한 것으로 하는 것이 관례이다.

이행지체가 계약자의 책임 있는 사유로 인한 경우에는 계약자는 그에 대한 손해에 대하여 배상책임을 부담한다. 플랜트수출계약의 경우 손해의 규모가 매우 크게 나타날 수 있기 때문에 손해배상의 범위와 최고한도액 등을 예정할 필요가 있다. 손해배상액의 예정으로 이행지체일수에 따라서 일정한 비율의 계약대금을 감액하는 방식을 채택하는 경우가 많다. 단, 계약자는 계약체결 시에 계약의 이행을 보증하기 위해서 일정액의 이행보증을 발주자에게 제공하는 것이 통례이다.

(5) 보　　증

계약자는 플랜트 구조물과 공정 등에 하자가 없음을 보증함과 동시에, 플랜트의 생산능력, 생산효율 물품의 품질 등이 계약에 따른 이행이라는 점에 대해서 책임을 부담한다. 기계적 하자에 관해서는 공사완성 후 일정기간 동안 계약자는 하자에 대한 보수의무를 부담한다. 성능에 대해서는 공사를 완료한 후 일정기간 내에 성능검사를 하고 성능검사에 합격하면 인도하게 된다. 성능불합격인 경우에는 계약자는 자기의 비용으로 보수하여야 하며, 수차례에 걸쳐서 합격하지 못한 경우에는 약정손해배상금을 지급해야 하는 경우가 있다.

▌ 제3절　국제기술이전

Ⅰ　총　　설

1. 의　　의

기술이전이란 '특허법 등 관련 법률에 의하여 등록된 특허 실용신안·디자인·반도체 배치설계·기술이 집적된 자본재·소프트웨어 및 노하우 등 산업에서 이용이 가능한 기술적인 지식을 외국의 기업과 단체에 제공하거나 기술지도 등의 방법을 통하여 기술보유자로부터 그 외의 자에게 이전되는 것'을 말한다. 즉 발명특허에 관한 특허권을 외국의 기업에게 양도하거나 그 사용을 허락하는 경우와 외국기업에 노하우 관련 기술자를 파견하여 기술을 지도를 하는 경우를 말한다.

이 같은 국제기술이전은 다양한 목적으로 행해지게 되는데, 선행 투자한 기술 개발비를 회수하거나 외국 시장에서 물품을 제조·판매를 현지 기업에게 위임하기 위한 목적으로 외국 기업에 기술을 이용하도록 하는 경우도 있다. 이 같은 기술이전은 해외에 자사의 물품을 보급시키거나 시장을 확대하기도 한다. 나아가 선진기업의 경우 기술정책상의 목적으로 기술을 이전하는 경우도 있다. 즉, 자사는 기본적인 기술의 개발에 그치고 그의 개량된 기술과 응용기술을 개발하기 위하여 다른 기업에 기술을 제공하거나 상호 기술을 보완하기 위하여 상호적으로 기술을 제공하는 경우도 있다. 이 같이 국제기술이전은 기업의 장기적인 경영정책과 밀접하게 관련되어 있다.

특히 중요한 첨단기술의 경우 선진제국들에게 편재되고 있는 가운데 개발도상국들은 이 같은 기술을 받아들이려는 입장이다. 이 같은 이유 등으로 개발도상국의 대부분은 자국기업의 이익을 확보하고 자국의 산업을 보호하기 위하여 기술이전에 관한 계약의 경우 행정관청의 인·허가를 그 요건으로 하거나, 계약의 내용과 방식에 관하여 강행규정을 정하는 등의 방식으로 국제적인 기술이전을 규제하고 있다. 또, 기술이전에는 기술을 보유한 측이 경제적 우위에 있으므로 기술이전계약의 내용을 통하여 기술이전을 제한하는 경우도 있다. 이 같은 현상은 선진국들의 독점금지법과 반트러스트법 등에서도 자국의 경쟁질서·시장질서를 보호하려는 관점에서 기술이전에 관한 특별규정을 두고 있다.

그러나 이 같은 기술이전이 원활하게 이루어지기 위해서는 기술적 지식에 대해서 충분한 법적인 보호가 필요하다. 기술적 지식에 대한 보호가 충분하지 않을 경우에는 기술을 보유한 자는 그 내용을 이전하지 않게 되고 그 결과 외국의 우수한 기술을 도입할 수 없게 되어 자국 산업의 발전을 저해하는 결과가 된다. 이 같은 이유로 각국은 일정한 기술적 지식에 대해서 특허권 등을 부여하여 특별한 보호를 하고 있다. 최근에는 노하우 영업비밀의 보호를 중시하는 경향이 강하다. 이 같은 국제적기술이전을 위해서는 이들에 대한 권리와 이익을 국제적으로 보호할 필요가 있다. 이 같은 이유로 국제협약을 통한 보호의 노력이 경주되는 가운데 그 대표적인 협약이 「공업소유권보호를 위한 파리협약(1883)」이다.

2. 국제기술이전의 모습

(1) 대   상

1) 발명특허

"발명"이란 자연법칙을 이용한 기술적 창작물로서 고도한 것을 말하며(특허법 제2조 1호), 발명특허란 국가로부터 특허를 받은 발명(특허법 제2조 2호)을 말한다. 특허를 받은 자는 특허권을 설정등록한 날로부터 일정기간 독점적으로 실시할 권리를 갖는다(특허법 제88조). 특허권자는 법률로 보호되며, 특허권자 또는 전용실시권자는 고의 또는 과실로 자기의 특허권 또는 전용실시권을 침해한 자에 대해서 그 침해의 금지 또는 예방을 청구할 수 있으며(특허법 제126조 제1항) 침해자의 고의 또는 과실이 있을 때에는 손해배상을 청구할 수 있다(특허법 제128조 제1항). 나아가 고의나 과실로 특허권 또는 전용실시권을 침해하여 특허권자 또는 전용실시권자의 업무상 신용을 훼손한 때에는 훼손한 자에 대해서 특허권자 또는 전용실시권자의 청구에 의해서 손해배상에 갈음하여 또는 손해배상과 함께 특허권자 또는 전용실시권자의 업무상 신용회복을 위하여 필요한 조치를 명할 수 있다(특허법 제131조). 이와 같이 특허권을 부여받은 기술적인 지식에 대해서 각국의 법률은 특허권자의 독점권을 법률로 보호함으로써 특허권자는 사전에 특허수입국에서 특허권을 취득한 후 현지의 기업 등에게 기술을 이전할 수 있다.

그러나 어떤 발명이 특허권을 받을 수 있는지, 특허권은 누구에게 귀속하는지, 나아가 특허권은 존속기간과 특허의 요건·내용 등에 있어서 국가에 따라서 차이가 있을 수 있다. 따라서 기술을 이전하려는 경우 당해 국가의 특허법에 따라서 특허의 출원을 하여 심사를 받은 후에 특허권을 취득할 필요가 있다.

2) 노하우

노하우(knowhow)는 아직 특허화되지 않은 발명, 공식, 설계와 과정, 비법, 축적된 기술, 경험, 영업전략 등으로 정의할 수 있다. 노하우는 산업재산권에서 지적재산으로 국내와 국제환경에서 기술의 이전에 중요한 구성요소이다. 노하우는 특허, 상표, 카피라이트와 재산과 같은 다른 지적재산과 공존하거나 독립적이다. 따라서 노하우는 비밀유지에 그 특징이 있으며 보호요건이나 존속기간은 제한되지 않으나 특허권과 같은 독점권은 부여되지 않는다.

노하우는 산업에 유익한 기술상 또는 영업상의 지식·경험 등을 의미하며, 그 가운데 기술이전과 관련하여 가장 중요한 것은 생산 공정과 공업기술의 사용 및 응용에 관한 기술적 노하우이다. 노하우는 일반적으로 특허요건에 충족하지는 않은 기술이 많으며, 특허권 취득이 가능한 기술 등의 공개를 피하기 위한 비밀의 노하우도 있다. 나아가 노하우에는 설계도, 규격표, 견본 등과 같이 유형적인 것과 숙련적인 기술과 정보, 기술지도 등과 같이 무형적인 것이 있으며, 이 같이 노하우는 발명특허와 같이 경제적 가치를 인정하고 있으며, 특허권과 함께 또는 단독으로 기술이전의 대상이 되고 있다.

노하우는 법적인 보호를 받을 가치가 있는 재산권으로 특허권과 같이 배타적·독점적인 효력은 없으며, 노하우는 비밀성을 상실하면 그 가치를 잃게 되므로 따라서 비밀성의 확보가 가장 중요하다. 따라서 각국의 법률은 노하우의 불법사용, 누설, 도용 등에 대해서 계약법, 불법행위법, 부정경쟁방지법, 형법 등으로 보호를 도모하고 있는 실정이다.

우리나라에서는 일정한 경우 타 기업에 의한 침해 시 영업비밀보호등에 관한 부정경쟁방지법에 의하여 보호를 받을 수 있다.

(2) 기술이전의 방법

1) 산업재산권 이전

특허권(실용신안 등 산업재산권 포함)의 이전은 특허권자의 적극적 설정의사에 의하여 설정되는 약정에 의한 실시권과 특허법의 규정에 의해서 설정되는 법정실시권, 국가가 실시권의 설정에 개입하여 제3자에게 실시권을 설정해 주는 강제실시권이 있다. 여기서 말하는 "실시"란 물건의 발명인 경우에는 그 물건을 생산·사용·양도·대여 또는 수입하거나 그 물건의 양도 또는 대여의 청약(양도 또는 대여를 위한 전시를 포함)을 하는 행위를 말하며, 방법의 발명인 경우에는 그 방법을 사용하는 행위, 물건을 생산하는 방법의 경우에는 그 방법을 사용하는 행위 외에 그 방법에 의하여 생산한 물건을 사용·양도·대여 또는 수입하거나 그 물건을 양도 또는 대여의 청약을 하는 행위(특허법 제2조)를 말한다.

실시권의 효력은 독점력을 갖는 전용실시권과 비독점적인 통상실시권이 있다. 전용실시권은 오직 특허권자의 약정에 의한 실시권을 말하고, 통상실시권은 위 모든 원인에 의해서 설정될 수 있는 실시권이다. 따라서 실시권의 종류는 전용실시권과 각종 설정의 원인에 의해 설정되는 통상실시권으로 구분되며, 통상실시권은 약정에 의한 통상실시권, 법정실시권 및 강제실시권으로 구분된다.

일반적으로 특허 등 산업재산권을 사용하여 특정제품을 생산, 사용, 양도, 판매, 전시 등을 할 수 있는 권리를 부여하는 것으로 이는 산업재산권자(Licensor)와 이를 사용하고자 하는 자(Licensee) 당사자 간의 실시권허여(Licensing) 계약에 의해 이루어진다.

2) 노하우의 이전

노하우 이전은 영업비밀에 속하는 것으로서 주로 기술적인 정보로서 경제적 가치가 높은 정보를 제공하는 것을 말한다. 노하우 이전은 특허권 라이선싱과 달리 독점성, 배타성이 없으므로 기술보호 측면에서 비밀유지가 가장 중요하다. 따라서 비밀이 유지되지 않을 경우 기술정보로서 가치는 소멸되며, 따라서 당사자는 물론 소속 직원들에게까지 비밀유지의무를 위반할 경우 손해배상 책임을 지도록 하는 것이 중요하다.

기술을 이전받는 자의 입장에서는 해당 노하우에 대한 평가를 사전에 실시하기를 원하므로 어느 정도 비밀이 기술도입자에게 노출될 수밖에 없으므로 기술제공자 입장에서는 이를 잘 판단하여 대응할 필요가 있다. 따라서 사전에 비밀유지의무를 체결하고 노하우 기술에 접근하도록 하는 것이 좋다.

3) 노하우를 포함한 산업재산권 이전

정부출연연구기관의 일반적인 기술이전 방식으로 특허 등 산업재산권 뿐만 아니라 그 특허를 실현할 수 있는 노하우 기술을 포함하여 이전하는 경우이다. 우리나라 기업들은 산업재산권의 이전보다 특허권 등 산업재산권과 이를 실현할 수 있는 노하우를 포함하는 기술이전을 선호하며, 특히 중소기업의 경우에는 특허권에 중요성을 두지 않는 경향이 있다.

특허명세서만 가지고 제품화하는 데에는 한계가 있으며, 어떤 기술을 제품화하고자 할 때에는 노하우 기술은 매우 중요한 역할을 한다. 기술도입자 입장에서는 기술노하우를 습득하게 되어 기술력이 향상되고 해당기술을 상품화하는데 실패할 확률을 줄일 수 있는 중요 수단이 된다.

반대로 기술제공자 입장에서는 후속지원 및 교육을 해주어야 하는 부담과 번거로움 때문에 기술개발자들은 이를 기피하는 경향이 있다. 특히 정부출연연구기관이나 대학의 경우 새로운 신기술개발에 종사하는 것을 연구원들이 선호하기 때문에 이미 개발이 완료된 기술의 후속지원 업무를 기피하게 된다. 기술제공자 입장과 기술도입자의 상반된 입장을 조율하기 위해서는 다른 기술이전 계약조건과 함께 중요한 협상조건으로 다루어져야 한다.

4) 전용실시권과 통상실시권

특허 등 산업재산권 소유자는 이에 대해 실시권을 허여할 경우 전용실시권이나 통상실시권을 허여할 수 있다. 특허권자는 업으로서 그 특허발명을 실시할 권리를 독점한다. 다만, 그 특허권에 관하여 전용실시권을 설정할 때에는 전용실시권자가 그 특허발명을 실시할 권리를 독점하는 범위 안에서는 그러하지 아니하다 (특허법 제94조 참조).

전용실시권은 설정행위로 정한 범위 내에서 당해 특허발명을 업으로 실시할 수 있는 권리를 독점한다. 즉, 전용실시권은 배타성을 갖는 물권적 권리이므로 전용실시권자는 자기의 전용실시권을 침해한 자 또는 침해할 우려가 있는 자에 대하여 자기의 이름으로 그 침해의 금지 또는 예방을 청구할 수 있다.

전용실시권은 산업재산권자만이 허락할 수 있지만 통상실시권은 산업재산권자 뿐만 아니라 전용실시권자도 허락할 수 있다. 다만, 전용실시권자가 통상실시권을 허여하기 위해서는 산업재산권자의 동의가 필요하다.

전용실시권은 설정등록을 하지 않으면 그 효력을 발생할 수 없으나 통상실시권은 설정등록을 하지 않아도 계약과 동시에 효력이 발생하게 된다. 통상실시권자는 전용실시권자와 달리 자기 이름으로 해당 산업재산권을 불법으로 사용하는 자에 대하여 사용금지 및 손해배상청구권을 행사할 수 없다. 전용실시권자는 특허권자의 승인을 받고 제3자에게 재실시권(Sub-License)을 허여할 수 있다.

5) 상호실시권

특정 산업재산권에 대해 실시권자 간에 상호 교환사용이 필요하다고 인정되는 경우 상호실시권을 허여하며, 이때 산업재산권의 경제적 가치가 동등할 경우에는 상호 무상으로 사용하게 되지만, 어느 한쪽의 산업재산권의 경제적 가치가 더 높을 경우에는 가치가 낮은 쪽에서 그 차액만큼 보상해주고 실시권을 허여 받는 것이 일반적이다.

크로스라이선스(상호실시권 허여)를 추구하는 기본적 배경은 기술이 복합화, 융합화, 고도화되어 가면서 모든 기술을 개발하고 소유하기보다는 필요한 기술을 서로 빌려서 쓰게 된다면 연구개발 시간과 비용을 훨씬 절감할 수 있어 상호 경제적이기 때문이다.

크로스라이선스를 계획하고 검토 및 실시함에 있어서 상호 사용하려는 특허의 가치를 어떻게 산정 평가할 것인가가 가장 중요한 문제이다. 양 당사자의 기술이 어느 정도 가치가 동일할 경우에는 문제가 되지 않지만, 어느 한쪽의 기술이 경제적 가치가 더 크다면 다른 한쪽이 이를 보상해 주어야 하기 때문이다.

크로스라이선싱 상대방 특허의 경제적 가치를 평가하기 위해서는 특허의 수, 특허의 권리기간, 특허의 권리범위 및 기술적 가치(발명이 제품에 차지하는 비중 등), 원천기술인가 아니면 개량기술인가, 특허의 유효성(무효가능성은 없는가) 등을 전문가의 도움을 받아 심도 있게 검토하여야 할 것이다.

상호실시권은 양자의 기술을 보완해주는 동시에 기술료(Royalty)를 절감할 수 있는 방법으로 기술수준이 비슷한 기업 간에 선호되는 실시권이다.

6) 재실시권

재 실시권(sub license)이란 기술도입자가 기술제공자로부터 실시권을 허여 받은 산업재산권을 제3자에게 다시 실시권을 허여할 수 있는 것을 말한다. 재 실시권은 독점실시권(Exclusive License)허여 계약에서 주로 볼 수 있으며, 계약서상에 명시적으로 규정되어 있어야만 인정되는 기술제공자의 특별한 권리이다.

재실시권자는 실시권자와 별개의 독립된 책임과 계산으로 허락특허를 실시하는 것이므로 실시권자가 제3자에게 재실시권을 허락하는 데에는 반드시 특허권자의 승낙을 얻어야 한다. 특허법 제100조 4항은 전용실시권자가 타인에게 통상실시권(재실시권)을 허락하는 경우에는 특허권자의 승낙을 요한다고 규정하고 있다. 이 규정은 전용실시권의 물권적 성격에 비추어 전용실시권자는 특허권자의 승낙을 받지 않아도 통상실시권을 제3자에게 허락할 수 있는 것은 아닌가 하는 의문을 불식시키기 위해 마련한 규정이다. 하나의 기술이 용도, 목적, 지역별로 다양하게 활용될 수 있는 경우에 효율적으로 사용할 수 있는 실시권의 유형이다.

Ⅱ 국제기술이전계약

1. 총 설

기술이전 계약에는 특허권 및 노하우의 양도계약, License계약, 기술지도 계약 등을 포함한다. 그러나 이들 가운데 가장 중요한 것은 특허권과 노하우의 License계약이다. 여기서 라이선스는 일반적으로 실시권 또는 사용권으로 번역되기도 하는데, 우리나라에서 라이선스 계약이라고 하면 통상 기술도입계약을 가리키며 이는 기술이전을 실행하기 위한 국제 간의 실시계약으로 재산적 가치가 있는 경제적·공업적 기술인 특허권, 실용신안권, 디자인권 및 상표권 등의 산업재산권과 노하우를 포함한 산업기술의 실시 또는 사용을 허락하고 이에 대한 대가를 지급하는 계약을 의미한다. 이때 특허와 노하우의 실시를 허여하는 특허권자 및 노하우 보유자 등을 실시허여자(Licensor), 실시허여를 받는 자를 실시권자(Licensee)가 된다.

라이선스 계약은 라이선시가 라이선스계약에 약정된 범위 내의 실시 또는 사용을 하더라도 라이선시가 그 범위내의 배타적 권리를 행사하지 않겠다고 하는 내용일 수도 있으며, 기타 배타적 권리의 불행사는 물론 약정범위 내에서 자신이 실시 또는 사용할 수 있는 권리까지 양도하겠다는 내용일 수도 있다. 이와 같이 라이선스 계약은 당사자의 합의가 있으면 족하고 특별한 방식을 요하지 않는다.

라이선스 계약은 시간, 거리 서로 다른 법률제도, 통화, 언어, 서로 다른 관습과 문화를 가진 양 당사자 간에 체결되는 국제계약이 대부분이며, 획일적으로 통일된 법규를 적용하기가 불가능하다는 점에서 계약은 당사자의 합의를 존중하는 계약자유의 원칙이 우선 적용된다.

2. 라이선스 계약의 내용

(1) 계약의 목적

라이선스 계약의 경우 우선 실시허여 되는 발명특허 또는 노하우가 특정되지 않으면 유효하게 성립하지 않는다. 발명특허의 경우에는 특허번호로 특정이 가능한 반면에 노하우의 경우 특성상 추상적으로 특정 할 수밖에 없으므로 그의 기술적 효과에 관한 보증조항을 규정하는 것이 필요하다.

1) 실시권의 종류

실시권에는 독점적 실시권과 비독점적 실시권이 있는데, 독점적 실시권이란 계약에서 정한 범위 내에서 실시권자가 독점적으로 당해 기술의 실시를 행할 수 있는 권리이다. 따라서 실시를 허락한 자는 당해 실시권의 범위와 중복하는 실시권을 제3자에게 허락해서는 안 된다. 이에 대해서 동일 내용의 실시권을 복수의 자에게 허여할 수 있는 것이 비독점적 실시권이다.

우리나라의 특허법은 특허권의 실시허락과 관련하여 전용실시권(특허법 제100조)과 통상실시권(특허법 제102조)에 관해서 규정하고 있다. 전용실시권이란 특허권자 등이 제3자와의 계약에 의하여 내용, 지역, 기간을 정하여 그 범위 내에서 당해 발명특허(디자인의 경우 등록디자인 또는 이와 유사한 디자인, 상표의 경우 지정상품에 관한 등록 상표)를 업으로서 독점적으로 사용할 수 있는 권리로서, 전용실시권의 효력은 특허청에 등록을 하지 않으면 그 효력이 발생하지 않고 상표권은 제3자에게 대항할 수 없다. 또 실시사업과 같이 이전하는 경우, 상속 기타 일반승계의 경우 또는 특허권자의 동의를 얻은 경우 전용실시권의 이전도 가능하다. 전용실시권자는 자기의 실시권의 범위 내에서 통상실시권을 설정할 수 있으나, 이 경우 사전에 특허권자의 동의를 얻어야 한다.

이에 대해서 통상실시권이란 특허권자 등 또는 전용실시(사용)권자와의 계약에 의하거나 또는 법률이나 행정처분에 의하여 일정한 범위 내에서 특허발명 등을 실시할 수 있는 권리이다. 통상실시권은 특허권자 또는 전용실시권자와의 통상실시권 설정 계약 등에 의하여 설정되며 독점적·배타적인 권리가 아니므로 같은 내용의 통상실시권을 다른 자에게 하락할 수 있으며 특허권자 자신도 실시할 수 있다. 특허권자와 실시권자의 합의로 독점적 통상실시권을 허락하는 것도 가능하지만, 그 같은 실시권은 전용실시권과는 다르며 당사자를 구속하는데 그친다.

따라서 통상실시권은 설정행위로 정한 범위 내에서 특허발명을 업으로 실시할 수 있으나, 전용실시권에서와 같이 독점권이 없으며, 제3자가 통상실시권의 범위를 업으로 실시하더라도 민사 또는 형사구제 조치를 취할 수 없다.

실시사업과 같이 이전하거나 특허권자(및 전용실시권자)의 동의를 얻은 경우 통상실시권의 이전이 가능하며, 통상실시권을 등록한 때에는 그 등록 후에 특허권 또는 전용실시권을 취득한 자에 대해서도 효력이 발생한다. 그러나 등록을 하지 않았을 때에는 새로운 특허권자나 전용실시권자에게 권리를 주장할 수 없다.

또, 법정실시권이란 특허권자 또는 전용실시권자의 의사와 관계없이 특허법의 규정에 의하여 당연히 발생하는 통상실시권이다. 특허법에서 정한 바에 따라 당연히 발생하며, 특허법에서 정한 범위 내에서 그 특허발명을 업으로 실시할 수 있다. 실시사업과 같이 이전하는 경우 또는 특허권자 (및 전용실시권자)의 동의를 얻는 경우 실시권의 이전이 가능하다.

마지막으로 강제실시권은 특허발명의 실시를 강제하기 위해서 특허청의 재정, 처분 또는 심판의 심결에 의하여 인정되는 통상실시권을 말한다. 특허청의 재정, 처분 또는 심판의 심결로서 설정되며, 재정, 처분 또는 심판의 심결에서 정한 범위 내에서 특허발명을 업으로 실시할 수 있다.

━ 전용실시권과 통상실시권

구 분	실시권의 종류	발생원인
전용실시권	설정행위에 의한 전용실시권	제3자와의 실시계약에 의해 발생
통상실시권	허락에 의한 통상실시권 (허락통상실시권)	제3자와의 실시계약에 의해 발생
	재정에 의한 강제실시권 (강제실시권)	국방상이나 산업정책상 등의 이유로 특허청장의 결정 또는 재정이나 심판에 의해 발생
	법률의 규정에 의한 통상실시권 (법정통상실시권)	법률에 의하여 그 권능이 원시적으로 발생

2) 실시허락의 범위

실시권은 시간적, 지역적, 내용적으로 그 범위를 한정할 수 있다. 라이선스 기간은 특허권의 경우 길어도 그 존속기간을 초과하는 경우는 없으나, 노하우의 경우에는 존속기간이 없기 때문에 계약에 의하여 그 존속기간을 정해야 한다. 뿐만 아니라 계약 종료사유 및 종료 후 처리에 관해서도 신중하게 결정할 필요가 있다. 허락지역과 관련하여 특허의 경우 한 국가를 단위로 하는 것이 일반적이지만 노하우의 경우에는 다수 국가에 걸친 라이선스가 가능하다. 또, 국제 라이선스

계약의 경우 실시허락자 자신 또는 다른 실시권자와 시장의 경합을 피하기 위하여 특허물품의 수출지역을 제한하는 경우도 있다. 나아가 제조 라이선스와 판매 라이선스와 같이 실시권을 내용적으로 한정하여 허락하는 경우도 있다. 이 경우 이들 실시권의 제한이 합리적 이유 없이 제한하는 경우에는 독점금지법상의 불공정한 거래행위에 해당할 수 있다는 점에서 주의가 필요하다.

(2) 실시허락자의 의무

특허권의 실시허락자는 실시권자에 대해서 발명특허의 실시를 용인하고, 실시권자의 실시에 협력해야 할 의무를 부담한다. 노하우의 경우에는 노하우의 전달에 필요한 정보의 개시, 자료의 교부 등은 라이선스계약에서 핵심적인 의무로서 기술자의 파견에 의한 기술지도 등을 포함한다.

실시허락의 대상인 특허와 노하우에 하자가 있는 경우에 허락자는 어떤 책임을 부담하는가. 즉, 발명특허가 기술적 실시가능성이 결여되거나, 노하우에 기술적인 효과가 없는 경우, 발명특허 및 노하우의 실시가 타인의 권리에 의하여 제한받는 경우를 예상할 수 있다. 이 같은 경우에 실시허락자는 매도인과 마찬가지로 담보책임을 부담한다고 본다. 국제 라이선스 계약의 경우 이 같은 문제에 대해서 명확하게 하기 위하여 보증 또는 책임제한에 관한 규정을 두어 이 같은 문제를 해결하고 있다.

(3) 실시권자의 의무

1) 실시료의 지급

실시허락은 일반적으로 유료계약을 행하여지기 때문에 실시권자는 그 대가로서 실시료(royalty)를 지급해야 할 의무를 부담한다. 실시료의 액은 실시권의 성질, 허락되는 특허 및 노하우의 기술적·경제적 가치, 기타 다양한 요소를 고려하여 결정된다. 실시료의 산정과 지급 방법은 정액일괄지급 방식(lump sum), 계속적실시료 방식(running royalty) 등이 있는데, 계약 시에 일정액을 지급하고 라이선스기간 중 일정 요율에 따라서 산정한 실시료를 계속적으로 지급하는 병용된 방식이 일반적이다. 또, 독점적실시권 라이선스 계약에서는 실시료의 예상 이하가 되는 것을 방지하기 위하여 최저실시료를 약정하는 경우도 있다.

2) 비밀유지의무

노하우는 비밀성이 그 본질이기 때문에 노하우 라이선스계약에서 실시권자는 비밀유지의무를 부담한다. 비밀유지의무의 내용에 대해서 라인센스계약에서 구체적으로 규정할 필요가 있다. 즉, 비밀서류의 취급과 사원의 비밀유지의무 등이 그 주요 내용이 된다. 또 실시권자는 라이선스계약이 종료된 이후에도 신의칙상 비밀유지의무를 부담한다. 계약에서 그 기간을 명시하는 것이 일반적이다.

3) 개량기술제공의무 유무

라이선스계약에서 실시권자는 자기가 개량·개발한 기술을 허락자에게 통고하거나, 그 기술에 관한 실시권을 허락자에게 허여하는 의무를 부담하도록 하는 요지의 약정을 하는 경우가 있는데 이를 grant back조항이라고 한다. 이 같은 일방적 grant back약정은 자기의 우월적 지위를 이용하는 불공정한 거래에 해당할 우려가 있다는 점에서 불공정한 법률행위로서 문제가 될 수 있다. 선진국의 기업들 간에는 라이선스 계약의 당사자들이 상호 개량된 기술을 제공하기로 합의하는 cross licence를 약정하는 경우가 많은데 이 같은 약정도 기술의 독점성이 있는 경우에는 마찬가지로 독점금지법위반의 문제가 발생하게 된다.

3. 국제기술이전계약의 준거법

특허 및 노하우의 양도계약, 나아가 라이선스계약의 준거법도 다른 국제계약의 경우와 마찬가지로 당사자자치의 원칙이 적용된다. 따라서 계약 당사자들이 준거법에 관한 합의가 있을 때에는 합의된 준거법에 따라서, 준거법에 관한 합의가 없는 경우에는 국제사법의 원칙에 의하여 당해 계약의 관련성(the center of gravity)이론에 따라서 당해 계약의 체결지 국가의 법, 당해 계약의 실질적인 이행이 이루어지는 국가의 법 또는 기타 당해 계약과 특별한 관계에 있는 국가의 법이 당해 계약의 해석 등에 적용될 준거법으로 추정된다.

국제계약에서 상대방에게 유리한 준거법이 선택되는 경우에는 자신에게 불이익이 귀속할 가능성이 크다. 이 같은 사태를 사전에 방지하기 위해서는 계약을 체결하면서 계약의 내용과 규정을 확인하고, 준거법에 관해서도 합의해 놓는 것이 좋다. 왜냐하면 특별한 경우(계약이행지 국가의 강행법규 위반 등)를 제외하고 국제계약의 경우에는 당사자의 합의가 우선하기 때문이다. 국제합작투자, 생산협력계약, 기술이전계약 등의 경우 현지국가의 법이 준거법으로 합의될 가능성이 매우 크기 때문에, 이들 현지국가의 법을 이해하고 그 적용을 배제, 축소하기 위해서는 장래 발생 가능한 모든 사안에 대하여 자세한 합의가 필요하다.

　　그러나 기술이전계약의 성립 및 채무불이행의 효과, 담보책임 등 채권적 효력의 문제는 계약준거법에 의한다. 이에 대하여 계약의 목적인 특허권의 이전과 실시권의 요건 및 절차, 제3자에 대한 대항요건 등의 문제는 당해 특허권 자체의 문제로서 특허권을 허여한 보호국의 법이 적용된다. 따라서 보호국법상 특허실시권의 등록이 요건으로 되어 있는 경우, 그 요건을 구비하지 않으면 실시권은 효력이 발생하지 않는다.

　　또, 기술이전계약에서는 종종 경쟁 제한적 효과를 야기함으로써 독점금지법과 반트러스트법 등 경쟁법에 따르는 규제를 받는 경우가 많이 나타난다. 이 같은 경우 이들 경쟁법상의 강행규정은 그 제정국의 시장에 영향을 미치는 경쟁제한적인 계약에 대해서, 계약준거법과 달리 특별히 적용될 수 있다. 따라서 계약준거법이 외국법이라도 그 계약이 국내시장에 영향을 미치는 경우에는 당해 계약의 사법상의 효력에 관해서 내국의 경쟁법상 강행규정이 적용되게 된다.

4. 병행수입의 법률문제

　　동일한 권리자가 복수국가의 지적재산권을 갖는 경우에 내국에서 그들의 권리의 실시·이용을 허락하지 않는 자가, 총대리점 등 정규의 경로를 경유하지 않고 외국에 적법하게 판매된 정규의 물품을 국내에 수입하는 것을 병행수입(Parallel Importation)이라고 한다. 즉, 병행수입은 국내의 상표권자 또는 전용사용권자의 허락 없이 제3자가 다른 유통경로를 통하여 진정상품을 수입하는 것을 말하는데, 무역관련 지적재산권에 관한 협정(TRIPs) 제6조는 권리 소진의 문제를 분쟁해결대상으로 하지 않을 것을 명시함으로써 간접적으로 각국의 병행수입제도의 채택 자유를 인정하고 있다.

　　이에 대하여 우리 법원은 "병행수입 그 자체는 위법성이 없는 정당한 행위로서 상표권 침해 등을 구성하지 아니하므로 병행수입업자가 상표권자의 상표가 부착된 상태에서 상품을 판매하는 행위는 당연히 허용되며, 상표제도는 상표를 보호함으로써 상표 사용자의 업무상의 신용유지를 도모하여 산업발전에 이바지함과 아울러 수요자의 이익을 보호함을 목적으로 하므로(상표법 제1조), 상표는 기본적으로 당해 상표가 부착된 상품의 출처가 특정한 영업주체임을 나타내는 상품출처표시기능과 이에 수반되는 품질보증기능이 주된 기능이라는 점 등에 비추어 볼 때, 병행수입업자가 위와 같이 소극적으로 상표를 사용하는 것에 그치지 아니하고 나아가 적극적으로 상표권자의 상표를 사용하여 광고·선전행위를 하더라도 그로 인하여 위와 같은 상표의 기능을 훼손할 우려가 없고 국내 일반 수요자들에게 상품의 출처나 품질에 관하여 오인·혼동을 불러일으킬 가능성도 없다면, 이러한 행위는 실질적으로 상표권 침해의 위법성이 있다고 볼 수 없을 것이므로, 상표권자는 상표권에 기하여 그 침해의 금지나 침해행위를 조성한 물건의 폐기 등을 청구할 수 없다"[2]는 입장이다.

Ⅲ 국제기술이전의 공법적 규제

1. 총   설

국제기술이전은 한 국가의 경제정책과 기술정책 등에 중대한 영향을 미치게 된다는 점에서 각국은 이에 대한 여러 가지 규제를 가하고 있다. 통상법적 측면에서 GATT 제11조에서는 상품의 수출입에 대해서 엄격하게 제한하고 있으며, 기술이전과 관련한 국제통상법적인 문제가 발생한 경우, 일반예외조항인 GATT 제20조 d항과 국가안보 예외조항인 GATT 제21조를 원용하여 해결하도록 하고 있다.

일반적으로 수출규제 조치는 국내산업의 경쟁력을 확보하거나 국제가격을 일정수준으로 유지하기 위한 경우와 국가안보나 정치적인 목적을 위한 수출통제로 전략물자나 기술이전의 통제를 위한 수출규제 조치 등이 있는데 관련 규정으로 GATT 제20조와 제21조를 들 수 있다. 또, 지식재산권 및 영업비밀의 보호를 목적으로 하는 WTO TRIPs협정에서 지식재산권에 의해 보호되는 기술 또는 영업비

---

2) 대법원 2002. 9. 24. 선고 99다42322 판결.

밀로 보호되는 기술을 위하여 적절한 조치를 취하도록 하고 있는데 이하에서 살펴보도록 하겠다.

2. 주요국들의 해외기술이전 규제

(1) 미　　국

1) 개　　관

미국은 다자 간 협력시스템과 일방주의 시스템을 병행하고 있다. 미국이 가입한 각종 비확산조약3)과 가입국들과의 협력의 틀 내에서 통제하며, 범죄통제·반테러·공급부족 물자의 통제 등 주로 미국의 직접적인 이해와 관련한 품목의 수출을 통제하고 있다. 또, 관련사항별 다원적 통제시스템을 통하여 담당하는 부처가 각기 다르다. 군수물자 및 용역의 수출과 중개 등에 관한 통제는 미국무부, 상업 및 군사적 목적에 사용되는(Dual Use) 재화, 용역, 기술 등의 수출, 재수출에 대한 통제는 상무부의 Burea of Industry and Security(BIS)가, 핵과 관련된 사항들은 Nuclear Regulatory Commission, 에너지부(DOE, 핵무기 감시), 상무부가 담당하고, 무역금지 및 제재, 금융거래에 관한 사항 등은 재무부(Office of Foreign Assets Controls)가 담당한다. 기타 의약품 관련(FDA), 특허신청 등의 수출(Patent and Trademark Office), 국내 테러 관련(Department of Homeland Security)등에 관한 별도의 규제기관들이 있다.

주요 통제리스트들에는 다자 간 비확산협약에 의해 관리되는 리스트가 포함된 품목들이 들어 있으나 자국의 일방주의적 목표를 위해 보다 많은 품목들이 추가된다. 해당 리스트에 포함된 품목을 수출하려는 자는 관련규제기관으로부터 면허를 신청하여야 하는데, 신청서류는 국방부, 에너지부, 정보기관, NASA, 국무부에 의하여 심사된다.

기업이나 개인이 군수물자와 관련한 위반의 경우 벌금으로 1건당 최대 1백만 달러까지 부과되며, Duel Use 관련 위반의 경우에는 최대 50만 달러의 벌금과 10년의 징역형이 선고된다. 군수물자 관련한 범칙금은 건당 최대 50만 달러까지

---

3) Nuclear Supplier Group(NSG), Zangger Committee, Missile Technology Control Regime (MTCR), Australia Group(AG), Wassenaaar Arrangement(WA).

부과되고 군수물자 관련 수출자격이 박탈되며, Dual Use 관련 범칙금은 건당 12,000 달러까지 부과되고 수출자격이 박탈된다.

2) 주요 수출관리 규정

수출, 재수출의 규제대상이 되는 품목(subject to EAR)은 미국 내에 있는 모든 품목, 미국에서 기원하는 모든 품목, 미국에서 기원하는 부품, 재료들로서 해외에서 제작된 생산물에 포함된 것들, 외국의 소프트웨어와 결합된 미국 기원 소프트웨어, 해외기술과 결합된 미국 기원 기술, 미국에서 기원하는 기술 또는 소프트웨어에 직접 기반을 두어 제작된 해외의 플랜트 또는 플랜트의 주요 부분에 의해 생산된 재화로서 지정된 품목 등이다.

규제의 대상이 되는 행위로는 핵무기 등의 확산과 관련된 미국인의 행위, EAR에 의해 금지된 미국인 또는 외국인의 행위, EAR 744.9에 규정된 암호화된 재화 또는 소프트웨어 관련 미국인의 기술적 도움 등이다.

(2) 일   본

1) 수출통제제도 개관

일본은 무기 또는 상업 및 군사적 목적에 사용되는 재화 및 용역, 국제적 평화 및 안전 유지를 저해하는 것으로 인정되는 것으로 정부령으로 정하는 특정 종류의 재화용역 및 대상 지역을 제한하고 있다.

허가대상은 안보관련 재화 및 기술로서 「수출무역 관리령」 및 「외국환령」에서 규정하고 있으며, 승인대상은 희귀 동식물, 화학제재, 마약류, 문화재, 음란물 등 「수출무역 관리령」에서 규정하고 있다. 또 허가대상을 리스트 규제와 보완적 규제로 구분하여 리스트 규제 대상이 높은 기술이 필요한 것으로 비확산 관련 주요 국제기구들에 의하여 합의된 무기 및 상업 및 군사적 목적에 사용되는 재화와 관련한 기술이다.

이 같은 규정에 위반한 경우에는 대상 재화용역 가격의 5배 이하의 벌금, 5년 이하의 징역, 3년 이내의 재화 수출용역 제공금지, 경제산업부로부터 위반기업에 대한 경고와 같은 제제를 받게 된다.

— 일본의 수출통제 관련 주요 법령

구 분	법 령	주요 내용
법률	외국환 및 외국무역법	• 제25조: 허가대상이 되는 용역 • 제48조 제1항: 허가대상이 되는 재화 • 제48조 제3항: 승인 대상이 되는 재화
정부령	수출무역관리령	허가 또는 승인대상이 되는 재화, 허가 및 승인 면제 조건, 세관 등 주요 기관의 역할 등을 규정
	외국환령	허가대상이 되는 용역(기술)관련 사항들을 규정
경제산업성	수출무역 관리령 별표 제1조 및 외국환령 별표의 규정에 근거하여 재화 또는 기술을 정하는 부령	정령에서 위임한 리스트 규제대상 재화/용역의 상세 규정
	수출관리규칙, 무역관계 무역외 거래 등에 관한 부령	허가절차 규정
	수출재화가 핵무기 등의 개발 등을 위해 사용될 우려가 있는 경우를 정하는 부령	
	객관적 요건을 정하는 고시	보완적 규제의 객관적 조건들을 규정

2) 기술유출방지지침에 의한 기술이전제한

기업이 해외사업을 하는 경우 기술이나 생산 노하우 등이 각국으로 이전되게 되는데, 기술유출방지지침에서는 기업이 해외사업 등에 수반되는 의도한 또는 상정하고 있었던 기술이전의 범위를 넘는 「의도하지 않는 기술유출」을 방지하는 것을 목표로 하고 있다. 여기서 의도하지 않은 기술유출이란 구체적으로 첨단기술이 유형으로 구체화된 부품, 설계도 정보·제조법 등의 생산기술·노하우, 첨단 제조설비 등에 포함된 기술·노하우를 말하며, 문서화된 데이터·정보의 취득 또는 사람을 매개로 한 노하우의 전달 등에 수반하여 일본기업의 의도에 반하거나 상정하였던 범위를 넘어 해외로 유출된 것 등을 의미한다.

(3) 영   국

1) 수출통제제도 개관

영국의 전략적 수출(strategic exports)은 무역투자부(DTI)의 수출통제기구(Export Control Organization: ECO)가 관장하고 있으며, 무기, 상업 및 군사적 목적에 사용되는 재화 품목 등 재화의 수출, 상업 및 군사적 목적에 사용되는 재화 등에 관련된 기술의 이전, 대량살상무기 개발 등에 관련된 해외에서의 기술지원 제공, 규제대상 품목 의 거래 중개, 무역제재, 무기수출금지 등을 규정하고 있다.

문화재수출은 소관부처가 각기 다른데, 골동품 등 문화제 수출은 문화·미디어 스포츠부가 관장하고, 나무·살아있는 동물·야생동물 등은 환경, 음식물 및 농촌 사업부가 관장한다. 살충제 등의 화학물질은 보건안전청(Health and Safety Executive) 이 관장하고, 음식물은 국제농업기술센터에서 관장하고, 의약품은 의료 및 보건제 품규제기구에서 관장한다.

2) 전략적 수출관련 법령

수출통제법(Export Control Act)의 전략적 재화 및 문화재 수출의 통제 규정에서 통상산업부(Department of Trade and Industry: DTI)는 전략적 재화의 수출 통제, 문화미 디어체육부(Department for Culture Media and Sport: DCMS)는 수출시점에서 적어도 50년 이전에 생산된 모든 제품의 수출에 대한 규제를, 영국으로부터의 또는 영국인에 의한 기술이전의 통제, 해외에서 기술지원의 통제, 재화의 획득, 처분 또는 이동, 이 같은 행위들을 조장하는 행위들의 통제, 상업 및 군사적 목적에 사용되는 품목 들에 대한 EU 법령을 발효하기 위한 정책, 면허절차, 의회의 보고의무, 처벌 등을 규정하고 있다.

재화수출, 기술이전 및 기술지원 제공명령에서 전략적 수출과 관련한 3개 분 야의 통제 관련 제 규정을 두고 있으며, 규제품목 리스트 등 무역물품 명령에서 해외에서의 통제된 재화의 이전, 취득, 처분 및 제한된 재화의 제3국으로의 공급, 인도 등을 규제하고 있다.

(4) 우리나라

1) 기술이전제도 개관

우리의 경우 2003년 대외무역법을 개정하여 전략물자에 대한 수출통제를 강화하였으며, 전략물자수출관리정보시스템을 구성하여 운영하고 있다. 나아가 무역협회 산하에 전략물자정보센터를 설립하여 전략물자 전담기관을 운용하고 있다.

이 같이 통상법과 외국투자법 등에 의한 규제 외에 기술이전에 대한 경쟁법상의 규제도 있다. 즉, 기술이전계약에 포함되는 조항 가운데에는 불공정한 거래방법과 기술적 지식의 독점에 해당할 수 있는 것들이 적지 않다. 따라서 각국들은 경쟁적인 정책으로서 기술이전계약에 대한 규제를 마련하고 있다. 나아가 기술이전에 대해서 특허법상의 규제가 있다. 특허법은 발명자의 이익을 보호하기 위한 목적이지만 특허권 남용에 대한 규제를 할 수 있다. 즉, 특허발명이 장기간에 걸쳐 실시되지 않는 것은 특허발명의 실시의 이익을 사회에 환원한다는 특허권부여의 목적에 반하게 된다. 따라서 특허법은 불실시의 특허에 대해서 강제적으로 통상실시권 설정의 재정을 인정하고 있다(특허법 제107조).

이 같이 국제적 기술이전을 위해서는 각각 기술수출국 및 수입국의 통상법 및 경쟁법 기타 특허법에서의 공법적 규제를 이해하지 않으면 안 된다.

2) 기술이전방지 관련 법률

우리나라의 기술이전방지와 관련한 법률로서는 「부정경쟁방지 및 영업비밀보호에 관한 법률」, 「대외무역법」, 「산업기술유출방지 및 보호에 관한 법률」이 있다. 부정경쟁방지 및 영업비밀보호에 관한 법률에서 "부정한 이익을 얻거나 영업비밀 보유자에게 손해를 입힐 목적으로 그 영업비밀을 외국에서 사용하거나 외국에서 사용될 것임을 알면서 취득·사용 또는 제3자에게 누설한 자는 10년 이하의 징역 또는 1억 원 이하의 벌금에 처하고, 다만, 벌금형에 처하는 경우 위반행위로 인한 재산상 이득액의 10배에 해당하는 금액이 1억 원을 초과하면 그 재산상 이득액의 2배 이상 10배 이하의 벌금에 처하도록" 규정하고 있다(제18조 제1항). 또 "부정한 이익을 얻거나 영업비밀 보유자에게 손해를 입힐 목적으로 그 영업비밀을 취득·사용하거나 제3자에게 누설한 자는 5년 이하의 징역 또는 5천만 원 이하의 벌금에 처한다. 다만, 벌금형에 처하는 경우 위반행위로 인한 재산상 이득액의

10배에 해당하는 금액이 5천만 원을 초과하면 그 재산상 이득액의 2배 이상 10배 이하의 벌금에 처한다"고 규정하고 있다(제18조 제2항).

대외무역법에서 "산업통상자원부장관과 관계 행정기관의 장은 전략물자나 상황허가 대상인 물품 등이 허가를 받지 아니하고 수출되거나 거짓이나 그 밖의 부정한 방법으로 허가를 받아 수출되는 것을 막기 위하여 필요하면 적법한 수출이라는 사실이 확인될 때까지 전략물자등의 이동중지명령을 할 수 있도록" 규정하고 있으며(제23조), 산업기술유출방지 및 보호에 관한 법률에서는 국가핵심기술로서 국가안전보장과 국민경제발전의 저해 등에 의하여 판단, 국가핵심기술의 수출 및 통제, 산업기술 유출자의 처벌과 원상회복에 관하여 규정하고 있다.

3. 기술지식의 국제적 보호

(1) 개   설

세계 주요 국가들은 특허제도를 정비하여 산업에서 중요한 기술지식의 보호를 위한 노력을 하고 있다. 그러나 각국의 특허법은 특허권 취득의 절차 및 특허권자가 되기 위한 주체적 요건, 특허권에 대한 배타적 효력의 범위는 각 국가마다 법률에 규정한 바가 다르다. 대부분의 국가들은 특허권자에게 배타적 권리를 부여하고 있는데, 특허제도의 목적으로 타인의 부당한 특허권 침해에 대해서 민·형사상의 제재를 가함으로써 공정한 기술경쟁을 유도하며, 독점적 배타권인 특허권을 부여함으로써 발명의 보호·육성에 따르는 기술진보를 촉진하여 산업발전에 이르도록 하기 위한 목적이다.

즉, 우리나라에서 취득한 특허권은 우리나라 영역 내에서만 효력을 가지며, 외국에까지 그 효력이 미치지 않는 것이 원칙이다. 따라서 특정 기술지식에 대해서 국제적으로 보호를 받기 위해서는 당해 국가의 특허법에 따른 심사를 거쳐서 권리를 취득하여야만 보호를 받을 수 있다.

이 같이 기술적 지식의 국제적인 보호를 위해서는 많은 시간과 절차가 필요하며, 국제적인 기술이전에도 장애가 되고 있다. 이 같은 이유로 각국의 통일되지 않은 법규를 정리하여 특허출원을 위한 시간적·경제적 부담을 완화하기 위한 국제협약이 출현하였는데 그 가운데 대표적인 것이 1883년 「공업소유권보호에 관한 파리협약(Paris Convention for the Protection of Industrial Property)」이다. 동 협약은 국제 산업재산권보호를 목적으로 하는 협약으로 세계 대부분의 국가들이 가맹국이다. 또, GATT·우루과이라운드에서 지적재산권의 국제적 보호의 문제가 국제통상문제 가운데 하나로 다루어졌으며, 그 결과로 「지적재산권의 교역관련측면에 관한 협정(Agreement on Trade—Related Aspects of Intellectual Property Right: TRIPs협정)」이 체결되었다. 기타 1973년 「유럽특허조약」, 1975년 「공동체특허조약」등이 있다.

지적재산권의 세계적 보호와 지적재산권에 관한 제 조약의 관리업무를 인수하는 국제기관으로 세계지적재산권기구(WIPO)가 있는데, 동 기구는 지적재산권에 관한 제 협약을 관리하는 외에 지적재산권의 국제적 보호에 필요한 정보수집·광고, 개발도상국에 대한 기술이전에 관한 법적 지원 등의 활동을 하고 있다.

(2) 무역관련 지적재산권보호에 관한 국제협약

1) 개   설

1986~1994년 까지 진행된 우루과이라운드 협상에서 WTO 무역관련 지적재산권에 관한 협정(Trade—Related Aspects of Intellectual Property Right: TRIPs)은 최초로 지적재산권 규범을 다자무역체제에 편입시키기 위한 협정이다. WTO TRIPS협정은 파리협약(산업재산권), 베른협약(저작권) 등 기존의 관련 국제협약을 모두 흡수, 포괄하여 지적재산권 일반에 대하여 높은 수준의 보호를 요구하고 분쟁해결절차를 도입하는 등 기존의 지적재산권관련 협정보다 광범위하고 규제력이 강한 협정이다.

GATT에는 지적재산권에 관한 규정이 없었으므로 TRIPS 협정 이전에는 국제규범으로서 다수의 국제조약을 체결하는 방식으로 각국의 정부와 세계지적재산권기구(World Intellectual Property Organization: WIPO) 및 국제연합교육문화기구(UNESCO)가 관할하여 왔다. 그러나 지적재산권보호가 국제교역에 미치는 영향이 매우 크다는 점을 고려하고 지적재산권보호에 관한 통일된 협정안이 마련되어야 한다는 요구를 반영하여 GATT에서 본 협정을 추진하게 되었다.

협상 초기에는 개발도상국의 주장을 받아들여 논의 범위를 위조 상품 교역방지를 중심으로 진행되었으나 협상과정에서 주도권은 점차 선진국으로 전환되면서 대상범위는 지적재산권 일반으로 확산되었다. 그 이유는 당시 선진국들은 기술집약적 상품의 국제무역이 증가함에 따라서 첨단산업부문에 대한 지적재산권의 보호가 미약한 경우 자국의 경쟁력이 크게 약화될 것을 우려하여 국제적 차원에서 지적재산권을 보호해야 할 필요성이 있었던 것으로 보인다.

2) 우루과이라운드 협상

지적재산권의 국제적 보호를 위한 우루과이라운드 협상은 10단계로 분류하여 살펴볼 수 있다. 제1단계는 1986년 9월 20일 우루과이라운드 각료선언에서부터 1987년 2월 5일 각료선언까지 TRIPS의 협상단계 구분 및 단계별 협상목표를 결정할 때까지의 기간이다. 이 기간은 다시 TRIPS협상 초기단계(Initial Phase)와 계속협상단계(Subsequent Negotiating Phase)로 구분할 수 있는데, 초기단계에서는 주로 협상작업의 준비, 계속협상단계에서는 구체적인 조문화작업을 진행시킨다는 계획을 수립하였다.

제2단계는 1988년 1월부터 각 협상그룹이 제안한 초안을 검토하기 위한 협상이 진행되기까지의 기간이며, 제3단계는 1988년 12월 9일 중간검토(Mid-term Review)를 위한 몬트리올 각료회의 시부터 1989년 4월 1일 TRIPS체제에 대한 합의 시까지의 기간이다. 몬트리올 각료회의에서는 선진국과 개발도상국 간의 입장의 차이, 특히 브라질과 인도의 강력한 반대로 인하여 TRIPS체제에 대한 합의를 도출하지 못하였고, 1989년 4월 1일 지적재산권 범위의 기준, 지적재산권 사용에 관한 기준 및 지적재산권의 집행방법 등이 협상대상에 포함되어야 한다는 것에 합의하였다.

제4단계는 1989년 7월 2차에 걸친 회의가 개최된 기간으로 제1차 회의(7월 3일부터 4일까지)에서는 GATT의 기본원칙의 적용여부에 대해서 논의하였고 제2차 회의(7월 12일부터 7월 14일 까지)에서는 교역관련 지적재산권의 사용에 관한 적절한 기준에 대해서 논의되었다. 제5단계는 1990년 EC, 미국, 스위스, 일본, 중국, 브라질 등 개발도상국 등으로부터 5개의 협정안 초안이 제출된 시기이다.

제6단계는 1990년 7월 TRIPS 협상그룹 의장이었던 스웨덴이 "협정안 초안"을 제출하고 1990년 10월 1일 이후 이를 각 개정하였던 시기이다. 당시 협정초안은 합의된 부분은 괄호 없이 기재하고 합의가 되지 않은 부분을 괄호 안에 기재하였으며 선진국 안을 A안, 개발도상국 안을 B안으로 구분하여 표시하였다.

제7단계는 1990년 12월 30일 "우루과이라운드 다각적무역교섭의 결과를 담은 최종협정초안(브뤼셀 초안)"이 발표되었던 시기로 저작인격권, 컴퓨터 프로그램의 저작권법에 의한 보호, 공연자와 방송사업자에 대한 보호, 음반의 보호 기간, 식물변종의 보호 여부 및 보호 시 특허법의 적용여부에 관한 문제만이 미해결인

상태로 남게 되었다.

제8단계는 1991년 2월부터 우루과이협상을 전면 재검토하기 시작한 기간이다. 이 기간 동안에 15개 협상그룹을 7개의 협상 그룹으로 축소하였다. TRIPS 협상 그룹은 1991년 6월 26일 모임을 갖고 협상의 모든 내용을 검토하고 브뤼셀 초안을 기초로 협상을 계속하기로 결정하였다. 이 기간에 우리나라는 기술이전에 관한 분쟁방지제도의 창설을 제안하였고, 특정 라이선스 계약관행 및 조건이 기술의 남용 내지 국제적 교역 및 경쟁에 악영향을 미치는가의 여부에 관한 문제에 대해 교역관련지적재산권위원회에 권고의견을 구할 수 있도록 하는 제안서를 제출하였다.

제9단계는 1991년 12월 20일 "우루과이라운드 다각적무역 교섭의 결과를 담은 최종협정초안을 발표한 시기"로 GATT 사무총장인 Arthur Dunkel의 이름을 따서 Dunkel 초안이라 하는데 각 협상주체가 받은 이득으로 일본은 제11조에서 저작권법상의 Compact disk의 기존 대여제도를 인정받았고, 미국은 저작인격권의 적용을 피할 수 있게 되었으며, EU는 지리적 표시에 관한 보호, 특히 포도주 및 주류에 관한 지리적 표시에 관한 보호규정을 마련하였다. 결국 선진국들은 지적재산권의 보호범위를 확대하였고, 개발도상국과 EU는 생물과 미생물을 특허의 대상에서 제외시켰으며, 특히 개발도상국들은 장기간 시행유예기간의 적용을 확보하게 되었다.

제10단계는 미국과 EU 간의 농업문제가 타결된 1992년 11월부터 1993년 12월 15일 협상타결 시까지의 기간이다. 이 기간에 미국은 파이프라인 보호 및 집단 라이선싱으로 인한 이득을 미국인에게도 지급할 것을 제안하였고, 인도는 파이프라인보호의 삭제, 국내시행이 없을 경우 특허에 대한 강제실시권 부여, 특허의 취소를 인정하도록 제안하였다.

3) 공업소유권보호를 위한 파리협약

공업소유권보호를 위한 파리협약(Paris Convention for Protection of Industrial Property of 1883)은 특허, 실용신안, 디자인, 상표, 서비스마크, 상호, 원산지 표시 또는 원산지 명칭 및 부당경쟁의 방지를 목적으로 하는 국제협약으로 지적재산소유권분야의 최초의 국제조약이다. 1883년 3월 산업재산권을 국제적 차원에서 보호하기 위하여 파리에서 조인한 이후 1900년 브뤼셀, 1911년 워싱턴, 1925년 헤이그,

1934년 런던, 1958년 리스본, 1967년 스톡홀름 등 수차례에 걸쳐서 개정되었으나 기본원칙에는 변화가 없었다. 개정된 협약은 독립적이고 어느 단계에까지 비준하고 어떤 개정협약에 가입할 것인가는 각 동맹국이 자율적으로 결정하도록 하였다. 다만, 새로 가입하는 국가는 가장 최근의 협약에 가입하도록 하였다. 세계지적재산권기구 WIPO가 관장하고 있으며, 주요 내용은 ① 가맹국의 내외국민에 대한 평등원칙 보장, ② 동맹국에서의 특허출원 및 실용신안·의장등록출원의 우선권 부여, ③ 외국등록표장의 취급 및 주지표장의 보호, ④ 국가의 분장과 단체의 표장 및 상호의 보호, ⑤ 표장의 양도, ⑥ 표장 부정사용의 방지, 원산지 사칭 및 부정경쟁에 대한 조처, 부정경쟁 방지를 위한 국내 법규의 제정, ⑦ 박람회출품물의 가보호, 특허국 및 진열관의 설치 등으로 되어 있다.

가. 내국민대우의 원칙

파리협약의 체약국들은 체약국의 모든 국민에 대하여 공업소유권의 보호에 관하여 자국민과 같은 보호와 대우를 하여야 한다(제2조). 따라서 체약국의 국민은 내국민에게 과하는 조건 및 절차에 따를 것을 조건으로 내국민과 동일한 보호를 받으며 또한 권리의 침해에 대하여 내국민과 동일한 법률상의 구제를 받을 수 있다. 이는 이제까지 각국의 입법이 우위였던 상호주의에서 내외국인평등주의를 채택하도록 한 것이다. 체약국 국민은 내국에 주소 또는 영업소가 있어야 함을 조건으로 하지 않으며, 사법상 또는 행정상의 절차, 재판관할권 및 공업소유권에 관한 법령상 필요로 하는 주소의 선정 또는 대리인의 선임에 대해서는 각 체약국의 법률이 정한 바에 따른다.

또, 비체약국의 국민으로 어느 체약국의 영역 내에 주소 또는 진정한 실효적인 공업상 또는 상업상의 영업소를 갖고 있는 자는 동맹국의 국민과 같이 취급된다(제3조).

나. 우선권제도

복수국가에서 특허권을 취득하려는 경우에는 가능한 기간 내에 모든 국가에서 특허출원을 하지 않으면 발명의 신규성을 잃거나 다른 사람이 우선적으로 특허를 취득할 수 있다는 문제가 있다. 이 같은 문제를 해결하고 출원인의 불편을 해소하기 위하여 고안된 것이 우선권제도이다. 즉, 특정 체약국에서 특허출원을 하거나 실용신안·의장 또는 상표의 등록출원을 한 자 또는 그 승계인은, 동일한 발명을 다른 체약국에 출원함에 있어서 우선권을 갖는다(제4조).

따라서 타 동맹국에 출원한 자는 그 기간 중에 행해진 행위, 특허, 타출원, 당해 발명의 공표 또는 실시, 당해 의장으로 된 물품의 판매 또는 당해 상표의 사용으로 인하여 무효로 되지 않으며 또한 이러한 행위는 제3자의 권리 또는 여하한 개인 소유의 권리를 발생시키지 않는다.

다. 통일규정

파리협약은 각국의 국내법을 부분적으로 통일하기 위한 목적으로 약간의 통일규정을 두고 있다. 즉, 체약국 국민에 의하여 여러 체약국에서 출원된 특허는 동일한 발명에 대하여 체약국 또는 비체약국 여부와 관계없이 타국에서 획득된 특허와 독립된 것으로 하는 특허독립의 원칙(제4조의 2)과 특허의 불실시에 대한 강제실시권을 인정하는 규정(제5조 A) 등이다.

4) 특허협력조약

특허협력조약(Patent Cooperation Treaty: PCT)은 특허 및 실용신안에 관한 해외 출원절차의 통일화와 간소화를 위하여 1970년 체결되어 1978년 발효된 다자 간 조약이다. PCT 규정에 따라서 1회의 국제출원으로 출원인이 모두 PCT 체약국의 특허청에 직접 출원 효과가 발생하며, 지정한 국가에서 특허심사를 받기 이전에 국제조사 및 국제예비심사를 받게 함으로써 출원인이 특허요건 충족 여부를 사전에 파악할 수 있도록 하였다. 그 결과 출원인은 특허획득가능성이 있는 출원에 대해서만 지정한 국가에 특허심사를 청구함으로써 번역료, 출원비용 및 대리인 선임료 등 불필요한 비용지출을 방지할 수 있도록 하였다.

국제조사업무는 출원발명과 관련한 선행기술을 검색하고 이에 대한 특허성 여부를 검토하여 그 결과를 출원인에게 제공하며, 국제예비심사업무는 국제조사 결과로도 특허획득 가능성을 판단하기 어려운 출원에 대하여 출원인의 청구에 따라 예비적인 심사업무를 수행하여 그 결과를 출원인에게 제공하게 된다.

5) 무역관련 지적재산권에 관한 협정

무역관련지적재산권에 관한 협정(Agreement on Trade−Related Aspects of Intellectual Property Right: TRIIPs)은 WTO 부속협정으로 70년대 말 이후 위조 상품이 범람하면서 선진제국들이 상당한 손해를 입게 되면서 위조 상품 등으로 피해를 입은 관련

기업들이 각 정부에 위조 상품의 유통을 규제해 줄 것을 요청하게 되었다. 이에 각국의 정부는 국익의 손실은 물론 국가경쟁력에도 악영향을 미칠 수 있다는 위기의식을 반영하여 위조 상품의 유통 방지를 위한 방안을 강구하기 시작하였다. 그러나 지적재산권과 관련한 국제협정의 강화방안을 추진하기 이전부터 개발도상국들의 반대에 직면하였고, 자국에 대한 시장접근을 무기로 교역상대국에 대한 지적재산권보호를 강요하는 등 각국과의 통상마찰 및 외교마찰을 초래하는 등의 사유로 제한될 수밖에 없었다.

위조 상품의 유통을 규제하기 위하여 미국은 GATT내에 위조 상품의 유통을 규제할 수 있는 제도를 신설하려 하였으며, 동경라운드가 진행되던 1977년 약 100 개의 다국적기업으로 구성된 국제위조상품 대책연합(International Anti-Counterfeiting Coalition)이 구성되어 위조상품에 관한 문제를 연구하여 가칭 '위조상품 협정' 초안 작업을 지원하기도 하였다. 미국과 EC대표들은 동경라운드가 끝나는 1979년 7월 31일 가칭 "위조상품 수입저지 조치에 관한 협정(Agreement on Measures to Discourage the Importation of Counterfeit Goods)"의 초안에 합의하였다. 본 협정의 주요 내용은 위조 상품을 국경에서 저지하고 압수된 위조 상품들을 유통통로(channel of commerce) 밖으로 추방하는 것을 그 내용으로 하고 있다. 미국과 EC대표들은 위조 상품에 관한 본 협정에 다른 국가들의 지지를 확보하기 위하여 1980년부터 일본, 캐나다, 스위스 등과 비공식 접촉을 가졌으며 1982년 일본과 캐나다의 지지를 받음으로서 동 협정초안의 개정안이 마련되었다.

그러나 위조 상품의 규제를 위한 이 같은 노력은 폭넓은 지지를 받지 못하였는데, 개발도상국들은 위조 상품의 규제를 GATT에서 논의하는 것이 부당하다고 주장하였다. 즉, GATT의 관할은 유체물에 한하기 때문에 "GATT-Track-Approach"는 사용될 수 없으며 이 문제는 WIPO에서 논의되어야 한다는 것이다.[4] 개발도상국들의 이 같은 주장은 다수결의 원칙을 채택하고 있는 WIPO에서 이 같은 문제를 논의하는 것이 자신들의 이해관계를 반영시키기가 유리하였기 때문인 것으로 판단된다. 나아가 개발도상국들은 지적재산권의 경우 자신들이 양허(concession)하고 선진국들은 대가 없이 이익을 받는 불합리한 현상을 초래할 수 있으며, 이 같은

---

[4] Dettmann, Jean M., G ATT; *An Opportunity for an Intellectual Property Rights Solution,* Transnational Law Review Vol.4, p.358(1991).

일방적인 협상은 GATT의 상호 양허의 원칙에도 어긋난다는 것이었다. 즉, 지적재
산권보호를 강화하는 그 어떠한 협정도 개발도상국에게 불리한 반면에 선진국에게
는 유리하기 때문에 GATT의 호혜원칙에 반한다는 것이 그 이유다. 반면 선진국
들은 "GATT 양허" 자체가 지적재산권보호를 위한 개발도상국들의 양허에 대응하
는 것이라 반박하였다.5)

　　이 같은 이유 등으로 미국이 주도하던 위조 상품 규제를 위한 협정 체결은
개발도상국들의 반발로 무산되었으며 1982년 각료회의는 GATT 사무총장에게
WIPO사무총장과 협의하여 위조 상품을 규제하는 국제협정의 법적 측면과 기구
측면에서의 문제점에 대해서 검토할 것을 요청하는 내용의 각료선언을 채택하게
되었다.

---

5) *Id. p.*359.

제 5 장

국제투자

國際通商法

제5장 국제투자

제1절 총 설

1. 의 의

　물품매매를 중심으로 하는 무역거래와 플랜트수출 및 기술이전 등 서비스 거래와 함께 국제투자도 중요한 거래 가운데 하나이다. 일반적으로 투자(investment)란 장래의 생산량이나 수입을 증가시키기 위한 목적으로 행해지는 자원의 이용을 의미하여, 국제투자(international investment)란 국제적 자금의 대부, 외국주식의 취득, 외국에 지점이나 자회사를 설립하는 것과 같이 국경을 넘어서 행해지는 자본 이전을 말한다. 이 같은 국제투자는 제2차 세계대전 이후 미국을 중심으로 크게 증가하였는데, 기업 경제활동의 국제화에 따라서 우리기업들도 활발하게 대외투자를 추진하고 있다. 최근의 국제투자는 아시아를 중심으로 개발도상국들에 대한 투자가 증가하고 있는 가운데 투자의 형태도 다양화하고 있다. 이 같은 이유는 2008년 리먼 브라더스(Lehman Brother) 사태 이후 국제경제의 정체 등으로 선진국 간의 투자가 둔화된 것에 대해서 재정적자와 정치적 불안정 등의 위험요인이 있지만, 아시아 중남미 제국 등의 경제발전으로 개발도상국에 대한 활발한 투자가 이루어져온 것이 그 이유로 판단된다. 또, 투자의 다양화로서 과거 해외직접투자 이외에 부동산투자 및 부동산개발을 위한 투자, 외화증권의 투자 등이 증가하고 있다.

　국제투자는 그 투자의 동기 내지 목적을 기준으로 직접투자와 간접투자로 구별할 수 있는데, 직접투자란 투자대상 기업을 직접 경영하거나 지배할 목적으로 유형의 자원인 자본이나 인력은 물론 무형의 경영자원인 경영관리상의 경험이나 지식, 노하우 또는 기술 등과 같은 생산요소를 복합적으로 해외로부터 국내로 이전시키는 기업활동을 말한다. 반면에 간접투자는 그 동기가 투자대상 기업의 경영에 참여하기 위한 것이 아니라 그 배당 수익이나 시세차익 또는 이자 소득과 같은 금융소득을 얻을 목적으로 주식이나 채권 등 금융자산을 매입하기 위하여 이루어지는 자금의 국외이전을 말한다.

외국자본의 도입은 국내자본을 확충하고 새로운 경영노하우 생산기술의 도입으로 생산활동 및 경제활동을 활성화 할 수 있는 반면에 외국자본이 경쟁력과 기술력을 보유한 경우에는 국내 동종 산업의 발전을 저해할 우려가 있다. 특히 대내직접투자는 단기적 또는 일과성의 경제거래와 다르고 국내경제에 대해서 일정기간에 걸쳐서 중대한 영향을 미치게 된다는 점에서 세계 각국은 외국자본의 도입에 대한 규제책을 마련하고 있는 것이 일반적이다.

한편 개발도상국과 사회주의국가에 대한 투자의 경우에는 투자의 상대방이 국가기관이거나 국영기업 등인 경우가 많다. 여기서 말하는 "국영기업"이란 자본의 기본적인 부분을 국가재정에 의존함과 동시에 기업의 기본적 경영방침의 결정권을 국가가 장악하고 있는 기업으로 국가의 정책적 의도에 의하는 기업으로, 이 같은 경우의 투자계약은 국가계약이 되며, 그의 준거법 결정과 분쟁의 해결에서 여러 가지 문제가 발생한다.

(1) 유입투자·유출투자·외국인투자·해외투자

국제투자의 방향성 내지 흐름을 기준으로 특정국가를 중심으로 자산이 외국으로부터 당해 국가의 국내로 유입되는 것을 대내투자(inward investment) 또는 내향투자(inbound investment)라 하며, 이와 반대로 자산이 당해 국가로부터 외국으로 나가는 유출을 대외투자(outward investment) 또는 외향투자(outbound investment)라 한다.

우리나라는 외국에서 국내로 유입되는 투자를 외국인투자(inbound investment)라 하고, 반대로 국내에서 해외로 유출되는 투자를 해외투자(outbound investment)로 양자를 구분한다. 그러나 후자의 해외투자에는 양자가 포함할 수 있어 그 의미가 명확하지 못하다.

(2) 외국인직접투자와 외국인간접투자

투자의 동기와 목적을 기준으로 외국인직접투자와 외국인간접투자로 구별된다. 외국인직접투자(foreign direct investment)란 해외거주자가 자산의 이용을 지배할 목적으로 행한 당해 자산의 소유를 의미하는데,[1] 외국인투자자가 투자대상 기업을 직접 경영하거나 지배할 목적으로 유형의 경영자원인 자본이나 인력은 물론 무형의 경영자원인 경영관리상의 경험이나 지식, 노하우 또는 기술 등과 같은 생산요소를 복합적으로 해외로부터 국내로 이전시키는 기업활동을 말한다. 즉, 직접투자란 특정 경제체제에 있는 거주자가 당해 직접투자의 경제체제가 아닌 다른 경제체제에 소재하는 기업에 지속적인 이해관계를 설립할 목적으로 국경을 넘어서 행한 투자를 말한다. 즉, 직접투자자가 당해 직접투자대상 기업의 경영에 상당한 영향력을 확보하기 위한 것을 말한다.[2]

반면에 포트폴리오투자로 불리는 외국인 간접투자(foreign portfolio investment)는 그 동기가 투자대상 기업의 경영에 참가하기 위한 것이 아니라 그 배당 수익이나 시세차익 또는 이자 소득과 같은 금융소득을 목적으로 주식이나 채권 등 금융자산을 매입하기 위하여 이루어지는 자금의 국외이전을 말한다. 이에는 투자기간을 기준으로 1년 미만의 단기 수익을 목적으로 하는 금융투자(단기금융투자)와 1년 이상의 장기투자를 목적으로 하는 투자(장기금융투자)로 구분할 수 있다.

2. 우리나라의 외국인 직접투자 제도

우리나라에서 외국인 직접투자가 허용되어 외국인 투자가 시행된 것은 1962년 미국 컴넥스사의 국내진출로 시작되지만, 외국인 직접투자 유치보다 차관도입으로 경제개발을 추진함으로써 90년 중반까지 외국인 직접투자 유치는 매우 미미하였다. 우리나라의 외국인 투자는 「외자도입촉진법」(1960)의 제정을 시작으로, 「차관에 대한 지불보증에 관한 법률」 및 「장기결제방식에 의한 자본재 도입에 관한 특별조치법」을 통합하여 1966년 「외자도입법」으로 일원화 하였다. 외자도입법은 외국인투자 유치 확대를 도모하기 위한 목적이었으나 그 보다 무분별한 차관도입을 억제하는 목적이 중심이 되어왔다. 이후 1969년 「외국인투자의 유치 증진

---

1) E. Graham & P. Krugman, Foreign Direct Investment in the United States (1991), p.7.

2) OECD, Final OECD Benchmark Definition of Foreign Direct Investment, 4th Edition (2008), p.10.

과 외국인투자기업의 육성을 위한 시책」, 「외자기업체의 육성책」 및 「외자도입법에 의한 기술도입계약인가방안」, 1970년 「외국인투자 업무 일원화 방안」을 시행하였다.

외국인투자의 유치 및 증진과 외국인투자기업의 육성을 위한 시책은 대만·홍콩·싱가포르 등 주변국의 활발한 외자 유치를 고려하여 국내에 보다 많은 외국인투자를 유치하기 위한 목적으로 투자 유치여건을 개선하기 위한 것을 그 목표로 하고 있다. 이 같은 목적을 달성하기 위하여 수출입허가 및 확인 업무 간소화·신속화, 통관절차의 간소화, 통신시설의 구축·유지, 노사분규 방지 등을 위한 조치를 취하며, 외국인투자에 관련되는 중앙 행정기관에 외국인투자업무 전담창구를 설치하고, 부분품 도입관세의 범위를 제품의 80% 이상을 수출업체에 적용하고, Inter-company Account제도에 의한 본사·지사 간, 1년 간 결산제도를 허용하는 것을 그 주요 내용으로 하고 있다. 또, 외자기업체의 육성책은 육성업체·지원업체·자조업체로 구분하여 선택적 금융지원을 하고, 기업의 분산투자를 방지하며, 시설단위의 대규모화 및 계열화를 지원하고, 해외시장개발을 지원하며 이외 기업의 부채증가의 억제, 경영개선, 기업진단, 기술지원, 회전운전기금 설치 등의 조치를 취하였다.

외국인투자업무 일원화를 위하여 외국인투자업무 처리의 신속·간소화를 위하여 외국인투자업무와 관련된 외무부 등 총 10개 부, 1개 처, 3개 청 및 2개 기관(서울특별시, 한국외환은행)에 투자담당관을 임명하고, 행정처분 권한을 위임받은 재무부, 법무부, 상공부 공업국, 상공부 상역국, 국세청의 서기관 각 1명을 경제기획원에 주재하도록 하였다.

그러나 본격적으로 외국인 투자정책을 시행한 것은 1984년 「외자도입법시행령 개정안」의 시행으로 부터이다. 이 개정안에서 우리나라에 처음 투자 금지·제한 업종 열거방식(negative list system)을 도입하여 투자의 투명성과 예측가능성을 증대시키는 계기를 마련하였다. 다만 당시의 네거티브 리스트는 현재와 같이 세부 업종별로 구체적으로 제시하지 않고 있다는 한계가 있다. 그 외에도 이 시행령 개정안에서는 외국인투자 비율에 대한 규제도 기존 일률적용방식(상한 50%)을 철폐하고 관련 법에 따라 다르게 적용할 수 있도록 허용하였으며, 외국인투자 허가절차를 간소화하고 외국인투자에 대한 조세감면제도를 개편하는 등의 내용을 포함하고 있다.

1996년 OECD에 가입한 이후 국내제도의 개선이 이루어 졌으며, 1997년 외환위기를 극복하는 과정에서 적극적인 투자유치 정책을 취하면서 외국인투자유치가 본격적으로 시작되었다. 2000년 중반 이후 우리나라 FDI 유치실적은 안정적 기조를 유지한 이후 증가추세를 보이면서 2014년 최대 투자유치를 달성하였다. 2014년 우리나라 외국인 직접투자액 신고액은 190억 달러로 크게 증가하였으나 이후 둔화되기 시작하였다.

우리나라 외국인 직접투자의 주요 유입지역은 아주지역, EU, 미주지역 등으로 주로 서비스업과 제조업에 대한 투자 비중이 가장 높다. 서비스업과 제조업에 대한 투자 비중이 가장 높으며 그린필드 형태가 M&A 형태보다 투자 비중이 높게 나타나고 있는 실정이다.

3. 국제투자의 형태

국제투자는 외국기업에 대한 자금의 융자(international loan), 외국의 주식·외국채권의 취득, 해외에 지사 또는 지회사의 설립, 외국기업과의 합병 등 다양한 형태를 취하고 있다. 이 가운데 대외투자로서 중요한 것은 국제융자와 합병을 들 수 있다. 국제융자가 국내융자와 다른 것은 화폐제도를 달리하는 국제 간의 대차로서 자금의 이동이 반드시 외국환이라는 특수한 방법을 통하여 이루어지며, 자금의 대주와 차주 사이에 단순한 채권채무관계를 발생시키는 것뿐만 아니라 자국의 국제수지에 중요한 영향을 미친다는 점이다. 또, 국제융자라 하더라도 실제로 이루어지는 형태에는 여러 가지가 있는데, 우선 대주측 기관의 공사의 구별에 의하여 공적기반에 의한 것과 민간 기반에 의한 것으로 구별할 수 있다. 공적기반에 의한 것은 대주가 정부 또는 공적금융기관인 경우로 대여자금 그 자체는 정부의 재정자금일 수도 있고 공·사채의 발행 등에 의하여 조달되는 자금일 경우도 있다. 공적금융기관으로는 중앙은행이나 정부의 전액 또는 과반의 출자로 설립된 지주금융기관(한국산업은행·중소기업은행) 외에 공적 국제금융기관인 국제통화기금·국제부흥개발은행(IBRD)·아시아개발은행·전미개발은행 등이 있다.

일반적으로 국제융자는 융자규모가 매우 큰 프로젝트인 경우가 많으며, 이 같은 경우에 단독 은행이 행하는 것은 어렵고 위험성도 매우 크다. 따라서 국제융자의 경우 내외의 은행이 협력하여 국제적 협조융자(syndicated loan)를 행하는 경우가 많다. 나아가 자원개발과 같은 거대한 프로젝트에서는 개발주체기업의 위험부담능력의 한계 등으로 개발주체기업의 영향을 일정하게 제한하는 project finance의 방식을 채용하는 사례가 증가하고 있는 실정이다. 이에 대해서 전형적 대외직접투자를 외국에 지점·자회사의 설립 및 외국기업과의 합병에 의하는 경우가 있다. 이하에서는 외국기업과의 합병에 대해서 살펴보도록 하겠다.

제2절   해외기업과의 합병

1. 총   설

(1) 의   의

회사는 원칙적으로 자유롭게 합병할 수 있고(상법 제174조 제1항), 종류가 다른 회사, 즉, 인적회사와 물적회사 간에도 합병할 수 있으며, 목적이 다른 회사 간의 합병도 가능하다. 즉, 합병이란 2개 이상의 회사가 상법상의 절차에 따라서 청산절차를 거치지 않고 회사를 합치면서 최소한 1개 이상의 회사의 법인격을 소멸시키되, 합병 이후에 존속하는 회사 또는 합병으로 인해 신설되는 회사가 소멸하는 회사의 권리의무를 포괄적으로 승계하고 그의 사원을 수용하는 회사법상의 법률사실을 말한다. 해외기업과의 합병은 기업이 해외에 진출하여 사업을 하려하는 경우에 단독으로 지점과 현지법인을 설립하는 것이 아니라, 현지의 기업 등과 공동출자를 하여 새로운 기업을 설립하는 경우가 있는데, 합병의 자본·조직·운영에 관한 당사자 간의 계약을 합병계약이라 한다.

기업이 단독으로 해외에 진출하지 않고 합병을 하는 이유는 한 기업이 합병으로 큰 자금을 조달할 수 있고, 위험을 분산시킬 수 있기 때문이다. 또, 합병에 참여하는 기업들의 기술과 경영상의 노하우를 활용할 수 있으며, 현지기업이 참여함으로써 진출상대국의 경제적 관행과 제도의 적응이 용이하다는 점, 나아가 현지 정부로부터의 각종 보호를 받을 수 있다는 점이다. 특히 다수 국가의 기업이 참여함으로써 현지정부에 의한 국유화 내지 민족자본화를 견제할 수 있다.

(2) 종   류

합병은 그 조직의 형태에 따라서 흡수합병, 신설합병, 간이합병 등이 있다. 흡수합병이란 존속합병이라고도 하는데, 경쟁이 심한 산업의 대기업과 중소기업 간에서 많이 나타나는 합병으로, 적자경영을 하고 있는 기업을 우량기업이 흡수하는 경우가 그 예이다. 이 경우 적자기업은 많은 도움을 받을 수 있으나, 합병의 효과를 신중하게 고려하지 않을 경우에는 반대로 흡수한 기업의 경영이 악화될 수 있다는 점에서 신중함이 요구된다. 신설합병은 흡수합병과 반대되는 개념의 합병이다. 신설합병은 상법의 절차에 따라서 합병회사의 전부가 소멸되고 이들에 의하여 신설된 회사가 소멸회사의 권리나 의무를 승계 받아서 사원을 수용하는 방식이다.

간이합병은 합병으로 인하여 소멸하는 회사의 총주주의 동의가 있거나, 합병 후 존속하는 회사가 소멸회사 발행주식 총수의 90% 이상을 소유한 경우의 합병이다(상법 제527조의 2). 또, 소규모합병은 존속하는 회사가 합병으로 발행하는 신주 및 이전하는 자기주식의 총수가 그 회사의 발행주식 총수의 10%를 초과하지 않는 경우의 합병이다(상법 제527조의 3).

2. 합병의 성립

(1) 합병계약

합병계약이란 합병 당사회사의 대표기관 사이에 체결되는 계약을 말하며, 합병으로 인하여 존속하는 회사 또는 신설되는 회사가 인적회사인 경우에는 합병계약서의 기재사항에 제한이 없으나, 물적회사인 경우에는 기재하여야 할 일정한 법정사항이 있다. 합병계약과 주주총회의 승인결의의 관계에 관해서, 합병계약은 합병결의와는 독립된 계약으로서 양자는 함께 합병이라는 조직법상의 법률요건을 구성하는 두 요소라고 보는 견해가 있으나, 합병결의가 부결되는 경우 합병의 당사회사는 어떠한 계약상의 의무를 부담하지 않으며 특약이 없는 한 상호 간에 손해배상청구도 하지 못한다는 점에서 합병계약은 '합병의 예약(가계약)'이라 할 수 있다.

우리나라의 경우 합병계약은 민법상 조합계약에 상당하다 해석할 수 있으나,

영미법계 국가들의 경우 partnership제도가 있는데 회사설립의 방식을 택하지 않는 합병의 경우 대부분 partnership의 형태로 행하는 것이 보통이다. partnership 에는 General Partnership과 Limited Partnership(LP), Limited Liability Partnership 이 있으며 이들 모두는 법인격이 인정되지 않는다. 이들 partnership은 partnership 계약에 의하여 성립하며, partnership의 성립요건에 관해서는 Partnership Act에 의하여 규제를 받는다. 현재 미국의 많은 주에서는 통일파트너십법(Uniform Partnership Act, 1914; 1997전면 개정)을 채용하고 있어, 미국에서 partnership을 결성하는 경우에는 이에 따른 규제를 받는다.

partnership 내지 조합형 합병은 오직 합병계약에 의하여 규율되며 따라서 당사자는 각자 출자의 내용과 비율, 업무의 집행, 손익의 배분, 계약의 변경과 종료 등에 관해서 합병계약에서 상세하게 규정하여야 한다.

(2) 합병회사의 설립

합병계약에 의하여 회사를 설립하는 경우, 합병계약에는 합병회사설립계약과 합병회사의 관리·운영에 관한 주주 간의 계약을 포함하게 된다. 이 경우 합병회사의 형태, 정관, 출자 등 회사설립에 관한 조항, 주주총회, 이사회, 이사 등 회사운영에 관한 조항 자금조달, 물품의 판매, 사원의 고용 등 회사의 영업활동에 관한 조항, 계약기간, 계약의 종료, 해상 등 일반조항이 포함된다.

당사자는 합병계약에 따라서 합병사업을 행하는 국가의 법에 따라서 합병회사를 설립하게 되는데 출자의 형식은 현금출자와 현물출자가 있으며 기술이전을 동반하는 합병에서는 산업재산권과 노하우를 현물 출자하는 경우가 있다. 또, 합병회사설립의 방법으로 현지의 기업과 외국기업이 처음부터 공동출자하여 설립하는 단순설립과 현지의 기업이 우선 현지법인을 설립한 후에 단기간 내에 외국기업이 증자신주를 인수하는 등의 방법(closing)이 있다.

(3) 합병의 운영

1) 의   의

합병의 운영은 오직 합병계약에 따른다. 따라서 합병계약으로 각 구성원의 역할분담을 정한 경우에는 그에 따라야 한다. 또, 계약에서 특정 당사자에게 업무

집행을 위임하거나 운영위원회와 같은 하부기관을 설치하여 업무를 위임하는 경우도 있다. 문제는 합병의 운영에 있어 당사자 간에 의견이 대립하는 경우 어떻게 대응할 것인가이다. 민법은 조합의 업무집행에 관하여 조합계약으로 업무집행자를 정하지 않은 경우 조합원의 3분의 2 이상의 찬성으로 이를 선임하도록 하고, 조합의 업무집행은 조합원의 과반수로써 결정하도록 규정하고 있는데(민법 제706조), 미국의 Partnership Act에서는 평상 업무에 관한 사항에 대해서는 다수결로, 계약에 규정된 사항을 변경할 경우에는 전원일치를 요하고 있다(제401조 j). 따라서 당사자 의견의 일치를 얻을 수 없을 때에는 합병의 운영과 관련하여 많은 어려움에 처하게 된다. 따라서 이 같은 경우의 해결책으로 합병의 해산과 지분의 매수 또는 중재 등의 방법 등을 사전에 합의해 두는 것이 좋다.

합병사업의 운영은 주주총회, 이사회, 이사 등 합병회사의 기관이 하게 되는데, 따라서 합병의 당사자는 주주로서 회사운영에 관여할 수 있으나 직접 합병사업의 운영에는 관여할 수 없다. 따라서 합병계약에 의하여 회사운영방법을 결정하고 그 내용을 정관에 포함시킬 필요가 있다. 즉, 소수 주주의 권리를 보호하기 위하여 주주총회에서의 정족수 및 의결정족수 등을 정할 필요가 있다. 그러나 회사 운영과 관련하여 회사법상의 규제가 있으므로 그에 반하는 내용의 합병계약을 하는 경우에는 회사법상의 효력은 발생하지 않는다.

2) 합병의 종료

합병에 의한 사업이 전쟁·내란 등의 정치적 이유와 비용의 상승·판매부진 등의 경제적인 이유로 계속불능이 되는 경우와, 합병 당사자 간 의견의 충돌로 합병의 운영이 어렵게 되는 경우, 당사자의 일방이 지급불능이거나 파산하거나 계약을 위반한 경우에는 합병을 종료시키는 것이 큰 피해를 막을 수 있다.

합병의 종료에는 합병의 해산과 청산절차가 필요하다. 조합의 해산사유로 목적 사업의 달성과 달성 불가능 및 부득이한 사유가 있는 경우를 생각할 수 있으며, 그 이외에 조합계약에서 정한 해산사유의 발생, 존속기간의 만료, 전 조합원의 합의 및 조합원이 없는 경우 등을 생각할 수 있다. 그러나 실무상 어떤 경우에 합병을 해산할 수 있는가 하는 것 등을 합병계약에서 구체적으로 규정해 두는 것이 보다 바람직하다. 합병에 의하여 회사를 설립하는 경우에는 합병회사의 해산과 청산이 필요하다. 회사의 해산은 법인격의 소멸을 가져오는 법률사실로, 회사

는 해산에 의하여 목적사업을 수행할 수 있는 영업능력 등을 상실하며 그러나 청
산의 목적 범위 내에서 권리능력을 가지며, 청산을 종결한 때에 권리능력을 상실
한다. 회사는 존립기간의 만료 기타 정관으로 정한 해산사유의 발생, 총사원의 동
의(인적회사의 경우) 또는 주주(사원) 총회의 특별결의, 회사의 합병, 회사의 파산, 법
원의 해산명령 또는 해산판결, 합명회사와 합자회사인 경우 사원이 1인으로 된
경우(상법 제227조, 제269조), 합자회사의 경우 무한책임사원 또는 유한책임사원이 전
원 사퇴한 경우(제285조 제1항)에 해산한다. 그러나 합병계약에 따라서 회사를 해산
하기 위해서는 계약 내용의 해산사유를 정관에 규정할 필요가 있다.

제3절　국제투자의 규제

1. 우리나라의 외국인투자규제 관련 법규

(1) 개　　설

우리나라의 외국인투자 제한 관련 법규의 시작은 제1차 경제개발 5개년 계획
에 의하여 수출의 급속한 신장을 목표로 그 동안 완제품 형태로 수입하여왔던 수
입물품을 국내에서 대체 제조하기 위한 목표를 달성하기 위하여 소요되는 외자도
입을 위한 조치로 1961년 1월 1일에 제정된 "외자도입촉진법"이다. 동법에서 외
국인투자의 허용범위를 규정하고 이에 근거하여 외국인투자를 제한하였다. 이후
1966년 "외자도입촉진법", "장기결제방식에 의한 자본재 도입에 관한 특별조치법"
및 "차관에 대한 지불보증에 관한 법률" 등 외자도입 관계 간의 상호모순과 복잡
성을 해소하고 동시에 이를 통합, 정비하기 위하여 "외자도입법"을 제정하였다.
'외자도입법'은 차관보다 외국의 선진기술을 도입하기 위하 목적으로 직접·합작
형태의 투자를 장려하도록 외국인의 투자비율에 관한 제한을 철폐하고 외국인 투
자에 따른 과실송금에 대한 제한을 철폐하였다.

1997년 1월 13일 외자도입법을 "외국인투자 및 외자도입에 관한 법률"로 개
명하였는데, 그 이유는 경제의 국제화·개방화 추세에 대응하기 위한 목적으로 외
국인투자제도를 국제규범과 조화가 되도록 하는 한편, 외국인투자에 대한 지원을

확충하고 투자절차를 간소화하여 외국인투자를 활성화하기 위한 제도적 기반을 구축하기 위한 것이다.

(2) 현행 외국인투자 규제 법규

1998년 9월 16일 법률 제5559호로 "외국인투자촉진법"을 제정함으로써 기존 외국인투자 및 외자도입에 관한 법률은 폐지되었다. 본 법의 목적은 외국인투자를 활성화하기 위하여 외국인투자에 관한 규제를 대폭 완화하고, 조세지원을 확대하는 한편, 대규모 외국인투자유치를 위한 외국인투자지역을 지정하여, 이 지역에 입주하는 외국인투자기업에 대해서 정부가 재정을 지원하는 등 외국인투자에 관한 제도를 전면 개편하여 관리하기 위한 목적이다.

현행 외국인투자촉진법상 외국인투자의 제한과 관련하여 동법 제4조(외국인 투자의 자유화 등) ① 항에서는 외국인은 법률에 특별한 규정이 있는 경우를 제외하고는 외국인투자업무의 제한을 받지 아니하고 국내에서 자유롭게 이를 수행할 수 있다고 규정한다. 동 법 제4조 ②항에서는 외국인은 다음 각호의 1에 해당하는 경우를 제외하고는 이 법에 의한 외국인투자를 제한받지 아니한다고 하여 외국인투자의 제한 사유에 대해 다음과 같이 규정하고 있다. 즉, (ⅰ) 국가의 안전과 공공질서의 유지에 지장을 초래하는 경우(동법 제4조 2항 1호), (ⅱ) 국민의 보건위생 또는 환경보전에 해를 끼치거나 미풍양속에 현저히 반하는 경우(동법 제4조 2항 2호), 대한민국의 법령에 위반되는 경우(동법 제4조 2항 2호) 등이 그것이다.

한편, 외국인투자촉진법 제4조 ③항에서는 상술한 제4조 2항 각호의 1에 해당하여 외국인투자가 제한되는 업종과 제한의 내용은 대통령령으로 정한다고 규정하고, 덧붙여, 동 법 제4조 ④항에서는 지식경제부장관은 이 법 외의 다른 법령이나 고시 등에서 관계행정기관의 장이 외국인 또는 외국인투자기업을 대한민국국민 또는 대한민국법인에 비하여 불리하게 대우하거나 외국인 또는 외국인투자기업에게 추가적인 의무를 부담하게 하는 등 외국인투자를 제한하고 있는 경우에는 그 내용을 대통령령이 정하는 바에 따라 매년 이를 통합하여 공고하도록 하고 있고, 관계행정기관의 장이 이를 개정하거나 추가하고자 하는 경우에는 미리 지식경제부장관과 협의하도록 규정하고 있다.

(3) 우리나라의 외국인투자의 업종별 제한

1) 2000년 이전

1995년 당시 외국인투자 제한 업종은 외국인투자가 전면 불허되는 108개 미개방업종과 일정한 허용기준을 충족할 경우에만 외국인투자를 부분적으로 허용하는 42개 부분개방업종을 합하여 150개 업종에 달하였다. 그 후 1997년 1월 기준 외국인투자가 제한되는 업종은 총 81개 업종으로 축소되었다. 정부는 1998년 4월 1일 및 5월 8일 외국인투자 활성화를 통한 외자도입의 촉진과 국내기업의 구조조정 및 고용안정을 도모하기 위하여 외국인투자업종 개방을 추가로 추진하였다. 이후 1998년 5월 8일 추가로 다음과 같이 20개 업종을 전면 또는 부분개방 하였는데 그 내용은 다음과 같다.

▬ 1998. 4. 1. 외국인투자 10개 업종개방

전면개방 (11개 업종)	상품교환업(선물거래업, 상품교환업), 투자회사(단기금융회사, 종합금융회사, 투자조합, 지주회사), 주유소운영업, 기타 부동산임대업, 토지개발공급업, 기타 해상운송업, 기타 여신금융업, 기타 금융관련 서비스업, 수도사업*, 신용조사업(98. 7. 1.), 원유정제처리업(98. 8. 1.).
부분개방 (2개 업종)	담배제품제조업(98. 7. 1.), 도박장운영업(99. 5. 1. 카지노에 한하여 허용)**
개방확대 (7개 업종)	발전업(한전 및 수지원공사 등 정부투자기관은 50% 미만), 기타 민자발전사업은 전면개방), 신탁회사(증권투자신탁업 전면개방), 신문발행업(99. 1. 1. 33% 미만), 정기간행물발행업(50% 미만), 유선전신전화업, 기타 전기통신업

* 수도사업은 개별법에 의한 공공독점(지자체, 수자원공사)유지
** 담배제품제조업은 독점(담배인삼공사)유지, 향후 담배인삼공사 민영화 시 25%(1인당 7%) 이내에서 지분참여 가능

2) 2000년 이후

2000년 이후 외국인투자 자유화를 추진하여, 2000년에는 육우사육업, 고기도매업, 뉴스제공업에 대한 외국인투자를 허용하였으며, 2001년에는 연안어업 및 근해어업 등 2개 업종을 추가로 개방하였다. 그 결과 2007년 기준 총 1,058개 업종 중 외국인투자 제한 업종으로 완전제한 업종은 2개, 부분제한업종 26개 등 28개에 불과하며, 제외업종이 63개 등으로 투자자유화율이 99.8%에 이르렀다.

3) 2008년 2월 기준 외국인투자 제한업종

외국인투자 제한에 관한 사항을 일괄 공고하는 2008년 2월 29일 자 외국인투자 통합공고에 의하면 「한국표준산업분류」 제9차 개정에 따른 업종 분류코드·업종명 개정을 반영하여, 외국인투자 제한 내용의 실질적 변화와 관계없이 단순히 업종 분류가 바뀜에 따라 외국인투자 제한업종 수가 기존 총업종 수 1,145개 기준 대비 28개에서 현행 총업종 수 1,145개 기준 대비 29개로 변경되었다. 여기서 2008년 기준 29개 외국인투자 제한 업종 가운데 곡물 및 기타 식량작물재배업(벼·보리), 육우사육업, 연근해어업, 기타기초무기화학물질제조업, 기타비철금속제련, 정련 및 합금제조업 등 6개 업종을 제외한 23개 업종이 서비스분야이다.

▬ 우리나라 외국인투자 제한업종

	외국인투자 전면제한 업종(업종 수)	외국인투자 부분 제한업종(업종 수)	업종 수 합계
서비스분야	원자력발전업, 라디오방송업, 지상파방송업	원자력발전업, 수력발전업, 기타 발전업, 송전 및 배전업, 방사성폐기물수집운반 및 처리업, 육류도매업, 내항여객운송업, 내항화물운송업, 정기항공운송업, 부정기항공운송업, 신문발행업, 정기 및 정기간행물 발행업, 프로그램공급업, 유선방송업, 위성 및 기타 방송업, 유무선 통신업, 위성통신업, 그 외 기타 전기통신업, 뉴스제공업, 국내은행 (20개)	23개
비서비스분야	없음	곡물 및 기타 식량작물재배업(벼·보리), 육우사육업, 연근해어업, 기타 기초무기화학물질제조업, 기타 비철금속제련, 정련 및 합금제조업 (6개)	6개
업종 수 합계	3개	26개	29개

國際通商法

제6장

국제통상 분쟁의
해결

제6장 국제통상 분쟁의 해결

제1절 개 설

국제거래에서의 대부분의 분쟁은 화해로 해결되게 되는데, 당사자 간의 이해 관계가 화해에 의하여 해결되지 않는 경우에는 소송과 중재의 방법으로 갈등을 해소할 수 있다. 소송은 법원이라는 국가기관이 민사분쟁을 해결해 주는 제도로 서 국가의 강제력으로 분쟁을 해결하는 제도이다. 문제는 국제사회에서의 국제통 상에서 발생하는 민사분쟁을 해결하기 위한 국제적인 재판기관이 없다는 점이다. 따라서 국제통상에 관한 분쟁이 발생하는 경우에 특정 국가의 국내법원에서 소송 을 진행하여야 한다. 그러나 국제재판관할과 외국판결의 승인과 집행 등에 관한 각국의 법제는 일치하지 않으며, 당사자가 특정 국가의 법원에 소를 제기하더라 도 당해 국가의 법원이 관할을 인정하지 않을 수도 있다. 나아가 특정 국가에서 집행권원을 취득하더라도, 당해 판결에 따라서 해당 국가에서 강제집행을 할 수 있는 것도 아니다. 뿐만 아니라 소송절차의 차이와 언어의 차이 등으로 외국에서 소송을 진행하기에는 많은 어려움이 따른다.

이 같은 어려움을 극복하기 위한 목적으로 국제재판관할과 외국판결의 승인·집행등에 관한 각국의 법을 통일하기 위하여 당사국 간 혹은 다자국 간의 협약을 체결하는 경우도 있으나 이들 협약도 특정 사항에 관한 것[1]과 지역적 통일에 머

---

1) 국제해사기구에 관한 협약(Convention on the International Maritime Organization, 1948) 및 국제항공운송에 관한 협약 가운데 국제재판관할에 관한 규정을 두고 있는 것이 적지 않다 (국제항공운송에 관한 몬트리올 협약 33조·46조).

무르고 있는 것이 많다.2) 이와 같이 민사소송에 의하여 분쟁을 해결하려는 경우에 여러 가지 문제가 있다는 점에서 국제통상에서 소송에 의한 분쟁의 해결보다는 재판 외 분쟁해결절차인 국제상사중재가 활용되고 있다.

제2절　국제민사소송

1. 의　　의

국제민사소송은 당사자 또는 법률관계에 외국적인 요소가 있는 민사분쟁을 특정 국가의 법원에 소를 제기하여 해결하는 절차이다. 국제통상과 관련하여 발생한 분쟁을 소송을 통하여 해결하기 위해서는 우선 특정 국가에 소를 제기하여야 한다. 이때 소가 제기된 국가의 법원은 당해 사건에 관해서 재판을 행할 수 있는 관할권이 있는지가 문제된다. 즉, 특정국가의 법원에 소를 제기하기 위해서는 당해 법원의 국제재판관할권이 문제가 되는데, 국제재판관할권은 어느 나라의 법원이 재판권을 행사하느냐의 문제이다. 이에 대하여 각국의 법원은 당해국의 법률에 따라서 국제재판관할권이 있는지 여부를 결정하게 된다(국제사법 제2조 제1항). 즉 "당사자 또는 분쟁이 된 사안이 대한민국과 실질적 관련이 있는 경우" 우리 법원이 재판관할권을 가지며, 법원은 실질적 관련 유무를 판단함에 있어 국제재판관할 배분의 이념에 부합하는 합리적인 원칙에 따라야 한다.3) 이 경우 법원은 국내법의 관할 규정을 참작하여 국제재판관할유무를 판단하되, 이때 국제재판관할의 특수성을 충분히 고려하여야 한다(국제사법 제2조 제2항).

🔖 관련판례

■ 대법원 2010. 7. 15. 선고 2010다18355 판결

법원이 국제재판관할권의 유무를 판단함에 있어서 당사자 간의 공평, 재판의 적

---

2) EC의 민사 및 상사에 관한 재판관할 및 집행에 관한 협약(1968).
3) 서울중앙지법 2007. 8. 30. 선고 2006가합53066 판결.

정, 신속 및 경제를 기한다는 기본이념에 따라 국제재판관할을 결정하여야 하고, 구체적으로는 소송당사자들의 공평, 편의 그리고 예측가능성과 같은 개인적인 이익뿐만 아니라 재판의 적정, 신속, 효율 및 판결의 실효성 등과 같은 법원 내지 국가의 이익도 함께 고려하여야 하며, 이러한 다양한 이익 중 어떠한 이익을 보호할 필요가 있을지 여부는 개별 사건에서 법정지와 당사자의 실질적 관련성 및 법정지와 분쟁이 된 사안과의 실질적 관련성을 객관적인 기준으로 삼아 합리적으로 판단하여야 한다.

소송절차는 법정지법에 따르도록 하는 것이 국제법상 확립된 원칙이므로 절차문제인 소송요건도 원칙적으로 법정지의 법률에 따라서 판단하여야 한다. 우리나라 민사소송법은 외국인이 본국법에 따라 소송능력이 없더라도 우리 법에 따라서 소송능력이 있으면 소송능력이 있는 것으로 보고 있다(제57조). 그러나 섭외사건의 진행과 관리를 위해서 소장의 송달 및 소송요건의 검토·증거조사 등이 문제가 되는데, 이때 사법공조를 필요로 하는 경우도 있다. 이에 관한 국내법으로 '국제민사사법공조법'이 있는데, 조약이나 상호주의의 원칙에 따라서 사법공조가 이루어진다 규정하고 있다(동법 제3조, 제4조. 민사소송법 제191조, 제194조 제1항, 제217조, 제296조, 민사집행법 제26조 등). 나아가 우리나라는 헤이그 국제사법회의(Hague Conference on Private International Law)가 제정한 송달협약(Convention on the Service Abroad of Judicial and Extra-judicial Documents in Civil or Commercial Matters, 1956)과 증거조사협약(Convention on the Taking Evidence Abroad in Civil or Commercial Matters, 1970)에 가입하고 있다.

집행과 관련해서도 외국판결의 승인 및 집행이 문제가 되는데, 국제민사소송에서 승소한 원고는 피고의 재산에 대한 강제집행을 통하여 만족을 얻을 수 있으나, 국제상사중재에 적용되는 '뉴욕협약'처럼 이를 보장하는 협약은 체결되어 있지 않다. 따라서 국제민사소송에 의한 판결은 집행당사국의 법률에 따를 수밖에 없다. 우리나라의 법률은 일정한 요건을 구비한 경우 외국판결의 승인과 집행을 허용하고 있다(민사소송법 제217조, 민사집행법 제26조, 제27조).

📎 **관련판례**

■ 대법원 2004. 10. 28. 선고 2002다74213 판결

[1] 민사집행법 제27조 제2항 제2호, 민사소송법 제217조 제3호에 의하면 외국법

원의 확정판결의 효력을 인정하는 것이 대한민국의 선량한 풍속이나 그 밖의
사회질서에 어긋나지 아니하여야 한다는 점이 외국판결의 승인 및 집행의 요
건인바, 외국판결의 내용 자체가 선량한 풍속이나 그 밖의 사회질서에 어긋나
는 경우뿐만 아니라 그 외국판결의 성립절차에 있어서 선량한 풍속이나 그
밖의 사회질서에 어긋나는 경우도 승인 및 집행을 거부할 사유에 포함된다고
할 것이나, 민사집행법 제27조 제1항이 "집행판결은 재판의 옳고 그름을 조
사하지 아니하고 하여야 한다."고 규정하고 있을 뿐만 아니라 사기적인 방법
으로 편취한 판결인지 여부를 심리한다는 명목으로 실질적으로 외국판결의
옳고 그름을 전면적으로 재심사하는 것은 외국판결에 대하여 별도의 집행판
결제도를 둔 취지에도 반하는 것이어서 허용할 수 없으므로, 위조·변조 내지
는 폐기된 서류를 사용하였다거나 위증을 이용하는 것과 같은 사기적인 방법
으로 외국판결을 얻었다는 사유는 원칙적으로 승인 및 집행을 거부할 사유가
될 수 없고, 다만 재심사유에 관한 민사소송법 제451조 제1항 제6호, 제7호,
제2항의 내용에 비추어 볼 때 피고가 판결국 법정에서 위와 같은 사기적인
사유를 주장할 수 없었고 또한 처벌받을 사기적인 행위에 대하여 유죄의 판
결과 같은 고도의 증명이 있는 경우에 한하여 승인 또는 집행을 구하는 외국
판결을 무효화하는 별도의 절차를 당해 판결국에서 거치지 아니하였다 할지
라도 바로 우리나라에서 승인 내지 집행을 거부할 수는 있다.

[2] 우리나라와 외국 사이에 동종 판결의 승인요건이 현저히 균형을 상실하지 아
니하고 외국에서 정한 요건이 우리나라에서 정한 그것보다 전체로서 과중하
지 아니하며 중요한 점에서 실질적으로 거의 차이가 없는 정도라면 민사소송
법 제217조 제4호에서 정하는 상호보증의 요건을 구비하였다고 봄이 상당하
고, 또한 이와 같은 상호의 보증은 외국의 법령, 판례 및 관례 등에 의하여
승인요건을 비교하여 인정되면 충분하고 반드시 당사국과의 조약이 체결되어
있을 필요는 없으며, 당해 외국에서 구체적으로 우리나라의 동종 판결을 승인
한 사례가 없더라도 실제로 승인할 것이라고 기대할 수 있는 상태이면 충분
하다 할 것이고, 이와 같은 상호의 보증이 있다는 사실은 법원이 직권으로 조
사하여야 하는 사항이라 할 것이다.

나아가 소송 당사자가 외국인이거나 외국법인인 경우에는 당사자능력, 소송
능력, 당사자 적격 등에 관해서 국내사건에서와 다른 문제가 발생한다. 또, 외국
법원에서 계속 중인 사건에 대하여 국내에서 다시 제소를 한 경우에 이 같은 소

송의 경합을 인정할 것인가 하는 국제소송경합 등의 문제가 있다.

2. 민사재판권의 면제

(1) 의   의

재판권은 국가주권에 근거하여 그의 행사는 주권에 따른다는 것이 국제법상의 원칙이다. 주권은 영토고권의 원칙에 따라서 한 국가의 영토 내에 미치므로 재판권도 자국내에 있는 모든 사람과 물건에 미친다. 따라서 자국 내에 있는 자연인과 법인 나아가 외국인 및 외국법인은 물론 외국국가에 대해서도 재판권을 행사할 수 있는 것이 원칙이다. 그러나 본질상 재판권의 행사는 일정한 내재적 제약이 있을 수 있으며 국내법 및 국제법상 일정한 제약이 인정된다.

즉, 재판권은 일정한 주권에 대해서는 행사할 수 없는 대인적 제약이 있는데 이를 재판권의 면제라고 한다. 또, 특정 국가가 일정한 사건에 대해서 재판권을 행사할 수 있는지를 결정하는 대물적 제한도 있다. 이는 사건의 성질, 내용에 의해 재판권의 행사가 제한되는 것으로 이는 섭외사건에서 일정한 사건에 대해서 재판권을 행사할 수 있는가 하는 국제재판관할권의 문제이다. 이외에 영토주권에 의하여 재판권은 자국의 영토 내에서만 행사할 수 있고, 외국에서 행사할 수 없는 장소적 제약도 있다. 이 같은 경우 외국과의 사법공조협정이 없는 한 외국에 소송서류를 송달하거나 외국에서 증거조사를 할 수 없다.

이 같은 이유로 1970년 이후 미국, 영국을 시작으로 재판권면제의 적용을 일정한 경우에 제한하는 제한면제주의를 채택하는 국가들이 증가하고 있다. 이 같은 동향에 편승하여 국제연합도 재판권면제에 관하여 법제화작업을 진행하여 왔는데, 2004년 12월 「국가 및 그 재산의 재판권 면제에 관한 협약」을 추진하였으나 오늘에 이르기까지 발효되지 못하고 있다.

(2) 재판권면제의 종류와 효과

1) 재판권면제의 종류

재판권면제에는 민사재판권의 면제와 형사재판권의 면제가 있는데, 양자는 외교관 등의 활동의 자유를 보장하기 위한 목적이다. 여기서 형사재판은 국가 형

벌권에 의한 개인의 자유, 재산의 박탈, 처벌을 목적으로 하며, 민사재판은 사인의 재산관계에서의 공평(형평)을 그 목적으로 한다. 따라서 민사재판권의 면제와 관련하여 어떤 사건에 어느 정도의 면제를 인정할 것인가 하는 문제가 남는데, 어느 국가의 법원이 자국의 정부나 공공기관, 국가원수 기타 일정한 자에 대해서 민사재판권을 행사할 수 있는가의 문제와 한 국가의 법원이 외국의 정부나 공공기관, 외국원수, 외교사절·영사, 국제기구와 그 직원 등에 대하여 민사재판권을 행사할 수 있는가의 문제이다.

이 같은 문제에 대해서는 각국의 국내법에 의하여 정할 수 있으나, 외국정부나 외교사절 등에 대해, 자국의 권력이 미치게 하는 경우 사법마찰의 원인이 된다는 점에서 국제적 고려가 필요하다. 특히 외국의 국가 등에 대한 민사재판권의 면제는 국내법과 국제법 쌍방 사이의 복잡한 문제가 된다.

오래전부터 국제관행으로 인정되어 왔던 외교사절에 대한 면제는 '외교관계에 관한 비엔나협약(Vienna Convention on Diplomatic Relations, 1961)', 영사에 대한 재판권의 면제는 '영사관계에 관한 비엔나협약(Vienna Convention on Consular Relations, 1963)'이 각각 채택·발효되었다. 그 이외에 '특별사절단에 관한 협약(Convention on Special Missions, 1969)', '보편적 성격의 국제기관과의 관계에서의 국가대표에 관한 비엔나협약(1975)' 등이 채택되었으나 아직 발효되고 있지 않다. 그러나 외국국가에 대한 재판권의 면제에 관하여 국제적으로 통일된 협약은 없으며, 각국의 국내법이나 재판관행에 의하여 해결하고 있는 형편이다.

2) 재판권면제의 효과

재판권의 존재는 소송요건으로 법원의 직권조사사항으로 작권탐지주의가 적용된다. 따라서 당사자의 자백이나 의제자백에 구속되지 않으며, 피고 결석 시 원고의 주장만으로 재판권의 면제를 주장할 수 없으며, 재판권의 존부에 대해서 법원은 직권으로 그 증거를 조사하여 판결하여야 한다.

재판권의 흠결이 밝혀지면 재판장은 명령으로 소장을 각하해야 하며,[4] 면제권의 존재여부의 입증은 피고가 해야 한다. 따라서 재판권의 흠결을 간과하고 면제자를 피고로 한 본안판결의 경우 피고가 승소하더라도 이 판결은 무효가 된다.

---

4) 대법원 1975. 5. 23. 자 74마281 결정.

당사자는 판결의 확정 전에는 상소로 취소를 구할 수 없으며, 확정 후에는 재판권의 흠결은 재심사유가 아니므로 재심의 소로서 취소할 수 없다. 다만 이 경우 판결이 확정되어도 기판력, 구속력 및 집행력이 없으므로 당연무효의 판결이 된다. 재판권의 면제가 명백한 경우에는 소장을 송달할 수 없으며, 명백하지 않은 경우에는 이를 조사하기 위한 변론기일을 정하여 소장부본을 송달하여야 한다.

3. 국제재판관할

(1) 의   의

국제재판관할이란 각 국가의 법원이 자국의 재판권이 미치는 사건 가운데 외국과 관련한 사건에 관하여 어느 범위에서 재판권을 행사할 것인가를 정하는 것을 말한다. 섭외사건에 관하여 국내의 재판관할을 인정할지의 여부는 국제재판관할에 관하여 조약이나 일반적으로 승인된 국제법상의 원칙이 아직 확립되어 있지 않으며, 이에 관해서 우리나라의 경우 성문법규도 없는 이상 결국 당사자 간의 공평, 재판의 적정, 신속을 기한다는 기본이념에 따라 조리에 의하여 이를 결정할 수밖에 없다. 우리나라의 민사소송법의 토지관할에 관한 규정 또한 위의 기본이념에 따라 제정된 것이므로 위 규정에 의한 재판적이 국내에 있을 때에는 섭외사건에 관한 소송에 관해서 우리나라에 재판관할권이 있게 된다.5)

국제재판권을 정하는 기준과 관련하여 역추지설, 관할배분설, 수정역추지설 등이 주장되고 있는데, 역추지설(토지관할규정유추설)은 민사소송법에 의하여 우리나라의 어느 법원에 토지관할이 인정되면 우리나라 법원에 국제관할권이 있다는 주장으로 독일의 통설이며, 관할배분설(조리설)은 민사소송법의 토지관할의 규정은 국내사건을 전제로 한 것이므로 국제사건에 적용하기에 적절하지 않다고 하면서 국제재판관할의 배분원칙은 어느 나라에서 재판하는 것이 사건의 적정한 해결에 도움이 되고 당사자에게 공평하며 능률적인가를 고려하여 정해야 한다는 입장이다. 그렇다고 민사소송법의 토지관할 규정을 전혀 고려하지 않는 것은 아니고 이를 감안하여 국제재판관할을 결정해야 한다고 하면서 그 밖의 결정기준으로 조리를 들고 있다.

---

5) 대법원 1992. 7. 28. 선고 91다41897 판결.

　　수정역추지설은 원칙적으로 역추지설을 따르면서 우리나라 법원에 국제재판
관할을 인정하는 것이 재판의 적정, 공평, 신속 등 소송법의 기본이념에 반하는
특별한 사정이 있을 때 국제재판관할을 부정할 수 있다는 입장이다. 이에 대하여
국제사법 제2조에서 '법원은 당사자 또는 분쟁이 된 사안이 대한민국과 실질적
관련이 있는 경우에 국제재판관할권을 가지며, 이 경우 법원은 실질적 관련의 유
무를 판단함에 있어 국제재판관할 배분의 이념에 부합하는 합리적인 원칙에 따라
야 한다고 규정하고 있다.

(2) 재판권과 국제재판관할

　　재판권(Gerichtsbarkeit)이란 법질서의 실현을 위한 국가권능으로 일반적으로 이
를 사법권이라고 한다. 각국이 섭외사건에 관해서 재판권을 행사하는 경우에는
국제법상의 제약이 문제되는데, 외국국가, 외교관, 영사관 등에 대한 재판권면제
는 재판권의 대인적 제한이 된다. 이에 대해서 민사권의 대물적 제한에 대해서는
국제법상 각국은 그의 주권이 미치는 범위에서 재판권을 행사할 수 있다는 일반
적 기준이 인정되고 있다.

　　국제재판관할은 이와 같이 국제법상의 제약 하에 각국의 소송법상의 이념에
따라서 재판할 수 있는 범위를 자주적으로 규제한 것이다. 따라서 국제재판관할
의 결정은 원칙적으로 각국의 국내법에 따르게 된다. 이 같이 국제재판관할 규칙
이 각국에 따라서 다른 것은 재판관할의 적정한 분배의 이념과 섭외사법상의 안
전을 위하여 바람직하지 않다. 이 같은 이유로 당사국 간의 조약 및 다자국가 간
의 조약으로 국제재판관할의 규칙을 통일하려는 시도가 이루어지고 있는데 그 대
표적인 것이 EC의 「민사 및 상사에 관한 재판관할 및 판결의 집행에 관한 협약
(Brussel Convention on the Recognition and Enforcement of Foreign Judgment in Civil and
Commercial Matters)(1968)」이다.

　　이 협약은 EC가맹국의 증가와 함께 새로운 체약국들이 증가하면서 일부 수
정되어 1988년 유럽 자유무역협회(EFTA) 간에 1968년 브뤼셀 협약에 약간의 조항
을 추가 및 수정하여 루가노에서 채택한 「민사 및 상사에 관한 외국판결의 승인
및 집행에 관한 루가노협약(Lugano Convention on the Recognition and Enforcement of Foreign
Judgments in Civil and Commercial Matters)」을 채택하였다. 또, EU 통합의 진전으로 현
재 브뤼셀 협약은 EU의 파생법으로서 EU규칙으로 되었다(브뤼셀 I 규칙).

(3) 국제재판관할의 결정

국제재판관할을 결정할 때에는 당사자 간의 공평, 재판의 적정, 신속 및 경제에 기여한다는 기본이념에 따라서 판단해야 한다. 즉, 소송당사자들의 공평과 편의 그리고 예측가능성과 같은 개인적인 이익뿐만 아니라 재판의 적정, 신속, 효율 및 판결의 실효성 등과 같은 법원 내지 국가의 이익도 함께 고려하여 판단하여야 한다. 이러한 다양한 이익 가운데 어떠한 이익을 보호할 필요가 있는지의 여부는 개별 사건에서 법정지와 당사자와의 실질적 관련성 및 법정지와 분쟁이 된 사안과의 실질적 관련성을 객관적인 기준으로 하여 합리적으로 판단하여야 한다.[6]

우리나라의 영토 내에서 행해진 외국의 사법적 행위가 주권적 활동에 속하는 것이거나 이와 밀접한 관련이 있어서 이에 대한 재판권의 행사가 외국의 주권적 활동에 대한 부당한 간섭이 될 우려가 있는 등의 특별한 사정이 없는 한, 외국의 사법적 행위에 대하여는 해당 국가를 피고로 하여 우리나라의 법원이 재판권을 행사할 수 있다.

관련판례

■ 대법원 2010. 7. 15. 선고 2010다18355 판결

2002년 김해공항 인근에서 발생한 중국 항공기 추락사고로 사망한 중국인 승무원의 유가족이 중국 항공사를 상대로 대한민국 법원에 손해배상청구소송을 제기한 사안에서, 민사소송법상 토지관할권, 소송당사자들의 개인적인 이익, 법원의 이익, 다른 피해유가족들과의 형평성 등에 비추어 위 소송은 대한민국과 실질적 관련이 있다고 보기에 충분하므로, 대한민국 법원이 국제관할권을 갖는다.

1) 일반관할

소송은 피고의 보통재판적이 있는 곳의 법원이 관할한다(민사소송법 제2조). 이는 '원고는 피고의 법정지를 따른다' 는 로마법적 사고에 따른 것이다. 대륙법계 국가들의 경우 일반관할의 배분에 있어 위의 원칙을 당사자의 공평 내지 이익형량으로 삼는다. 따라서 피고가 자연인인 경우에는 피고의 주소지 국가, 피고가 법

---

6) 대법원 2005. 1. 27. 선고 2002다59788 판결.

인인 경우에는 그의 주된 사무소 또는 영업소 소재지국가가 일반관할을 가진다.

2) 의무이행지관할

재산권에 관한 소를 제기하는 경우에는 거소지 또는 의무이행지의 법원에 소를 제기할 수 있다(민사소송법 제8조). 여기서의 의무이행지라 함은 '청구의 기초가 된 의무지'를 말하며, 따라서 섭외적인 요소가 있는 사건인 경우에도 이를 기준으로 국제재판관할을 인정할 수 있다.[7]

3) 불법행위지 관할

불법행위에 관한 소를 제기하는 경우에는 행위지의 법원에 소를 제기할 수 있다(민사소송법 제18조). 여기서 말하는 불법행위지라 함은 행위지 및 결과발생지 모두를 의미하며, 원고는 그의 선택에 따라서 그 가운데 어느 곳에서나 제소할 수 있다. 따라서 불법행위지의 국제재판 관할은 국제소송에서도 이 원칙을 적용할 수 있을 것으로 본다. 그러나 불법행위의 국제재판관할과 관련하여 제조물책임의 경우에는 문제가 된다. 제조물책임소송의 경우 손해발생지의 외국법원에 국제재판관할이 있는지의 여부는 제조자가 당해 손해발생지에서 사고가 발생하여 그 지역의 외국 법원에 제소될 것임을 합리적으로 예견할 수 있을 정도로 제조자와 손해발생지와의 사이에 실질적 관련이 있는지 여부에 따라 결정하지 않으면 안 된다.[8]

4) 영업소관할

외국법인은 대한민국에 있는 사무소 또는 영업소 소재지가 보통재판적이 된다(민사소송법 제5조 제2항). 또 사무소 또는 영업소가 있는 사람에 대하여 그 사무소 또는 영업소의 업무에 관한 소송을 제기하는 경우에는 그 사무소 또는 영업소가 있는 곳의 법원에 소를 제기할 수 있다(민사소송법 제12조). 따라서 우리나라 "민사소송법 제5조와 제12조를 국제재판관할에도 적용할 수 있는가의 문제가 남는다. 이에 관해서 우리나라 법원은 민사소송법 제5조(구 제4조)에 의하면 외국법인 등이 대한민국 내에 사무소, 영업소 또는 업무담당자의 주소를 가지고 있는 경우에는 그 사무소 등에 보통재판적이 인정되므로, 증거수집의 용이성이나 소송수행의 부

---

7) 대법원 1972. 4. 20. 선고 72다248 판결.
8) 대법원 1995. 11. 21. 선고 93다39607 판결.

담 정도 등 구체적인 제반 사정을 고려하여 그 응소를 강제하는 것이 민사소송의 이념에 비추어 보아 심히 부당한 결과에 이르게 되는 특별한 사정이 없는 한, 원칙적으로 그 분쟁이 외국법인의 대한민국 지점의 영업에 관한 것이 아니라 하더라도 우리 법원의 관할권을 인정하는 것이 조리에 맞는다"는 입장이다.

5) 재산소재지관할

대한민국에 주소가 없는 사람 또는 주소를 알 수 없는 사람에 대하여 재산권에 관한 소를 제기하는 경우에는 청구의 목적 또는 담보의 목적이나 압류할 수 있는 피고의 재산이 있는 곳의 법원에 소를 제기할 수 있다(민사소송법 제11조). 따라서 재산상 소의 피고가 외국인이라 할지라도 압류할 수 있는 재산이 국내에 있을 때에는 그를 상대로 승소판결을 얻으면 이를 집행하여 재판의 실효를 얻을 수 있으므로 국내법원에 그 재판관할권이 있다.[9]

4. 지적재산권 소송에서의 준거법

(1) 개   설

국제적 통상관계의 발전은 지적재산권을 둘러싼 분쟁이 증가하고 있는 가운데, 지적재산권 가치의 중요성은 점차 높아지고 있다. 문제는 일반적인 상품 및 서비스와 관련한 국제적 분쟁과 달리 지적재산권은 권리 그 자체 및 지적재산권 관련협약상의 제 원칙 등에 따른 특수성을 가지며, 따라서 국제적 지적재산권 소송의 경우 고려해야 할 점들이 많다.

특히 특허권을 비롯한 상표권, 저작권 등 지적재산권입법의 국제적 조화를 위한 노력이 경주되고 있는 가운데 파리협약, 베른협약, TRIPS협정, WIPO 등 일련의 협약들은 지적재산권에 대한 최소한의 보호기준을 정하고 있으며, FTA와 같은 지역협정을 통하여 보호기준이 상향되고 있다.

---

9) 대법원 1988. 10. 25. 선고 87다카1728 판결 물품대금 [공1988.12.1.(837),1476].

(2) 준거법지정의 제원칙

1) 본국법원칙

저작권과 관련하여 가장 밀접한 관련을 가지고 있는 국가를 본국(country of origin)으로 보고 그 국가의 법에 따라서 저작권에 관한 법률관계를 결정하려는 것이 본국법원칙이다. 여기서 본국이란 저작물이 최초로 공표된 지역의 법을 의미하며, 공표이전인 경우에는 저작자의 속인법, 즉 국적국가가 된다.[10] 이 원칙은 저작물의 침해가 어느 나라에서 일어나든 언제든지 그 저작물의 본국법이 적용되므로 당사자 간 예측가능성이 높고, 동일한 보호를 할 수 있으며, 최초 저작물이 발행된 곳이 저작자의 거주지 등 본국법이 문제된 저작물과 가장 밀접한 관련을 가진 곳이 된다.

그러나 분쟁이 발생한 경우에 법정지의 법원이 본국법을 적용하여야 하므로 그 작업이 쉽지 않으며, 이용자의 입장에서도 자국에서의 저작권분쟁에서 저작물의 본국법에 따르는 경우, 자국에서 저작권침해가 아닌 경우에도 본국법에 따라서 저작권침해가 결정된다는 점에서 자국민보다 외국의 저작자를 두텁게 보호하는 결과가 된다.

2) 보호국법원칙

저작권에 관하여 보호를 부여하는 국가의 법을 준거법으로 하여, 당해 법률에 의하여 저작권의 성립, 소멸, 이전 등에 관한 법률관계 일체를 결정하는 입법주의이다.[11] 베른협약 제5조에서 "보호의 범위와 저작자의 권리를 보호하기 위하여 주어지는 구제의 방법은 오직 보호를 주장하는 국가 법률의 지배를 받는다"하여 보호국법주의를 선언하고 있다.

그러나 국제저작권침해소송의 경우 보호국법과 법정지국법이 일치하는 경우가 대부분이며 법정지법원의 입장에서도 자국법을 적용하는 것이 용이하고, 권리침해를 주장하는 자의 보호에도 유리하다.

---

10) 河野俊行 編, 知的財産權と涉外民事訴訟, 弘文堂, 2010, 67면.
11) 법무부, 국제사법해설(2001).

3) 법정지법원칙

법정지의 법률을 준거법으로 하는 것을 의미하며, 법원이 자국법에 따라서 재판한다는 점에서 침해에 대한 구제가 용이하다.

4) 계약준거법원칙

저작권의 이전 및 이용허락계약에 관해서는 계약준거법에 따르는 것이 일반적이다. 스위스 국제사법 제110조에서 "지적재산권은 그 국가에 대하여 당해 지적재산권의 보호가 요구되는 국가의 법에 의하도록 하고, 지적재산권에 관한 계약은 본법전의 계약준거법에 관한 조문(122조)에 의한다"고 명시하여 계약준거법에 따르도록 하고 있다.

5. 국제재판관할의 인적범위

재판권은 국내에 있는 모든 사람에게 미치며, 다만 치외법권자에 대해서만 제한을 받는다. 즉 외교사절단의 구성원 중 사절단장과 외교관 및 그 가족 등은 치외법권을 갖는다. 또 영사관원과 사무직원은 그 직무수행중의 행위에 대하여 주재국의 재판권으로부터 면제 받는다. 반면에 우리나라 영토 내에서 행해지는 외국의 사법적 행위의 경우 특별한 사정이 없는 한 당해 국가를 피고로 하여 우리나라 법원이 재판권을 행사할 수 있다.[12] 그러나 외국국가의 주권적 행위는 대한민국을 상대로 하여야 하고 외국국가를 상대로 제소하는 것은 허용되지 않는다.

또, 주한미군의 구성원 및 내국인이 아닌 고용원의 공무집행중의 불법행위에 관해서 한국법원의 민사재판권은 면제된다. 따라서 주한미군의 공무상의 불법행위로 인하여 한국인이 손해를 입은 경우에는 우리나라 국가배상법에 따라서 대한민국을 피고로 제소하여야 한다.[13] 그러나 주한미군의 공무집행과 관련이 없는 불법행위로 인하여 손해를 입었을 경우에는 우리 민사재판권이 미친다.

또, 국제연합기구 및 산하 특별기구, 그 기구의 대표자·직원은 민사재판권으로부터 직무상 면제권을 갖는다(UN헌장 제105조).

---

12) 대법(전) 1998. 12. 17. 선고 97다39216 전원합의체 판결.
13) 대법원 1970. 9. 20. 선고 70다1938 판결.

6. 국제재판관할의 장소적 범위

영토주권의 원칙에 의하여 국내재판권은 자국 내에만 미치고 외국에까지 확대될 수 없다. 따라서 외국으로 소송서류를 송달할 필요가 있을 때 자국의 집행관이나 우편집배원에 의하여 송달할 수 없으며, 외국에서 증거조사가 필요한 경우에도 국내법관이 출장조사 할 수 없다. 단, 외국과의 사법공조협정이 있을 경우에는 외국 주재 대사·공사 또는 영사 혹은 외국법원에 송달을 촉탁하거나 증거조사를 촉탁할 수 있다.

7. 국제재판관할의 합의

당사자는 합의로 제1심 관할법원을 정할 수 있다고 규정하고 있다(민사소송법 제29조 제1항). 따라서 당사자들은 일정한 법률관계에 관한 소송에서 관할을 합의할 수 있다. 문제는 대한민국의 법원을 배제하고 외국의 법원을 관할법원으로 하는 합의도 가능한가의 문제인데 우리 법원은 국제관할의 합의가 유효하기 위해서는 "당해 사건이 대한민국 법원의 전속관할에 속하지 아니하고, 지정된 외국법원이 그 외국법상 당해 사건에 대하여 관할권을 가져야 하는 외에, 당해 사건이 그 외국법원에 대하여 합리적인 관련성을 가질 것이 요구되며, 전속적인 관할합의가 현저하게 불합리하고 불공정한 경우에는 그 관할 합의는 공서양속에 반하는 법률행위에 해당하여 무효"라는 입장이다.[14]

한편, 2009년 1월 19일 미국은 헤이그 국제사법회의의 국제재판관할합의에 관한 협약(The Hague Conference on Private International Law Convention of 30 June 2005 on Choice of Court Agreement)에 서명하였다. 동 협약은 민사 또는 상사와 관련한 국제재판관할합의에 대한 내용으로 당사자의 합의를 보장하는 규정 등을 포함하고 있는데 그 결과 국제거래에서 예측성을 보장하고 있다. 즉, 유효한 전속적 국제재판관할합의에 의하여 지정된 법원은 동 협약 제5조에 따라서 사건을 심리할 의무가 있으며, 제6조에 의하여 기타 여하한 법원은 다른 특별한 사정이 없는 한 당해 사건의 진행을 정지하거나, 이를 각하하도록 하고 있다. 또, 동 협약 제8조 내지 제

---

14) 대법원 1997. 9. 9. 선고 96다20093 판결.

9조에서 특별한 사정이 없는 한 서명국의 법원에서 선고된 판결이 다른 가입국에서 승인 및 집행되도록 규정하고 있다. 동 협약 제22조는 가입국은 선택적으로 자국의 법원이 비전속적 국제재판관할합의에 따라 지정된 타 가입국의 법원이 내린 판결을 승인 및 집행하도록 하고 있다.

동 협약은 미국의 요청 및 국제경영사회의 지원에 따라 1992년부터 진행된 협의의 결과로서 국제상업회의소(International Chamber of Commerce)는 전 세계 각국 정부에 대하여 2007년 이후 동 협약에 가입할 것을 권고하고 있다. 미국이 동 협약의 첫 번째 서명국이며 멕시코가 유일한 가입국가이다. 이외에 유럽연합, 아르헨티나, 호주 및 캐나다는 동 협약의 비준을 위한 절차를 진행하고 있다.

제3절 국제상사중재

1. 총 설

(1) 의 의

국제거래에서 발생하는 분쟁을 소송으로 해결하기에는 여러 가지 문제가 있으므로 실무상 분쟁해결수단으로 중재를 활용하는 경우가 많다. 여기서의 중재(arbitration)란 당사자 간의 합의로 사법상의 권리 기타 법률관계에 관한 분쟁을 재판에 의하지 않고 중재인의 판정에 의하여 해결하는 절차(중재법 제3조 제1호)를 말한다. 국제법상의 중재는 국가 간의 분쟁이 있는 경우에 당사국이 선임한 제3자의 판단에 해결을 위임하게 된다. 당사국이 제3자를 선임한다는 점에서 국제사법재판과 다르며, 제3자의 판단이 구속력을 갖는다는 점에서 국제조정과 구별된다.

국제법상 중재제도가 통용되기 시작한 것은 19세기 이후부터이다. 1899년 헤이그 평화회의에서 체결된 "국제분쟁의 평화적 해결에 관한 조약"에 따라서 1901년 상설중재재판소가 설립되었으며, 이후 1949년 "국제분쟁의 평화적 해결에 관한 일반의정서"에 따라서 당사국 간의 분쟁은 특정한 사항을 제외하고 국제사법재판소에 그 이외의 모든 분쟁은 중재재판소에 제기하게 된다.

우리나라는 정부와 대한상공회의소가 1963년부터 중재법의 제정과 중재기관의 설치를 위한 작업을 시작하여 1965년 12월 31일 국회의결을 거쳐 1966년 3월 16일 공포되었으며, 1973년 2월 8일 뉴욕협약에 가입하면서 중재실무에 맞추어 1973년 2월 17일 개정되었다. 이후 1985년 유엔국제무역법위원회(UNCITRAL)가 모델중재법을 채택한 이후 각국은 이를 수용하여 중재제도를 정비하였으며, 우리나라도 이를 수용하였다.

(2) 중재판정의 승인 및 집행의 국제적 보장

국제중재제도가 갖는 특성 가운데 중립성 보장보다 더 중요한 장점은 집행의 용이성을 들 수 있다. 국제소송의 경우 개별적인 상호보증이 없는 한 집행이 용이하지 않으나, 국제중재는 승인과 집행이 용이하다는 점에서 유리하게 활용할 수 있다. 나아가 상호보증 여부가 불분명한 경우가 많아서 소송을 진행하면서 그 판결이 집행될 수 있는지 확신할 수 없는 경우도 있다.

그러나 국제중재는 뉴욕협약을 통하여 143개국이 국제중재를 예외적인 취소사유를 제외하고 각국의 법원이 승인 집행하기로 규정함으로서 뉴욕협약에 가입한 체약국들은 협약에서 정한 몇 가지 예외를 제외하고 중재판정을 집행해야 하므로 협약체약국에서 국제중재판정을 받은 당사자는 다른 체약국에서 이를 승인 집행할 수 있다.

(3) 국제중재의 특징

1) 분쟁해결절차의 일종

국제중재는 당사자 사이에 발생한 분쟁의 해결을 위탁받은 제3의 기관인 중재판정부가 중재절차를 통하여 제출된 당사자들의 주장 및 증거를 심리하여 사실관계를 확정하고 실체적 준거법을 적용하여 법적인 결론을 내리는 분쟁해결절차이다. 따라서 중재절차의 당사자들은 중재판정부에 자신에게 유리한 사실관계를 제시하고 이를 증거로 입증하기 위한 서면, 증거 및 증인진술서 등을 제출하여야하며, 이에 기초하여 중재판정부는 중재판정문을 통하여 결론을 당사자들에게 고지하게 된다.

2) 상사계약상의 분쟁에 대한 해결절차

국제중재는 국제적인 상거래에서 체결되는 계약과 관련하여 발생하는 분쟁에 대한 해결수단으로 사용된다. 중재합의는 계약을 체결하면서 중재합의의 내용을 포함시키는 것이 일반적이지만 분쟁이 발생 한 이후에도 가능하다.

국제중재는 국제무역계약(국제물품매매계약)이나 해상운송계약(용선계약, 선하증권계약), 선박건조계약, 건설/토목 계약 등에 관한 분쟁 해결수단으로 발전하여 왔다. 특히 20세기 이후 다국적 기업이 발생하면서 상품의 단순한 수출만이 아니라 외국에서 회사를 설립하여 제품을 별도로 제조 및 판매, 대리점 계약에 의한 상품 판매나 서비스 제공 권한을 지배하려는 경향이 나타나면서, 회사법 법리와 지적 재산권 법리가 발달하였고, 새로운 국제적 투자 수요에 맞추어 새로운 유형의 계약이 체결되기 시작하면서 중재의 활용 분야도 넓어졌다. 특히 국제적인 M&A과정에서 합작회사(joint venture)를 만들면서 그 법적 근거인 주주 간 계약(shareholders agreement)에 따른 분쟁, M&A계약에 부수되는 자산인수도와 관련된 분쟁 등이 국제 중재에 의해서 많이 해결되고 있다. 한편 특허권이나 노하우(know−how)의 사용권을 부여하는 라이선스(license)계약이나 외국에서 상품 판매/서비스 제공에 관한 권한을 제공하는 distributorship계약 등이 발달하면서 중재를 활용하는 경향이 많아졌다. 이러한 계약들은 비즈니스 상황에 따라 다양하게 형식과 내용으로 체결되므로 표준계약서가 만들어지기가 어렵다. 따라서 이러한 유형의 계약에 대한 분쟁의 경우 어떠한 산업협회 내부의 중재기관에 의하기 보다는 ICC나 LCIA 등의 중재전문기관의 기관중재에 의하거나 임의중재(ad hoc arbitration)에 의하는 것이 일반적이다.

3) 국제적 분쟁해결에 적합

국제중재는 국제적인 분쟁의 해결에 보다 적합하다. 그 이유는 외국에서 이루어지는 중재판정문의 집행이 법원판결의 집행보다 용이하다는 점을 들 수 있다. 중재의 경우 외국중재판정의 승인 및 집행에 관한 국제연합협약(1958년 뉴욕협약)에 의하여 전 세계 주요 국가에서 행해진 중재판정문의 승인 및 집행이 보장되었다. 뉴욕협약에 따르면 중재절차에 있어서 심각한 흠결이 있거나 중재합의의 존부가 문제되는 경우, 중재판정의 집행이 이루어지는 국가의 공서양속에 반하는 경우 등 특별히 예외적인 경우에 해당하지 않는 이상 외국중재판정이 그대로 승인, 집행되도록 규정하고 있다. 그러나 외국법원의 판결을 집행하기 위해서는 집행이 이루어지는 해당 국가의 법률에 따라서 외국판결의 승인 및 집행이 이루어져야 하는데, 전세계적으로 통일된 법제도가 마련되어 있지 않아 각 국가마다 그 승인 및 집행요건이 다양하며, 통상 중재판정의 승인 및 집행에 비하여 그 요건도 엄격한 경우가 많으며, 어느 국가의 판결인가에 따라서 집행 가능성에 대한 예측가능성도 달라진다. 나아가 국제중재에 의하는 경우 비교적 정형화되고 관행이 형성된 중재절차에 의하여 절차 진행에 대한 예측가능성이 높으나, 소송에 의하는 경우 각 그 나라 법원의 고유하고 특수한 절차법제도를 따라야 하는 어려움이 있다.

4) 당사자 및 중재판정부의 상호 협의

소송의 경우 민사소송법, 민사소송규칙, 법원 예규 등 절차에 관한 자세한 규정이 존재하고, 법원행정처에 의한 질의회신이나 법원의 판례 등 절차에 관한 문제 발생 시 참고할 만한 유권해석이 있다. 그러나 국제중재의 경우 중재법과 중재기관의 중재규칙들이 존재하기는 하지만 중재법과 중재규칙에 나와 있는 중재절차에 관한 내용은 신속, 공정하게 중재절차를 진행하여야 한다는 원칙적인 내용과 증거조사, 심리기일의 진행 등에 관한 매우 간단한 조문만을 두고 있다. 또한 중재절차 도중에 절차에 관한 다툼이 있어서 중재판정부가 절차적 결정을 한 경우에도 이러한 내용은 일반적으로 공개되지 않으므로 다른 사건에서 이를 참조할 수 없다.

중재판정부가 구성된 이후에 구체적으로 중재절차를 어떻게 진행할 것인지는 당사자들과 중재판정부 사이의 상호 협의가 있어야 한다. 중재판정부는 중재신청서와 답변서가 제출된 상태에서 대개 절차 기일을 열고, 사건의 쟁점과 향후 절차의 일정, 중재절차의 2원화, 구체적인 서면제출의 시기와 횟수, 증거의 제출 및 조사 방법, 특히 문서개시절차의 진행 방법 등에 대하여 가능하면 당사자들의 합의를 유도하고, 합의가 이루어지지 않은 부분에 대하여 절차 명령을 내려 중재절차 진행의 기본적인 틀을 정하게 된다. 특히 증거의 제출 및 증거능력, 증거조사 방법 등에 관하여 국제변호사협회(International Bar Associaltion, 이하 IBA)에서 만든 "국제중재에 있어서의 증거조사에 관한 IBA 규칙(IBA Rules on the of Evidence in International Commercial Arbitration, 이하 IBA 증거조사 규칙)"을 적용하기로 합의하는 경우가 일반적이다. 이와 같이 당사자들의 합의를 근거로 하여 중재절차를 진행하는 것을 당사자 자치에 의한 중재절차의 진행이라고 한다.

5) 대륙법과 영미법의 융화

소송절차에서 대륙법계와 영미법계는 차이가 있다. 영미법계의 경우 문서개시절차가 잘 발달되어 각 당사자가 자신에게 불리한 문서들이라도 상대방의 문서제출요구가 사건과 관련성이 있고 거부사유가 없는 경우에는 이를 폭넓게 제공해야 하며, 이를 통하여 실체적 진실관계를 규명한다. 반면에 대륙법계에서는 문서개시절차가 많이 발달하지 않았고, 엄격한 입증책임에 따라 자신에게 유리한 사실관계는 자신이 스스로 증거들을 제출하여야 하며, 특별한 사정이 없는 한 자신에게 불리한 내용의 문서를 소송절차에서 제출할 필요가 없다. 증거에 대한 중요성에 관해서도 영미법계 법원의 경우 증인의 증언에 대하여 대륙법계 법원에 비하여 일반적으로 더 큰 의미를 부여하고 있다.

절차 진행과 관련한 판단에 있어서 중재인들은 영미법계와 대륙법계의 입장을 절충하여 가능한 원만하게 절차를 진행하도록 노력하고 있다. 즉, 문서개시절차의 경우 영미법계 중재인이라 하더라도 국제중재절차에 있어서는 통상 일반적인 영미법계 법원에서 이루어지는 문서개시 절차보다는 그 범위를 좁혀서 실시하는 것이 일반적이다

6) 기밀성의 유지

소송에서는 재판절차는 공정성을 담보하기 위하여 특별한 사정이 없는 한 일반인에게 공개하는 것을 원칙으로 하고 있다. 그러나 국제중재는 절차를 비공개로 진행함이 원칙이므로, 특히 영업비밀이나 노하우(know-how)와 같이 경쟁회사나 고객에게 정보가 공개되지 않을 필요가 큰 사건의 해결에 있어 기밀성이 유지되는 국제중재절차가 적합하다. 또, 정치적, 군사적으로 민감한 사건인 경우에는 당사자들이 분쟁이 발생하였다는 사실 자체가 공개되는 것에 부담을 주는 경우가 많으며, 이러한 유형의 사건들도 국제중재를 통하여 해결되는 경우 그 분쟁의 발생 자체가 공개되지 않을 수 있다.

국제중재절차에서는 기밀성 유지를 위하여 원칙적으로 당사자들 이외의 제3자는 중재 심리를 방청할 수 없도록 하고 있다. 당사자들과 중재인들은 중재절차를 통하여 입수하게 된 서류들, 특히 상대방으로부터 문서개시절차를 통하여 제공받은 서류들에 대하여는 엄격한 비밀유지의무를 부담하게 된다. 중재판정문 역

시 그 내용이 외부에 공개되지 않는 것이 원칙이다.

2. 국제중재 관련 규칙

(1) 뉴욕협약

1593년 국제상공회의소(The International Chamber of Commerce: ICC)가 국제연합에 국제중재판정의 승인 및 집행에 관한 협약 초안을 제출하였으며 약간의 수정을 거쳐서 1958년 유엔협약의 형태로 체결되었다. 2014년 4월 현재 149개국이 뉴욕협약(Convention on the Recognition and Enforcement of Foreign Arbitral Awards)에 가입하고 있으며, 우리나라는 협약의 내용을 수용하여 중재법 제39조에서 "뉴욕협약의 적용을 받는 외국중재판정의 승인 또는 집행은 동 협약에 의한다"고 규정하고 있다. 뉴욕협약에서는 협약 제5조에서 정한 한정된 사유를 제외하고 협약국 내에서 내려진 외국국제판정은 다른 협약국에서 승인집행이 보장되도록 규정하고 있다.

(2) UNCITRAL 모델법

1958년 뉴욕협약이 채택된 이후 약 28년이 지난 1985년 국제연합 산하의 무역법위원회(United Nations Commission on International Trade Law: UNCITRAL)는 각국의 중재제도를 활성화하기 위하여 각국의 중재법이 될 모델법 작성작업을 시작하였다. 이 모델법은 세계 각국의 중재실무의 공통적인 특징을 반영하여 조문화하고 이를 각국이 중재법의 형태로 수용하도록 한 것이다. 이에 따라서 다수의 국가들이 이 모델법을 채택하였으며 우리나라는 1999년 이를 채택하여 중재법을 개정하였다.

(3) 1999 중재법

1980년대 많은 국가들이 국제거래의 당사자들로 하여금 법률적 및 사실적 거부감을 갖지 않도록 국제적 기준에 맞는 중재법 체계를 갖추기 시작하였다. 이에 우리나라의 경우에도 대외교역이 증가하기 시작하면서 국제적 요구수준에 맞는 중재법의 필요성이 고조되었다.

국제연합 UNCITRAL이 1985년 모델법을 채택한 이후 우리나라에서도 이제까지의 중재법으로는 중재실무에 부합하는 중재제도를 마련할 수 없다는 점을 인식하고 대외적으로 통일된 중재법을 정비해야 할 필요성을 인지하여 1999년 12월 현행 중재법(법률 제6083호)을 제정하게 되었다. 현행 중재법은 UNCITRAL 모델법을 상당 부분에 걸쳐서 따르고 있는데, 국제중재의 집행에 관여하는 뉴욕협약을 그 대로 인용하고 있다. 다만 우리나라 중재법을 비롯한 각국 중재법 조항의 상당 부분은 그 나라에서 이루어진 중재절차에만 적용된다(우리나라 중재법 제2조 제1항). 즉, 제28조에서 규정한 증거조사에 대한 법원의 협조는 국내에서 이루어지는 중재에만 적용되고, 외국에서 이루어지는 중재절차에는 적용되지 않는다.

3. 국제중재

(1) 의   의

중재는 당사자 간의 합의로 사법상의 분쟁을 사법부의 판단에 따르는 것이 아니라 중재인의 판정에 의하여 분쟁을 해결하는 절차(중재법 제3조 제1항)로 소송에 대비되는 대체적 분쟁해결 수단이다. 이 가운데 국제중재란 중재절차에 있어서 당사자 또는 분쟁대상에 있어서 국제적인 요소가 있는 사건을 총칭하는 개념이다.

(2) 국제중재의 요소

1) 중재합의

분쟁을 중재를 통하여 해결하기 위해서는 반드시 당사자들 사이에 계약을 체결할 때 또는 분쟁이 발생한 후에 중재절차를 통하여 분쟁을 해결하고자 하는 중재합의가 있어야 한다. 따라서 중재절차를 개시하는 경우에는 우선 당사자 사이에 중재합의를 하였는지 나아가 중재합의의 효력으로서 중재인이 당해 분쟁에 관한 중재권한이 있는지 등을 확인하여야 한다. 또, 소송의 경우 독립당사자 참가, 승계참가 등 소송에 관여하는 다양한 제도가 마련되어 있으나, 중재절차에서는 당사자들 사이에 원만한 합의가 이루어지지 않는 한 중재합의의 당사자가 아닌 제3자가 중재절차에 참여하는 것이 불가능한 경우가 많다. 따라서 중재합의의 존부와 중재합의의 효력에 관한 문제는 중재합의의 준거법에 의하여 판단하여야 한다.

2) 중재인

중재절차는 중재인으로 구성된 중재판정부가 법원과 유사하게 신청인과 피신청인의 법률 및 법률사실에 관한 주장을 듣고 제출한 입증자료 등을 검토한 이후에 종국적으로 중재판정을 통하여 신청을 인용하거나 기각하게 된다. 이와 같이 중재는 법원을 통한 분쟁해결과 유사한 반면에 분쟁해결기구의 구성에 차이가 있다.

중재절차가 개시되면 중재인을 선정하여 중재판정부를 구성하게 되는데, 중재인의 선정에 대해서는 중재합의 또는 특정 중재기관의 중재규칙으로 정해져 있는 경우가 많다(일반적으로 3인 중재인의 경우 당사자들이 1인의 중재인을 선임하고 선정된 쌍방 중재인들이 상호 합의를 통하여 의장 중재인을 선임한다).

중재인은 분쟁해결기관으로 중립성과 독립성이 요구되며 이를 위하여 중재법과 중재규칙 등을 통하여 각종 의무가 부여되며 당사자들은 기피신청을 할 수 있다.

3) 중재기관, 중재규칙과 중재법

중재절차는 기관중재(institutional arbitration)와 임의중재(ad hoc arbitration)로 대별된다. 기관중재는 대한상사중재원(Korean Commericial Arbitration Board), 국제상공회의소 중재법원(International Court of Arbitration: ICC), 런던국제중재법원(London Court of International Arbitration: LCIA) 등과 같이 상설적으로 중재를 관리하는 기관의 감독 하에 이루어지는 중재이다. 반면 임의중재란 중재기관의 관여 없이 이루어지는 중재로UNCITRAL 중재규칙이 적용된다.

기관중재에 의할 것인가 아니면 임의중재에 의할 것인가는 당사자들의 중재합의를 통하여 정해지며, 해당 중재기관의 중재규칙에 따라 중재를 진행한다는 점을 특정함으로써 기관중재에 의한다는 점을 밝히게 된다.

4) 준거법

국제중재에 있어서 준거법의 문제는 중재절차에 어느 나라의 법률을 적용할 것인가에 관한 것으로 국제중재절차상의 준거법은 중재합의의 준거법, 절차적인 준거법, 실체적인 준거법이 문제된다.

국제거래 계약은 통상 실체적 준거법을 지정하고 있는데, 실체적 준거법이 중요한 이유는 동일한 계약조항이라 하더라도 실체적 준거법이 어느 나라의 법이냐에 따라서 법률 해석에서 차이가 있을 수 있으며, 계약의 흠결이 있는 경우에 해당 준거법에 따라서 이를 보충해야 하기 때문이다.

실체적 준거법이 지정되지 않은 경우에는 법원이 그 나라의 국제사법을 적용하여 실체적 준거법을 정하게 된다. 그러나 국제중재의 경우 각 국가 마다 중재법과 중재규칙이 서로 상이하므로 주의하여야 한다. 즉, 우리나라의 중재법 제29조 제2항에서 당사자들에 의한 실체적 준거법의 지정이 없는 경우에는 중재판정부가 분쟁의 대상과 가장 밀접한 관련이 있는 국가의 법을 적용하도록 규정하여 국제사법이 고려대상이 아닌 반면, UNCITRAL 모델법 제28조 제2항은 당사자들이 실체적 준거법을 지정하지 않은 경우 중재판정부가 적용될 수 있다고 보는 국제사법에 따라 결정되는 법을 적용하도록 하고 있다.

5) 중재절차

국제중재는 법원의 소송절차와 유사하게 중재 판정부에 양 당사자의 주장을 담은 서면과 증거제출 및 심리기일에 이루어지는 구두변론과 증인신문절차 등으로 이루어진다. 그러나 국제중재의 경우 중재판정부가 구성되더라도 특정 물리적 장소에 상주하면서 중재절차를 위한 상설 법정이 없기 때문에 대체적으로 모든 서면 제출 및 증거 제출이 끝난 후 1주 내지 2주 정도의 집중심리기간을 정하여 당사자들의 구두변론 및 증인신문이 이루어진다.

중재절차에 따라서 다소 차이는 있겠으나 일반적으로 중재신청서와 답변서가 제출된 후 양 당사자가 각 2회 정도의 주장내용을 기재한 서면을 교환하고, 집중심리기일 후에는 심리내용을 반영한 최종 서면을 제출하는 방식을 사용하고 있다. 각 서면에는 증거 및 사실관계 또는 전문가 증인의 진술서가 첨부되어 제출된다. 서면 교환과정에서 영미법적인 절차인 문서개시(document production)제도가 통상적으로 활용되며, 집중심리기일에는 사실관계 또는 전문가 증인 진술서를 제출한 증인들이 출석하고, 상대방이 증인들에 대해서 반대신문을 한다.

중재절차에서 발생하는 절차상의 쟁점에 대해서 당사자들의 합의가 이루어지지 않을 경우에 당사자들은 중재판정부에 판단을 요구할 수 있다. 이 경우 중재판정부는 위임된 중재절차에 관한 판정을 하게 된다.

6) 중재판정문

중재절차상 모든 주장과 증거의 제출이 완료되면 중재판정부가 중재판정문을 작성하여 양 당사자에게 고지하게 된다. 중재판정문은 법원 판결의 주문과 유사하며 통상 신청인의 청구를 일부 또는 전부 인용하거나 기각하는 취지의 결론에 해당하는 부분과 법원의 판결 이유부분과 유사하게 중재판정부가 그러한 결론에 이르게 된 이유를 설명하는 부분으로 나누어져 있다.

중재판정문이 고지되면 이를 다시 중재절차에서 다투는 것은 불가능하다. 다만 법원에서 이루어지는 중재판정의 취소절차 또는 중재판정의 집행절차에서 중재 절차에 흠결이 있었는지 또는 중재판정문 자체가 중재지 또는 집행지의 공서양속에 반하는지 여부에 대한 판단이 이루어질 수 있을 뿐이다.

임의중재(ad hoc arbitration)는 기관이 관여하지 않는 중재로 국가가 관여된 분쟁이나 대규모 분쟁해결에 적절하다. 당사자 자치의 장점이 있으나 절차상 불확실성 및 절차의 지연 등의 단점이 있다. 이에 대하여 기관중재(institutional arbitration)는 해당 기관의 중재규칙을 적용하여 검증된 중재기관에 의한 중재절차진행 등을 감독한다. 일방 당사자의 비협조에 따른 절차의 지연을 방지할 수 있으나 중재기관에 수수료를 지급해야 하는 단점이 있다.

4. 중재기관

(1) 국제상업회의소

1) 개   요

국제상업회의소(International Chamber of Commerce; 이하 ICC라고 한다)는 세계 대표적인 기업관련 국제기관으로 1920년 프랑스 파리에 본부를 두고 발족하였다. 동 회의소는 각국 실업가단체를 중심으로 각국의 상공회의소 및 실업가의 연락 내지 제휴 통상관계의 원활화 등을 위하여 활동하고 있다. 제1차 세계대전이 종료된 이후 1919년 10월 미국 뉴저지 주 애틀랜틱시티에서 미국, 영국, 프랑스, 이탈리아, 벨기에 등의 기업의 대표들이 모여 전후 세계경제재건과 국제통상부흥에 관한 회의를 개최하였는데 동 회의는 본 회의에서 비롯되었다.

ICC의 국제중재법원은 중재를 통하여 국제적 상사분쟁의 합리적인 해결을 도모하기 위해 1923년 프랑스 파리에서 동 회의소 산하기관으로 설립되었다. 20세기에 들어 동 회의소는 국제상사분쟁해결에 있어 세계 주요 기구로서의 역할을 하고 있으며, 설립 이후 조정과 중재기관의 절차를 후원하였다.

2) ICC 중재조직의 구성

가. ICC 법원

ICC의 중재법원은 일반적인 의미에서의 법원이 아니며 ICC 중재규칙에 따라서 진행되는 중재사건들을 관리하는 기구이다. 주요 업무는 ① 중재 시에 당사자들이 납부하는 임시예납금 책정, ② 필요에 따른 중재합의 존재여부 검토, ③ 중재지 결정, ④ 중재인 지명 확인 또는 선정, ⑤ 중재인 기피여부 결정, ⑥ 중재판정문의 수준 및 강제집행을 제고하기 위한 중재판정문 초안 검토, ⑦ 중재비용의 확정 등이다.

나. 사무국

ICC법원의 사무국은 사무국의 모든 업무를 총괄하는 사무총장과 중재사건 업무 등 사무국 내부업무를 처리하는 사무부총장 및 ICC 조직 내의 다른 부서와의 조율 및 ICC조직 외부와 관련된 문제 등을 주로 담당하는 General Counsel 및 개별 중재사건을 배정받아 관리하는 Counsel로 구성되며 ICC본부에 소재하고 있다. 당사자들과 중재인들은 중재법원과 직접 연락을 취할 수 없으며 모든 연락은 사무국에 해야 한다. 사무국의 주요 업무는 ① 중재법원의 의사결정에 필요한 모든 서류의 작성 및 준비, ② 중재절차 중 당사자 및 중재인들과의 연락, ③ 중재판정부가 구성되기 전까지 중재신청 및 기타 서류의 접수 및 통지, ④ 중재절차의 모니터링 등이다.

3) ICC 절차

가. 요금납부 및 임시예납금

ICC에 중재신청을 하는 경우 신청인은 신청요금으로 미화 3,000 달러를 납부해야 하며, 이는 신청인에게 반환되지 않는다. 이후 사무총장은 임시예납금을 정하는데 이 비용은 Terms of Reference(TOR) 작성단계까지의 비용으로 ICC 법원이 결정하는 예납금은 임시예납금을 포함하여 계산한다. 사무국은 임시예납금이 완납된 이후에 사건관련 모든 서류를 해당 중재판정부에 송부하게 된다. 임시예납금은 신청인과 피신청인이 절반씩 분담하는 것이 원칙이며, 그러나 일방 당사자가 임시예납금을 지급하지 않으면 다른 당사자가 모두 지불해야 한다. 피신청인이 예납금지급을 거절하는 경우 신청인이 사무총장에 의해 정해진 기간 내에 자신의 청구에 대해서 부과된 예납금을 완납해야 할 의무를 부담하고, 그래도 납부하지 않는 경우에는 그 청구는 철회한 것으로 간주한다. 반대신청이 제출되는 경우, 일방당사자의 요청에 의하여 중재법원은 본신청과 반대신청에 대해서 각기 다른 별개의 예산을 정할 수 있으며, 이 경우 각 당사자는 자신이 청구한 금액에 따라서 정해진 개별예납금을 지급해야 할 책임이 있다.

나. 중재합의의 존재 판단

ICC 중재규칙은 피신청인이 답변서를 제출하지 않는 경우 또는 당사자의 어느 일방이 중재합의의 존재, 유효성, 범위 또는 중재상 청구가 하나의 중재절차에 의해서 모두 판단할 수 있는지 여부에 대한 항변을 제기하더라도 원칙적으로 중재판정부가 이를 판단하도록 하고, ICC 법원이 중재합의의 존재여부를 판단하는 경우에는 사무총장이 직접 이 문제를 ICC 법원에 부의하는 경우로 제한하고 있다.[15]

다. 중재판정부의 구성

ICC 중재에서 중재인은 1일 또는 3인으로 구성된다. 당사자들이 중재인의 수에 대해서 합의를 하지 못한 경우에는 중재법원이 중재의 중요도에 따라서 3인의 중재인의 선정이 필요하다고 인정할 만한 사정이 있는 경우를 제외하고 1인의 중재인을 선정하게 된다.

분쟁이 단독중재에 회부된 때에 당사자들은 공동으로 중재인 1인을 지명할 수 있다. 그러나 당사자들이 공동지명을 하지 못한 경우에는 ICC 법원이 단독중재인을 선정하게 된다.[16] 분쟁이 3인의 중재판정부에 회부되는 경우, 각 당사자는 신청서 및 답변서를 통하여 각각 1인의 중재인을 지명하고 중재법원의 확인을 받아야 한다. 일방 당사자가 중재인을 선정하지 않을 경우 중재법원이 이를 선정하고, 중재판정부의 의장으로 활동할 제3중재인은 당사자들이 그 선정절차에 대하여 별도의 합의를 하지 않는 한 중재법원이 선정한다.

중재법원이 제3중재인을 선정해야 하는 경우, 중재법원은 적절하다고 인정하는 ICC국가위원회의 추천에 따라서 선정하여야 하며, 중재법원이 그 추천을 받아

---

15) ICC 중재규칙 제6조 제3항.
16) ICC 중재규칙 제12조 제3항.

들일 수 없거나 국가위원회가 중재법원이 지정한 기간 내에 추천을 하지 못한 경우에 중재법원은 재추천을 요청하거나 기타 적절하다고 인정하는 국가위원회의 추천을 받거나 직접 선정할 수 있다.[17]

라. 중재인의 기피 및 교체

당사자는 중재인에 대한 독립성의 결여, 편파성 기타의 사유를 막론하고 기피의 근거가 되는 사실과 배경을 상술한 서면진술서를 사무국에 제출하는 방식으로 중재인 기피신청을 할 수 있다.[18] 기피신청을 하려는 당사자는 중재인의 선정 또는 확인 통지를 수령한 날로부터 30일 이내, 기피의 근거가 되는 사실을 알게 된 날자가 앞의 통지를 수령한 이후인 경우에는 그 일자로부터 30일 이내에 기피신청서를 제출해야 한다.[19]

중재인의 사망, 중재법원의 사임의사 수리, 중재법원의 기피신청 인용, 당사자 전원의 요청 등 중재인이 절차를 제대로 수행할 수 없거나 절차가 비정상적으로 지연되는 경우에는 중재인을 교체할 수 있다.[20] 또, 중재법원은 중재인이 자신의 직무를 법률상 또는 사실상 수행하지 못하거나 규칙에 따라 또는 지정된 기간 내에 직무를 수행하지 않는다고 판단한 경우, 직권으로 중재인을 교체할 수 있다.[21]

4) 긴급중재인

가. 의   의

임시처분은 법원이나 중재판정부에 신청할 수 있으나, 중재판정부가 구성되기 이전에 법원에 임시적 처분의 신청이 부적절한 경우에도 임시적 처분이 가능하도록 하는 긴급중재인 제도가 있다.

나. 요   건

긴급중재인제도가 적용되기 위해서는 중재합의가 중재규칙의 발효일인 2012년 1월 1일 이후에 이루어져야 하고, 당사자들이 긴급중재인 제도의 적용을 배제

---

17) ICC 중재규칙 제13조 제3항.
18) ICC 중재규칙 제14조 제1항.
19) ICC 중재규칙 제14조 제2항.
20) ICC 중재규칙 제15조 제1항.
21) ICC 중재규칙 제15조 제2항.

하지 않아야 하며, 당사자가 중재의 사전절차로 별도의 임시적 처분에 합의하지 않았어야 한다.[22]

다. 절　　차

ICC 법원장은 가능한 신속하게, 통상 신청서 접수 후 2일 내에 긴급중재인을 선정해야 하며, 긴급중재인은 ICC 사무국으로부터 기록을 송부 받은 날로부터 통상 2일 이내에 절차일정표를 정하고, 임시적 처분은 접수한 날로부터 15일 이내에 내려야 한다. 그러나 이 기간은 ICC 법원에 의하여 연장될 수 있다.[23]

라. 효　　력

긴급중재인이 내린 임시적 처분은 결정에 해당하며 당사자들은 이 결정에 구속된다. 그러나 중재판정부는 본안심리 시에 긴급중재인이 내린 임시적 처분에 구속되지 않고 이를 변경, 철회 또는 취소할 수 있다.

(2) 대한상사중재원

대한상사중재원은(Korean Commercial Arbitration Board: KCAB) 국내유일의 국제상사중재기관이다. 1966년 대한상공회의소부설 기관으로 설립한 이후 1970년 3월 21일 중재법에 의하여 독립적인 중재기관이 되었다. 대한상사중재원은 정부출연 공공기관으로 지식경제부산하에서 국내외 중재사건을 처리하는 준사법기관으로서의 기능을 담당하고 있다. 이외에도 조정, 알선, 상담업무 및 ISD 조사연구 등을 수행하고 있다. KCAB는 최근 국제중재규칙을 개정하여 2011년 9월 1일부터 시행하고 있다.

1) 적용범위

중재합의에서 대한상사중재원 국제중재규칙으로 특정한 경우 외 중재규칙을 특정하지 않고 단순히 대한상사중재원의 중재에 합의한 경우에도 당사자들의 영업소(또는 상거소) 소재지 또는 중재지가 대한민국 외의 장소일 경우에 국제중재규칙이 적용된다.

---

22) ICC 중재규칙 제29조 제6항.
23) Appendex V 제5조 제1항.

2) 중재판정부의 구성

가. 중재인의 수

단독 중재인을 원칙으로 하며, 당사자가 사무국에 3인의 중재인에 의할 것을 신청하면 사무국이 분쟁의 규모, 복잡성 및 기타의 요소들을 고려하여 적절하다고 판단되는 경우에는 3인의 중재인을 지명할 수 있다.[24)]

나. 중재인 선정절차

당사자들이 중재인 선정에 대한 일차적인 선택권을 갖는다. 이때 단독 중재인인 경우와 3인 중재인인 경우 그 절차가 다르다. 즉, 분쟁이 단독 중재인에게 회부되는 경우에 당사자들은 정해진 기간 내에 합의하여 단독중재인을 선정하여야 한다. 그러나 합의가 이루어지지 못하는 경우에는 대한상사중재원 사무국이 단독 중재인을 선정할 수 있다.[25)]

3인의 중재인은 당사자가 합의하거나 사무국이 이를 결정할 수 있다. 당사자가 3인 중재인으로 합의한 경우, 양측의 당사자들이 각각 1인의 중재인을 중재신청서 및 답변서 또는 사무국이 허용한 연장기간 내에 각각 선정하여야 한다. 그러나 사무국이 3인 중재인으로 결정한 경우에 당사자들은 사무국으로부터 통지를 받은 날로부터 30일 또는 사무국이 허용한 연장기간 내에 각각 1인의 중재인을 선정해야 한다. 그러나 당사자가 위의 기한 내에 중재인을 선정하지 못한 경우에는 이를 사무국이 선정한다.[26)]

당사자들에 의하여 선정된 2인의 중재인들이 합의로 제3의 중재인을 선정하고 그가 중재판정부의 의장이 된다. 2인의 중재인에 의한 제3중재인 선정의 합의가 두 번째 중재인의 선정일로부터 30일 이내에 이루어지지 않는 경우에는 사무국이 제3의 중재인을 선정하게 된다.[27)]

다. 다수당사자 중재에서 중재인의 선정

다수당사자 중재에서 복수의 신청인 또는 복수의 피신청인은 공동으로 중재

---

24) 대한상사중재원 국제중재규칙 제11조.
25) 대한상사중재원 국제중재규칙 제12조 제1항.
26) 대한상사중재원 국제중재규칙 제12조 제2항 제1문.
27) 대한상사중재원 국제중재규칙 제12조 제2항 제4문.

인을 선정하되, 복수당사자들 중 1인이라도 선정에 합의하지 않는 경우, 다른 복수 당사자들이 중재인 공동선정에 이르렀는지와 무관하게 대한상사중재원 사무국이 중재인 3인 모두를 선정할 수 있다.[28] 이때 대한상사중재원은 단독중재인이나 의중중재인을 선정할 때에 중재인의 실무경험과 사건 관리 능력 뿐만 아니라 국적 및 거주지도 고려해야 한다.[29] 또, 대한상사중재원은 당사자의 일방이 요청하는 경우 각 당사자들과 국적이 다른 자를 중재인으로 선정하여야 한다.

라. 중재인의 기피

중재인의 기피신청을 하려는 자는 독립성이나 공정성에 정당한 의심을 야기할 만한 사유가 있어야 하며, 기피의 원인이 된 사유와 사실을 알게 된 날로부터 15일 이내에 일방 당사자가 대한상사중재원 사무국에 기피신청서를 제출하면 된다.[30] 중재인에 대한 기피신청 후 상대방 당사자도 기피에 동의한 경우에는 해당 중재인은 사임하여야 하며, 그러나 상대방 당사자가 동의하지 않더라도 기피 대상이 된 중재인은 자진하여 사임할 수 있다.

3) 중재절차

국제중재규칙에 따른 중재절차는 우리 민사소송법, 계약상 준거법 중의 소송절차에 관한 규정이 적용되지 않으며, 기존의 중재규칙과 유사하게 중재인들이 절차진행에 관하여 비교적 많은 재량권을 갖는다.

가. 예비기일 및 중재절차계획

중재판정부는 중재절차계획표를 작성하여 중재판정부가 구성 된 이후 30일 이내에 당사자들에게 제공하여야 한다. 또, 중재판정부의 재량으로 예비기일을 개최할 권한을 부여할 수 있다.

나. 서면 기타 문서의 형식으로 서신의 제출

중재절차는 중재신청서를 대한상사중재원 사무국에 제출함으로써 개시된다. 그러나 중재판정부가 구성된 이후에는 효율적인 절차 운영을 위하여 당사자가 상

---

28) 대한상사중재원 국제중재규칙 제12조 제3항.
29) 대한상사중재원 국제중재규칙 제12조 제4항.
30) 대한상사중재원 국제중재규칙 제13조 제1항, 제2항.

대방 당사자와 중재인들에게 직접 제출문건의 사본을 전달하는 방법에 의하여 송달이 이루어진다.

다. 언   어

국제중재규칙에서 당사자 간의 합의가 없는 경우 중재판정부가 계약 언어를 비롯하여 모든 관련 상황을 적절히 고려하여 중재언어를 결정하도록 하고 있다.

라. 신속절차

당사자 사이에 신속절차에 따르기로 하는 합의가 있거나 신청금액이 2억 원이하인 사건의 경우에는 신속절차에 따를 수 있으며, 중재판정부는 신속절차를 적용할 때에는 중재판정부 구성일로부터 3개월 이내에 판정하여여 한다. 이때 절차의 간소화를 위하여 중재인선정 및 구술심리 또는 서면심리에 대한 특칙이 있다.

마. 국제중재위원회

대한상사중재원 국제중재규칙은 대한상사중재원이 선정하는 위원들로 구성된 국제중재위원회의 설치를 규정하고 있다. 국제중재위원회는 중재인 기피와 중재인의 교체 및 해임에 대한 자문기관으로 ICC와 유사한 기능을 하고 있다.

4) 중재비용 등

중재비용은 신청요금, 관리요금, 중재인의 수당과 경비 및 중재절차 과정에서 발생하는 기타 경비가 있다. 신청인은 1,000,000 원의 신청금을 납부하여야 하고, 사무국이 정하는 금액은 양 당사자들이 균분하여 예납하여야 한다.

관리요금을 포함한 중재비용은 중재판정부가 달리 정하지 않는 한 패소한 자가 부담하여야 하는데, 변호사 비용, 전문가 증인비용, 사실관계 증인 및 통역사 비용을 포함한다.

(3) 런던중재법원

1) 개   관

런던중재법원(London Court of International Arbitration: LCIA)은 세계에서 가장 오래된 중재기구로 City of London Corporation의 주도하에 1892년에 설립되었다. 중재지는 런던의 국제중재센터이나 관련 당사자의 국적을 가리지 않고 상거래에서 생기는 분쟁에 관하여 포괄적인 상사중재 서비스를 제공하기 위한 목적으로 설립되었으며, 유럽 국가는 물론 중국 및 일본 등의 주요 무역국으로부터 선발된 중재인으로 구성된다.

2) 중재인

중재인은 당사자가 합의하거나 LCIA사안의 성격상 3인 중재인이 적절하다고 판단하지 않는 이상 1인의 중재로 된다. LCIA의 경우 중재인에 대한 기피신청 내역이 공개되므로 중재인의 투명성이 강하게 요구되고 있다.

3) 중재절차

ICC와 달리 LCIA의 경우 별도의 중재위탁요지서 작성 및 중재 판정문 검토 절차가 없어 비교적 신속하게 중재가 이루어진다. 나아가 당사자는 LCIA의 임시 절차를 이용할 수도 있다.

4) 비   용

LCIA는 신청액에 따라서 중재비용을 정하지 않고 시간당 보수로 정하는 것이 특징이다. 또, 변호사 비용은 우리와 마찬가지로 패소자 부담의 원칙이다.

(4) 기   타

1) 싱가포르국제중재센터

싱가포르국제중재센터(Singaapore International Arbitration Center: SIAC)는 1991년에 설립되었는데 맥스웰 챔버(Maxwell Chambers)라는 국제중재 전용시설 내에 있어서 중재심리기일 수행이 편리하다. SIAC는 신속한 사건처리 및 선임되는 중재인들의 한국에 대한 높은 이해, 인도, 동남아시아, 중국 관련 거래의 중재기관으로 제안 시 상대방의 수용 가능성이 높다는 장점 등을 갖추고 있다.

2) 홍콩국제중재센터

1985년에 설립된 홍콩국제중재센터(Hong Kong International Arbitration Center)는 과거 임의중재에서 중재인선임 업무를 주로 담당하였으나, 최근에는 기관중재에 관한 중재규칙을 채택하고 중재법정을 증설하는 등의 노력을 경주하고 있다. 홍콩국제중재센터는 중국과 외국기업 간의 거래관계에서 발생한 분쟁 해결에 많이 활용되고 있으며, 홍콩국제중재센터를 이용하는 주요 국가들은 홍콩, 버진아일랜드, 케이맨아일랜드, 중국, 일본, 싱가포르, 한국 및 미국 등이다.

제4절 중재판정의 승인 및 집행

1. 개   설

중재판정만으로는 집행권원이 없으므로 특정 국가에서 집행을 하기 위해서는 당해 국가에서 별도의 집행판결을 받아야 한다. 뉴욕협약에 따르면 외국중재판정에 의하여 강제집행을 하기 위해서는 ① 정당하게 인증된 판정원본 또는 정당하게 증명된 그 등본과 ② 중재합의의 원본 또는 정당하게 증명된 그 등본, ③ 중재판정이나 중재합의가 그 적용될 국가의 공용어로 작성되지 않은 경우에는 공적기관인 번역관, 선서한 번역관, 외교관 또는 영사관에 의하여 증명된 번역문을 첨부하여 중재판정을 내린 국가 이외의 국가 법원에 외국중재판정승인 및 집행판결을 구하는 소를 제기하여 집행판결을 받아야 한다.[31] 중재판정을 내린 국가에서 중재판정의 집행을 구하는 경우에는 뉴욕협약이 아닌 당해 국가의 중재법에 따른 중재판정의 집행절차에 따라야 하는데, 우리나라 중재법 제38조는 중재판정 취소사유가 없으면 중재판정이 집행되도록 규정하고 있다.

그러나 우리나라는 뉴욕협약에 가입하면서 상사유보와 상호주의를 선언함으로써 뉴욕협약국인 외국중재판정 가운데 우리나라법상 상사관계에 관한 분쟁에 한해서 뉴욕협약을 적용하게 된다. 그 결과 뉴욕협약 체약국을 중재지로 하는 중재판정을 한국에서 집행할 경우에는 뉴욕협약의 절차에 따라서 승인 및 집행을 해야 하고, 그렇지 않은 중재판정의 경우 중재법에 따라서 승인 및 집행을 하여야 한다.[32]

---

31) 뉴욕협약 제3조 및 제4조.
32) 중재법 제39조.

📎 관련판례

> ▪ 대법원 2004. 12. 10. 선고 2004다20180 판결
>
> 외국중재판정의 승인 및 집행에 관한 협약 제4조 제1항은 "외국중재판정의 승인과 집행을 신청하는 당사자는 그 신청을 할 때에 ① 정당하게 인증된 중재판정의 원본 또는 정당하게 증명된 그 등본, ② 제2조에 정한 중재합의의 원본 또는 정당하게 증명된 그 등본을 제출하여야 한다."고 규정하고 있는바, 위 협약은 기본적으로 체약국들 사이에 서로 다른 나라에서 성립한 중재판정에 대한 집행을 용이하게 해주려는 취지에서 출발한 협약이라는 점에다가 국제적으로도 위 협약 제4조의 요건을 완화하여 해석하려는 경향이 강하다는 점까지 감안하여 볼 때, 위 제4조 제1항에 정한 서류들의 제출을 집행판결사건의 소의 적법요건으로서 법원이 직권으로 판단하여야 할 사항이라거나, 당사자들 사이에 중재판정이나 중재합의의 존재 및 그 내용에 관한 다툼이 없는 경우에까지 그 제출이 반드시 요구되는 것이라고 해석할 수는 없고, 이는 당사자들 사이에 중재판정이나 중재합의의 존재 또는 그 내용에 관한 다툼이 있는 경우에 있어서 그에 대한 증명은 오로지 위 제4조 제1항에 정한 서류로써만 하여야 한다는 증거방법에 관한 규정이라고 봄이 상당하며, 나아가 여기서 원본이나 등본을 제출하여야 한다는 것은 반드시 그 실물을 신청서 등에 첨부하여 제출하여야 한다는 의미가 아니고, 원본이나 등본의 제출에 갈음하여 그 사본을 제출하고 상대방이 아무런 이의를 제기하지 않으면서 그에 대하여 '성립인정'으로 인부하였다면, 이는 위 협약의 해석상으로도 적법한 원본이나 등본의 제출에 해당한다고 보아야 한다.

2. 중재판정 집행판결의 소송절차

(1) 집행판결

원고는 중재판정의 중재합의 서면을 제출함으로써 당해 외국중재판정의 승인 및 집행에 관한 증거를 제시한 것으로 되며 피고가 승인과 집행을 피하기 위해서는 집행조건이 충족되지 않았거나 집행거부사유가 존재한다는 점을 적극적으로 주장 및 입증해야 한다.

집행판결을 청구받은 법원은 변론기일을 열어 심리해야 하며, 그러나 중재판정의 내용에 대한 당부를 심판할 권한은 없다. 법원은 집행조건의 충족여부 및 집행거부사유의 유무를 판단하기 위하여 필요한 범위 내에서만 심리를 하며, 뉴욕협약 제5조가 정하고 있는 거부사유 등 특별한 사정이 없는 한 외국중재판정을

구속력 있는 것으로 승인하고 집행판결을 선고하게 된다. 이 같은 집행판결에 대해서 항소, 상고 등으로 불복할 수 있다.

이 같은 절차에 따라서 법원이 집행판결을 선고하여 확정되면 이를 근거로 집행할 수 있다. 단, 집행판결 확정 전이라도 집행판결의 실효성을 확보하기 위하여 상대방의 부동산 기타 재산권에 대한 가압류 등의 보전처분이 가능하다.

(2) 중재판정 취소

중재는 단심제로 중재판정에 대해서 중재판정부에 항소할 수 없으나, 중재지 법원에서 중재판정에 대한 취소를 구하는 소를 제기하는 것은 가능하다. 중재판정의 취소를 구하는 당사자는 중재판정의 정본을 받은 날로부터 3월 이내에 제기해야 한다.[33]

중재판정 취소 소송의 수소법원은 당사자의 신청이 타당하다고 판단되는 경우 중재판정 취소소송 절차의 중지를 명하고, 절차가 중지된 기간 동안 중재판정부가 중재절차를 재개하거나 취소사유를 제거하는데 필요한 기타의 조치를 취할 수 있다.[34]

(3) 중재판정의 취소사유

1) 법률행위무능력자 및 하자있는 의사표시

당사자가 법률행위무능력자이거나 중재합의에 흠결이 있을 때에는 중재판정 승인·집행을 거부할 수 있다. 뉴욕협약은 중재합의의 무효를 판단함에 있어서 준거법으로 지정한 법령, 또는 지정이 없는 경우 판정을 내린 국가의 법률에 의하여 중재합의가 무효인 경우를 의미한다고 규정하여 준거법의 기준을 제시하고 있으나, 당사자의 법률행위무능력자 여부에 대한 준거법을 제시하고 있지 않다. 따라서 이는 집행국의 국제사법에 의하여 결정되는 준거법에 의하여 판단하여야 한다.

---

33) 중재법 제36조 제3항.
34) UNCITRAL 모델법 제34조 제3항.

📖 관련판례

■ 서울민사지법 1984. 4. 21. 선고 83가합7051 제7부 판결

1. 분쟁을 중재에 의하여 해결한다는 의사만 서면상 명백히 나타나 있으면 특별한 사정이 없는 한 이로써 중재약정이 성립된 것으로 보아야 하고 중재기관 준거법 중재장소 등이 명백히 확정되어 있어야만 중재약정이 성립되는 것은 아니다.

2. 뉴욕협약 가입국에서 이루어진 상사중재판정의 승인 및 집행에 있어서는 뉴욕협약이 국내법에 우선하여 적용되고 위 협약이 규정하고 있지 아니한 사항에 대해서는 보충적으로 우리나라의 중재법이 적용된다.

3. 뉴욕협약 제5조 제2항 (나)호에 규정된 "판정의 승인이나 집행이 그 국가의 공공질서에 반하는 경우"라 함은 승인국의 정치경제의 기본질서에 위배되거나 공평의 견지에서 도저히 묵과할 수 없는 모순이 있는 경우 등으로 제한적으로 해석하여야 한다.

2) 방어권이 침해된 경우

당사자가 중재와 관련하여 필요한 통지를 받지 못하는 등 중재인 선정이나 중재절차를 모르는 등으로 방어권이 침해된 경우이다. 방어권 침해여부의 판단은 집행국의 기준에 의하여 판단하여야 하나, 이때 국제적 사법질서의 존중이라는 측면도 고려하여야 한다.

📖 관련판례

■ 대법원 1990. 4. 10. 선고 89다카20252 판결

뉴욕협약 제5조 제1항 나호에 의하면, 중재판정이 불리하게 원용되는 당사자가 중재인의 선정이나 중재절차에 관하여 적절한 통고를 받지 아니하였거나 또는 기타 이유에 의하여 방어할 수 없었던 경우에는 집행국 법원이 중재판정의 승인 및 집행을 거부할 수 있게 되어 있는 바, 이 규정의 취지는 위와 같은 사유로 당사자의 방어권이 침해된 모든 경우를 말하는 것이 아니라 그 방어권침해의 정도가 현저하게 용인할 수 없는 경우만으로 한정되는 것이라고 해석되고, 또, 중재당사자의 방어권보장은 절차적 정의실현과 직결되어 공공의 질서의 일부를 이루는 것이므로 이는 집행국 법령의 기준에 의하여 판단하여야 할 것이다.

3) 중재합의의 범위를 벗어난 중재판정

"중재판정이 중재합의에 규정되어 있지 않거나 중재합의의 범위를 벗어나는 사항에 관한 것을 포함한다"는 의미는 중재인이 권한을 유월한 경우를 뜻하며, 중재인이 사안에 대해 판단할 권한이 없었던 경우에는 뉴욕협약 제5조 제1항 a호에 해당한다. 다만 위 규정의 권한 유월사항과 중재대상이 분리될 수 있는 경우에는 나머지 부분에 대한 승인·집행은 가능하다.[35]

4) 중재판정부의 구성·중재절차가 당사자의 합의 또는 중재를 행하는 국가 법령에 합치하지 않는 경우

뉴욕협약 제5조 제1항 d호가 규정하는 중재판정부의 구성이나 중재절차가 당사자의 합의 또는 중재지법 위반으로 인한 중재절차상의 하자는 판정의 주문에 영향을 미칠 만큼 중대한 것이어야 하며, 이 같은 하자가 없었더라도 동일한 중재판정이 내려지리라고 인정되는 경우에는 집행거부사유가 되지 않는다. 또, 패소한 자가 중재판정부의 구성 또는 중재절차가 위반되고 있음을 알면서도 중재절차에 참여하여 변론하였다면, 달리 이의권을 포기하지 않았다거나 포기할 수 없었다는 점을 증명하지 않는 한 이를 거부사유로 삼을 수 없다.

📎 관련판례

- **대법원 2004. 3. 12. 선고 2003다21995 판결**

변호사는 비록 의뢰인으로부터 보수를 받는다 하더라도 의뢰인의 지휘·감독에 복종하지 아니한 채 독립하여 자유롭게 그 직무를 행하는 것이므로, 변호사가 중재인으로 선정되어 중재절차가 진행되고 있는 상황이라도 변호사로서의 직무상 불특정다수의 고객들에게 상담을 하여 주고 그들로부터 사건을 수임하는 것은 허용된다 할 것이나, 중재인으로 선정된 변호사는 중재인의 공정성과 독립성의 확보를 위하여 그 중재사건의 일방 당사자나 그 대리인과 중재절차 외에서 접촉하는 것은 가급적 제한되어야 하고, 나아가 당해 사건과 무관한 것이라 하더라도 일방 당사자나 그 대리인의 의뢰로 사건을 수임하는 것 역시 원칙적으로는 허용될 수 없으며, 더구나 그 수임사건이 당해 사건과 사실상 또는 법률상 쟁점을 같이 하는 동종의 사건인 경우에는 그 수임 행위는 당해 중재인을 그 중재절차에서 배제시켜야 할 정도로 그 공정성과 독립성에

---

35) 뉴욕협약 제5조 제1항 c호.

관하여 의심을 야기할 수 있는 중대한 사유에 해당하고, 만약 당해 중재인이 배제되지 아니한 채 중재판정이 내려졌다면 이는 구 중재법(1999. 12. 31. 법률 제6083호로 전문 개정되기 전의 것) 제13조 제1항 제1호 소정의 '중재인의 선정 또는 중재절차가 이 법이나 중재계약에 의하지 아니한 때'에 해당하여 취소를 면치 못한다.

5) 중재판정이 당사자에게 아직 구속력을 발생하지 아니하였거나 판정이 내려진 국가의 권한 있는 기관이나 법령에 의하여 취소 또는 정지된 경우

중재판정의 구속력의 여부는 중재지법에 따라야 하므로 중재판정의 구속력 유무 및 구속력의 발생 시기는 각국의 준거법에 따르게 된다. 우리나라 중재법은 중재판정에 대해서 중재판정취소 등을 특별한 불복절차만 있을 뿐, 통상적인 불복방법에 관한 규정이 없으므로 중재판정 성립 시에 구속력이 발생하게 된다. 또, 중재판정 취소소송을 제기하여 절차가 진행 중이라는 것만으로는 부족하고, 중재판정이 취소 또는 정지되어야만 집행거부사유가 된다.

이에 대해서 뉴욕협약은 판정의 취소 또는 정지를 요구하는 신청이 뉴욕협약 제5조 제1항 e호에 규정된 권한이 있는 기관에 제기되었을 경우, 판정의 원용이 요구된 기관은 그것이 적절하다고 인정될 때에는 판정의 집행에 관한 결정을 연기할 수 있으며, 또한 판정의 집행을 요구한 당사자의 신청에 의하여 상대방에 대하여 적당한 담보를 제공할 것을 명할 수 있다고 규정하고 있다(뉴욕협약 제6조).

6) 분쟁대상이 집행국 법률에 의하여 중재에 의한 해결을 할 수 없는 경우

뉴욕협약 제5조 제2항 a호는 중재가능성을 규정한 것으로 중재판정의 대상이 된 분쟁이 집행국 법률에 의한 중재로 해결할 수 없는 경우로 국가의 목적이나 정책을 이루기 위하여 중재에 의한 분쟁해결을 제한한 것이다.

7) 중재판정의 승인·집행이 집행국의 공공질서에 반하는 경우

공공질서의 위반 여부를 판단할 때에는 국내적인 사정뿐만 아니라 국제적 거래질서의 안정이라는 측면도 함께 고려하여 제한적으로 해석하여야 하며, 외국중재판정에 적용된 외국법이 우리나라의 실정법상 강행법규에 위반한다고 하여 바로 승인거부의 사유가 되는 것은 아니고, 해당 중재판정을 인정할 경우 그의 구체적인 결과가 우리나라의 선량한 풍속, 기타 사회질서에 반할 때에 한하여 승인 및 집행을 거부할 수 있다.

참고문헌

곽윤직, 민법총칙[제7판], 박영사, 2003.
곽윤직, 채권총론[제6판], 박영사, 2014.
곽윤직·김재형, 물권법[제8판], 박영사, 2014.
김진권, 해상법상의 준거법 결정에 관한 연구, 한국해양대학교 대학원 박사학위논문, 2003.
노택환, 국제통상의 이해, 박영사, 2004.
석광현, 선하증권의 준거법에 관한 몇 가지 문제점, 국제사법과 국제소송 제2권, 박영사, 2002.
여택동·전정기·장동식, WTO체제하의 국제통상론, 도서출판 두남, 2014.
이기수·신창섭, 국제거래법[제4판], 세창출판사, 2010.
이영준, 한국민법론(총칙편), 박영사, 2003.
이은영, 물권법[제4판], 박영사, 2006.
정경수, 현대 국제관습법의 형성에 관한 연구, 고려대학교 대학원 박사학위논문, 2002.

A. D'Amato, "The Concept of Special Custom in International Law" 63 Am. *J. Int. L.*, 1969.

B. Simma & P. Alston, "The Sources of Human Right Law: Custom, Jus Cognes, and General Principles", 12 *Aus.* Y.B. *Int, L.,* 1992.

D. P. O'Connell, 'Sedentary Fisheries and the Australian Continental Shelf," 49 *American Journal of International Law,* 1955.

H. Kelsen, *Principles of International Law.* 1952.

L. Hannikainen, *Peremptory Norms (Jus Cogens) in International Law,* 1988.

Martiny, Das Römisch Vertragsrechtsübereinkommen, ZEuP, 1933, 1933.

Michaeel D. Books, The bill of lading—A document of title to goods, An Anglp—American Camparison, (London Hong Kong), 1977.

O. Schachter, *International Law: Theory and Practice,* 1995, p.32~33; J. Kunz, "The Nature of Customary International Law", 47 *Am. J. Int, L.,* 1953.

O. Schachter, "New Custom: Power, opinio juris and Contrary Practice", *The*

Theory of International Law at the threshold of the 21st Century: Essays in honour of Krzystof Skubiszewski J. Makarczyk(ed.), 1996.

O. Elias, "The Relationship between General and Particular Customary International Law". 8 *Afr.. J. Int, & Comp. L.*, 1966.

R. Jenning & A. Watts (eds.), *Oppenheims's International Law, I: Peace* (9th), 1992.

R. Müllerson, "On the Nature and Scope of Customary International Law" 2 *Aus. Rev. Int. & Eu. L.*, 1997.

S. Zamora, "Is There Customary International Economic Law?", 32 *Ge. Y. Int. L.*, 1989.

U. Fastenrath, "Relative Normativity in International Law", 4 *Eu, J. Int. L.*, 1993.

絹卷康史, 國際取引法 [改訂版], 同文館出版, 2008.

溜池良夫, 國際私法講義, 有斐閣, 2005.

찾아보기

문성제

경남대학교 졸업
독일 본 대학 비교법 연구
미국 브릿지포트대학교 교수(코네티컷주)
일본 나고야대학교 초청교수
사법시험위원
공인중개사 출제위원
노무사시험 출제위원
감정평가사 출제위원
(현) 선문대학교 법학과 교수

[저서]
현대여성과 법률, 법문사
교양법률강좌, 법문사
법학의 이해와기초(공저), 법문사
현대법학의 이해(공저), 법문사
채권, 채무회수를 위한 민사소송, MG인력개발원

국제통상법 총론

초판 발행   2018년 2월 14일

지은이   문성제
펴낸이   안종만

편 집   김상윤
기획/마케팅   오치웅
표지디자인   권효진
제 작   우인도 · 고철민

펴낸곳   ㈜ **박영사**
             서울특별시 종로구 새문안로3길 36, 1601
             등록 1959. 3. 11. 제300-1959-1호(倫)

전 화   02)733-6771
f a x   02)736-4818
e-mail   pys@pybook.co.kr
homepage   www.pybook.co.kr
ISBN   979-11-303-3140-9   93360

정 가   27,000원